Hanna Rosin
Das Ende der Männer

PIPER

Zu diesem Buch

Ist die jahrtausendealte Herrschaft des Patriarchats am Ende? Noch nicht, sagt Hanna Rosin, doch die massiven Veränderungen der Berufswelt und des Bildungssystems haben eine Dynamik in Gang gesetzt, die das Verhältnis zwischen den Geschlechtern nachhaltig verändert. So scheinen viele Anforderungen der modernen Dienstleistungsgesellschaft – Flexibilität, soziale Intelligenz, Kommunikationsfähigkeit – eindeutig Frauen in die Hände zu spielen, während Männer oft von den Umwälzungen überfordert sind. Hanna Rosin zeigt – frei von ideologischen Prämissen –, wie sich heute das Leben von Männern und Frauen unterscheidet, wie sehr sich die Art und Weise geändert hat, wie heute gearbeitet, gelernt, zusammengelebt wird. Differenziert und mit vielen konkreten Beispielen gelingt es Rosin, die Chancen und Schattenseiten des »weiblichen Jahrhunderts« in den Blick zu nehmen. »Das Ende der Männer« ist keine feministische Streitschrift, keine Prophezeiung, sondern eine messerscharfe, weitsichtige Diagnose.

Hanna Rosin hat in Stanford studiert und arbeitet als Journalistin u. a. für *SLATE, THE ATLANTIC, THE WASHINGTON POST* und *THE NEW YORKER*. Ihre Beiträge wurden mit vielen Preisen ausgezeichnet und stießen in den USA oftmals kontroverse Debatten an. Der Artikel »The End of Men« aus dem Jahr 2010 machte sie auch einem internationalen Publikum bekannt. Hanna Rosin lebt mit ihrem Mann und drei Kindern in Washington, D.C.

Hanna Rosin

DAS ENDE DER MÄNNER

und der Aufstieg der Frauen

Aus dem Englischen
von Heike Schlatterer
und Helmut Dierlamm

Mit einem Vorwort
von Susanne Mayer

PIPER

Mehr über unsere Autoren und Bücher:
www.piper.de

MIX
Papier aus verantwortungsvollen Quellen
FSC® C083411

Ungekürzte Taschenbuchausgabe
ISBN 978-3-492-31655-2
März 2020
© Hanna Rosin 2012
Titel der Originalausgabe: »The End of Men. And the Rise of Women«
bei Riverhead Books, New York 2012
Für die deutsche Ausgabe:
© Berlin Verlag in der Piper Verlag GmbH, München 2013
Umschlaggestaltung: zero-media.net, München
Satz: Greiner & Reichel, Köln
Gesetzt aus der Caslon
Druck und Bindung: CPI Books GmbH, Leck
Printed in the EU

Für Jacob, tut mir leid wegen des Titels

INHALT

VORWORT VON SUSANNE MAYER 9
Abgesang aufs Testosteron

EINLEITUNG 17

HERZEN AUS STAHL
Weibliche Singles meistern den Hook-up 37

EHE MIT WECHSELNDEN ROLLEN
Wahre Liebe (nur für Eliten) 76

DAS NEUE AMERIKANISCHE MATRIARCHAT
Die Mittelschicht vollzieht eine
Geschlechtsumwandlung 117

PHARMA-MÄDCHEN
Wie Frauen die Wirtschaft erneuern 160

DER ABSCHLUSS MACHT DEN UNTERSCHIED
Die Bildungslücke 201

EIN PERFEKTERES GIFT
Die neue Welle weiblicher Gewalt   231

DIE SPITZE
(Mehr oder weniger) Nette Mädchen bekommen das Chefbüro   261

DIE GOLDFRÄULEIN
Asiatische Frauen übernehmen die Welt   311

SCHLUSS   349

Dank   363
Anmerkungen   369
Register   397

VORWORT VON SUSANNE MAYER

Abgesang aufs Testosteron

Als Hanna Rosin vor zehn Jahren ihr Buch »Das Ende der Männer« veröffentlichte, hatte sie einen einzigartigen Moment erwischt, stieß sie damit in eine Stimmung, wie sie optimistischer nicht hätte sein können. Nach abertausenden von Jahren des Patriarchats, der Herrschaft von Männern über Frauen, nach deren erbittertem Kampf um gleiche Rechte gab es Anlass zur Hoffnung, dass dieser Kampf der Geschlechter ein Ende finden könnte. Festgefräste Geschlechterrollen hatten weiche Ränder bekommen, Verkrampfungen begannen sich zu lösen, Männer und Frauen hatten die Chance, sich aus den Fesseln stereotyper Zuschreibungen zu lösen und ihre Rollen, ihr Miteinander neu zu erfinden. Tatsächlich war der Buchtitel »Das Ende der Männer« ein wenig polemisch, wie schon die Widmung an den Rosin-Sohn zeigt: »Für Jacob, tut mir leid wegen des Titels«. Es geht der Autorin um das Ende einer bestimmten Art von Männlichkeit, deren Zeit abgelaufen schien. Im Kern war die Botschaft: Ende des weißen Machismo.

Hanna Rosin ist eine amerikanische Journalistin, sie schrieb von Washington aus, wo drei Jahre zuvor, im Jahre 2009, ein glamouröses junges schwarzes Paar ins weiße Haus eingezogen war: Michelle und Barack Obama, der 44. Präsident der Vereinigten Staaten von Amerika und seine Frau. Sie läuteten, so schien es, etwas Neues ein. Rosins Buch ist das Buch zur Ära Obama. Die Obamas waren Top-Juristen, beide so kultiviert wie elegant und witzig, sozial engagiert. Sie erschienen als das Beste, was die westliche Welt mit ihren Bildungseinrichtungen bislang an Spitzenpersonal auf den Weg gebracht hatte. Ein Paar, das sich auf Augenhöhe begegnete und dies in der Öffentlichkeit zelebrierte. Zwar war er der Präsident, aber es bestand kein Zweifel daran, dass sie, als Frau, ihre eigenen Entscheidungen traf, selbstbewusst und zukunftsoffen. Es war so viele Jahre lang, so viele Leben lang ein böser Kampf gewesen, ein *Up-Hill-Struggle*, wie es auf Englisch heißt, aber jetzt stand man oben und schaute in eine Zukunft, in der die alten Geschlechter-Kämpfe zur Geschichte verblassten, aus Roisins Sicht geradezu lächerlich anmuteten. Gab es noch Zweifler? Irgendwelche Ewiggestrigen?

Nun, es gab dazu auch eine schlechte Botschaft, und darum dreht sich Rosins Buch. Nicht alle Männer erschienen so gut aufgestellt für die Zukunft wie ein Barack Obama, viele Männer, schwarze, aber auch weiße, schienen auf diesem Marsch in die neue Gender-Welt zu schwächeln, auf Besorgnis erregende Weise zurückzufallen, kamen als Verlierer rüber.

Nun, vermutlich hat auch Hanna Rosin kurz innehalten müssen, als sie 2017 einen neuen Nachbarn bekam. Im Weißen Haus ist nach dem Ende der Ära Obama ein Mr. Trump eingezogen, Prototyp des alten bösen Mannes, sexistisch und rassistisch. Ein Typ, ungehobelt, getrieben von kindischen Allüren, der im Wahlkampf damit prahlte, jeder Frau zwischen die Beine greifen zu können, und wie es aussieht, könnte er im Herbst 2020 nicht trotz, sondern wegen solcher Verächtlichkeiten in eine zweite Amtszeit gewählt werden. Hat Rosin sich womöglich geirrt, mit ihrer Botschaft vom »Ende der Männer«? Wo stehen wir, zehn Jahre nach dem »Ende der Männer«? Kriechen nicht überall, in Polen, Tschechien, von

Großbritannien bis Brasilien, ebenfalls faulige Wiedergänger aus den Gräbern eines längst vergangenen Patriarchats?

Tatsächlich ist Rosins These, so steil sie auch daherkommt, haltbar, wie sollte es anders sein. Die Starjournalistin des »Atlantic«-Magazins hat ihr Buch randvoll gestopft mit Beobachtungen, Studien, Zahlen, Recherchen, Interviews, Beobachtungen von Werbespots, Serien, Filmen. Und nichts von dem, was sie beschreibt, hat seine Gültigkeit verloren. Der Mann ist aus der Rolle des Ernährers herausgefallen, schon lange ist er nicht mehr das finanzielle Rückgrat der Familie. Eine ganze Epoche kollabiert so, schreibt sie: »Diese kulturelle Vorstellung – man sucht sich Arbeit, heiratet seine große Liebe, kauft sich ein Haus, zieht Kinder groß, geht in die Kirche – liegt in Scherben.« Die Gründe dafür sind vielfältig, und Frauen kann es nicht gefallen, dass Feminismus einer der geringsten ist.

Amerikanische Männer, auch wenn sie als Helden aus dem Zweiten Weltkrieg zurückkamen, waren schon in der Mitte des letzten Jahrhunderts nicht einfach wieder einzugliedern gewesen. Das Ende dieses Jahrhunderts aber ist von wirtschaftlichen Krisen geprägt, der Druck eines globalen Marktes hat in den folgenden Jahrzehnten jede Menge Arbeitsplätze vernichtet, hat vor allem viele Jobs der Männer weggefegt, und zwar die harten, für die es ganze Kerle braucht, im Bergbau, der Automobilindustrie. Und wir sind noch nicht am Ende dieser Entwicklung. Im Jahre 2000, schreibt Rosin, verschwanden 6 Millionen Arbeitsplätze im produzierenden Gewerbe, insgesamt sind nicht weniger als 7,5 Millionen Jobs weggefallen. Rosin nennt es das Ende des Testosteron-Zeitalters.

Alles, was heute auf dem modernen Arbeitsmarkt verlangt werde, lässt sie in diesem Buch einen Ehemann sagen – Verhandlungsgeschick, Flexibilität, Organisationsgeschick –, könne seine Frau besser. Und anderswo in der Welt ist es ähnlich. In China, schreibt Rosin, gehören 42 Prozent der neuen privaten Unternehmen Frauen. In der amerikanischen Arbeiterklasse verdienen die Frauen mehr als die Männer.

Frauen, so Rosins These, sind an die Wirbel des globalen Zeitalters besser angepasst als Männer, zu deren Markenzeichen Beharrungsvermögen und Standhaftigkeit zählen. Frauen, spottet sie, haben schon immer viele Fragen gestellt, an sich selbst, an die Verhältnisse, haben an ihren Wünschen und Erwartungen gefeilt, und was früher als ihre Schwäche galt, ist nun die Basis für Erfolg. Jetzt sind Frauen bereit, für was auch immer, während viele Männer gerade mal angefangen haben zu schauen, in welche Richtung sie sich bewegen könnten. In diesen Strudel der wirtschaftlichen Dynamik geraten auch die ehemals so sicheren Geschlechterrollen, sie erhalten einen atemberaubenden Spin und strudeln in den Abfluss der Geschichte.

Frauen in Amerika sind heute, so Rosin, zu 42 Prozent die Hauptverdiener. Tendenz steigend. Frauen sind gut aufgestellt und erwarten nicht von Männern, sondern von sich selbst, dass sie die Dinge geregelt kriegen. Schon an der Uni lassen sie nichts anbrennen. Waren sie einst leckere Opfer einer männlich geprägten Abschleppkultur, von Männern vernaschte Mädels, die dann gerne fallen gelassen wurden, sind sie heute Diejenigen, die sich einen schicken Typen ins Bett holen, dann zeitig aufstehen und weiter wirbeln. Heiraten? Nicht unbedingt. Und wenn ja, ist es oft so: Sie zahlen die Hypothek UND machen Abendessen und halten die Bude in Schuss. Eines der ewigen Probleme aller Zeiten sei, spottete einst die britische Autorin Angela Carter: »Was tun wir mit überflüssigen Männchen?« Kein Wunder, dass die Dinosaurier des Patriarchats in rasende Wuttaumel verfallen.

Männer ließen Frauen lange vor den Schaltzentralen der Macht verhungern, jetzt, wo die Frauen drin sind, mit ihrer scharfen, organisationserprobten Energie, können Männer sich dort oben oft nicht halten. Das spiegelt eine Befürchtung, die schon vor Jahren in der britischen Presse diskutiert wurde – was wird die Zukunft von Männern sein: Brauchen wir, nach den Förderungsquoten für Frauen, irgendwann Schutzquoten für Männer?

Die vorläufige Diagnose lautet jedenfalls: Die neue Mittelschicht ist auf dem besten Weg, sich in ein Matriarchat zu verwandeln. Ehe wird zu einem Klassenprivileg, etwas, was man sich leisten können muss, also aus Frauensicht, auf das man aber auch verzichten kann. Weil man ohne Mann und die üblichen Schrereien schneller und reibungsloser weiter kommt im Leben.

Die Konstellation ist nicht ganz neu, aber sie war bislang anders konnotiert. Neu daran ist, dass die Entwicklung aus den bedürftigeren Schichten nach oben diffundiert ist, in die wohlhabenden Kreise hinein. In den schwarzen Vororten sind es schon lange die Frauen, die das Ganze zusammenhalten, während die Männer arbeitslos, entmutigt rumlungern oder zu abertausenden hinter Gefängnismauern verschwinden. Dann übernehmen die schwarzen Frauen, ohne dass sie vermutlich darin irgendetwas, im feministischen Sinne, Romantisches erkannt haben werden. Frauen müssen die Dinge eben zusammenhalten. Auch in Ländern wie Russland sind es die Frauen, die angesichts von Elend und Hoffnungslosigkeit den Laden schmeißen, während ihre Männer sich treiben lassen, nicht selten in ein Alkoholproblem hinein. In Südkorea, einst eine patriarchale Festung, studieren heute mehr Frauen als Männer, schreibt Rosin.

Rosin diagnostiziert es als eine positive Entwicklung. Aber natürlich sind die Kosten hoch – die Belastung für eine ganze Familie zu schultern ist für die alleinverdienende Frauen nicht minder grausam als sie es für Männer war. Schon vor einem halben Jahrhundert hat etwa die schwedische Soziologin Alvy Myrdal formuliert, wie ungerecht ein Sozialsystem ist, dass die Hauptbürde der ökonomischen Last für die Familie einseitig verteilt, also nur einem, damals dem Mann, aufhalse. Jack Urwin, ein junger Engländer, hat im Jahre 2017 in seinem Buch »Boys don't cry« die Kosten dieser überfrachteten Männlichkeit bilanziert, von der sozialen Überforderung bis hin zur Depression und erhöhten Sterblichkeit, nicht zuletzt hin zu alarmierenden Kriminalitätswerten, kurz, geschildert, wie verletzend die traditionelle Konstruktion von Männlichkeit ist, also für Männer. Wie sie in die Knie gehen. Männer kommen bei Rosin demnach auch als »Pappkarton-Helden« rüber. Und so zahlen aber auch Frauen für ihre Übernahme der Macht und Verantwortung nicht zuletzt mit dem Verlust der Zuversicht, dass es möglich ist, in befriedigenden Beziehungen mit Männern zu leben.

In Kapitelüberschriften wie »Herzen aus Stahl« deutet sich an, wie hoch der Preis ist. Über Liebe wird gelacht. Verwundbarkeit wird abtrainiert. Die Weiblichkeits-Posen sind aggressiv und eisig wie die Spitzen der Highheels. Hier feiert das Ideal der global einsatzbereiten Arbeitnehmerin einen Triumph. Und dazu gibt es auch schon Gegenwind. »Der Neoliberalismus kolonisiert unsere Träume«, schreibt die Britin Laurie Penny 2014 in ihrem feministischen Pamphlet »Unsagbare Dinge«.

Mag sein, dass sich hier etwas auseinanderdividiert – die Generationen hier und dort und dann die Lager zwischen einer weißen Mittelklasse und den People of Colour, wenn etwa eine junge schwarze Autorin wie Reni Eddo-Lodge gegen weiße Frauen antritt, die angeblich den Diskurs des Feminismus dominieren – in Titeln wie »Warum ich nicht länger mit Weißen über Hautfarbe spreche«, oder wenn eine Andi Zeisler in ihrem Buch »Wir waren doch mal Feministinnen« eine scharfe Attacke gegen die Kommerzialisierung des Begriffs Feminismus reitet, der nach öffentlichen Bekenntnissen von Byoncé, Taylor Swift und Emma Watson im Mainstream angekommen sei – und verwässert. Wo Rosins Buch mit Spott auskommt, explodiert in solchen Veröffentlichungen eine neue Wutkultur, die man allerdings auch in anderen gesellschaftlichen Feldern beobachten kann. Das Lager derer, die einmal für die Rechte der Frauen kämpften, zerlegt sich jedenfalls, Solidarität zwischen den Generationen und Fraktionen war gestern.

Natürlich ließe sich gegen Rosins Optimismus einiges einwenden. Dass die Macho-Kultur heute schwächelt, bedeutet noch nicht, dass wir in einem besseren Leben angekommen sind. Mit 33658 Vergewaltigungsanzeigen pro Jahr möchte man in Deutschland kaum von Entspannung reden. Jede 3. Frau in Deutschland hat Erfahrungen mit sexualisierter Gewalt gemacht. Die #MeToo-Debatte ging um die Welt und lehrte vor allem eins: dass die Praxis der sexuellen Demütigung von Frauen nicht vorbei ist, sondern nur eisern verschwiegen wurde. Das tiefe Bedürfnis vieler Männer, Frauen klein zu halten, wird durch die Erfolge der Frauen wohl eher angeregt als gebremst. Überall auf der Welt sind Erfolge, wie das Recht auf Abtreibung, mit anderen Worten: über die

Fortpflanzung selber zu entscheiden, wieder unter Beschuss. Und auch die offenkundigen Erfolge sind überschaubar und keineswegs gesichert. Im Deutschen Bundestag sind Frauen jedenfalls nicht paritätisch vertreten, der Frauenanteil ist zuletzt sogar wieder gesunken, auf 30,7 Prozent, auf einen Wert unter dem der Jahrtausendwende. Auf 100 Chefredakteure deutscher Regionalzeitungen kommen 8 Frauen. Bei den überregionalen Medien hat einzig die »tageszeitung« einen Frauenmachtanteil von 50 Prozent, bei den konservativen Tageszeitungen liegt er unter 20 Prozent. Der Frauenanteil in den Aufsichtsräten der 100 größten Banken stagniert bei knapp 9 Prozent, in den Vorständen der 100 größten deutschen Unternehmen bei 10 Prozent (Zahlen SZ 16.1.2019). Fest in männlicher Hand sind die meisten aller hochdotierten Posten. Der *Gender-Pay-Gap* bedeutet hierzulande einen 21 Prozent niedrigeren Bruttolohn für Frauen. Dagegen ungebremst sind die Vorurteile, ehrgeizige Frauen seien kalt und zickig, auch unter Frauen übrigens.

Hanna Rosin lenkt unseren Blick von solchen bestürzenden Zahlen in eine andere Richtung. Ihr Cowboy reitet in den Sonnenuntergang hinein, und wie es aussieht, könnte er hinter der Horizontlinie auf immer verschwinden. Frauen, so in etwa beschreibt sie die Lage, schauen ihm nicht mit wässrigen Augen nach, sondern drehen sich im Zweifelsfalle um und sind schon mit wichtigen Dingen beschäftigt, mit Lernen, Karriere-Machen, womöglich haben sie auch schon die Wäsche erledigt.

Januar 2020

EINLEITUNG

Diese Welt hat immer den Männern gehört: Keiner der Gründe, die dafür angegeben werden, erscheint ausreichend.

Simone de Beauvoir, *Das andere Geschlecht*

Im Jahr 2009 bemerkte ich in der Küstenstadt, wo ich mit meiner Familie seit Jahren Urlaub machte, etwas Seltsames: Wenn ich mich von den gemieteten Häusern der Urlauber entfernte und zum Beispiel zum Supermarkt oder zur Eisdiele ging, sah ich kaum noch Männer. Auch am Samstagabend auf dem Rummelplatz waren kaum welche da, und am Sonntagmorgen auf den Parkplätzen vor den Kirchen stiegen kaum mehr welche aus den Autos, wie sie es in früheren Zeiten getan hatten. Wir waren in einer wohlhabenden Arbeiterstadt, in der eines der wichtigsten Gewerbe immer der Bau gewesen war. Ich erinnerte mich, dass in früheren Jahren selbst an Samstagen Gruppen von Männern in Pick-ups die Hauptstraßen entlangfuhren. Jetzt aber waren kaum mehr Pick-ups unterwegs, aber viele Chevys und Toyotas mit Frauen und Kindern, die ihren Wochenendaktivitäten nachgingen.

Eines Nachmittags stieß ich bei einem hektischen Einkauf im Supermarkt mit dem Einkaufswagen einer anderen Frau zusammen. Dabei fielen ein paar Müsliriegel zu Boden, die auf einer Riesenpackung Cheerios gelegen hatten. Ich entschuldigte mich, und sie verzieh mir. Ja, sie entpuppte sich sogar als eine gesprächsbereite Fremde. Sie hieß Bethenny und sagte, sie sei neunundzwanzig und betreibe in ihrem Haus eine Kindertagesstätte (deshalb die Riesenpackung Frühstücks-

Cerealien). Außerdem studierte sie, um einen Abschluss als Pflegekraft zu machen, und sorgte für eine zehnjährige Tochter. Weil sie so entgegenkommend war, wagte ich mich näher an den Kern der Sache. Ob sie verheiratet sei?, fragte ich. Nein. Ob sie gern verheiratet wäre? Irgendwie schon, sagte sie. Dann gab sie einen halbironischen Wunschtraum über einen Doppelgänger von Ryan Reynolds zum Besten, der auf einem weißen Pferd oder vielleicht auch nur in einem weißen Chevy daherkommt. Ob es denn irgendeinen normalsterblichen Mann gebe, der für diese Rolle in Frage komme. »Na ja, da ist Calvin«, sagte sie und meinte damit den Vater ihrer Tochter. Sie schaute zu ihrer Tochter hinüber, warf ihr einen Müsliriegel zu und beide lachten. »Aber mit Calvin hätten wir zwei einfach einen Müsliriegel weniger.«

Bethenny hatte offenbar in vieler Hinsicht zu kämpfen. Als ich sie an der Kasse wiedersah, stritt sie gerade wegen irgendwelcher Gutscheine herum. Trotzdem war sie nicht gerade der Typ der mitleiderregenden alleinerziehenden Mutter. Ihr Lachen hatte echte Freude ausgedrückt, eine Art geheimes Einverständnis mit ihrer Tochter, die Müsliriegel selbst zu behalten. Ohne es direkt zu sagen, hatte sie mir zu verstehen gegeben, was ihre Tochter offenbar schon verstanden und akzeptiert hatte. Wenn sie Calvin auf Distanz hielt, blieb sie Herrin im Haus, und wenn sie ein Maul weniger stopfen musste, ging es ihr und ihrer Tochter vielleicht sogar besser.

Wie kam es, dass der Vater ihres Kindes so wenig Einfluss auf sie hatte? Wie kam es, dass sein Wert gegen den einer Süßigkeit aufgewogen werden konnte? Ich traute mich, sie zu fragen, ob ich mit Calvin Kontakt aufnehmen dürfe, und sie gab mir bereitwillig seine Telefonnummer.

Im Lauf der nächsten paar Monate sprachen Calvin und

ich alle paar Wochen miteinander. Dabei versuchte ich herauszufinden, wie er so unsichtbar geworden war. Er war ein netter, ernsthafter Mensch, und es war nicht schwer, ihn zu mögen. Er erzählte von den vielen Jobs, die er schon gemacht und gehasst hatte, und ich gab ihm gute Ratschläge in Bezug auf die Arbeit und andere wichtige Dinge. (Zum Beispiel erklärte ich ihm, wie man die Mikrowelle im 7-Eleven bedient, eine permanente Quelle der Frustration, wenn er dort seine Mittagsmahlzeit kaufte.) Ich kam auf den Gedanken, eine Geschichte darüber zu schreiben, was im postindustriellen Zeitalter mit Typen wie Calvin passierte, und hoffte, er könnte mir vielleicht helfen, das Rätsel der fehlenden Männer zu lösen.

Die Begriffe *Mancession* und *He-cession* für eine Rezession, durch die vor allem Männer arbeitslos werden, hatten in jenem Jahr eine wichtige Rolle in den Schlagzeilen gespielt. Dabei sollte die etwas verkrampfte Eleganz der Wortschöpfungen wohl die schmerzliche Tatsache erträglicher machen, dass die Opfer dieser jüngsten ökonomischen Katastrophe traditionelle Familienernährer wie Calvin waren. Ich fragte mich, wie diese Männer, die schon von der Rezession der 1990er Jahre arg gebeutelt worden waren, fast 20 Jahre später, nach dieser neuen Serie von Schlägen, wohl dastanden. Und wie sie wieder in ein normales Leben zurückfinden würden. Ich hoffte, so lange mit Calvin in Kontakt bleiben zu können, bis er den Familieneinkauf wieder zahlen könnte und nach Hause zurückkehren würde. Ein Teil von mir stellte sich immer noch irgendeine ferne Zukunft vor, in der Calvin und Bethenny wie in der Serie »Can this Marriage Be Saved« aus dem guten alten *Ladies' Home Journal* wieder zusammenkommen und mit ihrer Tochter ein glückliches Trio bilden würden, eine Zukunft, in der sich die Straßen der Stadt als dramatischer Höhepunkt der Serie endlich wieder mit Männern bevölkern würden.

Aber als ich meine Gespräche mit Calvin führte und das Problem immer genauer recherchierte, entdeckte ich, dass ich mit den falschen Fragen begonnen hatte. Calvin und seine Freunde versuchten gar nicht mehr, in die Leben zurückzukehren, die sie einst geführt hatten, weil es diese Leben überhaupt nicht mehr gab. Ich verstand allmählich, dass sich Wirtschaft und Kultur grundlegend verändert hatten, und zwar nicht nur in Bezug auf die Männer, sondern auch in Bezug auf die Frauen. Beide Geschlechter würden sich an eine ganz neue Art, zu arbeiten und zu leben und sogar zu lieben, anpassen müssen. Calvin würde nicht mit einem Chevy vorfahren und seinen alten Platz am Kopf der Tafel wieder einnehmen, weil dort schon Bethenny saß, ganz zu schweigen davon, das *sie* die Monatsraten für die Hypothek, die Renovierung der Küche und ihren eigenen Gebrauchtwagen zahlte. Bethenny tat zu viel, aber es funktionierte, und sie hatte ihre Freiheit. Warum sollte sie das alles aufgeben wollen?

Meine Geschichte handelte jetzt nicht mehr davon, wie tief die Männer gesunken waren; diese Entwicklung war schon seit mehreren Jahrzehnten im Gange und mehr oder weniger abgeschlossen. Das neue Thema bestand darin, dass die Frauen die Männer zum ersten Mal in der Geschichte in vieler Hinsicht übertroffen hatten. Die Calvins und die Bethennys, wir alle, hatten das Ende einer zweihunderttausendjährigen Periode der Menschheitsgeschichte und den Beginn einer neuen Ära erreicht, und es gab kein Zurück. Sobald ich mich dieser Möglichkeit stellte, erkannte ich, dass es überall Hinweise auf sie gab und wir alle nur durch jahrhundertelange Gewohnheiten und Traditionen daran gehindert wurden, sie zu sehen.

Nach vielen weiteren Interviews und Recherchen war ich in der Lage, eine plausible Geschichte zu erzählen. Während der großen Rezession ab 2007 waren drei Viertel der 7,5 Millionen Arbeitsplätze, die in den USA verloren gingen, männliche Arbeitsplätze. Die am schwersten betroffenen Branchen hatten in der weit überwiegenden Mehrheit männliche Beschäftigte und ein ausgeprägtes Macho-Image: Bau, Industrieproduktion, Finanzmanagement. Einige dieser Arbeitsplätze entstanden wieder, aber insgesamt ist die Veränderung weder zufällig noch vorübergehend. Durch die Rezession wurde lediglich ein tiefgreifender wirtschaftlicher Wandel erkennbar (und beschleunigt), der schon 30 Jahre und in mancher Hinsicht sogar noch länger andauert.

Im Jahr 2009 waren in den USA zum ersten Mal in der amerikanischen Geschichte mehr Frauen als Männer beschäftigt, und die Frauen stellen auch heute noch etwa die Hälfte der amerikanischen Beschäftigten. (Das Vereinigte Königreich und mehrere andere Länder erreichten den Umschlagpunkt ein Jahr später.) An allen Hoch- und Fachschulen auf der ganzen Welt mit Ausnahme Afrikas sind Frauen in der Überzahl. In den Vereinigten Staaten zum Beispiel kommen auf zwei Männer, die einen Bachelor of Arts machen, jeweils drei Frauen. Von den 15 Kategorien von Tätigkeiten, deren Zahl in den USA im kommenden Jahrzehnt vermutlich am stärksten zunehmen wird, werden 12 primär von Frauen ausgeübt. Tatsächlich ist die US-Wirtschaft in mancher Hinsicht mehr und mehr von einer Art rotierender Schwesternschaft geprägt: Frauen werden berufstätig und verlassen den Haushalt und schaffen damit Haushaltsjobs für weitere Frauen. Unsere riesige notleidende Mittelschicht, in der die Unterschiede zwischen Männern und Frauen am größten sind, wird langsam zu einem Matriarchat, in dem die Zahl der Männer sowohl unter den Beschäftigten als auch in den Haushalten mehr und mehr schwindet und in dem Frauen alle Entscheidungen treffen.

In der Vergangenheit waren die Männer vor allem wegen ihrer Körpergröße und Körperkraft im Vorteil, aber in der postindustriellen Wirtschaft ist Muskelkraft unwichtig geworden. In einer Dienstleistungs- und Informationsgesellschaft werden genau die gegenteiligen Eigenschaften belohnt, nämlich solche, die nicht so leicht durch Maschinen zu ersetzen sind. Diese Eigenschaften – soziale Intelligenz, Kommunikationsfähigkeit, die Fähigkeit, stillzusitzen und sich zu konzentrieren – sind keine vornehmlich männlichen Skills, ja sie scheinen sogar bei Frauen weiter verbreitet zu sein.

In den ärmeren Regionen Indiens lernen die Frauen schneller Englisch als die Männer, um den Anforderungen der neuen globalen Call-Center gerecht zu werden. In China sind mehr als 40 Prozent der Privatunternehmen im Besitz von Frauen; dort ist ein roter Ferrari das Statussymbol der Unternehmerin. Im Jahr 2009 machten die Isländer Johanna Sigurdardottir zu ihrer Ministerpräsidentin; sie wurde die erste offen lesbisch lebende Staatschefin der Welt. Sigurdardottir hatte das Ende des »Testosteronzeitalters« propagiert und ihren Wahlkampf ausdrücklich gegen die männliche Elite geführt, die ihrer Aussage nach das isländische Bankensystem zerstört hatte.

Wirtschaftliche Veränderungen können kulturelle Verschiebungen und Verzerrungen auslösen, und in einigen Ländern hat die neue Spezies der Powerfrauen einen Schock ausgelöst. In Japan herrscht helle Aufregung wegen der sogenannten »Pflanzenfresser«, einer Schar junger Männer, die sich weigern, mit Frauen auszugehen oder Sex mit ihnen zu haben. Sie verbringen ihre Zeit lieber mit Gartenarbeit oder der Organisation von Kaffeekränzchen und benehmen sich wie Karikaturen des Weiblichen. Die Powerfrauen, vor denen sie angeblich zu viel Angst haben, um mit ihnen auszugehen, werden als »Fleischfresserinnen« und manchmal auch als »Jägerinnen« bezeichnet. In Brasilien finden sogenannte »Tränenmänner« immer mehr Verbreitung, kirchlich organisierte Männergruppen, die die wachsende Anzahl von Männern trösten, deren Frauen mehr verdienen als sie.

Diese Veränderungen reichen weit in die intimen Beziehungen zwischen Paaren hinein und verändern weltweit die Einstellung, die Männer und Frauen zu den Themen Liebe, Ehe und Sex haben. In Asien, wo die Frauen immer mehr an Macht gewinnen und sich mehr und mehr von dem traditionellen kulturellen Ideal der perfekten Ehefrau distanzieren, liegt das durchschnittliche Heiratsalter der Frau inzwischen bei zweiunddreißig, und die Zahl der Scheidungen nimmt explosionsartig zu. Das Missverhältnis zwischen traditionell gesinnten Männern und fortschrittlichen Frauen hat zu einem internationalen Heiratsmarkt geführt, auf dem Männer aus der ganzen Welt Frauen suchen, deren Werte (noch) mit ihren eigenen übereinstimmen. Im Westen bringen Frauen ihre sexuellen Bedürfnisse inzwischen mit einer Offenheit zum Ausdruck, die noch vor 20 Jahren unvorstellbar gewesen wäre.

In den Vereinigten Staaten sind die Veränderungen in den Geschlechterbeziehungen je nach sozialer Schicht sehr unterschiedlich, ja fast gegensätzlich. Dieser Punkt führt stets zu Verwirrung, weshalb ich zwei Kapitel über eheliche Beziehungen geschrieben habe und nicht nur eins. Unser Land spaltet sich in zwei auseinanderstrebende Gesellschaften, die jeweils durch bestimmte Ehestrukturen gekennzeichnet sind. Die eine Gesellschaft besteht aus den 30 Prozent der Amerikaner, die über einen Hochschulabschluss verfügen, und die andere besteht aus allen anderen: aus den Armen, aus der Arbeiterschicht und aus der Gruppe, die die Soziologen als »mäßig gebildete Mitte« bezeichnen. Damit meine ich Personen, die einen Highschool-Abschluss und eine gewerbliche Ausbildung und manchmal auch Hochschulerfahrung haben, aber keinen vollwertigen Hochschulabschluss besitzen.

In dieser großen zweiten Gruppe geht der Aufstieg der Frau mit der langsamen Erosion der Institution Ehe und sogar mit wachsendem Zynismus in Bezug auf die Liebe einher. Während die Frauen in dieser Gruppe ihr Los langsam verbessern, stellen sie zugleich höhere Anforderungen an die Ehe: einen Mann, der wie Ryan Reynolds aussieht, mit weißem Chevy. Doch die Männer aus ihrer Schicht werden diesen Anforderungen nicht gerecht. Sie halten vielleicht noch am traditionellen Ideal des männlichen Ernährers fest, können es aber längst nicht mehr erfüllen. Aus dieser Schicht stammen unsere romantischen Vorstellungen von Männlichkeit, die seit Generationen die Texte der Countrysänger und die Reden der Politiker inspirieren. Heute jedoch hält die heranwachsende Generation dauerhafte Liebe für eine Fiktion, die nur noch in diesen Popsongs und Reden überlebt hat.

In der gebildeten Klasse hat die neue wirtschaftliche Macht der Frauen zu einer Renaissance der Ehe geführt. Paare mit Hochschulabschluss sind viel flexibler in Bezug darauf, wer welche Rolle spielt, wer wie viel Geld verdient, und in gewissem Ausmaß auch darauf, wer die Kinderlieder singt. Sie gehen über das Konzept der Gleichheit hinaus und entwickeln ganz neue Ehemodelle. Diese neue Ehe, in der das Verdienstverhältnis zwischen Mann und Frau vierzig zu sechzig oder achtzig zu zwanzig betragen und sich binnen ein oder zwei Jahren durchaus umkehren kann, so dass jeder Partner einmal die Befriedigung hat, mehr zu verdienen, nenne ich »Ehe mit wechselnden Rollen«. Immer mehr Frauen aus der Oberschicht werden eine Zeitlang Alleinverdiener, und dank dieser neuen Freiheit bezeichnen viele dieser Paare ihre Ehe als »glücklich« oder »sehr glücklich«. Schon eine »glückliche« Ehe kann jedoch mit versteckten Komplikationen verbunden sein. Als ich Paare aus dieser Schicht interviewte, merkte ich, dass die Männer, selbst wenn sie das Kästchen für glücklich ankreuzten, nicht annähernd so bereit oder scharf darauf waren, eine neue Rolle auszufüllen, wie die Frauen.

Tatsächlich stieß ich bei all meinen Interviews immer wieder auf ein Duo, das wie aus einem Comic entsprungen wirkte: die »Plastikfrau« und der »Mann aus Pappe«. Die Plastikfrau vollbringt schon ein ganzes Jahrhundert lang wahre Wunder an Flexibilität. Sie hat zunächst fast gar nicht und dann nur bis zur Ehe gearbeitet, dann auch während der Ehe und schließlich auch als Mutter von Kindern und sogar von Säuglingen. Wenn sie die Gelegenheit sieht, mehr zu verdienen als ihr Mann, greift sie zu. Sobald sie sich in der Öffentlichkeit nicht mehr damenhafter Zurückhaltung befleißigen muss, kann sie durchaus einen Wirtshausstreit vom Zaun brechen. Wenn sie damit durchkommt, bis weit über dreißig unverheiratet zu bleiben und ein selbstbestimmtes Leben zu führen, tut sie auch das. Und wenn die Zeiten sexuelle Abenteuerlust verlangen, ist sie auch in dieser Beziehung aufgeschlossen.

Sie hat einen geradezu napoleonischen Eroberungsdrang.

Während sie sich eifrig Neues erschließt, hält sie zugleich am Alten fest und produziert damit ein ganz neues Sortiment existenzieller Zwickmühlen (zu viel Arbeit *und* zu viel häusliche Verantwortung, zu viel Macht *und* zu viel Verwundbarkeit, zu viel Nettigkeit *und* nicht genug Glück). Studien, die die Karriere von Frauen verfolgen, nachdem sie den Master of Business Administration gemacht haben, haben sogar eine neue Superspezies der Plastikfrau entdeckt. Sie verdient mehr als weibliche Singles und genauso viel wie Männer. Sie hat Kinder, aber sie arbeitet so viel im Beruf, als ob sie keine hätte. Sie ist die Mutantin, die von unserer Gesellschaft heute am meisten belohnt wird, ein Mensch, der die alten weiblichen und männlichen Pflichten gleichzeitig erfüllt, ohne dabei irgendwie kürzerzutreten.

Der Mann aus Pappe hingegen ändert sich fast gar nicht. Ein Jahrhundert kann vergehen, und sein Lebensstil und seine Ziele sind immer noch fast die Gleichen. Viele Berufe, in denen früher nur Männer tätig waren, werden heute auch von Frauen ausgeübt, aber umgekehrt ist dies kaum der Fall. Fast ein Jahrhundert lang beruhte der männliche Selbstwert auf dem Beruf, den der Mann ausübte, oder auf seiner Rolle als Familienoberhaupt. »Bergmann« oder »Kranführer« waren früher vollständige Identitäten, die den Mann mit einer langen Traditionslinie von Männern verbanden. Und sie schlossen die Funktion als Familienoberhaupt mit ein.

Irgendwann in den ersten Jahrzehnten des 20. Jahrhunderts begannen diese offensichtlichen Formen sozialen Nutzens zu verblassen. Nur wenige Männer übten noch einen der körperlich anspruchsvollen traditionellen Berufe aus, und wenn, dann nicht mehr das ganze Leben lang. Die meisten arbeiteten in Büros, oder sie arbeiteten gar nicht mehr und kämpften stattdessen mit der Mikrowelle im 7-Eleven. Und weil immer weniger Menschen heirateten, verloren sie auch ihre Rolle als Familienoberhaupt. Sie verloren die alte Basis ihrer männlichen Identität, haben aber noch keine klar umrissene neue gefunden. Was heute noch übrig ist, sind Accessoires oder vielleicht »*Mancessoires*«: Jeans, Pick-ups und Designer-Schnappmesser, Superhelden und Gangster, die im Fernsehen herumwüten und schon nach einer Staffel wieder vergessen sind. Dies ist das Phänomen, das die amerikanische Autorin Susan Faludi in den 1990er Jahren als »ornamentale Männlichkeit« bezeichnete, und es hat bis heute keine solidere Gestalt angenommen.

Aufgrund dieser Entwicklung stecken die Männer fest oder sind, wie die Journalistin Jessica Grose es formuliert, »in kulturellem Aspik fixiert«. Sie könnten die neuen Rollen als Hochschulabsolvent, Pflegekraft, Lehrer, Vollzeitvater, die ihnen jetzt offenstehen, schneller übernehmen, aber aus irgendeinem Grund zögern sie. Persönlichkeitstests zeigen seit Jahrzehnten, dass der Mann Neuland nur mit Trippelschritten betritt, während die Frau regelrecht hineinrast. Die Männer machen heute ein kleines bisschen mehr Hausarbeit und Kinderfürsorge als vor 40 Jahren, während die Frauen sehr viel mehr bezahlte Arbeit leisten. Die arbeitende Mutter ist heute die Norm. Aber der Vater, der daheimbleibt, ist immer noch eine schlagzeilenträchtige Anomalie.

Der Bem-Test ist das psychologische Standardinstrument, um Menschen darauf zu testen, wie stark sie mit einer Reihe von Eigenschaften übereinstimmen, die als typisch männlich oder typisch weiblich gelten, zum Beispiel »selbstständig«, »nachgiebig«, »hilfsbereit«, »ehrgeizig«, »liebevoll«, »dominant«. Da der Test schon seit Mitte der 1970er Jahre eingesetzt wird, sind die Frauen inzwischen weit auf das damals noch als männlich definierte Territorium vorgedrungen und betrachten sich typischerweise als »selbstbehauptend«, »unabhängig« oder »bereit, Stellung zu beziehen«. Die typische Bem-Frau ist heutzutage »mitfühlend« und »eigenständig«, »individualistisch« und »anpassungsfähig«. Die Männer jedoch haben die Frauen nicht etwa auf halbem Wege getroffen, sondern finden sich auch heute noch kaum öfter als 1974 »liebevoll« oder »sanft«. Tatsächlich haben sie sich in mancher Hinsicht sogar auf ein noch kleineres Territorium zurückgezogen, scheuen also traditionell weibliche Eigenschaften noch mehr als früher, während die Frauen immer mehr männliche annehmen.

Entwicklungspsychologen haben lange behauptet, wir seien immer noch von Anpassungszwängen aus einer fernen Vergangenheit beherrscht: Männer sind schneller und stärker und darauf programmiert, um knappe Ressourcen zu kämpfen, was seinen Ausdruck heutzutage entweder in der Bereitschaft zu morden oder in dem Bedürfnis, an der Wall Street Gewinne zu machen, findet. Frauen sind eher fürsorglich und entgegenkommend. Deshalb sind sie perfekt für die Aufzucht von Kindern und für die Herstellung von Harmonie zwischen Nachbarn geeignet. Diese Art Denken ist der Rahmen für das, was wir für die natürliche Ordnung halten.

Inzwischen hat es jedoch den Anschein, als seien diese festen Rollen austauschbarer, als wir uns je vorstellen konnten. Eine stärker weiblich dominierte Gesellschaft wird nicht notwendigerweise zu einem weichen, femininen Utopia. Frauen werden auf Arten aggressiver und sogar gewalttätiger, von denen wir früher glaubten, sie seien ausschließlich auf Männer beschränkt. Diese Entwicklung findet in einer neuen

Klasse weiblicher Mörder ihren Ausdruck und auch in einer aufsteigenden Klasse weiblicher »Killer« an der Wall Street. Ob dieser Wandel darauf zurückzuführen ist, dass Frauen heute anders sozialisiert sind, oder einfach daher rührt, dass wir sowieso nie richtig verstanden haben, wie Frauen »programmiert« sind, lässt sich jetzt noch nicht beantworten – und es spielt keine Rolle. Auch wenn es schwer zu glauben ist, das allzu rigide Selbstbild, das wir von uns hatten, ist heute jedenfalls eindeutig nicht mehr korrekt. Es gibt keine »natürliche« Ordnung, nur die Dinge, wie sie sind.

In letzter Zeit erleben wir, wie schnell eine Ordnung, die wir einst für »natürlich« hielten, umgestürzt werden kann. Fast so lange, wie die Zivilisation existiert, war das Patriarchat, gestützt auf die Rechte des erstgeborenen Sohns, von einigen wenigen Ausnahmen abgesehen, das Ordnungsprinzip. Männer im antiken Griechenland banden sich den rechten Hoden ab, um männliche Nachkommen zu zeugen; Frauen begingen Selbstmord (oder wurden getötet), weil sie keinen Sohn gebaren. In ihrem bahnbrechenden Buch *Das andere Geschlecht* äußert die französische Feministin Simone de Beauvoir die Vermutung, die Frauen würden ihr »Frausein« so verabscheuen, dass sie ihre neugeborenen Töchter mit Zorn und Verachtung betrachteten. Nun jedoch erodiert die jahrhundertelange Bevorzugung der Söhne – oder verkehrt sich sogar in ihr Gegenteil. »Frauen unserer Generation wollen Töchter, und zwar gerade weil es uns gefällt, wer wir sind«, plappert eine Frau in der Frauenzeitschrift *Cookie*.

In den 1970er Jahren fand der Biologe Ronald Ericsson eine Methode, wie man die Spermien mit dem männliche Nachkommen produzierenden Y-Chromosom von denen mit dem X-Chromosom trennen konnte. Er ließ die Spermien durch eine Glasröhre mit immer dickeren Albuminbarrieren schwimmen. Spermien mit dem X-Chromosom haben einen dickeren Kopf und eine längere Geißel, und Ericsson nahm an, dass sie in dem dickflüssigen Medium stecken bleiben würden. Spermien mit dem Y-Chromosom sind schlanker und schneller und können, wie Ericsson glaubte, leichter an das Ende der Röhre schwimmen. Das Verfahren war laut Ericsson das Gleiche, wie wenn man »Rinder am Tor aussortiert«. Die Rinder, die zu spät zum geschlossenen Tor kamen, waren natürlich die Spermien mit X-Chromosom, was ihn zu freuen schien.

Ericsson wuchs auf einer Ranch in South Dakota auf, wo er sich seinen Cowboygang und seine Art zu reden aneignete. Statt eines Labormantels trug er Cowboystiefel und einen Cowboyhut und gab seine Version von Cowboypoesie zum Besten. Sein Leitspruch im Leben lautete: »Frühstück um halb fünf und um sechs im Sattel, da ist kein Platz für Schlendrian«. Im Gespräch mit mir erzählte er, dass er 1979 seine Ranch für die epochale Marlboro-Zigarettenwerbung zur Verfügung gestellt habe, weil er an das zentrale Bild der Kampagne glaubte: »Einen Kerl, der auf seinem Pferd einen Fluss entlangreitet, keine Bürokraten, keine Anwälte. Er ist der Boss.« Wenn Ericsson den Prozess der Spermaselektion demonstrierte, benutzte er manchmal einen Zeigestock, der aus einem getrockneten Bullenpenis hergestellt war. In den späten 1970er Jahren verkaufte er Lizenzen für die Verwendung seiner Methode – die er als das erste wissenschaftlich bewiesene Verfahren zur Wahl des Geschlechts bei Kindern bezeichnete – an Kliniken in verschiedenen Staaten der USA.

Die Feministinnen der damaligen Zeit waren auf den Labor-Cowboy und seinen Sperminator nicht gut zu sprechen. »Man muss sich um die Zukunft aller Frauen Sorgen machen«, schrieb Roberta Steinbacher, eine Nonne, die Sozialpsychologin geworden war, in einem Porträt von Ericsson, das 1984 in der Zeitschrift *People* erschien. Angesichts der »universalen Vorliebe für Söhne« sah sie eine dystopische Gesellschaft mit massenproduzierten Jungen voraus, in der die Männer weiterhin die Positionen mit Macht und Einfluss beherrschen würden, während sie den Frauen einen Status zweiter Klasse zuweisen würden. »Ich glaube, die Frauen sollten sich fragen: ›Wo wird das enden?‹«, schrieb sie. »Viele von uns wären jetzt nicht hier, wenn es diese Praktiken schon vor Jahren gegeben hätte.«

Ericsson lachte, als ich ihm diese Zitate seiner alten Feindin vorlas. Selten war es so leicht, eine finstere Voraussage zu widerlegen. In den 1990er Jahren, als sich Ericsson die Zahlen der vielleicht zwei Dutzend Kliniken ansah, die sein Verfahren anwandten, entdeckte er zu seinem Erstaunen, dass sich die Paare häufiger Mädchen als Jungen wünschten. Diese Diskrepanz besteht bis heute, obwohl Ericsson seine Methode für effektiver hält, wenn es um die Produktion von Jungen geht. Seiner Aussage nach werden in einigen Kliniken Mädchen heute im Verhältnis von zwei zu eins bevorzugt. Umfragedaten darüber, welches Geschlecht die Amerikaner vorziehen, sind Mangelware und weisen keine klare Präferenz für Mädchen aus. Aber in den Arztpraxen ist das Bild klar. Für Micro-Sort, eine neuere Methode zur Spermienselektion, läuft derzeit bei der Food and Drug Administration das Genehmigungsverfahren für die klinische Anwendung. Bei Anwendung dieses Verfahrens werden etwa 75 Prozent Mädchen gewünscht. Die Frauen, die heutzutage in Ericssons Klinik anrufen, sagen ganz direkt: »Ich will ein Mädchen.« Sie reden nicht mehr um den heißen Brei herum. »Diese Mütter«, sagt Ericsson, »schauen sich ihr eigenes Leben an und denken, dass ihre Töchter eine glänzende Zukunft haben werden, die ihre eigenen Mütter und Großmütter nicht hatten, ja sogar eine glänzendere Zukunft als ihre Söhne. Warum sollten sie dann kein Mädchen wählen?« Er seufzt und konstatiert das Ende einer Ära. »Gab es eine Dominanz der Männer? Natürlich gab es sie. Aber jetzt ist sie anscheinend vorüber. Und die Ära des erstgeborenen Sohnes ist total vorbei.«

An Ericssons eigener Familie lässt sich gut demonstrieren, wie sich die Situation gewandelt hat. Seine 27-jährige Enkelin (»groß, schlank, gescheit wie der Teufel, eine extrem durchsetzungsfähige Person«) ist Biochemikerin und arbeitet in der DNA-Sequenzierung. Seine Nichte hat an der University of Southern California Bauingenieurin studiert. Seine männlichen Enkel, sagte er, seien gescheit und gutaussehend, aber in der Schule »bekamen sie glasige Augen. Ich muss ihnen sagen: ›Baut bloß keinen Scheiß und fahrt euren Pick-up zu Schrott oder schwängert irgendein Mädchen und ruiniert damit euer Leben.‹« Kürzlich witzelte er bei einem Treffen mit den alten Männern seiner Grundschulklasse, dass er sich einer Geschlechtsumwandlung unterziehen werde. »Frauen leben länger als Männer. Sie kommen besser in dieser Volkswirtschaft zurecht. Sie machen häufiger einen Hochschulabschluss. Sie fliegen ins All und tun auch sonst alles, was Männer tun – und manchmal tun sie es um einiges besser. Ich meine, macht bloß die Bahn frei, verdammt noch mal, diese Frauen werden uns Männer abhängen.«

Der Wandel ist nicht nur in den Vereinigten Staaten, sondern auch in den meisten anderen modernen Volkswirtschaften deutlich zu beobachten. Mehrere Jahrhunderte lang war Südkorea einer der patriarchalischsten Staaten der Erde. Frauen, die keine männlichen Erben zur Welt brachten, wurden oft misshandelt und wie Bedienstete behandelt; manche Familien beteten zu Geistern, damit diese kleine Mädchen töteten. Nun jedoch ist diese Vorliebe für den erstgeborenen Sohn, oder überhaupt für Söhne, verschwunden. In den letzten Jahren hat die Regierung künftigen Eltern in einer landesweiten Befragung folgende Frage gestellt: »Wenn Sie schwanger wären, welches Geschlecht würden Sie sich dann für Ihr Kind wünschen?« Im Jahr 2010 antworteten 29,1 Prozent der Frauen, sie hätten lieber einen Sohn als erstgeborenes Kind, und 36,3 Prozent sagten, ein Mädchen (der Rest antwortete: »keine Präferenz«). Bei Männern war die Kluft noch größer: Nur 23 Prozent wollten einen Jungen und 42,6 Prozent ein Mädchen. Die Mehrheit der Befragten wollte erst beim dritten Kind, nach zwei Töchtern, lieber einen Jungen, und diese Mehrheit war nur knapp.

Aus feministischer Sicht werden die jüngsten sozialen, politischen und wirtschaftlichen Gewinne der Frauen immer als langsame, mühevolle Aufholjagd im fortgesetzten Kampf um die Gleichberechtigung der Geschlechter dargestellt. Aber offenbar ist der Wandel viel radikaler: Die Frauen holen nicht mehr nur auf, sie werden zum Standard, an dem Erfolg gemessen wird. »Warum bist du nicht mehr wie deine Schwester?« ist ein Satz, der vielen Eltern von Jungen und Mädchen im schulpflichtigen Alter einleuchtet, auch wenn sie ihn nicht immer laut aussprechen. Eltern, die sich vorstellen, dass sie stolz zusehen, wie ihr Kind heranwächst und sich entwickelt und im Erwachsenenalter Erfolg hat, haben dabei öfter ein Mädchen als einen Jungen vor ihrem geistigen Auge.

Ja, in den Vereinigten Staaten und vielen anderen Ländern gibt es immer noch eine Lohndifferenz zwischen den Geschlechtern. Ja, Frauen übernehmen noch immer den Löwenanteil bei der Kinderbetreuung. Und ja, die höchsten Positionen der Macht werden noch immer von Männern beherrscht. Aber angesichts der schieren Geschwindigkeit der wirtschaftlichen und anderer Entwicklungen scheinen diese Umstände eher die letzten Überbleibsel einer zu Ende gehenden Ära als eine permanente Struktur zu sein. Dutzende von Studentinnen, die ich für dieses Buch interviewte, hielten es für durchaus wahrscheinlich, dass ihr Mann zu Hause bleiben wird, weil er für die Kinder sorgt oder einfach Arbeit sucht. Männer »sind der neue Klotz am Bein«, sagte eine Studentin im vierten Studienjahr, als sie mit mir sprach. Es kann langsam und ungleichzeitig passieren, aber es passiert zweifellos: Das moderne Wirtschaftsleben wird zu einem Ort, an dem die Frauen die besseren Karten haben.

In dem Jahr, seit ich in der Zeitschrift *The Atlantic* den Artikel veröffentlichte, der mich zu diesem Buch inspirierte, wurde ich als radikale Feministin bezeichnet, weil ich angeblich die Überlegenheit der Frau über den Mann verkünde, und als Antifeministin, weil ich angeblich sage, dass der Kampf für die Frauen vorbei sei. Ich bin weder das eine noch das andere, aber die Ergebnisse meiner Recherchen sprechen sowohl für einen eindeutigen Fortschritt der Frauen an manchen Fronten als auch für enorme Probleme an anderen. Frauen wie Bethenny – meine Freundin aus der Stadt der verschwindenden Männer – besitzen zurzeit eine zwiespältige Unabhängigkeit. Sie sind sehr viel seltener in Beziehungen, wo sie misshandelt werden, und treffen viel öfter selbst alle Entscheidungen über ihr Leben, aber sie sind auch viel häufiger alleinerziehend. Das ist eine schwere Last. Ein Erlebnis bei meinen Recherchen geht mir bis heute nicht aus dem Kopf: Ich musste in einem Community College in Kansas eine Frau im Aufzug wecken. Sie war zwischen dem Erdgeschoss und dem dritten Stock eingeschlafen, weil sie so hart arbeitete, um ihren Abschluss zu machen, nachts zu jobben und drei Kinder großzuziehen.

Bei Frauen mit Hochschulabschluss äußert sich dieser Zwiespalt in zu vielen Wahlmöglichkeiten. Frauen dieser Schicht nehmen sich viel Zeit, um den perfekten Partner und einen kreativen, befriedigenden Beruf zu finden, und dann kommen sie nach Hause und betreuen ihre Kinder mit der Intensität einer Hauslehrerin. Ihr Leben ist reich an Möglichkeiten, von denen ihre Mütter nicht einmal träumten. Und doch bezeichnen sich die Frauen von heute in den meisten Umfragen nicht als glücklicher als die Frauen in den 1970er Jahren. Wahlfreiheit ist mit einem eigenen Set von Ängsten verbunden, mit neuen Sphären, in denen die Frau konkurrieren muss und sich unzulänglich fühlen kann, und mit der steten Furcht, dass sie etwas versäumen könnte.

Die Männer von heute, insbesondere die jungen Männer, befinden sich in einer Übergangsperiode. Sie wollen nicht mehr wie ihre Väter leben, also Frauen heiraten, mit denen sie sich nicht unterhalten können, jeden Tag Überstunden machen und ihren Kindern geistesabwesend den Kopf tätscheln, wenn sie nach Hause kommen. Sie haben begriffen, dass ein väterlicher weißer Chef wie in der Fernsehserie *Das Büro* heute nur noch eine Witzfigur ist. Aber sie können sich nicht von alledem abwenden, weil sie Angst davor haben, Macht und Einfluss zu verlieren: durch Frauen, die mehr Geld verdienen, durch Berufe mit weniger Prestige, durch langweilige

Dienstagnachmittage auf dem Spielplatz. Es gibt massenhaft Chancen für Männer. Theoretisch können sie heute alles sein: Sekretär, Schneider, Präsident des Bundeselternrats. Aber um neue Rollen zu übernehmen und in eine neue Phase einzusteigen, braucht man bestimmte Eigenschaften, nämlich Flexibilität, Organisationstalent und die Bereitschaft, seine Identität zu erweitern.

Als ich mit diesem Buch begann, dachte ich, wir würden uns auf eine weibliche Welt zubewegen und diese Welt würde durch eine Reihe von »weiblichen Werten« geprägt sein, wie sie im Bem-Test definiert sind: »liebevoll«, »nachgiebig«, »mitfühlend«. Am Ende meiner Recherchen war ich jedoch nicht mehr so überzeugt, dass die Entwicklung bei Männern und Frauen etwas über solche festen Werte oder Eigenschaften aussagt oder von ihnen verursacht wird. Auch die Annahme, dass eine von Frauen geführte Welt »liebevoller« sein könnte, erscheint mir inzwischen wie eine Geschichte, die wir uns erzählen, um die gegenwärtigen massiven Umbrüche bei den Geschlechterrollen zahm und vorhersagbar erscheinen zu lassen, obwohl sie gerade das keineswegs sind. Sie sind eher revolutionär, potenziell beglückend und manchmal beängstigend, aber vollkommen unvermeidlich. Deshalb ist das Mindeste, was wir tun können, sie klar zu sehen.

HERZEN AUS STAHL

Weibliche Singles meistern den Hook-up

An einem milden Herbstnachmittag im Jahr 2011 saß ich mit ein paar Studentinnen der Yale University in einem Hinterhof und befragte sie über ihr Liebesleben. Ich hatte viele Berichte darüber gelesen, wie der sogenannte Hook-up, die Abschleppkultur an den Hochschulen, die Frauen fertigmacht, und Yale war sicher ein guter Ort, um darüber Nachforschungen anzustellen. Einige Monate zuvor hatte eine Gruppe größtenteils feministischer Studenten die Universität wegen Verletzung der Gleichberechtigungsvorschrift im amerikanischen Hochschulrahmengesetz, dem sogenannten Title IX, verklagt, weil diese angeblich »auf dem Campus ein feindseliges sexuelles Umfeld« tolerierte. Die Kläger bezogen sich insbesondere auf den Vorfall, dass sich Mitglieder der Verbindung Delta Kappa Epsilon vor dem Wohnheim für Studienanfängerinnen aufgestellt und gerufen hatten: »Nein heißt ja! Ja heißt anal!« In der Woche bevor ich nach Yale kam, war in der Zeitung ein Leserbrief erschienen, in dem es hieß, die »sexuelle Kultur von Yale« sei das eigentliche Problem, der »Hook-up ist ein fruchtbarer Nährboden für sexuelle Eigensucht, Gefühllosigkeit, Grausamkeit und Bosheit«.

Tali, Studentin im dritten Jahr und Mitglied einer Frauenverbindung, sonnengebräunt, mit langen schwarzen Haaren und toller Figur, erzählte mir, sie sei wie viele ihrer Kommilitoninnen in ihrem ersten Studienjahr ganz berauscht von der Anmache gewesen und habe keinen festen Freund haben wollen. »Es war sehr gut für mein Selbstvertrauen, dass ich diese Art von Kontrolle ausüben konnte«, erinnert sie sich. »Die Typen texteten mich ständig voll und riefen mich die ganze Zeit an, und ich ließ sie auflaufen. Das hat mir wirklich gefallen!« Aber irgendwann im zweiten Jahr hatte sie es satt, dass die Beziehungen einfach versandeten, »ohne Ende und ohne Anfang«. Die Typen riefen nachts um elf an und fragten: »Woll'n wir uns treffen?« Aber tagsüber rief keiner an. Wie viele andere Studentinnen, mit denen ich sprach, hatten Tali und ihre Freundinnen offenbar viel mehr sexuelle Erfahrung, als meine Kommilitoninnen gehabt hatten. Sie sprachen genauso gelangweilt über Oral- und Analverkehr wie die eine Frau in meinem Studentenwohnheim, bei der wir alle mit einer frühen Heirat oder einer Kette von Abtreibungen gerechnet hatten. Aber sie waren auch unschuldiger, als wir es gewesen waren. Als ich Tali fragte, was sie wirklich wolle, sagte sie: »Einen Typ, der mich auf einen Frozen Joghurt einlädt.«

Angesichts der Milchbar-Nostalgie dieser Antwort fiel mir eine weitere Frage ein: Ob sie wollten, dass sich die Hook-up-Kultur ändere? Ob ihnen die Sitten eines früheren Zeitalters mit formellen Verabredungen und etwas klareren Regeln lieber wären? Für diese Frage erntete ich, immer wenn ich sie stellte, entsetzte Blicke. Eine Reform vielleicht, indem man den Frauen beibrachte, »für sich selbst einzustehen« – eine Wendung, die ich häufig hörte. Aber abschaffen? Auf keinen Fall! Selbst Alexandra Brodsky, eine der Frauen, die die Klage gemäß Title IX eingereicht hatten, war dieser Ansicht. »Ich würde mich nie gegen die Hook-up-Kultur wenden«, sagte sie. »Viele Frauen haben gern unverbindlichen Sex.« Auch Claire Gordon, eine Yale-Absolventin, die die Klage unterstützt hatte, sagte auf die Frage, ob man bei der Hook-up-Kultur die Uhr zurückdrehen solle: »Im Vergleich zu einem egalitären sexuellen Wunderland ist die Situation nicht gut. Aber im Vergleich zu einer, in der Mädchen für jede sexuelle Erfahrung vor der Ehe bestraft werden, ist sie viel besser.« Sie hatte die Universität schon verlassen. Sie arbeitete bereits und wusste, welchen Weg sie einschlagen wollte. »Frauen brauchen einfach ein bisschen Zeit, um herauszufinden, was sie wollen und wie sie es einfordern können«, sagte sie.

Die jungen Frauen verstanden offenbar intuitiv, dass sich die Zeit, in der sie lebten (und manchmal auch litten), durch eine bemerkenswerte Tatsache auszeichnete: Trotz der spezifischen Probleme des Hook-up am College, trotz der händeringenden Klage über die übersexualisierte und pornografieverseuchte Kultur der USA und trotz des mahnenden Zeigefingers, der in Realityshows wie *Teen Mom* und *16 and Pregnant* erhoben wird, hat die grundlegende Dynamik zwischen Mann und Frau heutzutage eine andere Tendenz. Junge Frauen haben heute mehr Kontrolle über ihr sexuelles Schicksal, als sie vermutlich je hatten. Schon durch die sexuelle Revolution der 1960er und 1970er Jahre hat sich das Verhalten der Frau gewandelt, aber in mancher Hinsicht waren die Veränderungen der letzten 30 Jahre genauso tiefgreifend.

Die heutige Ära hat wenig gemein mit freier Liebe und der hippiesken Freiheit, sich nackt im Central Park zu räkeln. Was sie vielmehr auszeichnet, ist die neue Macht der Frauen, Männer abzuwehren, wenn sie wollen. In mancher Hinsicht könnte man das Verhalten der jungen Leute sogar als Rückkehr in ein unschuldigeres Zeitalter betrachten.

Heutige Teenager haben viel seltener Sex und werden seltener schwanger als früher. Im Jahr 1988 hatte die Hälfte der männlichen Jugendlichen im Alter zwischen fünfzehn und siebzehn bereits Sex, 2010 aber nur noch ein Drittel. Bei den weiblichen Teenagern fiel die gleiche Rate nach den neuesten Daten des US-amerikanischen Center for Disease Control and Prevention von 37,2 auf 27 Prozent. Teenagerschwangerschaften sind seit dem Höhepunkt im Jahr 1991 um 44 Prozent zurückgegangen und haben 2010 einen Tiefststand erreicht.

Eine der spannendsten Entwicklungen in der Kriminalgeschichte der letzten 20 Jahre ist der dramatische Rückgang sexueller Übergriffe. In Teilen der USA sind die Raten, insbesondere für weiße Frauen, so niedrig, dass die Kriminologen die Zahlen nicht mehr auf ihren Schaubildern darstellen können. »Die Frauen in einem Großteil Amerikas könnten genauso gut in Schweden leben, so sicher sind sie«, sagt der Kriminologe Mike Males, ein Forscher am Center on Juvenile and Criminal Justice. Der stärkste Rückgang fand bei der Vergewaltigung von Bekannten statt. Insbesondere diese Veränderung steht in direktem Zusammenhang mit dem neuen wirtschaftlichen Erfolg der Frauen. Frauen, die finanziell von einem Mann abhängig waren, konnten sich viel schwerer aus einer Beziehung oder Situation befreien, in der sie missbraucht wurden. Heute jedoch können Frauen, die früher vielleicht in einer solchen Beziehung geblieben wären, den Mann verlassen oder, häufiger noch, ihn aus dem Haus werfen. »Junge Frauen«, sagt Males, »haben heute beträchtlich mehr Macht. Und deshalb werden sie sehr viel seltener zum Opfer.«

In einer Zeit, in der die Menschen länger Single bleiben,

durchlaufen unabhängige Akademikerinnen wie Tali einen langen sexuellen Entwicklungsbogen. In den ersten Jahren haben sie heutzutage vielleicht härter zu kämpfen als in Zeiten, die noch von mehr Ritterlichkeit geprägt waren. Wenn die Ehe noch ein sehr fernes Ziel ist, sind beide Geschlechter eher bindungsscheu und verhalten sich dementsprechend. Irgendwann in meinen Interviews stellte ich den Frauen immer folgende Frage: »Wenn ein Mann mit dir schläft und dich am nächsten Tag im Seminar nicht mehr kennt, ist er dann ein Arschloch?« (So sahen wir es, als ich auf der Hochschule war.) Doch die meisten Frauen, mit denen ich sprach, lachten nur oder schauten mich ganz verwirrt an, als wollten sie sagen: *Machen das nicht ganz viele?*

Bücher über die Hook-up-Kultur betonen tendenziell die Frustrationen, die sie verursacht: »Viele wollen dich einfach bloß abschleppen und dann nie mehr ein Wort mit dir wechseln ... du bist ihnen total egal!«, beklagt sich eine Frau in *Hooking Up: Sex, Dating, and Relationships on Campus* von Kathleen Bogle. »Das hält dich vielleicht nicht davon ab [dich abschleppen zu lassen], weil du denkst: ›Dieses Mal ist es vielleicht anders.‹« Bogle, die 76 Studenten interviewte, kam außerdem zu dem Schluss, dass Doppelmoral immer noch ein Problem ist. Männer hängen Listen mit »Fuck Points« am Schwarzen Brett ihrer Verbindungshäuser aus. Frauen, die mit zu vielen Männern ins Bett gehen, werden als »Lacrosse-Nutten« (ursprünglich Frauen, die mit mehreren Männern aus der Lacrosse-Mannschaft schliefen) oder als »Hausratten« beschimpft, oder sie werden als »gut zum Abschleppen« (aber für nichts sonst) bewertet. Die Hook-up-Kultur ist laut Bogle »ein Kampf der Geschlechter«, in dem die Frauen Beziehungen und die Männer »ja keine Verpflichtungen« wollen.

Tatsächlich jedoch ist dies einer der Fälle, in denen schlaglichtartige Interviews irreführend sein können. Sprechen Sie an einem bestimmten Tag mit einer bestimmten Neunzehnjährigen, und sie serviert Ihnen einen ganzen Sack voll weiblicher Schwierigkeiten. Aber (wie ihre Freundin nach einer durchweinten Nacht vermutlich sagen würde) man muss die Sache in Relation setzen. Mit etwas Abstand betrachtet ist die Hook-up-Kultur für die meisten Frauen eine Art Insel, die sie vor allem als Studentinnen besuchen, und auch dann nur, wenn sie sich langweilen oder gerade experimentieren oder solange sie es nicht besser wissen. Doch sie bleiben nicht darin hängen. Die Sexkultur ist heute vielleicht rauer geworden, doch die jungen Frauen haben sehr gute Voraussetzungen, damit klarzukommen, weil sie sich im Gegensatz zu früher um wichtigere Dinge wie zum Beispiel gute Noten, Praktika, Bewerbungsgespräche und ihre finanzielle Zukunft kümmern müssen. Trotz aller Verwirrung im Detail sehen sie das Ganze heute klarer. Die sorgfältigsten und mit der größten Geduld durchgeführten Untersuchungen über die Hook-up-Kultur zeigen, dass Frauen langfristig stark von einer Welt profitieren, in der sie ohne sich zu binden und ohne allzu viel Scham sexuelle Abenteuer haben und zeitlich begrenzte Beziehungen eingehen können, ohne auf eine Karriere verzichten zu müssen.

Im Jahr 2004 begannen Elizabeth Armstrong, die damals an der University of Indiana arbeitete, und Laura Hamilton, eine junge Dokotorandin, mit einer Untersuchung über sexuelle Misshandlung in studentischen Beziehungen. Sie holten sich die Genehmigung, an einer Universität im Mittleren Westen die Frauen auf einem Stockwerk eines Wohnheims zu interviewen, das als »Partywohnheim« verschrien war. Etwa zwei Drittel der interviewten Studentinnen kamen aus »eher privilegierten Schichten«, das heißt, sie wurden von Eltern finanziell unterstützt, die vermutlich ebenfalls eine Hochschule besucht hatten. Ein Drittel stammte aus weniger privilegierten Familien. Diese Frauen finanzierten ihr Studium selbst und gingen wahrscheinlich als erste Mitglieder ihrer Familie auf eine Universität. Gleich der erste Tag der Interviews war so aufschlussreich, dass die beiden Forscherinnen die Hochschulleitung baten, vier Jahre lang in dem Wohnheim ihre Zelte aufschlagen zu dürfen, um das Liebesleben der 53 Bewohnerinnen zu verfolgen.

Die interviewten Frauen beschwerten sich durchaus über doppelte Moralvorstellungen und darüber, dass sie als Schlampen beschimpft und nicht mit Respekt behandelt wurden. Trotzdem kristallisierte sich im Lauf der vier Jahre heraus, dass der Hook-up als Teil einer umfassenderen Beziehungsstrategie genutzt wird, als eine Phase, die Elizabeth Armstrong als »sexuelle Karriere« zu interpretieren lernte. Für eine ehrgeizige junge Aufsteigerin bot die Hook-up-Kultur die Möglichkeit, Beziehungen auszuprobieren, ohne dass sie dadurch in ihrer persönlichen Entwicklung oder in ihrem Studium beeinträchtigt wurde. Wie Armstrong schreibt, funktionieren die unverbindlichen Begegnungen wie eine »Verzögerungstaktik«, weil zumindest die privilegierten Frauen die unmittelbare Priorität hatten, sich für eine Karriere zu positionieren. »Wenn ich den Lebensstil behalten will, mit dem ich aufgewachsen bin«, sagte eine der Frauen zu Armstrong, »muss ich arbeiten. Ich sehe mich einfach nicht als Frau, die früh heiratet und vom Geld eines Mannes lebt.« Eine andere Studentin sagte: »Ich will eine sichere Existenz in einer großen Stadt und in einem Beruf ... Ich werde überhaupt nichts überstürzen. Wenn ich mit dreißig verheiratet bin, ist es gut.«

Die Frauen mussten sich immer noch mit dem altmodischen Problem herumschlagen, dass sie ihren Ruf nicht aufs Spiel setzten, aber auf lange Sicht war es ihnen viel wichtiger, ihr späteres berufliches Ansehen zu schützen. »Statt um die Aufnahme einer Beziehung zu kämpfen, mussten sich die Frauen«, wie Armstrong herausfand, »anstrengen, um eine Beziehung zu vermeiden.« Sie logen interessierte Männer oft an und sagten, sie seien »zu konservativ« für eine außereheliche Verbindung oder sie hätten zu Hause einen Freund – alles, weil sie in Wirklichkeit keine Beziehung wollten, die ihnen Zeit fürs Studium stehlen würde.

Armstrong und ihre Rechercheure hatten damit gerechnet, auf Opfer sexuellen Missbrauchs zu stoßen, aber sie hatten das Gegenteil gefunden, nämlich Frauen, die ihr Liebesleben wie ausgebuffte Kopfjäger managten. »Ehrgeizige Frauen gehen davon aus, dass eine Beziehung ähnlich aufwendig ist wie ein Hauptseminar, und dafür haben sie nicht immer Zeit«, sagte Armstrong im Gespräch mit mir, »also entscheiden sie sich für einen Hook-up, der weniger zeitraubend ist.«

Die Frauen charakterisierten Beziehungen als »zu aufwendig« oder »zu eng«. Eine Frau, die »keineswegs über einen Mangel an Bewunderern zu klagen hatte«, sagte: »Ich weiß, es klingt echt kläglich, und du glaubst wahrscheinlich, dass ich lüge, aber im Moment habe ich so viele andere Sachen am Laufen, und eine Beziehung steht wirklich nicht weit oben auf meiner Liste ... Ich weiß, dass das wie eine verdammt lahme Ausrede klingt, aber es ist wahr.« Die Frauen wollten studieren oder mit ihren Freundinnen herumhängen oder, wie eine es formulierte, einfach »hundert Prozent egoistisch« sein. »Ich habe noch den Rest meines Lebens, um ihn einem Mann oder Kindern oder einem Beruf zu widmen.« Manche hatten sogar absichtlich sogenannte »falsche feste Freunde«, die ihnen für eine Ehe nicht gut genug waren. So sagte eine Studentin über ihren Freund: »Er entspricht heute meinen Bedürfnissen, weil ich jetzt noch nicht heiraten will. Ich will nicht, dass irgendjemand Einfluss darauf hat, was ich nach meinem Abschluss mache.« Und eine andere sagte: »Er will zwei Kinder, bis er dreißig ist. Ich, na ja, ich vermute, dass wir nicht heiraten werden.«

Die aufschlussreichsten Teile der Studie stützen sich auf die Interviews mit den weniger privilegierten Frauen. Viele von ihnen hatten schon einen Freund zu Hause, als sie an die Universität kamen, und sie rechneten damit, dass ihr Leben ähnlich verlaufen würde wie das ihrer Eltern: Ausbildung abschließen, sofort danach arbeiten und irgendwann zwischendrin heiraten. Sie waren noch ziemlich konservativ, als sie an die Uni kamen, und fanden die Hook-up-Kultur zunächst abstoßend. (»Diese reichen Zicken sind vielleicht nuttig«, fasst Armstrong diese Haltung zusammen.) Sie steckten in einer Zwickmühle, weil sie weder den Freund von zu Hause heiraten wollten, den sie als »die Katastrophe« bezeichneten (einen Mann, der seinen Hintern nicht vom Sofa hochbekommt und ihre Kreditkarte klaut), noch wollten sie sich auf eine sexuelle Kultur einlassen, bei der ihnen unbehaglich war. Frauen, die sich für die erste Möglichkeit entschieden und ihren frühen Freund heirateten, galten im Wohnheim als tragische Fälle, die einer Art spätviktorianischen Täuschung erlegen waren. »Sie sprach immer davon, dass sie es gar nicht erwarten könnte, zu heiraten und Kinder zu kriegen«, sagte eine Frau über ihre Freundin aus der Arbeiterschicht. »Sie hat bestimmt gedacht, wow, jetzt bin ich achtzehn ... Es ging alles viel zu schnell, wissen Sie. Und dann hat sie einfach das Studium geschmissen und mit uns allen den Kontakt abgebrochen ... Wie ich es sehe, kommt sie aus einer wirklich kleinen Stadt, und dort machen es alle so ... heiraten und Kinder kriegen.«

Die Erfolgreichen betrachteten die Hook-up-Kultur als das, was sie ist: den Weg aus der Sackgasse, in der sie von der »Katastrophe« unterjocht gewesen wären. »Jetzt bin ich so drauf, dass ich gar nicht mehr sofort heiraten oder Kinder kriegen muss«, sagte eine der weniger privilegierten Frauen im dritten Studienjahr. »Alle Freundinnen [meiner Brüder], siebzehn- bis zweiundzwanzigjährige Mädchen, haben ... Kinder, und ich denke: Ach du lieber Gott ... Ich dagegen kann noch ein paar Jahre etwas anderes tun, bevor ich eine Familie gründe ... und mir über Kinder Gedanken mache.« Die Hook-up-Kultur hatte ihren Horizont erweitert. Sie konnte studieren und arbeiten und sich mit Männern treffen und ein paar Jahre von flüchtigen Beziehungen zehren, bevor sie heiratete.

Die Vermutung, dass das Leiden unter der Abschleppkultur massiv übertrieben wurde, wird auch durch breiter angelegte, aber eher oberflächliche Untersuchungen bestätigt. Im Lauf des vergangenen Jahrzehnts sammelte die Soziologin Paula England von der New York University mittels einer Online-Umfrage Daten über Hook-ups. Sie verfügt inzwischen über 20 000 Antworten auf ihre Befragung und damit über das bisher umfangreichste Datenmaterial zum Thema. In ihrer Erhebung melden Hochschüler im letzten Studienjahr einen Medianwert von nur fünf Hook-ups in vier Jahren und einen Durchschnitt von 7,9. Durch ihre Studie wird ein Ergebnis früherer Umfragen bestätigt: Die Zahlen sind durch Personen an beiden Enden des Spektrums verzerrt. Forscher schätzen, dass etwa ein Viertel der Studenten sich völlig aus der Hook-up-Kultur ausklinkt, während ein Viertel mit Lust daran teilnimmt und mindestens zehn Hook-ups aufweist (die Lacrosse-Nutten?). Für die gemäßigte Mitte ist die Hook-up-Kultur laut England eine Chance, die man nur im ersten Studienjahr richtig auskostet oder nutzt, wenn einem danach ist oder wenn man sich gerade von seinem Freund getrennt hat. Am wichtigsten ist, dass sie die Möglichkeit intimer Beziehungen nicht zerstört. In Englands Studie berichten 74 Prozent der Frauen und etwa gleich viele Männer, sie hätten während des Studiums eine Beziehung gehabt, die mindestens sechs Monate gedauert habe (dies bedeutet, dass Tali entweder sehr viel Pech hat oder in ihrem letzten Studienjahr Glück haben wird).

Wenn sich Frauen tatsächlich abschleppen lassen, ist das Klischee, dass sie dadurch unglücklich werden, nicht gerade zutreffend. Zwar ist es wahrscheinlicher, dass Männer beim unverbindlichen Sex einen Orgasmus haben, doch das kann daher rühren, dass viele männliche Studenten noch wenig sexuelle Erfahrung haben und nicht wissen, wie sie ihre Partnerinnen befriedigen sollen, oder daran, dass die Frauen nicht immer auf einer Erfüllung ihrer sexuellen Bedürfnisse bestehen. Jedenfalls berichtet etwa dieselbe Zahl von Frauen und Männern in Englands Umfrage, dass sie ihren letzten Hookup »sehr« genossen hätten. Das heißt, auch die Frauen hatten etwas von der Begegnung, vielleicht Vergnügen (sogar ohne Orgasmus) oder eine Erfahrung oder das Erlebnis, jemandem Lust zu bereiten, oder einfach eine gute Geschichte. Etwa

66 Prozent der Frauen wünschen sich, dass aus ihrem letzten Hook-up mehr wird, und 58 Prozent der Männer haben denselben Wunsch – kein großer Unterschied angesichts der kulturpessimistischen Panik über den Niedergang des ritterlichen Zeitalters und die bösen Folgen für die Frau.

Fast alle Frauen, die Armstrong und Hamilton in dem Wohnheim interviewten, gingen davon aus, dass sie heiraten würden, und freuten sich darauf. Die Männer plädierten für ein ideales Heiratsalter, das zwei Jahre später lag als das von den Frauen bevorzugte, eine Präferenz, die dem durchschnittlichen Altersunterschied bei Ehen entspricht. Das Gesamtbild lässt vermuten, dass den meisten jungen Frauen ein Flirt mit der Hook-up-Kultur nichts schadet und sie am Ende ein glückliches Leben führen. Sie werden ein paar Jahre an ihrer Karriere arbeiten und sich mit unverbindlichen Beziehungen begnügen, dann mit etwa dreißig heiraten und womöglich ein glückliches Ehe- und Berufsleben führen.

Natürlich hatten die meisten Befragten noch ein Jahrzehnt ihrer »sexuellen Karriere« vor sich, ein Jahrzehnt, in dem sich die widersprüchlichen Aspekte der neuen sexuellen Kultur noch intensivierten und die Frauen noch mehr sexuelles Selbstvertrauen und finanzielle Sicherheit gewannen, aber auch eine neue Art von Verwundbarkeit empfanden, als sie in das heute typische Heiratsalter kamen.

Das pornografische Foto, das Studenten bei der Party einer Ivy-League-Wirtschaftsfakultät auf ihren Handys herumreichten, war eher ein Witz als Hardcore: Eine Frau mit einer Pudelmütze bläst einem Schneemann den Schneepenis. Schneeblasen oder Schneemannfellatio nennt man das, Ausdrücke, die bei dieser alkoholgeschwängerten Party mitten in der Woche außer mir offenbar jeder kannte. Die Männer auf dem Fest hielten den Frauen das Bild unter die Nase, aber die machten sich kaum die Mühe, die Augen zu verdrehen, geschweige denn, sich über das »feindselige sexuelle Umfeld« zu beschweren oder sich auf »Title IX« zu berufen. Diese Party wurde nicht von Frauen besucht, die an der Yale University Women's Studies studierten; die hier waren schon einige Jahre älter, hatten das Grundstudium abgeschlossen und waren Veteraninnen der Hook-up-Kultur.

Eine der Frauen hatte das Foto schon fünfmal gesehen, als ihr Freund es ihr zeigte, also hielt sie einfach ihren Bierkrug vor sein Handy und redete weiter. Er hatte schon zweimal vorgeschlagen, in einen Stripteaseclub zu gehen, und als eine gemeinsame Freundin fragte, ob die beiden heiraten würden, hatte er ihr den Stinkefinger gezeigt und darauf geachtet, dass seine Freundin es sah, damit sie sich keine Illusionen über eine baldige Heirat machte. Die Freundin sagte zu mir, sie sei »pubertäres Verhalten« gewöhnt. Sie habe drei kleine Brüder. Er kriegte es kaum mit.

Mir wurde das Foto zum ersten Mal gezeigt, als ich auf den Balkon hinausging, weil ich die Kälte der lauten Musik vorzog. Meine genauere Betrachtung wurde von einem jungen Mann unterbrochen, der »Feier wie ein Rockstar!« schrie und sich vornüberbeugte, damit zwei Frauen in Tubetops ihm den Arsch tätscheln konnten. Bei diesen offiziellen Hochschulpartys auf dem Campus spendeten Privatunternehmen das wenige Essen und die unbegrenzten Biermengen, die direkt aus Fässchen in die Krüge flossen. (»Dicker Kopf mit freundlicher Unterstützung von Credit Suisse«, scherzte ein Barkeeper jedes Mal, wenn er einen Krug zapfte, und gab jedem den High Five.) Die Partys waren keine verbotene

Ablenkung vom Studium, ganz im Gegenteil. Die Studenten sollten hier die offizielle Botschaft mitkriegen, dass es für ihren künftigen Erfolg genauso wichtig, ja vielleicht sogar noch wichtiger war als das Studium, sich mit Hilfe sozialer Schmiermittel zu vernetzen.

Auf der Party kam der Spruch »Nein heißt ja! Ja heißt anal!«, der an der Yale University die Klage ausgelöst hatte, ebenfalls zur Sprache, aber als angenehme Erinnerung. Einige Studenten erzählten von einem Spiel, das sie gespielt hatten, als sie in den Frühjahrsferien zusammen weggefahren waren. Es hieß »Dirty Rounds« und war eine Art Scharade, nur dass dabei nicht Buch- oder Filmtitel, sondern sexuelle Begriffe dargestellt und geraten wurden, zum Beispiel »rosa Socke« (der Anblick des Anus nach einem Übermaß an Analsex) oder »Schneeblasen«.

Das Ganze war wie ein Verbindungsfest, aber für Studenten, die schon seit einigen Jahren ihren ersten Abschluss hatten, bereits über erste Erfahrungen in der Arbeitswelt verfügten und die es nun genießen konnten, ein paar Stunden zu regredieren. Sie hatten das Selbstvertrauen und das Geld von Beinahe-Arrivierten, und sie protzten damit. Junge Männer in teuren Maßanzügen flirteten mit Frauen auf zehn Zentimeter hohen Absätzen, und beide Geschlechter versuchten einander im Gespräch über berufliche Angebote und sexuelle Eroberungen auszustechen. Manchmal mischten sich beide Aspekte in einer einzigen Äußerung: »Goldman und HSBC«, prahlte eine Frau. »Und? Machst du's mir jetzt, wie ich will?« In einer Ecke unterhielt eine asiatische Schönheit ihre sechs Bewunderer mit der perfekten Imitation einer asiatischen Prostituierten: »Oh, du so groß. Ich dir lieben lang Zeit.« Damit hatte sie schon gezeigt, wo es langging, bevor einer der Typen überhaupt dazu kam, sie anzubaggern. (Wie sie mir später erzählte, nahm sie am Schluss den kleinsten Kerl in der Gruppe mit nach Hause, weil sie vermutete, dass er am besten im Bett sein würde.)

Ich hatte meine Nachforschungen an die wirtschaftswissenschaftliche Fakultät einer Ivy-League verlegt, weil mir ein Freund erzählt hatte, die Frauen dort seien sexuell so aggressiv, dass sie Angst machten. Viele von ihnen waren vom Paketthandel oder von Investmentbanken geprägt, die ein furchterregendes Männer-Frauen-Verhältnis von beispielsweise zweihundert zu eins aufwiesen, und sie hatten gelernt, mit den Männern Schritt zu halten. (An der Fakultät selbst lag das Verhältnis bei paradiesischen sieben zu drei.) Frauen erzählten mir, wie sie bei der Arbeit von FKBs (Finanz-Kotzbrocken) angebaggert wurden, die nicht einmal ihren Ehering abgenommen hatten, und sie berichteten, dass sie am Montagmorgen in Konferenzen saßen, in denen zunächst einmal berichtet wurde, wer am Wochenende wen (oder was) gebumst hatte. Sie wurden routinemäßig von männlichen Kollegen belästigt, die ihnen immer ausgefallenere Pornos zeigten, die sie auf ihre Handys heruntergeladen hatten, und Schneeblasen war harmlos dagegen. Im Allgemeinen reagierten sie auf solche Dinge nicht, indem sie zum Rechtsanwalt gingen, sondern indem sie sich der Situation gewachsen (beziehungsweise geschrumpft) zeigten.

Die durchschnittliche Studienanfängerin wäre über das Tempo und die Rohheit der Anmache vielleicht schockiert gewesen, doch in diesem Umfeld fand ich kaum eine Person, die die Vulgarität überhaupt noch *bemerkt* hätte, bis ich auf eine Studentin stieß, die neu in der Szene war. Sie war erst zwei Wochen zuvor aus Argentinien gekommen und völlig schockiert über die Partys auf dem Campus. »Hier in Amerika geben die Frauen Mund, Arsch und Titten her, bevor sie den Kerl überhaupt kennen«, sagte sie, wobei sie das Gesagte mit den entsprechenden Handbewegungen unterstrich. »Es geht: ›Hallo.‹ ›Hallo.‹ ›Gehst du mit mir ins Bett?‹ ›Na klar.‹ Die sind so was von aggressiv! Haben die Herzen aus Stahl, oder was? In meinem Land wäre eine solche Frau am Verzweifeln. Oder eine Prostituierte.«

Aber vielleicht betrachten diese Frauen ein Herz aus Stahl als fairen Preis für ihren neuen hohen Rang in der sozialen Hierarchie des Milieus? Früher wären hübsche Frauen in einer betriebs- und finanzwirtschaftlichen Szene Außenseiter gewesen, die man zur Belebung der Party eingeladen hätte, Sekretärinnen vielleicht, oder bezahlte Frauen von einem Begleitservice wie in der Frühzeit der Playboyclubs. Hier jedoch waren die Frauen, die sich mit Federohrringen, schenkelhohen Stiefeln und wissendem Lächeln durch den Raum bewegten, sozial gleichgestellt – mindestens. Diese Achtundzwanzigjährigen, die auf dem besten Weg zu einem betriebswirtschaftlichen Abschluss an einer Elite-Universität waren, jetzt schon fünfjährige Erfahrung in der Finanzwelt besaßen und genug Geld hatten, um bei Barneys einzukaufen, setzten ihren Sex-Appeal nicht nur ein, um sich einen Mann zu angeln oder ihn mit einem wilden Strip zu verwirren, sondern um ihn in seinem wichtigsten Bereich herauszufordern, in der Arbeitswelt.

Ich hatte den Eindruck, dass die jungen Betriebswirtschaftlerinnen sich selbst auf die Probe stellten, als ich sie beim Flirten an der Bar beobachtete. Wenn sie es schafften, die pornografischen Witze zu ignorieren, konnten sie sich auch auf dem Börsenparkett behaupten. Wenn sie hier den ersten Zug machen konnten, würden sie die Männer auch bei geschäftlichen Verhandlungen schlagen. Sie verlegten sich darauf, die Männer psychisch zu besiegen, indem sie in keinem der Spiele nachgaben, in denen sie früher als die Schwächeren gegolten hatten.

Möglicherweise setzen Frauen in ihrem Alter ihren Sex-Appeal nicht nur ein, um mit den Männern Schritt zu halten, sondern um sie zu übertreffen. Während sie ihre sexuelle Anziehungskraft im Studium noch im Zaum halten müssen, um sich auf ihre Karriere zu konzentrieren, ist sie nach der Hochschule vielleicht ein Mittel, das sie zur Förderung ihrer Karriere einsetzen können. Seit ein paar Jahren versuchen Wirtschaftswissenschaftler den konkreten Marktwert verschiedener unscharf definierter Eigenschaften (wie soziale Kompetenz, kulturelles Kapital oder »Soft Power«) zu messen, die sich alle nicht auf klar bestimmbare Aktiva oder Fertigkeiten beziehen. Kürzlich hat die britische Wirtschaftswissenschaftlerin Catherine Hakim »erotisches Kapital« als neues potenzielles Aktivum identifiziert. Der Begriff bezieht sich nicht primär auf Schönheit oder sexuelle Attraktivität, sondern eher auf Charme und Charisma. Menschen, die (wie Michelle Obama oder Ségolène Royal) erotisches Kapital haben, machen auch finanziellen Gewinn, weil sie andere Leute für sich begeistern können und als potenzielle Führungsfiguren wahrgenommen werden. »Richtig verstanden«, so Hakim, »ist erotisches Kapital das, was Wirtschaftswissenschaftler als ›persönliche Qualität‹ bezeichnen, und wird seinen Platz neben wirtschaftlichem, kulturellem, menschlichem und sozialem Kapital einnehmen. Es ist genauso wichtig (wenn nicht noch wichtiger) für sozialen Aufstieg und Erfolg.«

Hakims Ansicht nach ist erotisches Kapital schon immer ein offensichtliches Plus gewesen, obwohl ihm kein messbarer Wert am Arbeitsplatz zugeschrieben wurde. Die männlichen Verantwortlichen werteten es ab, weil es eine Stärke der Frauen war. Und die Feministinnen waren dagegen, es als echte Quelle von Macht in Anspruch zu nehmen. Laut Hakim ändert sich diese Dynamik heute jedoch. Anstatt sich von einer stark sexualisierten Kultur fertigmachen zu lassen, lernen die Frauen, sie zu ihrem eigenen Vorteil zu manipulieren. In einer Volkswirtschaft, die soziale Kompetenz und einen charismatischen Führungsstil schätzt, ist Attraktivität ein echter Vorteil. Wirtschaftswissenschaftler haben gemäß der Idee, dass die persönliche Anziehungskraft in direktem Zusammenhang mit dem Machterwerb steht, angefangen, »die Schönheitsprämie« zu messen. In den Vereinigten Staaten zum Beispiel hatte eine große nationale Studie das Ergebnis, dass Menschen, die als »attraktiv« gelten, 12 bis 17 Prozent mehr verdienen als solche, die als »reizlos« empfunden werden. Der Vorteil wurde für beide Geschlechter festgestellt, aber die Frauen sind schon viel länger im Spiel.

Die Männer versuchen unter dem Druck der Verhältnisse natürlich aufzuholen. Der jüngste Boom der plastischen Chirurgie ist den Männern zu verdanken, und zwar hauptsächlich Männern mittleren Alters. Sie stehen für Faceliftings, Botox und Fettabsaugen regelrecht Schlange. Im Jahr 1986 wurde der Schauspieler Mark Harmon von der Zeitschrift *People* zum sexuell attraktivsten Mann des Jahres gekürt. Er hatte so viel Rückenhaar, dass man es auch von vorne sah. Heute sind die Enthaarungsnormen für Männer genauso streng wie für Frauen. Die neuen Männermagazine schreiben direkt bei der *Cosmopolitan* ab. WAS ATTRAKTIVE

FRAUEN LIEBEN! und WASCHBRETTBAUCH sind Themen, die alle paar Monate auf ihren Covern recycelt werden. Designer fangen an, »Mancessories« auf den Markt zu bringen: Federarmbänder, Armringe aus Metall und sogar Make-up für Männer.

Natürlich bedeuten diese Verschiebungen in der Dynamik der Macht nicht, dass Männer und Frauen bei der Partnersuche nun einfach die Rollen getauscht hätten. In der allerersten Episode von *Sex and the City*, die 1998 ausgestrahlt wurde, fragt Carrie Bradshaw in ihrer Kolumne, ob eine Frau wie ein Mann Sex haben kann. Die Antwort wird knapp zehn Minuten später geliefert und lautet: nicht wirklich. Das trifft auch heute noch weitgehend zu. Beim Sex haben die Frauen (wie in fast allen anderen Lebensbereichen auch) die Tendenz, einen Kern ihres alten – romantischen, zärtlichen, verwundbaren – Selbst zu bewahren, auch wenn sie neue sexuelle Rollen annehmen. Die Frauen an der betriebswirtschaftlichen Fakultät *brauchen* keinen Mann mehr, der sie unterstützt, doch das bedeutet nicht, dass sie keinen *wollen*. Außerdem fällt es ihnen schwer zu wissen, wann sie ihre Rüstung ablegen dürfen, nachdem sie jahrelang gelernt haben, auf der Hut zu sein. So schreibt Meghan Daum in ihrem Buch *My Misspent Youth*: »Die schlimmste vorstellbare Sünde war weder Grausamkeit noch Gehässigkeit, ja nicht einmal berufliches Scheitern, sondern Verwundbarkeit«.

Ich kam während der Rekrutierungswoche in der betriebswirtschaftlichen Fakultät an und konnte beobachten, welchen Stress sie Frauen verursachte, die schon eine Beziehung hatten. Eine Frau war mit einem Mann zusammen, dem man gerade eine Stelle in London angeboten hatte. Sie war bereit, mit ihm nach London zu gehen, doch der Mann hatte sie noch nicht gefragt, und sie wollte das Problem nicht selber ansprechen, um nicht bedürftig zu wirken. Also wartete sie und schob die Antwort auf ihr eigenes Stellenangebot auf. Andere Paare erlebten Ähnliches mit Tokio und San Francisco als Möglichkeiten. Für diese harten, ehrgeizigen Frauen bestand die Herausforderung darin, ihr Herz aus Stahl so lange zu behalten, bis sie unverwundbar erschienen, aber nicht so lange, bis sie ihre Chance auf privates Glück verspielt hatten.

Das erste Mal hörte ich durch ihren Exfreund von Sabrina. Er studierte wie sie Wirtschaftswissenschaften und war neun Monate mit ihr zusammen gewesen. Ich traf ihn bei der Midweek Party auf dem Balkon und fasste sofort Vertrauen zu ihm, weil er nicht das dumme Partygeschwätz draufhatte, das ich von seinen Kommilitonen zu hören bekam: »Ich will mich jetzt einfach noch nicht festnageln lassen« oder: »Scheiß auf die Ehe«. Er war immerhin bereit, sich auf ein ernsthaftes Gespräch über die Liebe einzulassen. »Ich habe meine Traumfrau schon gefunden«, erzählte er mir. »Zum sechsten Mal.« Er war in Sabrina verliebt, seit sie das erste Mal zusammen auf einer Studentenparty gewesen waren, wenngleich sie erst zwei Wochen später miteinander geschlafen hatten. Als sie es schließlich taten, war es eine ganz neue Erfahrung für ihn gewesen. Im Bett war Sabrina, wie er berichtete, ganz ihr großartiges, abenteuerlustiges Selbst: voller Selbstvertrauen, offensiv und ohne jede Hemmung, wenn es darum ging zu sagen, was ihr gefiel. Sie war beweglich und empfänglich und voller Überraschungen und schlug Dinge vor, die zu fragen ihm nicht eingefallen wäre. Sie schien den Sex noch mehr zu wollen als er. »Ich hatte in diesen Dingen bis dahin immer die Kontrolle gehabt, also war ich nicht daran gewöhnt«, sagte er. Er bezeichnete Sabrina immer wieder als »einzigartig« und als »etwas ganz Besonderes«, obwohl sie mehrere Monate zuvor Schluss gemacht hatten. »Sie werden es erleben, wenn Sie sie kennenlernen«, sagte er, also machte ich sie ausfindig.

Mehrere Tage später fand ich sie in einer Situation, die direkt aus einer Sitcom über weibliche Singles hätte stammen können. Die Einunddreißigjährige saß mit einer Freundin zusammen, trank Wein und verzichtete auf die Cracker und den Käse, die auf dem Tisch standen. In ein paar Stunden würde sie sich mit einem Mann treffen, dem sie gerade eine SMS geschickt hatte, einem Trader, den sie und ihre Freundin als »den heißen Typ« bezeichneten. Sie hatte ihn im Sommer bei der Arbeit kennengelernt und ein paarmal mit ihm geschlafen. (Nach dem zweiten Mal hatte sie ihm per SMS »Ich spüre es einfach nicht« geschrieben, und – o Wunder – »er reagierte ganz cool. Er nahm es nicht persönlich.« Also sahen sie sich immer noch gelegentlich, wenngleich sie nicht mehr miteinander schliefen.)

Im Augenblick jedoch sprachen die beiden Frauen über Dinge, die sie mochten: Rotwein, Konzerte von Lady Gaga, Angela Merkel und *Nice Girls Don't Get the Corner Office,* einen Ratgeber, der Frauen erklärt, dass sie sich die Karriere versauen, wenn sie zu unterwürfig sind. Aber sie sprachen auch über Dinge, die sie nicht mochten: kleine Männer, Finanzkotzbrocken, Männer, denen sie einen Korb geben und die ihnen dann per SMS schreiben: »Solltest du nicht an deine Eizellen denken?«. Außerdem reden sie über ihre Freundin Anna, »die den ganzen Tag auf dem Sofa sitzt und überlegt, wie sie *den Einen* finden kann«. Diese Bemerkung trieft vor Sarkasmus.

Sabrina hatte an der Fakultät eine ganze Reihe von Annas

kennengelernt. Frauen, die jede SMS und jeden Anruf auf das Genaueste analysieren, die ständig warten, dass ihr Handy klingelt oder piept oder ihnen mit einer Pirouette aus der Hand springt oder was es sonst tut, wenn sie eine SMS von einem Mann bekommen. Und die, wenn das nicht passiert und das Handy einfach nur wie ein permanenter Schandfleck in ihrem Schoß liegt, stöhnen: »Warum schickt er mir keine SMS? Was ist bloß los mit ihm?« (sagt Sabrina in einer perfekten Parodie auf die arme irre *Cosmopolitan*-Leserin). »Na ja, wir brauchen alle mal Zuneigung, und er hat sie in jener Nacht eben von dir gekriegt«, knurrt sie die imaginäre Anna an. »Idiot.«

Ob sie noch nie auf einen Anruf gewartet habe? »Nein. *Niemals!*« Wenigstens nicht mehr seit dem Grundstudium, als sie noch nicht so gut darin war, die Signale zu verstehen. »Ich begann darüber nachzudenken, wozu ich einen Mann brauche«, sagte sie, lehnte sich auf dem Sofa ihrer Freundin zurück und legte die mit Socken bestrumpften Füße auf den Kaffeetisch. »Ich brauche ihn nicht wegen des Geldes. Ich brauche ihn nicht, um etwas zu unternehmen. Ich habe eine Menge Freunde hier. Also scheiß drauf.«

Ein Problem, das ich mit dem Gespräch hatte, war die kognitive Dissonanz, die der Widerspruch zwischen dem, was sie sagte, und dem, wie sie war, bei mir auslöste. Das wichtigste Kennzeichen von Sabrina ist ihre unangestrengte, natürliche Schönheit. Es ist schwer, ihre Körperlichkeit zu beschreiben, ohne auf alte Klischees wie »jugendlich« und »frisch« zurückzugreifen. Sie ist Halbasiatin mit cremefarbener Haut, langen schwarzen Haaren und klaren grünen Augen. Als ich sie kennenlernte, trug sie ein Outfit, mit dem Katniss, die Heldin von *Die Tribute von Panem*, auf die Jagd gehen könnte: Jeans und ein kariertes Männerhemd und kein Make-up. (Sie änderte überhaupt nichts an ihrem Äußeren, als sie aufbrach, um »den heißen Typ« in der Bar zu treffen.) »Bei beidem bin ich ein Jäger, ein Killer, glaube ich«, sagte sie bezüglich ihrer Art, sich mit Männern zu verabreden und Verhandlungen zu führen.

Mein größeres Problem bestand jedoch darin, dass ich nicht einschätzen konnte, wie viel von dem, was sie sagte, Prahlerei war und wie viel der Wahrheit entsprach. Und selbst wenn es der Wahrheit entsprach, wusste ich immer noch nicht, ob Sabrina ein außergewöhnlicher Fall war oder ob in allen Frauen dieser Generation ein bisschen von Sabrina steckte. Ich könnte es nicht sagen. Auf jeden Fall aber wollte ich wissen, ob sie durch ihre Jahre in der Hook-up-Kultur und an der Wall Street in eine extreme und unhaltbare Situation geraten war.

> Man hat uns beigebracht, dass es gar nicht so schlecht ist, wie ein Mädchen zu handeln, selbst wenn wir schon erwachsen sind. Mädchen werden auf Arten umsorgt, wie es Jungen nicht erfahren. Von Mädchen wird nicht erwartet, dass sie für sich selbst kämpfen oder sorgen: andere tun das für sie. Süß, unschuldig und in jeder Hinsicht nett, das sind kleine Mädchen. Wer wollte nicht in jeder Hinsicht nett sein?

So lautet die Diagnose von Lois Frankel in *Nice Girls Don't Get the Corner Office*, einem von Sabrinas Lieblingsbüchern. Die warnenden Beispiele in Frankels Buch, die Susans und Rebeccas und Jills, sind höflich und zuvorkommend. Sie arbeiten hart, und sie beteiligen sich nicht an den üblichen Bürointrigen. Meistens warten sie darauf, dass man ihnen *gibt*, was sie wollen, genau wie Anna darauf wartet, dass das Telefon klingelt. *Nice Girls* ist ein Ratgeber für Frauen im Berufsleben, aber Sabrina verwendet das Buch auch als Beziehungsratgeber, als Leitfaden, wie man sich bei der Partnersuche in der Großstadt verhalten muss, um nie zu verlieren.

Sabrina war dreiundzwanzig und hatte gerade ihren ersten Hochschulabschluss gemacht, als sie einen jungen Mann kennenlernte, der aussah wie Justin Timberlake. »Ich verlor völlig den Kopf«, sagt sie über diese Zeit. »Ich war wie besessen.« Nach weniger als einem Jahr verlobten sie sich, und dann betrog er sie. Es ging mir »wahnsinnig schlecht«, berichtete sie. »Ich war völlig hilflos, und ich hasse es, wenn ich mich so hilflos fühle.« Sie schwor sich, dass sie »nie wieder dieses elende kriechende Etwas« sein würde. Wie sie das machte? Sie ging auf eine gewisse Distanz zu ihrer Sexualität. Sex war etwas, das getrennt von ihr war, »etwas, von dem ich Abstand nehmen und das ich in eine Schachtel stecken konnte, damit es mich nie wieder überwältigte. Es hört sich an wie: ›Ich habe verdammt viel zu tun, also kann ich mir keine Besessenheit leisten.‹«

Von da an achtete sie auf jede Verwundbarkeit und merzte sie aus. »Wir haben Sex, Oxytocin wird ausgeschüttet, es entsteht eine Bindung, bla, bla, bla.« Vielleicht kommt es aber auch daher, wie sie erzogen wurde: von einer japanischen Mutter, die sie davon überzeugte, dass sie »eine angenehme Gesellschaft« sein musste und nicht zu viel reden durfte, wenn sie mit Männern zusammen war. »Du hast immer diese kleine Stimme im Kopf, die sagt: ›Das ist nicht damenhaft. Das ist nicht normal. Brave Mädchen tun das nicht, brave Mädchen bitten nicht um eine Gehaltserhöhung.‹ Aber dann tut es plötzlich einen Schlag. PENG! Schlag es kaputt. ›Ein braves Mädchen fragt einen Mann nicht, ob er mit ihr ausgeht.‹ PENG! Mach dich frei davon. Und dann ist es weg.«

Nach der katastrophalen Verlobung mit dem Mann, der aussah wie Timberlake, ging Sabrina auf Nummer sicher. Sie suchte sich einen Mann, bei dem es sexuell weniger funkte, aber das Verhältnis freundschaftlicher war, und nach einem Jahr verlobten sie sich. Eines Tages, mit achtundzwanzig, saßen sie nebeneinander im Flugzeug, als es in massive Turbulenzen geriet. Als das Flugzeug durchgeschüttelt wurde, sagte sie sich: »Ich lebe nicht das Leben, das ich leben will. Ich bin nicht mit dem Mann zusammen, mit dem ich zusammen sein will. Ich bin mit einem Mann verlobt, mit dem ich nicht verlobt sein will.« Sie arbeitete damals schon seit mehreren Jahren für Banken, war auf der ganzen Welt herumgereist und schon Dutzende Male in Turbulenzen geraten. Diesmal jedoch waren sie so stark, dass sie Todesangst bekam. Und sie dachte an das schöne Leben, das sie mit ihrem Verlobten haben würde. Sie stellte sich vor, wie sie in einem Haus in Darien, Connecticut, in der Küche stand und kochte, während zu ihren Füßen Kinder herumkrabbelten, und sie hatte das Gefühl, dass ein Flugzeugabsturz vielleicht besser wäre. Das Flugzeug landete unversehrt, und kurz darauf löste Sabrina zum zweiten Mal ihre Verlobung. Wer zweimal vor dem Altar flieht, wird auf dem Heiratsmarkt zum Äquivalent einer Person, die eine Nahtoderfahrung gehabt und das Licht am Ende des Tunnels gesehen hat. Mit anderen Worten, sie hat die innere Freiheit, die Jagd nach *dem Einen* aufzugeben, und wenn ihr danach ist, kann sie einem hübschen Jungen nachts um elf selbst eine SMS schreiben, dass er sich zum Teufel scheren soll.

Aber stimmt das auch? Als ich Sabrina ein paar Tage später

wieder traf, war sie in einer anderen Stimmung und dachte mehr daran, was sie vom Leben wollte. Der Freund aus der wirtschaftswissenschaftlichen Fakultät (den ich bei der Party getroffen hatte) hatte einen Durchbruch bei ihr bewirkt. Er hatte vor dem Wirtschaftsstudium fast zehn Jahre in Thailand gelebt, und dieser Teil seiner sexuellen Geschichte hatte Sabrina in der Beziehung Angst gemacht. In Thailand war in ihrer Vorstellung Sex so allgegenwärtig, »also ob man zu Burger King geht. ›Einen Blowjob bitte und eine Eiermassage zum Nachtisch.‹« Nach der Trennung hatte sie sich gefragt, inwiefern seine Einstellung zu Sex etwas mit ihrer zu tun hatte und ob eine bestimmte Art von billigem Sex die Fähigkeit zu echter Intimität zerstört.

Ihre zweite Inspiration kam von einer älteren Frau in einer Investmentbank, wo sie einmal gearbeitet hatte, und die sie als ihre Mentorin betrachtete. Sie und die Frau saßen eines Nachmittags in einer Pause zwischen den Börsengeschäften in der Bank zusammen vor dem Computer, suchten nach Handtaschen und plauderten über ihre Familien – die Familien, aus denen sie stammten, denn die Frau war noch nicht verheiratet, obwohl sie schon in den Vierzigern war. Sabrina vergötterte diese Frau, eine ungemein erfolgreiche Traderin, die vor erotischem Kapital strotzte. »Sie ist elegant und charmant und hat eine weiche, volle Stimme«, sagt Sabrina. Als die beiden am Computer saßen, kam ein junger Trader herüber und stellte eine Frage über ein Wertpapier, das in der Bank bereits besprochen worden war. »Ihre Augen wurden ganz hart«, erinnert sich Sabrina. »Es war fast, als ob sie eine andere Farbe bekommen hätten. Ihre Stimme wurde scharf und fast hässlich. ›Hören Sie auf, meine Zeit zu verschwenden‹, sagte sie zu dem jungen Mann. ›Wir haben das schon besprochen.‹« Dann wandte sie sich mir zu, wurde wieder ganz weich und plauderte weiter!«

In letzter Zeit macht sich Sabrina immer wieder Gedanken über diesen abrupten Persönlichkeitswechsel und über die Gefahren, die damit verbunden sind, wenn man so flexibel und geschmeidig ist, dass man sich gar nicht mehr auf etwas Festes und Berechenbares einlässt. Wer in Sekundenschnelle von zickig auf verführerisch umschalten und sein erotisches Kapital wie eine Schauspielerin auf der Bühne an- und ausknipsen kann, »weiß vielleicht nicht mehr, wann er mit dem Schauspielern aufhören muss. Und das kann nicht gut für eine Beziehung sein.« Wegen dieser Erkenntnis entschied sie sich, dass sie doch nicht mehr genau wie ihre Mentorin sein wollte, wenn das bedeutete, dass sie mit vierzig immer noch alleine wäre.

Theoretisch ist eine 27- oder 28-jährige Frau ohne Kinder heute in einer optimalen Situation. Sie ist, im Durchschnitt, besser ausgebildet als die Männer in ihrer Umgebung, und sie verdient mehr Geld. Sie ist weniger eingeschränkt durch sexuelle Tabus als zu irgendeinem anderen Zeitpunkt der Geschichte. Niemand aus ihrer Schicht verurteilt sie, weil sie noch keine Mutter ist; tatsächlich würde sie vielleicht sogar bedauert, wenn sie eine wäre. Im Jahr 2011 untersuchte der Psychologe Roy Baumeister, ob eine größere Gleichheit der Geschlechter mit weniger restriktiven Sexualnormen einhergeht. Die in 36 Ländern vorgenommene Studie bewies, dass dies der Fall war. Mehr Sex bedeutet ein feministischer gesinntes Land. Oder wie es die Autoren der 2010 erschienenen Studie *Sex at Dawn: The Prehistoric Origins of Modern Sexuality* formulierten: »Gesellschaften, in denen Frauen ein hohes

Maß an Autonomie und Autorität genießen, sind tendenziell viel frauenfreundlicher, entspannter, toleranter und enorm sexy.« Mehr Macht! Mehr Sex! Was könnte besser sein? Hört sich an wie eine fleischgewordene Fantasie von Erica Jong! Ein neues Amazonenreich auf weichem Schaumstoff statt auf dem Dschungelboden!

Und dennoch sind die Memoiren solcher extrem erfolgreichen Single-Frauen keineswegs triumphal. Am Ende kommen sie zum selben Schluss wie Sabrina: »Mit siebenundzwanzig plus sind wir nicht wirklich alt, aber sagt das verdammt noch mal unseren Uterussen (oder Uterunen oder Uteri)«, schreibt Helena Andrews in *Bitch Is the New Black*. »Sagt es unseren Müttern, die so dringend Enkel wollen, dass sie jeden Hauch von dreckigen Windeln in der Nachtluft riechen können … Sagt es unseren Herzen, die es so müde sind, gebrochen zu werden, dass sie lieber gebrochen bleiben, als für einen neuen, noch schlimmeren Bruch geheilt zu werden. Ich sage euch, es ist hart – irgendwie.«

Warum ist es so hart, wenn es so gut sein sollte? Es ist nicht die übliche Geschichte von Frauen, die Männern ausgeliefert sind. Heutzutage wird das Problem auf dem Beziehungsmarkt nicht mehr durch die uralte Schwäche der Frauen verursacht, sondern durch ihre neue Dominanz. In einer Welt, in der die Frauen besser ausgebildet sind als die Männer und schon in den Zwanzigern mehr verdienen als sie, wird die Partnersuche kompliziert. Die Männer sind in zwei Gruppen gespalten: die (kleinere) der von den Frauen so genannten Player und die (viel größere) der Loser. Und die Frauen kämpfen um die knappe Beute. Player sind sehr gefragt und schwer zu kriegen. Verlierer sind nicht so begehrt. Aber weder die einen noch die anderen haben es eilig, eine Familie zu gründen.

Auf dem Beziehungsmarkt wirkt erotisches Kapital ein wenig anders als im Geschäftsleben. Die Sexualität einer Frau hat einen sozialen Wert, und sie tauscht sie gegen andere Dinge, die sie haben will. Früher war dieser Tausch ziemlich offensichtlich. Frauen tauschten Sex gegen Sicherheit und Geld und vielleicht sogar gegen sozialen und politischen Einfluss. Weil sie auf andere Weise kaum Zugang zu diesen Dingen bekamen, war es wichtig, den Preis für Sex so hoch zu halten, dass sie etwas zum Handeln hatten. Heute brauchen die Frauen die Männer nicht mehr als Garanten von finanzieller Sicherheit und sozialem Einfluss. Sie können diese Dinge selbst erreichen. Also haben sie keinen starken Anreiz mehr, den Preis für Sex hoch zu halten. Deshalb ist Sex sexualökonomisch billig, ein regelrechtes Schnäppchen, und er ist für viel mehr Leute zugänglich.

Wenn Sex billig ist, passiert mit den Männern etwas Merkwürdiges: Viele werden zu einem Typus, den der Soziologe Mark Regnerus als *free agents* bezeichnet. Sie schlafen mit so vielen Frauen wie möglich, und zwar hauptsächlich deshalb, weil sie es können. Sie werden allergisch gegen Monogamie. »Welche Motivation hat ein Mann, etwas anderes zu sein als der stereotypische Mann, der sich nimmt, was er kriegen kann«, fragt Regnerus in *Premarital Sex in America*. Und antwortet: »Keine große.« Die neuen Verhältnisse machen die Frauen zwar nicht unbedingt verwundbar, aber vermutlich alles andere als zufrieden. »Erotisches Kapital«, schreibt Regnerus, »kann gegen Aufmerksamkeit, einen Job oder vielleicht einen Partner und gegen so viel Sex, wie sie haben will, getauscht werden, aber es ist keine Garantie für Liebe und lebenslange Treue. Nicht auf diesem Markt.« Es ist kein Zufall, dass die Wilde-Mädchen-Kultur zur selben Zeit entstand, als die Frauen begannen, die Hochschulen zu dominieren. Katie, eine der Frauen, die Regnerus für sein Buch interviewte, fasst ihre Erfahrungen auf dem neuen Markt folgendermaßen zusammen: »Ich hatte das Gefühl, als wäre ich mit seinem Schwanz verabredet.«

Verschärft und massiv aufgebläht wird die Störung durch das chronische Überangebot. In ihrem Buch *Too Many Women? The Sex Ratio Question* entwickeln die Psychologen Marcia Guttentag und Paul F. Secord die sogenannte Guttentag-Secord-Theorie. Sie erklärt, was passiert, wenn das Geschlechterverhältnis verzerrt ist. Gesellschaften, in denen es mehr Männer als Frauen gibt, sind tendenziell weniger egalitär, aber Frauen sind hoch angesehen. Die Rollen Frau und Mutter genießen großen Respekt, und die Zahl der Scheidungen und unehelich geborenen Kinder ist niedrig. In Gesellschaften mit einem höheren Frauenanteil fühlen sich die Männer wie Kinder im Süßwarenladen. Sie wollen Zuckerstangen und Gummibärchen. Sie werden promisk und wollen oft keine Familie mehr gründen. Die Frauen wiederum verlassen sich nicht mehr auf die Männer und konzentrieren sich darauf, selbst ihren Weg zu machen. In unserer Gesellschaft ist das Verhältnis zwischen Frauen und Männern insgesamt ausgeglichen, aber in bestimmten Segmenten sind die Frauen in der Überzahl: an der durchschnittlichen staatlichen Hochschule, in der aufsteigenden Mittelschicht. In diesen Gruppen sind die Frauen unter Umständen bereit zur Heirat, während die Männer immer noch Videospiele spielen. Und so setzt sich der Zyklus fort, und die *Cosmopolitan* wird sich noch lange gut verkaufen.

Das Ergebnis ist, dass Frauen bei der Partnersuche eine Vielzahl frustrierender kleiner Kämpfe durchstehen müssen.

Doch es sind die Männer, die den Krieg verlieren. Auf dem Cover von *Guyland*, Michael Kimmels 2008 erschienener anthropologischer Studie über den US-amerikanischen jungen Mann, jubeln vier junge Männer offenbar gerade auf irgendeinem rauschhaften Verbindungsfest. Die 400 jungen Männer zwischen sechzehn und vierundzwanzig, die Kimmel interviewt, berichten, dass sie viel feiern und haufenweise Frauen abschleppen. Die drei Säulen, auf denen ihr Leben ruht, sind »Saufen, Sex und Videospiele«. Sie konsumieren auf ihren Laptops, ihren Schreibtischcomputern und ihren Handys viel Spike TV und viele Pornos und verbringen ihre Freizeit meistens mit ihren Kumpels. Auf Verbindungsfesten schleppen sie reale Frauen ab, aber sonst sind Frauen vor allem eine Bedrohung für ihre Art von Existenz. Der Slogan, auf den Kimmel immer wieder stößt, lautet: »Bros before hos.« (»Bruder vor Luder.«) Der Unterschied zwischen den jungen Männern und den jungen Frauen ist jedoch der, dass die jungen Männer eher in der Welt der Jugendlichen stecken bleiben, ihren Abschluss nicht schaffen und sich überhaupt nicht mehr weiterentwickeln. Die universale Verbindungsbrüderkultur ist inzwischen so fest verwurzelt, dass der in Stanford lehrende Psychologieprofessor Philip Zimbardo sie als Krankheit definiert, für die er den Begriff »Social Intensity Syndrome« geprägt hat. Viele junge Männer sind laut Zimbardo heute so von Videospielen und Pornografie überschwemmt, dass sie mit echten zwischenmenschlichen Kontakten nicht mehr umgehen können. Ihre Gehirne würden »digital neu verdrahtet« und seien für stabile Liebesbeziehungen insbesondere mit »gleichrangigen weiblichen Gefährten« nicht mehr geeignet.

Die sexuelle Revolution bedeutete eine radikale Veränderung von Haltung und Verhalten der Frauen. Sie vollzog sich im Schlafzimmer ganz ähnlich wie am Arbeitsplatz: Die Frauen experimentierten, nahmen neue Rollen an, wurden aggressiver. Sie machten Gebrauch von allen Freiheiten, die ihnen die Gesellschaft zu bieten hatte. Das Problem ist, dass sich die Männer durch die sexuelle Revolution kaum veränderten. Sie haben heute noch so ziemlich die gleichen sexuellen Vorlieben und Sehnsüchte wie in den frühen 1960er Jahren. Diese These vertrat die Feministin Barbara Ehrenreich 1986 in ihrem Buch *Re-Making Love*. In jüngerer Zeit überprüfte Roy Baumeister ihre Theorie, aber mit einer breiteren Fragestellung. Sie lautete: Ist die weibliche Sexualität wandelbarer als die männliche? Oder im psychologischen Fachjargon gesprochen: Haben Frauen die größere »erotische Plastizität«? In einer Revision von 50 Jahren Literatur zum Thema kam Baumeister im Jahr 2000 zu dem Schluss, dass dies der Fall ist. Die männliche Sexualität sei »relativ konstant und unveränderlich«, was vermuten lasse, dass sie von »rigideren« und stärker »angeborenen« Faktoren bestimmt sei. Die weibliche Sexualität sei im Gegensatz dazu »formbarer und wandelbarer: Sie kann durch Kultur, Bildung und soziale Verhältnisse beeinflusst werden.«

Frauen werden tendenziell sexuell abenteuerlustiger, wenn sie sich mit mehr Männern treffen. Sie passen ihr Verhalten schnell an, um den Erwartungen von Verwandten, Kollegen, kirchlichen Gruppen oder denen eines neuen Landes mit einer anderen Sexualmoral zu entsprechen. Studien über ältere Frauen zeigen kleine Kohorten, die im Alter viel mehr masturbieren, während die Masturbationsraten von Männern fast immer das ganze Leben konstant bleiben. Frauen können nach einer Trennung seelisch erkalten und wieder leidenschaftlich werden, wenn sie einen neuen Partner kennenlernen. Das sexuelle Verlangen des Mannes ist definiert durch das, was Alfred Kinsey als »keine Diskontinuität im *total outlet* [der Summe aller erlebten Orgasmen]« bezeichnet hat: Sein Verlangen bleibt konstant. Wenn er keine Freundin hat, masturbiert er, um den Unterschied auszugleichen. Frauen verlieben sich in Frauen und dann wieder in Männer. Studien über die Swinger-Kultur in den 1970ern zeigten zum Beispiel, dass Frauen mit Lust in die Subkultur einstiegen und viel experimentierfreudiger waren als Männer.

Der moderne Index für die sexuelle Plastizität der Frau ist der Analverkehr. Mehr Frauen haben es damit versucht, und zwar wiederholt versucht, als je zuvor. Im Jahr 1992 sagten 16 Prozent der Frauen zwischen achtzehn und vierundzwanzig, sie hätten Analverkehr gehabt, und heute sind es 40 Prozent. Viele würden annehmen, dass diese Zunahme für einen neuen Höchststand männlicher Brutalität steht, weil Männer ihre pornografischen Fantasien realen Partnerinnen aufzwingen. William Saletan weist jedoch in dem Online-Magazin *Slate* darauf hin, dass diese Ansicht mit den Daten nicht übereinstimmt. Frauen, die Analverkehr hatten, berichteten sehr viel häufiger, dass sie bei der sexuellen Begegnung einen Orgasmus hatten, sogar häufiger als die, die Cunnilingus hatten. Für das Phänomen gibt es viele mögliche Erklärungen, zum Beispiel: Frauen, die zum Analverkehr bereit sind, haben mehr Vertrauen zu ihrem Partner; ein Orgasmus wirkt entspannend auf die Frau, deshalb ist sie bereit, Analverkehr auszuprobieren; sexuell abenteuerlustige Frauen sind sowieso bereit, alles zu probieren. Wie auch immer die Erklärung lautet, es lässt sich der allgemeine Schluss aus dem Phänomen ziehen, dass Fortschritte in sexueller Aufgeschlossenheit tatsächlich Fortschritte sind.

Baumeister, der an der Florida State University lehrt, neigt zu brillanten, umfassenden Theorien über eine ungewöhnlich große Bandbreite von Themen. In diesem Fall untersucht er die Auswirkungen seiner Forschungsergebnisse weltweit in verschiedenen Regionen der Erde und in der Vergangenheit. In früheren Zeiten und auch noch in vielen heutigen Kulturen sind die Frauen aufgrund ihrer sexuellen Wandelbarkeit anfällig für Zwang und Kontrolle, die entweder von einem einzelnen Mann oder von einer patriarchalischen Kultur, wie etwa der der Mullahs im Iran, ausgeübt werden. Aber diese Plastizität hat auch zur Folge, dass sie sich veränderten Umständen gut anpassen können und in der Lage sind, einen Wandel der Sexualmoral zu nutzen. Wenn sie den Raum bekommen, etwas Neues zu tun – zum Beispiel 15 Jahre, in denen sie nicht mehr heiraten und Kinder bekommen müssen oder auf Gnade und Ungnade Männern ausgeliefert sind, sondern leben können, wie sie wollen –, dann nutzen sie ihn.

Und so sind wir in einer Ära gelandet, die ein neues weibliches sexuelles Wesen hervorgebracht hat, das die Welt nie zuvor gesehen hat. Dieses Wesen räumt die ewige Verwundbarkeit der Frau zwar ein, aber anstatt einzuknicken oder sich unter eine Glasglocke sperren zu lassen, stellt es sich dieser Verwundbarkeit und geht auf unerwartete, kreative oder verrückte Art mit ihr um. Es ist kein Zufall, dass die populärste fiktionale Heldin des letzten Jahrzehnts Lisbeth Salander aus Stieg Larssons Millenium-Trilogie ist. Diese bleiche junge Frau wurde als Kind missbraucht, aber anstatt sich zu ducken oder eine therapeutische Gruppe zu besuchen, macht sie als Erwachsene böse Männer unschädlich.

Manchmal nimmt die neue Art von Frau nicht mit dem Messer, sondern durch exzellentes komisches Timing Rache. Im Herbst 2010 wurde Karen Owen, eine Studentin der Duke University, ganz plötzlich berühmt, als Freunde die pornografische PowerPoint-Präsentation an die Öffentlichkeit brachten, in der sie ihre sexuellen Erlebnisse mit 13 Sportlern der Universität schilderte, von denen sie Namen, Leistung und Penisgröße angab. (»Der Umfang sprach für ihn, aber es mangelte ihm erheblich an Länge.«) Owen verwandelte Szenen, die sie als demütigend hätte empfinden können, in Pointen. (»Mmm, sag mir, wie sehr du auf große schwarze Schwänze stehst«, sagte Sexualpartner Nummer 6, ein Baseballspieler. »Aber ich war noch nie mit einem Schwarzen im Bett!«, antwortete sie. »Oh ... dann tu doch einfach so, als ob du es gewesen wärst«, reagierte er. »Umm ... okay ... ich mag große schwarze ... Schwänze?«)

Der Nachfolger der US-amerikanischen Fernsehserie *Sex and the City* im Jahr 2012 ist *Girls*, eine neue Sendung des Kabelsenders HBO. Sie wird von der Indie-Schauspielerin Lena Dunham produziert und gedreht, die auch ihre Hauptfigur Hannah spielt. Wenn Hannah Sex hat, trägt sie nicht wie Carrie Bradshaw einen modischen BH für 200 Dollar und wälzt sich auf seidenen Bettlaken, sondern reißt sich das T-Shirt von einem Oberkörper, dessen Bauchfleisch üppig genug ist, dass ihr Freund Adam alle Hände voll zu tun hat, wenn er mit ihr im Bett ist. Einmal versuchen sie es erfolglos mit Analverkehr: »Fühlt sich schrecklich an.« In einer anderen Episode denkt sich Adam eine lächerlich demütigende Geschichte aus, in der Hannah eine elfjährige Nutte mit einer »verdammten Comic-Schulbrotdose« ist. Hannah spielt das Spiel widerstrebend mit. Aber sie ist danach weder von schwerer Reue ergriffen, noch muss sie mit ihren Freundinnen ein Entgiftungsprogramm durchziehen, noch muss sie die Polizei holen. Stattdessen macht sie einen Witz darüber, den Adam nicht versteht. Am meisten eingeprägt hat sich mir das Bild von Hannah, wie sie mit ihrer Mitbewohnerin auf den Song »Dancing on My Own« der schwedischen Popsängerin Robyn abrockt.

In Hannahs faszinierendem, aber in Auflösung begriffenen Leben zählen die Begegnungen mit Adam als »Erfahrung«, als Stoff für die Memoiren, die sie »zur Stimme dieser Generation« machen werden, wie sie ihren Eltern halb im Scherz erklärt. Sie ist der Portnoy unserer Ära, mutig und narzisstisch genug, sich obsessiv darüber auszulassen, wie sie zum Orgasmus kommt. (Adam dagegen spielt die Rolle von Kürbis, Äffchen und Pilgrim, den Liebes- oder Lustobjekten in Philip Roths frühem Erfolgsroman *Portnoys Beschwerden*, die zu den zahlreichen Requisiten auf Portnoys langer und komischer sexueller Reise gehören). Die Beziehung von Hannah und Adam würde von vielen Frauen als Katastrophe empfunden, aber es besteht kein Zweifel daran, dass Hannah zuletzt lacht.

Es gibt keine Flucht aus der Hook-up-Kultur in eine unschuldigere Vergangenheit, in der der junge Mann mit einer Schachtel Pralinen beim Vater des Mädchens anklopfte. Deshalb war der »Krieg gegen die Frauen«, von dem während der US-amerikanischen Vorwahlen des Jahres 2012 die Rede war und der sich vor allem um Verhütung drehte, so absurd. Natürlich wird es immer einen konservativen christlichen Kandidaten wie Rick Santorum geben, der die Frauen wegen ihres unmoralischen Lebenswandels tadelt, und wahrscheinlich wird es auch immer einen Rush Limbaugh geben, der sie als »Prostituierte« bezeichnet. Am ehesten reagierten jedoch jene angemessen auf das ganze Geschrei, die sinngemäß fragten: »Meint ihr das ernst?« Eine Gesellschaft, die vom entfesselten Ehrgeiz der Frau total abhängig geworden ist, kann unmöglich allen Ernstes die Debatte über Verhütung wieder eröffnen.

Selbst die Frauen, die über die Hook-up-Kultur am frustriertesten sind, haben darauf keine Lust. Der Hook-up ist zu stark mit all dem verbunden, was für die Frauen im Jahr 2012 fantastisch ist: die Freiheit, die Unabhängigkeit, das Wissen, dass man sich immer auf sich selbst verlassen kann. Sie können nur tun, was Hannah immer von ihren Freundinnen geraten wird: Lass bleiben, was sich abscheulich anfühlt, und finde heraus, was sich gut anfühlt. Und lass dich von der Tatsache trösten, dass es den meisten Leuten, die es durch die schwierigen Jahre schaffen, am Ende gut geht. Junge Frauen sind vielleicht heute weniger verwundbar als je zuvor, doch das heißt nicht, dass sie die geringere Verwundbarkeit als Machtgewinn erleben. Wie mir eine junge Frau von der Yale University sagte, wird sie Zeit brauchen, um herauszufinden, was sie will und wie sie es verlangen soll. Eine schwuler Freund von mir machte einmal folgende scharfsinnige Beobachtung: Die Hook-up-Kultur an den Hochschulen ist heute in derselben Phase wie der Sex der Schwulen in den 1970er Jahren. Junge Männer und Frauen haben ungehemmt von der Tradition der Ehe oder anderen Konventionen die sexuelle Freiheit entdeckt. Doch das ist nicht das Ende der Geschichte. Letztlich setzt sich das Bedürfnis nach tieferen menschlichen Bindungen immer durch, sowohl bei den Frauen als auch bei den Männern.

Das letzte Mal, als ich Sabrina sah, war sie gerade von einem buddhistischen Meditationsurlaub in Vermont zurück und hatte immer noch ein bisschen von dem, was sie den »leuchtenden Glanz« nannte. In diesem Zustand fand sie es schwierig, einen Bezug zu ihrem alten gestressten Börsen-Ich zu finden, das sie als »gemein und schroff« empfand und als »immer darauf erpicht, dass alle in seiner Umgebung in Stichworten sprechen«. Auch in Bezug auf die Liebe war sie weicher und nachdenklicher geworden: »Ich brauche keinen Mann zum Überleben und keinen, der die Rechnungen zahlt, aber trotzdem brauchen die Menschen einander. So sind wir einfach geschaffen.« Sie begann sich dem zu stellen, was sie ihre Sucht nennt – der besonderen Krankheit, die Frauen in einer Ära befällt und in der Liebe und Sex beschleunigt und auf eine seltsame Art miteinander vermischt sind: »Ich glaube, was ich will, ist nur das Sahnehäubchen. Ich brauche die Liebe, um die Leidenschaft zu fühlen, und ich brauche die Leidenschaft, um mich sexuell einzulassen. Mein letzter Freund sagte, ich sei ein Mensch, der das Wetter macht. Ich lasse die Sonne scheinen, und dann lasse ich eines Tages plötzlich Regenwolken aufziehen. Fuck. Mir wird einfach langweilig. Ich will das Sahnehäubchen: die ersten paar Monate der Beziehung, die Leidenschaft, die Schwärmerei, wenn man jemand kennenlernt. Das ist es, was den Sex gut macht! Ich kenne den Menschen noch nicht einmal! Aber ich will einfach mein Gemüse nicht essen.«

Sabrina hatte mehrere neue Freunde in der Zeit, als ich sie kannte, und sie war immer halb verliebt. Zuletzt hörte ich, dass sie mit einem von ihnen nach Kalifornien ziehen wollte. »Er ist wirklich erstaunlich!«, schrieb sie mir. »Bin froh, dass ich auf den Richtigen gewartet habe. Ganz viele Leute gründen jetzt eine Familie.« Eine gute Freundin von Sabrina hatte zu deren Überraschung kurz zuvor geheiratet. Sie hatte immer gedacht, dass ihre Freundin ihren Freund auf Distanz hielt, ihn nie richtig an sich ranließ. Nach der Hochzeit fragte sie sie danach. »Heirate, und du hörst auf, den Kerl auf Distanz zu halten«, antwortete sie. Im Moment kam das Sabrina wie ein vernünftiges Ziel vor, das sie anpeilen konnte.

EHE MIT WECHSELNDEN ROLLEN

Wahre Liebe (nur für Eliten)

Die vielleicht berühmteste Szene einer Fernsehkomödie stammt aus einer 1952 ausgestrahlten Episode der Serie *I Love Lucy* mit dem Titel »Job Switching«. Die Posse wird durch einen Streit um Geld ausgelöst. »Ist dir klar, wie schwer es heutzutage für einen Mann ist, Geld zu verdienen?«, fragt Ricky. »Glaubst du, das Geld wächst auf Bäumen?« So kommt folgendes Arrangement zustande: Ricky und Fred spielen einen Tag Hausfrau, während Lucy und Ethel draußen nach einem Job suchen. Durch das so entstehende Chaos wird deutlich, wie absurd ein solcher Rollentausch ist. Ricky und Fred tragen Frauenkleidung mit geblümter Schürze und Kopftuch. Zum Abendessen lassen sie zwei Hühner explodieren, produzieren einen Vulkanausbruch von Reis und backen einen Kuchen mit sieben Schichten, der flach wird wie ein Pfannkuchen. Die Küche hinterlassen sie in einem katastrophalen Zustand. Den Frauen ergeht es nicht besser. Sie bekommen Stellen in einer Schokoladenfabrik, was zu einer berühmten Szene führt: Die Schokoladenbonbons kommen auf dem Fließband angerast, und Ethel und Lucy stopfen sie sich, überwältigt von der Geschwindigkeit und in schrecklicher Angst vor dem Boss, in den Mund, in die Kochmütze und in die Schürzentaschen. Die Frauen kommen ganz heiser und erschöpft nach Hause und brennen darauf, die natürliche Ordnung der Dinge wiederherzustellen. »Wir sind nicht besonders gut darin, die Brötchen zu verdienen«, gibt Lucy zu, und Ricky sagt: »Machen wir es wieder wie vorher.«

Kaum zwei Generationen später ist die Hausfrau im amerikanischen Fernsehen eine aussterbende Gattung, es sei denn, man zählt die *Real Housewives* der gleichnamigen Realityshow mit. Die ließen sich freilich nicht einmal tot in einer geblümten Schürze erwischen, es sei denn, sie gehörte zu einer Verkleidung als sexy Dienstmädchen. In den Jahren zwischen *I Love Lucy* und *Real Housewives* setzten sich die Lucys und Rickys im wirklichen Leben an den amerikanischen Küchentisch, und Lucy legte die neuen Regeln fest. Als dies geschah, arbeitete Lucy schon, vielleicht als Headhunterin oder als Verlegerin oder als Agentin in Hollywood. Ricky ging immer noch seinen »kreativen Hobbys« nach. Lucy verdiente mindestens genauso viel wie er, und in manchen Jahren auch mehr. Sie, eine ganz neue Art von Frau, stellte Leute ein und feuerte sie, wurde befördert und kam abends nach Hause und brachte den kleinen Ricky ins Bett. Der große Ricky half auch bei der Erziehung, indem er den Jungen hin und wieder vom Kindergarten abholte oder mit ihm am Samstagmorgen auf den Spielplatz ging, damit Lucy zum Spinning ins Fitnesscenter gehen konnte. Außerdem hatte er inzwischen auch gelernt, wie man ein Huhn brät. Das war doch was, oder? Doch Lucy hatte sich an eine Trittfrequenz gewöhnt, mit der sie selbst zufrieden war, und wollte immer noch mehr.

Inzwischen ist »Machen wir es wieder wie vorher« keine reale Möglichkeit mehr. Im Jahr 1970 verdienten Frauen in den USA 2 bis 6 Prozent des Familieneinkommens.

Heute verdient die durchschnittliche amerikanische Ehefrau 42,2 Prozent. Mehr als ein Drittel der Mütter in den Vereinigten Staaten und Großbritannien sind Haupternährer der Familie, entweder weil sie Singles sind, oder weil sie mehr verdienen als ihr Ehemann. Diese zweite Kategorie der Ehefrau als Hauptverdiener, die auch als »Alpha-Ehefrau« bezeichnet wird, ist eine besondere Erschütterung für das traditionelle Ehesystem, wenn man bedenkt, dass sie einst als genauso bizarr und exotisch galt, wie ein korpulenter Mann mit rüschenbesetzter Schürze. Innerhalb einer Generation werden Familien mit Alpha-Ehefrauen nach demografischen Erkenntnissen die Mehrheit der amerikanischen Familien bilden, und die Familienstruktur in Europa und einigen lateinamerikanischen und asiatischen Ländern wird sich ganz ähnlich entwickeln. Tatsächlich ist die Frage, ob Mütter arbeiten sollten, die in der Episode von *I Love Lucy* behandelt und heute in anderer Form wieder aufgegriffen wird, irrelevant, »weil sie es einfach tun«, wie es Heather Boushey von dem US-amerikanischen Thinktank Center for American Progress formuliert. »Die idealisierte Familie – er arbeitet und sie bleibt zu Hause – existiert heute fast gar nicht mehr.«

Im begrenzten Rahmen intimer Beziehungen hat die wachsende wirtschaftliche Macht der Frauen sehr viel bewirkt. Für die 70 Prozent Amerikaner ohne Hochschulabschluss geht der Aufstieg der Frau als Familienernährerin mit der Zerstörung der Familie einher. Die Frauen entscheiden sich eher dafür, allein zu bleiben, als einen Mann zu heiraten, der seinen Part als Familienernährer nicht übernehmen kann. Die Scheidungsrate ist immer noch so hoch wie in den 1970er Jahren, und jedes Jahr heiraten weniger Paare, bevor sie Kinder bekommen. In Washington, D.C., zum Beispiel sind erstaunliche 63,8 Prozent der Mütter Haupternährerin ihrer Familie, was vor allem daher kommt, dass es in dieser Stadt besonders viele arme alleinerziehende Mütter gibt.

Bei den Eliten jedoch bewirkt die wachsende wirtschaftliche Macht der Frau genau das Gegenteil. Seit den 1970er Jahren ist es bei Personen mit Hochschulabschluss viel wahrscheinlicher, dass sie ihre Ehe als »glücklich« oder »sehr glücklich« bewerten; Scheidungen sind nur noch halb so häufig, und uneheliche Geburten kommen so gut wie gar nicht mehr vor. Die Ehe ist in Amerika zu einem weiteren Privileg der Oberschicht geworden, geschlossene Wohnanlage der zwischenmenschlichen Beziehungen oder »Privatspielplatz derjenigen, die ohnehin schon mit Reichtum gesegnet sind«, wie es der Soziologe Brad Wilcox formuliert, der an der University of Virginia das National Marriage Project leitet.

Wie kam es zu dieser Entwicklung? Mit der Zerschlagung des alten Modells, das in vieler Hinsicht auf der wirtschaftlichen Überlegenheit des Mannes beruhte. In Lucys Ära hatte eine Frau noch keine andere Wahl, als einen Mann aus einer höheren Schicht zu heiraten; anders konnte sie nicht aufsteigen. Sylvia Plath liefert in *Die Glasglocke* ein denkwürdiges Porträt dieser privilegierten Männerjägerinnen: »Sie hingen einfach in New York herum und warteten darauf, dass irgendein Karrieremann sie heiratete«, und sie »machten dabei einen schrecklich gelangweilten Eindruck«. Weiter schreibt Plath: »Solche Mädchen machen mich krank.« Heute, da Frauen selbst Karriere machen können, haben sie das Warten und die Langeweile und die Ausstrahlung von Abhängigkeit nicht mehr nötig, die eine frei denkende Frau krank machen. Sie *brauchen* nicht mehr einen Mann, um vorwärtszukommen, also können sie sich einen suchen, mit dem sie wirklich zusammen sein wollen. Und ist das nicht ohnehin eine reinere Form von Liebe?

Als ich mich Ende der 1990er Jahre verlobte, hatte ich eine vage Vorstellung von einer gleichberechtigten Ehe im Kopf. Ich hatte eines Nachmittags beobachtet, wie mein künftiger Ehemann für seine Eltern auf eine sehr kompetente Art ein paar finanzielle Dinge erledigte, und weiß noch, dass ich erleichtert war, diese unangenehme Aufgabe ihm aufladen zu können. Ich hatte auch gesehen, wie er mit den Kindern von Freunden spielte; auch das hatte ihm offenbar gefallen. Wir waren beide Journalisten und hatten etwa gleich viel Erfolg im Beruf, und ich nahm an, dass das so bleiben würde.

Dies war an sich schon eine ziemlich radikale Vision der Ehe. Meine Mutter hatte nur sporadisch gearbeitet, als ich ein Kind war, und erst eine eigene Karriere angefangen, als ich aufs College ging. Und mein Vater hatte wie die meisten Väter, die ich kannte, jeden Tag gearbeitet. Trotzdem nahm ich an, dass mein Mann und ich beide arbeiten, beide die Kinder aufziehen und schließlich beide in einen glücklichen Ruhestand gehen würden. Ich bin keine besonders genaue Planerin, aber wenn Sie mich nach einem genauen Verhältnis zwischen uns gefragt hätten, hätte ich gesagt, was die meisten Frauen meiner Generation im Sinn hatten: fifty-fifty, mit seinen tröstlichen Beiklängen von Harmonie zwischen Yin und Yang und feministisch inspirierter Gleichberechtigung.

Das neue Ehemodell der Elite macht sogar diese einfache Gleichung obsolet. Das vorherrschende Arrangement von heute ist eine Gleichung, die sich ständig verschiebt: 60 zu 40 oder 80 zu 20 oder 90 zu 10. Ich bezeichne dieses Modell, in dem jede Seite der Gleichung jederzeit von einem der beiden Partner eingenommen werden kann, als »Ehe mit wechselnden Rollen«. Ein Mann kann arbeiten, um seine Frau während des Studiums zu unterstützen, und dann kann sie übernehmen und als erstklassige Anwältin die Brötchen verdienen. Eine Frau kann ihrem Mann mit der Karriere voraus sein und dann beschließen, kürzerzutreten und für die Kinder zu sorgen. Laut der Ehehistorikerin Stephanie Coontz funktionieren diese neuen bürgerlichen Ehen, weil in ihnen »die Geschlechterrollen sehr viel weniger rigide sind«. Beide Ehepartner können für jeden beliebigen Zeitraum der Ehe die Rolle des Ernährers übernehmen.

In den 15 Jahren meiner Ehe habe ich immer mehr Familien kennengelernt, in denen die Frau wenigstens eine Zeitlang die Rolle des Haupternährers gespielt hat. Einigen Ehepaaren fällt dieser Rollentausch offenbar ganz leicht, etwa wenn die Frau der geborene Workaholic und der Mann zum Beispiel ein begeisterter Hobbytrainer im Sportverein ist oder die Kinder gern von der Schule abholt. Eine Frau in unserem Kindergarten kann gar nicht aufhören, mit ihrem wunderbaren Hausmann zu prahlen, obwohl ich leider immer noch ein bisschen zusammenzucke, wenn er an der Schule handbedruckte T-Shirts für die Lehrer produziert. Andere Aspekte der neuen Entwicklung sind nicht so erfreulich: Eine Frau in meinem Bekanntenkreis, deren Mann halbtags als Mechaniker für eine Fluggesellschaft arbeitet, findet offenbar ständig neue Möglichkeiten, ihn als Loser zu beschimpfen. Eine andere, deren Mann ein arbeitsloser Rechtsanwalt ist, beschwert sich über Lappalien, wie etwa, dass er all ihr Geld für edle Socken ausgibt, obwohl er seit einem Jahr kein Bewerbungsgespräch mehr gehabt hat, oder dass er sämtliche Sportkanäle abonniert hat. Einige Paare aus meinem Bekanntenkreis gewöhnten sich nie an die ungleiche Rollenverteilung und ließen sich scheiden.

Die emotionale Struktur solcher Familien war mir ein Rätsel. Deshalb führte ich im vergangenen Jahr in dem Online-Magazin *Slate* eine ausführliche Befragung von Personen durch, in deren Ehe die Frau den größten Teil des Familieneinkommens beisteuert, und ergänzte die schriftliche Umfrage durch Interviews. Die Leser von *Slate* sind sehr viel gebildeter als der Durchschnittsbürger, und die Fragen wurden mehrheitlich von Frauen beantwortet. Trotzdem bieten die Antworten einen Ansatz zur Beantwortung einiger der heikleren Fragen: Bedeutet mehr Geld mehr Macht in der Beziehung? Bedeuten mehr Arbeitsstunden im Beruf, dass für die Betreuung der Kinder weniger Zeit aufgewandt wird? Fühlen sich die Männer befreit? Sind die Frauen stolz? Fühlen sie sich ausgenutzt? Ist ein Ehemann wirklich in der Lage, helle und dunkle Sachen getrennt zu waschen?

Tatsächlich gaben fast 80 Prozent der Teilnehmer meiner *Slate*-Umfrage an, dass ihre Ehen glücklich seien, und hielten die Wahrscheinlichkeit einer Scheidung für ziemlich gering. Etwa ein Drittel gab an, ihre Männer machten sich Gedanken, weil sie weniger Geld verdienten, und ein etwas geringerer Teil hatte das Gefühl, von der Gemeinde negativ beurteilt zu werden. Fast 90 Prozent meinten, dass es in Zukunft stärker akzeptiert würde, wenn die Frauen die Hauptverdiener seien. Dies mag daran liegen, dass eine Frau als Hauptverdiener relativ wohlwollend ist. Eine überraschend kleine Anzahl der Befragten sagte, die Frau habe mehr Macht, weil sie mehr Geld verdiene, während etwa zwei Drittel berichteten, dass die Macht gleich verteilt sei.

Eine Geschichte, auf die ich in meinen Folgeinterviews

immer wieder stieß, war *Lady Chatterley* – nur mit einem Happy End à la Hollywood. Lori, eine Rechtsanwältin, die eine halbe Million Dollar im Jahr verdient, hatte genug davon, mit Männern auszugehen, die beruflich mit ihr konkurrierten und deren »ganzes Wohlbefinden davon abhing, ob sie dem Posten des Konzernchefs einen Schritt näher gekommen waren«. Also heiratete sie einen Zugführer, den sie über die Singlebörse match.com kennengelernt hatte. »Ich wollte einen Mann, der nicht den ganzen Tag von seiner Arbeit spricht, sondern lieber eine Fahrradtour am Strand macht«, sagte sie mir. »Mein Mann weiß, wer er ist. Er fühlt sich einfach wohl in seiner Haut.«

Trotzdem wurde in den Dutzenden von Interviews, die ich durchführte, auch deutlich, dass es unter der Oberfläche Spannungen gibt. Eine Machtverteilung, die den größten Teil der Geschichte Bestand gehabt hat, verschwindet nicht ohne Erschütterung. In vielen Fällen wurde ich mit uralten Problemen des Familienlebens konfrontiert, nur dass sie jetzt beim anderen Geschlecht auftraten. Andy, ein Hausmann und Vater aus San José, musste mehrere Termine mit mir absagen, weil er seine Zwillinge nicht zum Einschlafen bringen konnte. Bevor er daheim bei den Kindern geblieben war, hatte er als Zimmermann gearbeitet. Seine Frau ist Ärztin, und weil sie sehr viel mehr Geld verdient, war es sinnvoll, dass er zu Hause blieb. Andy passt gern auf die Kleinkinder auf, aber er spricht sehnsüchtig von seinem alten Leben und etwas defensiv von seinem neuen. Die Sehnsucht überkommt ihn, wenn er mit den Kindern unterwegs ist und Bauarbeiter bei der Arbeit sieht. Wie wäre es wohl, wieder mit einer Gruppe von Leuten auf einem Dach zu arbeiten? Was für Abenteuer erlebt seine Frau, während er den Kindern den

Mund abwischt? Wenn seine Frau und ihre Arztkollegen ihn aufziehen, weil er Hausmann ist, bringt er krampfhaft seine handwerklichen Fertigkeiten ins Spiel: »Wie wäre es, wenn ich mal bei Ihnen vorbeikomme und Ihnen das Ikea-Regal zusammenbaue, Herr Doktor.« Es ist die von Betty Friedan diagnostizierte Identitätskrise, nur in maskuliner Form. Inzwischen bekommt Andy »panische Angst«, wenn seine Frau vorschlägt, dass er wieder arbeiten sollte. Es ist zu lange her, und er hat nicht mehr genug Mumm für die Arbeitswelt.

Auf der anderen Seite dieser Gleichung stehen Frauen, die sich, ganz ähnlich wie früher die Männer, darüber ärgern, dass sie die gesamte wirtschaftliche Last tragen. Sie entwickeln die gleiche Bandbreite von Ängsten wie früher die männlichen Alleinverdiener: Sie fühlen sich unter Druck, haben Angst, finanziell ausgenutzt zu werden, und sind frustriert, weil sie sich durch die tägliche Plackerei versklavt fühlen und keine Zeit für kreative Tätigkeiten mehr haben. Michelle, eine Anwältin aus Los Alamos, beschwerte sich im Interview: »Ich werde von den Männern gejagt wie ein Tier, weil ich wegen meiner Fähigkeit, viel Geld zu verdienen, und wegen meines guten Jobs eine erstklassige Ehefrau wäre.« Beverly, eine afroamerikanische leitende Angestellte aus Washington, D.C., die von ihrem faulen Hausmann genug hatte, riet allen Frauen, sie sollten »gut aufpassen, dass sie keinen schmarotzenden, blutsaugenden Parasiten heiraten«. Julie, eine Rechtsanwältin und widerstrebende Alleinverdienerin, sagte: »Ich bin ein bisschen neidisch auf die Frauen in früheren Zeiten, von denen nicht erwartet wurde, dass sie genauso viel Geld wie die Männer verdienen. Ich finde es einfach unfair, dass sie heute unter einem Höllendruck stehen, beides zu leisten.«

Meistens jedoch kehren sich die Rollen nicht einfach um,

wie ich entdeckte. Ich sprach mit keiner einzigen Ehefrau, die die Brötchen verdiente und ganz auf die Rolle der Hausfrau verzichtete. Dies gilt sogar für Frauen, die in zwei Jobs arbeiten. Es gilt auch, wenn die Frau erheblich mehr Geld verdient als der Mann, und sogar, wenn er nur als Hausmann arbeitet. Bei mehr als zwei Dritteln der Ehepaare in meiner Untersuchung war entweder die Frau stärker bei Kinderbetreuung und Hausarbeit engagiert, oder die Arbeit wurde gleichmäßig aufgeteilt. Hier zeigt sich die moderne Plastikfrau von ihrer gierigsten Seite, indem sie immer mehr Raum erobert, bis sie explodiert: »Ich kriege einen furchtbaren HASS, wenn ich jedes Jahr um den Muttertag herum das Gewäsch darüber höre, ›wie viel eine Hausfrau und Mutter verdienen sollte‹«, sagte Dawn, eine Softwareentwicklerin und Mutter von drei Kindern, die »schon ewig« die Hauptverdienerin ist. »Ich muss dieselbe Hausarbeit und Kinderbetreuung machen, UND wenn ich meinen Job verliere, ist meine ganze Familie am Arsch.«

Im Lauf der letzten 30 Jahre haben die Frauen angefangen, beträchtlich mehr Stunden im Beruf zu arbeiten als früher, ohne deshalb in der Kinderbetreuung nachzulassen. Tatsächlich passierte sogar das Gegenteil. Im Jahr 1965 sagten die Frauen, sie würden pro Woche durchschnittlich 9,3 Stunden bezahlte Arbeit verrichten und 10,2 Stunden für Kinderbetreuung aufwenden. Heute machen die Frauen nicht nur durchschnittlich 23,2 Stunden bezahlte Arbeit, sondern wenden auch *mehr* Zeit, nämlich 13,9 Stunden, für Kinderbetreuung auf. Eine Woche hat immer noch genauso viele Stunden wie eh und je, und die Frauen gleichen den Zeitverlust meistens aus, indem sie in anderen Bereichen Zeit sparen, etwa bei der Hausarbeit, der Schönheits- und Körperpflege und tragischerweise auch bei der Freizeit, von der die Frauen heute weniger in Anspruch nehmen als je zuvor. Am stärksten wird durch die Untersuchungen über die Verwendung der Zeit in den Vereinigten Staaten und in vielen anderen Ländern jedoch die Vorstellung bestätigt, dass jede Frau ein langsam expandierendes, eifersüchtig über seine Territorialgewinne wachendes Kolonialreich ist, das sich weigert, alte Gebiete abzugeben, während es neue erobert.

Die Männer dringen sehr viel langsamer in neue Bereiche vor. Sie haben im gleichen Zeitraum ihre Arbeitsstunden von wöchentlich 46,4 auf 42,6 reduziert. Und ihre Kinderbetreuungszeit ist von nur 2,5 auf bescheidene 7 Wochenstunden gestiegen. Obwohl sie in Familienratgebern schon seit Jahrzehnten angefleht werden, ihre Vaterrolle stärker zu leben, ist der Hausmann auch heute noch ein seltenes Phänomen. Nur 2,7 Prozent der US-Amerikaner bezeichnen sich laut der letzten US-Volkszählung als Vollzeit-Hausmann, alleinerziehende Väter und Teilzeit-Väter nicht mitgerechnet. Tatsächlich ist bei den Männern eine starke Stimmung von Widerwillen, Widerstand und manchmal sogar Rebellion gegen die neuen Zustände zu spüren. Ein Mann, mit dem ich sprach, setzte seine Frau im Gespräch aggressiv herab, er fälschte ihre Unterschrift auf Schecks und verschwendete ihr Vermögen, alles aus Eifersucht auf ihren beruflichen Erfolg. Ein anderer rächte sich im Schlafzimmer: Er gestand, dass er seine Frau als Entschädigung für seine Impotenz in anderen Lebensbereichen öfter zu gewalttätigem Sex zwang, als ihr angenehm war.

In traditionelleren, machohaften Kulturen wird die Vorstellung von der Alphafrau noch weniger akzeptiert. In Spanien werden inzwischen fast 20 Prozent aller Ehen mit

Ausländern geschlossen. Erfolgreiche Spanierinnen heiraten progressive Männer aus Belgien oder der Schweiz, während sich spanische Männer Frauen aus Ecuador oder Kolumbien aussuchen. In Südkorea und Japan importieren Männer aus ländlich geprägten Städten und neuerdings sogar aus Großstädten Frauen aus ärmeren asiatischen Ländern, die noch eine traditionellere Vorstellung von Ehe haben.

Aber selbst im Westen begegnet einem die jüngste Krise des Machismo auf Schritt und Tritt. Die Fernsehkomödien des Jahres 2010 waren voll von arbeitslosen Ehemännern, duckmäuserischen Freunden, Hausmännern, Karrierefrauen und einer erklecklichen Anzahl, die sich als Frauen verkleiden, um eine Arbeit zu bekommen. Zum ersten Mal wird eine ganze Menge Serien in der Annahme gedreht, dass Frauen arbeiten gehen, während Männer daheimbleiben, das Haus pflegen, den Kühlschrank mit fettarmem Joghurt bestücken oder so tun, als würden sie sich um das Baby kümmern, während sie ein Hockeyspiel anschauen. »Die Frauen übernehmen die Arbeit. Bald haben sie alles Geld und alle Macht, und dann fangen sie an, die Männer loszuwerden«, jammert ein Mann in der neuen Serie *Work It*. »Sie behalten nur noch ein paar von uns als Sexsklaven.«

Seit ein paar Jahren produzieren Liebeskomödien, Sitcoms und Werbung zahllose Variationen einer Figur, für die Jessica Grose von *Slate* den Begriff Omegamann geprägt hat, einer Männerfigur, dem das Omegamännchen im Wolfsrudel entspricht, das sich allen anderen Wölfen unterordnen muss. Dieser häufig arbeitslose, von einem weiblichen Liebesobjekt herausgeforderte Loser ist, wie die Figur des Ben Stone in dem Film *Beim ersten Mal* (und viele weitere Antihelden von Judd Apatow), manchmal ein ewiger Jugendlicher, oder er ist (wie der Protagonist in dem Film *Greenberg* von Noah Baumbach) ein reizloser Menschenhasser oder (wie in einem Werbespot für Budweiser Light) ein glücklicher Stubenhocker. Er kann süß, bitter, nostalgisch oder zynisch daherkommen, aber er wird immer von dem Gedanken verfolgt, dass er es nicht hinkriegt, ein Mann zu sein. »Wir sagen ›Mann‹ zueinander«, sagte der von Ben Stiller gespielte, stets bittere Roger Greenberg, »aber es ist ein Witz. Es ist, als ob man andere Leute imitiert.«

In vergangenen Jahrzehnten hatte der Loser im Film eine gewisse gebrochene Würde (wie Norm in der Fernsehserie *Cheers* über die gleichnamige kleine Bar). Er ist vielleicht arbeitslos und enttäuscht seine Frau, aber letztlich besitzt seine Männerhöhle mit ihrem gedämpften Licht und ihrer endlosen Prozession von Bierkrügen genauso viel Herz und Wärme wie jede liebevoll gezeichnete Problemfamilie. Frauen, die etwas aus sich machen wollen, sind in *Cheers* aus der Art geschlagen und zum Scheitern verurteilt. Sie kehren unvermeidlich irgendwann wieder in den Schoß der Bar zurück. In der neuen Ära jedoch sind die Rollen andersherum verteilt: Die Männerhöhle ist das, was geopfert werden muss. Ben Stone in *Beim ersten Mal* lebt von der Entschädigung, die er zehn Jahre zuvor nach einem Autounfall erhalten hat, und wohnt mit drei Männerfreunden, die eine pornografische Website betreiben, in einer WG. Er ist ein liebenswerter Faulenzer, während seine Freundin schrill und überaus ehrgeizig ist. Trotzdem ist es Ben, der sich ändern muss, und in der letzten Einstellung des Films sehen wir ihn als einen modernen, glücklichen Spielplatzvati. So geht das in der neuen Ära der Spielfilm-Ehen. Die Männer sind fast immer liebenswerter als ihre besseren Hälften, aber das bringt kaum noch etwas. Im epischen Krieg der Geschlechter müssen sie nun die weiße Flagge hissen und sich in die Welt der Frauen integrieren, wenn sie die Hoffnung auf ein gutes Leben nicht aufgeben wollen. Um zu gewinnen, müssen sie sich unterwerfen.

Von allen Tagen im Jahr sollte der Sonntag mit dem Super-Bowl-Finale der National Football League der Tag sein, an dem das Macho-Ideal in Film und Fernsehen am meisten gefeiert wird. Die Männer in den Werbespots während der Übertragung sollten Bälle werfen und mit Motorrädern rasen und überhaupt alles tun, was Männer gerne tun würden, wenn sie nicht von Frauen daran gehindert würden. Stattdessen kam 2010 ein Werbespot heraus, der für mich ein perfekter Ausdruck des modernen Zustands der Geschlechterbeziehungen ist: Vier Männer starren in die Kamera, sie lächeln nicht, und sie bewegen sich nicht, wenn man von einem gelegentlichen Blinzeln absieht. Sie sehen aus, als wären sie mit Psychopharmaka ruhiggestellt und könnten sich kaum noch aufrecht halten. Ihre Lippen bewegen sich nicht, aber eine Stimme im Off erklärt ihr bitteres Schicksal: Sie sind durch die Forderungen nervtötender Arbeitgeber, rabiater Umweltfaschisten und ihrer eigenen Frauen domestiziert worden. Besonders durch die der Frauen: »Ich mache die Klobrille herunter, ich trenne den Müll, ich trage deinen Lippenbalsam.« Das letzte Versprechen wird mit einer winzigen Spur von Empörung vorgebracht, der einzige Hinweis auf die Wut des Unterdrückten auf seine Domina. Dann erscheint plötzlich ein Fantasiebild: Ein Dodge Charger rast mit kernigem Motorengeräusch auf die Kamera zu, und kantige Großbuchstaben verkünden MAN'S LAST STAND (»Das letzte Gefecht des Mannes«). Doch das Motto ist nicht überzeugend. Nach all der männlichen Stummheit und Passivität kann es eigentlich nur eine Frau sein, die – mit glänzenden Lippen – am Steuer des monströsen Gefährts sitzt.

David Godsall meint, dass er sich »der neuen Weltordnung ziemlich gut anpasst«. Der Neunundzwanzigjährige aus Vancouver ist einer von den Typen im Blauen Anton, die »in dieser neuen Volkswirtschaft nur noch gedemütigt und gefickt werden«, weil sie sich nicht umstellen und aufs College gehen und einen neuen Beruf lernen können. David hat einen Magisterabschluss und einen Job als Redakteur eines Stadtmagazins von Vancouver. Er besitzt eine Wohnung, die er mit seiner festen Freundin teilt, und eine Küche voll schicker Haushaltsgeräte. Er hat ein Auto in der Garage und ist stolzer Besitzer eines Bullmastiffs. Doch die ständige Anhäufung von Annehmlichkeiten hat bei ihm nur zu der Erkenntnis geführt, dass er sich schrecklich unbehaglich fühlt.

Im Augenblick verdient seine Freundin Clare mehr als er. Nicht sehr viel mehr, nur etwa 15 000 Dollar im Jahr. Außerdem muss sie nach dem Studium ganz schön hohe Kredite abzahlen, während er über ein bescheidenes Familienerbe verfügt. Auch ist ihm sehr bewusst, dass sich die Balance durchaus in die andere Richtung verschieben könnte, sobald sie eine Familie gründen und Kinder bekommen. Trotzdem ist der Unterschied so groß, dass er ihn beunruhigend findet. Er schrieb mir Folgendes: »Als eine Generation gebildeter urbaner Männer, die nie eine Welt kannten, in der sie nicht von ihren weiblichen Standesgenossen in fast jeder denkbaren Kategorie übertroffen wurden, befinden wir uns mitten in einem langen, unsicheren Prozess, in dem eine neue Männlichkeit ausgehandelt wird. Geld spielt bei diesem Prozess ganz unvermeidlich eine Rolle, selbst bei denen von uns, die sich über den Erfolg ihrer Partnerin wirklich freuen.«

Vorstellungen wie die vom »Familienoberhaupt« oder von der »väterlichen Autorität« sind David absolut gleichgültig. Er findet den Begriff »Brotverdiener« komisch und meint, die Vorstellung von einem einzigen »Ernährer« höre sich sehr nach »Morning Train« von Sheena Easton an. Clare ist eine begeisterte Feministin der zweiten Welle, die ganz ernsthaft in jedem Büro die Zahl der weiblichen leitenden Angestellten zählt, und David ist damit völlig einverstanden. Er findet, dass mächtige weiße Leithengste im Anzug wie Jack Donaghy in der Serie *30 Rock* oder der Boss in der Serie *Das Büro* als Menschen nur unter vielen Schichten von Ironie und Selbstparodie existieren. Und doch kann er sich offenbar nicht gestatten, einfach auf die andere Seite zu wechseln, wo Geschlechterrollen austauschbar sind und es nicht darauf ankommt, wer die Hosen anhat. Wenn er nachmittags auf dem Spielplatz an einem glücklichen Vater vorbeikommt, schaudert es ihn. »Ja, er verursacht mir Unbehagen«, gesteht David. »Es spielt keine Rolle, wie linksliberal-progressiv wir (als urbane, gebildete, nach 1980 geborene Männer) sind, wir finden trotzdem, dass er schrecklich unmännlich ist. Ich bin fortschrittlich und aufgeklärt, und auf einer ideologisch-politischen Ebene will ich, dass dieser Typ existiert. Ich will nur nicht dieser Typ *sein*.«

Durch sein Unbehagen über die neue Rollenverteilung in der Ehe steckt David in einer Sackgasse fest, in der die einzige Bewegung durch aggressiv-bösartige Spielarten seiner eigenen Ambivalenz zustande kommt. Einige seiner Freunde sind dabei, ihre Freundinnen zu heiraten, aber er kann sich nicht dazu überwinden, obwohl er weiß, dass die Uhr tickt und er am Ende nachgeben wird. Das Geld ist für ihn zum Symbol einer fernen, haltlosen, unmännlichen Zukunft geworden, an die er nicht einmal denken will. Wird seine Frau vorschlagen, dass er täglich ein paar Stunden weniger oder nur vier Tage die Woche arbeitet, wenn sie Kinder haben? Zahlt sie das Auto, wenn sie dann ein größeres brauchen? An mehreren Abenden pro Woche wird er durch ein Ereignis, das er als rituelle öffentliche Demütigung betrachtet, an diese Ängste erinnert: Der Kellner bringt die Rechnung und schiebt sie näher zu ihm hin. Seine Frau zieht ihre Brieftasche heraus. Es macht Sinn, dass sie zahlt, und doch spürt sie eine Art Entsetzen bei ihm, und so starren sie einander bloß an, und »es ist jedes Mal eine langsame Folter«.

Mit dem Geld, das David von seinen Großeltern geerbt hatte, machten sich Clare und er kürzlich auf Wohnungssuche. Sie fanden einen hübschen kleinen luftigen Loft, der ihnen beiden gut gefiel, und so schalteten sie schnell vom Such- in den Kaufmodus. Bei jedem Gespräch jedoch »blieben sie an den Einzelheiten hängen«. Wer würde den Kredit aufnehmen? Wie würden sie die Abzahlung aufteilen? Und wie die Hypothek? Wem würde der Wertzuwachs zugutekommen? An einem bestimmten Punkt versuchte David zu erreichen, dass das Haus nur auf seinen Namen eingetragen würde, obwohl das beträchtlich schlechtere Bedingungen für den Kredit bedeutet hätte. Seine Freundin bekam das Gefühl, dass er sich furchtbar anstrengte, ihrer beider Angelegenheiten nicht zu sehr zu vermischen. Sie diskutierten und stritten monatelang. Schließlich war der Loft weg, und jetzt müssen sie es noch einmal versuchen.

Die Männer in Davids Generation werden durch Fernsehsendungen und Filme oder vielleicht auch durch ihre Mütter zu der Einsicht erzogen, dass Ärzte oder Rechtsanwälte oder Schriftsteller oder sogar US-Präsidenten männlich oder weiblich sein können und dass es nicht sonderlich wichtig ist, was sie sind. Wenn diese Männer die Entwicklung aufmerksam verfolgt hätten, würden sie wissen, dass das Zeitalter der weiblichen Unabhängigkeit wahre Wunder für die Männer geleistet hat und bei den gebildeten Schichten zu stabileren, mit mehr Reichtum gesegneten und glücklicheren Ehen führt. Heute ist ein verheirateter Mann mit Hochschulabschluss dank seiner Frau im Durchschnitt viel gesünder und wohlhabender als ein unverheirateter, wenn er in den Ruhestand geht. Und er hat obendrein auch noch eine Frau, mit der er über Arbeit oder Politik oder alles andere reden kann, was ihn interessiert.

Sie sollten sich jedoch klarmachen, dass die Zeit der Männerherrschaft langsam ausläuft. Dass nicht unbedingt sie selbst, sondern wahrscheinlich erst ihre Söhne und Enkelsöhne routinemäßig für weibliche Chefs arbeiten werden. In den oberen Schichten der Gesellschaft, in den kreativen und freien Berufen, sind die Frauen immer noch ein paar Schritte von der vollen Verantwortung entfernt. Die Männer haben immer noch mehr Spitzenpositionen und arbeiten länger als die Frauen. Gehen Sie an einem beliebigen Freitag im Sommer an einen Strand in den Hamptons, und er ist voll mit Frauen, die darauf warten, dass ihre in New York tätigen Männer endlich freimachen und sich ihnen anschließen. Ein Beweis, dass es in der dünner werdenden Luft immer noch Bereiche gibt, wo die Männer das Berufsleben dominieren, während die Frauen für das Essen und die Sonnencreme zuständig sind.

Jedenfalls sind die jungen studierten Städter anders als die Männer aus der Arbeiterklasse im Süden, die offen den Verlust der alten Ritterlichkeit beklagen und allem nachweinen, was sie durch die neue Wirtschaftsordnung verloren haben. Für die jungen gebildeten Städter existiert das traditionelle männliche Ideal, wenn überhaupt, nur noch als Fashion-Statement in Boutiquen in Brooklyn, die sich auf Jagdjacken, Flachmänner und alte *Playboy*-Ausgaben spezialisiert haben, einen Kitsch, der auf dieselbe ironisch-nostalgische Art wiederverwertet wird wie alte Abzeichen der Stalin-Ära, wenn sie in Moskauer Discos zur Schau gestellt werden. Diese Männer haben am College den einen oder anderen Kurs in feministischer Theorie besucht und vielleicht Judith Butler oder Kate Millett gelesen. Sie wissen, dass es für einen Mann im 21. Jahrhundert nicht mehr sonderlich cool ist, wenn er versucht, sich zu einem festen Bestandteil der herrschenden Klasse aufzuschwingen. Wenn diese Männer in die Vergangenheit zurückblicken, steht diese in Anführungszeichen.

Theoretisch sollte diese Einstellung den Übergang in die neue Weltordnung sehr erleichtern. Wohlhabende Männer sollten sich langsam an die neue, androgynere Welt an der Spitze anpassen, denn sie haben dort ein breites Spektrum von Möglichkeiten, während sie nicht mehr an der alleinigen Last der Verantwortung zu tragen haben. Doch die heranwachsende Generation der Fastverheirateten oder kürzlich Verheirateten wirkt leider alles andere als entspannt. Stattdessen tobt in dieser Kultur ein gewaltiger Kampf, in dem die Männer von dem Gespenst einer kommenden Apokalypse ihres Geschlechts verfolgt werden, obwohl es materiell und konkret nichts gibt, worüber sie sich beschweren müssten.

Schließlich fragte ich David nach dem Warum: Warum ist ihm etwas in der Praxis so wichtig, das ihm theoretisch ganz unwichtig ist? Warum ist es ihm so wichtig, dass er sogar eine Wohnung deshalb verliert?

»Der Grund ist ganz bestimmt nicht Missgunst.«
»Und eigentlich auch nicht Verwirrung.«
»Ich glaube, dass ich die Gefühle, die ich wegen meiner Situation empfinde, weder als positiv noch als negativ kategorisieren könnte.«

Und dann fällt ihm doch noch eine Antwort ein: »Es liegt daran, dass unsere Mannschaft verliert. Alles, was wir brauchen, um in der Welt, wie sie vermutlich in zehn, zwanzig oder fünfzig Jahren existieren wird, gut zurechtzukommen, sind Dinge, in denen meine weiblichen Freunde und Konkurrenten besser sind als ich. Besser sind als wir. Es ist mir sehr unangenehm, dass ich das jemandem sagen muss, die es drucken lassen wird, aber es ist die Wahrheit.«

Zwischen 1935 und 1936 interviewte die Soziologin Mirra Komarovsky 59 Familien, bei denen der Mann der einzige Ernährer gewesen war, dann aber seine Arbeit verloren hatte und mindestens ein Jahr arbeitslos gewesen war. Sie veröffentlichte die Ergebnisse 1940 in ihrer klassischen Studie über die Zeit der Weltwirtschaftskrise unter dem Titel *The Unemployed Man and His Family*. Die Arbeit bietet einen guten Einblick in den damals gültigen einfachen Vertrag zwischen Ehepaaren. Die verschiedenen Männer, die Komarovsky interviewte, waren mit den bescheideneren Verhältnissen unterschiedlich gut zurechtgekommen. Was mich jedoch am meisten verblüffte, als ich das Buch 80 Jahre später las, war die universelle Akzeptanz der Vorstellung, dass an alle Männer der Maßstab des »Ernährers« angelegt werden sollte. Ein Mann war so viel wert wie seine Stellung und der Lohn, den er erhielt, und zwar ohne Ambivalenzen und ohne multiple Schichten von Jack-Donaghy-Ironie. Wie Komarovsky erläutert, beruhte eine Ehe auf einer einfachen Gleichung: Der Ehemann sorgt für die Frau, und sie ehrt ihn und gehorcht ihm. »Eine Frau erwartete von einem Mann, dass er ein guter und zuverlässiger Arbeiter war, der für die Familie sorgte«, sagte eine gewisse Mrs Johnson. Wenn Erwartung A nicht mehr erfüllt wird, kann natürlich auch B nicht erfüllt werden. Konsequenterweise sagte eine Frau auf die Frage, wie es ihr mit der Arbeitslosigkeit ihres Mannes ginge: »Natürlich liebe ich ihn jetzt nicht mehr.« Und eine etwas nettere Ehefrau sagte: »Ich liebe ihn immer noch, aber er ist offenbar kein so ›großer‹ Mann mehr.«

Die Männer wiederum akzeptieren die Verkleinerung als ihr Schicksal, bezeichnen sich selbst als »gefallene Idole« und erzählen leidenschaftslos, dass ihre Kinder nicht mehr »Hi, Dad« sagen, wenn sie zur Tür hereinkommen. »Sie sind immer gekommen und haben mich umarmt, und jetzt höre ich kaum noch ein freundliches Wort von ihnen«, berichtet einer der Väter. Die einzelnen Geschichten sind herzzerreißend, doch die Einfachheit der Gleichung ist auch tröstlich, weil der alte Zustand so leicht wiederherstellbar ist. Alles wäre wieder in Ordnung, glauben beide Ehepartner, wenn der Mann »wieder etwas zu tun finden würde«. Sie könnte den Lebensmittelhändler wieder bezahlen, den Kindern ihr Taschengeld geben und die Heizung wieder aufdrehen. Mit dem zeitlosen Vertrag zwischen Mann und Frau und dem blinden Vertrauen in die positive Autorität des Patriarchen wäre auch der Friede wiederhergestellt. Gab es eine Alternative? Ob denn nicht vielleicht Mrs Johnson stattdessen einen Job finden könne?, fragte die Interviewerin. Nein, antworteten beide Ehepartner. Das wäre »schrecklich«.

Kaum ein Jahrzehnt nach der Veröffentlichung von Komarovskys Buch begann der einfache Vertrag sich aufzulösen. Was zuvor seit den Höhlenmenschen als das besondere Schicksal des Mannes akzeptiert worden war, nämlich dass er seine Familie ernährte, wirkte plötzlich wie eine Wahl, die er treffen konnte, und eine Wahl, bei der sich viele Männer gegen die alte Rolle entschieden. Rückblickend gesehen wurde diese Entwicklung nicht so sehr durch die Gender-Revolution der 1960er, sondern schon durch die 1950er Jahre verursacht, in denen die Vorstellung vom Ernährer als einzige Norm für die Mittelklasse so brutal durchgesetzt wurde, dass sie sich mehr und mehr wie eine Schlinge anfühlte. Die Autoritäten beriefen sich auf Wissenschaft und Psychologie, wenn sie ihre Norm setzten: Männer, die die Rolle als Ernährer nicht akzeptierten, waren »abartig«, »unnatürlich« und »unreif«, wie es Barbara Ehrenreich 1987 in ihrem Buch *Die Herzen der Männer* skizzierte. Psychologen entwarfen klare Entwicklungsschritte, wie es Jean Piaget für Säuglinge getan hatte: Ein Mann musste sich eine Gefährtin suchen, einen Beruf finden und einen geeigneten Haushalt gründen. Männer, die diese Schritte nicht rechtzeitig (das heißt vor dreiundzwanzig) machten, litten unter Krankheiten wie »psychischer Unreife« oder »strebten nach ›ewiger Jugend‹«. Zustände, die Ben Stone sehr vertraut wären. Bei diesen unverantwortlichen Männern, schreibt Ehrenreich, verschwammen sogar die Grenzen »zu der schattenhaften Figur des Homosexuellen«, und das so sehr, dass der Psychiater Lionel Ovesey die neue Kategorie des »Pseudohomosexuellen« einführte. Er meinte damit einen Mann, der nicht schwul war, aber trotzdem den Maßstäben für Männlichkeit nicht gerecht wurde.

Peter Tarnopol, Philip Roths Alter-Ego in *Mein Leben als Mann*, fasst das vorherrschende Ethos der 1950er Jahre perfekt zusammen:

Kein Wunder also, dass ein junger studierter Bourgeois meiner Generation, der für sich selbst den Gedanken an eine Ehe verwarf und sich lieber von Konserven oder Cafeteria-Essen ernährte, sein Zimmer selbst fegte, sein Bett selber machte, lieber ohne gesetzliche Verpflichtungen kommen und gehen wollte und weibliche Gesellschaft und sexuelle Abenteuer suchte, wo und wann er konnte, und nur für die Zeit, die ihm passte, dass ein solcher Mann sich dem Vorwurf der Unreife, wenn nicht gar latenter oder offensichtlicher »Homosexualität« aussetzte. Oder er war einfach »egoistisch«. Oder er »scheute die Verantwortung«. Oder er war unfähig, sich auf »die Verpflichtungen« (hübsches institutionelles Schlagwort) »... einer dauerhaften Bindung einzulassen.«

Wie man aus Tarnopols Bitterkeit schließen kann, hatte das Establishment die Schraube zu fest angezogen. Fast gleichzeitig waren die ersten Erschütterungen der männlichen Revolte zu spüren. Die Bestseller Mitte der 1950er Jahre, *Herr und Opfer der Organisation* von William Whyte und *Die einsame Masse* von David Riesman, warnten die Männer, dass sie zu Marionetten großer Konzerne geworden seien, mechanische Versionen richtiger Männer. Insbesondere Riesman beklagte die Schaffung des saft- und kraftlosen, außengeleiteten neuen Mannes der amerikanischen Arbeitswelt, der gezwungen war, konkrete Fähigkeiten zu unterdrücken, um ständig auf die Signale anderer lauschen und sensibel auf seine Kollegen reagieren zu können. (Und wie weitsichtig er war! Diese Eigenschaften gelten heute als »soziale Kompetenz« und sind in der Arbeitswelt des 21. Jahrhunderts sehr geschätzt.)

Wie genau man dieser Falle entrinnen konnte, war überhaupt nicht klar. In Richard Yates' Roman *Zeiten des Aufruhrs* findet April Wheeler die perfekte Methode, um sich aus ihrem schrecklichen Vorstadtgefängnis zu befreien: Ihr Mann kündigt seinen Arbeitsplatz bei Knox Business Machines, den »denkbar ödesten Job«, und sie ziehen nach Paris. Dort wird sie als Sekretärin bei irgendeiner Behörde arbeiten, während er durch die Stadt streift und sein altes Selbst als Bohemien wiederbelebt.

> »Begreifst du nicht, was ich sagen will? … Es ist dein Wesen, das hier unter die Räder kommt. Es ist das, was du bist und was bei dieser Art von Leben immer wieder unterdrückt wird …
> Du bist das Kostbarste und Wundervollste, was es auf dieser Welt gibt. Du bist ein Mann.«

Doch die Welt war noch nicht bereit für diese neue Definition des von seinen familiären Pflichten befreiten Mannes. April stellt fest, dass sie schwanger ist, und der Plan wird von einem ganzen Chor männlicher Bedenkenträger vereitelt, die über eine solche Geschlechterrevolte hell empört sind. Franks Nachbar: »Was für eine schwachsinnige Idee ist das, von wegen sie will für den Lebensunterhalt aufkommen? Ich meine, welcher Mann wäre fähig, so etwas zu akzeptieren?« Sein Kollege: »Ich kann nicht glauben, dass du einfach so in Straßencafés rumlungerst, während deine Gnädigste in der Botschaft oder wo immer zugange ist.« Und derselbe Nachbar stellte sich vor, dass die hübsche April Wheeler »in dem Jahrzehnt, in dem sie für ihre Familie die Brötchen verdient hatte, dick und plump geworden war«.

Weder in den 1960er noch in den 1970er Jahren wurde

eine friedliche Lösung für die Ängste des männlichen Familienernährers aus der Oberschicht gefunden. Stattdessen fiel die Ehe den hemmungslosen, sexuell aufgeladenen Geschlechterkriegen jener Ära zum Opfer. Das damals neue Herrenmagazin *Playboy* empfahl den Männern, den häuslichen Raum wieder ihren eigenen Bedürfnissen dienstbar zu machen: Legen Sie eine stimmungsvolle Musik auf, und laden Sie eine Frau ein – für eine Nacht, nicht als ständige Mitbewohnerin. Für Frauen wurde inzwischen die Ehe mit all ihren Begleiterscheinungen zum Feind, zu der Barriere, die ihnen Erfüllung und Fortschritt verwehrte. Das Schlimmste, was eine Frau sein konnte, war eine von ihrem patriarchalischen Ehemann versklavte Hausfrau. »Prostituierte verkaufen ihren Körper nicht, sie vermieten ihn«, schrieb die feministische Aktivistin Flo Kennedy in ihrem Buch *Color me Flo*. Das Statement wurde von der feministischen Zeitschrift *Ms.* aufgegriffen: »Hausfrauen verkaufen ihren Körper, wenn sie heiraten«, hieß es dort. In einer Podiumsdiskussion, die in dem Dokumentarfilm *Town Bloody Hall* dokumentiert ist, machten sich Germaine Greer und ihre feministischen Anhängerinnen über eine Kultur lustig, in der der Mann glaubt, dass »Frauen von einem blitzsauberen Boden einen Orgasmus kriegen«. Die Veranstaltung endete damit, dass drei Frauen übereinander herfielen und auf der Bühne herumknutschten. Die Aktion sollte vielleicht Norman Mailer ärgern und erregen, der ebenfalls mit auf dem Podium saß, oder es handelte sich wirklich um einen historischen Moment der Lesbenbewegung. Auf jeden Fall aber lautete die Botschaft, dass die traditionelle Ehe auf den Müllhaufen der Geschichte gehörte.

In den späten 1960er Jahren begann die US-amerikanische Scheidungsrate zu steigen und explodierte dann förmlich in den 1970er und frühen 1980er Jahren, als praktisch alle amerikanischen Bundesstaaten das Schuldprinzip abschafften. Sie erreichte 1981 mit 5,3 Scheidungen auf 1000 Personen ihren Höhepunkt. In dieser Ära bin ich aufgewachsen, und die Auflösung und Neubildung von Paaren gehörte zur Musik meiner Kindheit. Meine beste Freundin Brandi wohnte ein paar Straßen weiter im höchsten Gebäude meines Mittelschichtviertels in Queens. Zu dem Gebäude gehörte ein Swimmingpool, an dem sich die Geschiedenen aus dem Viertel trafen. Brandis Mutter war einen Sommer lang eine nachlässig gekleidete Mama mit ungepflegter Frisur und im nächsten Sommer eine Sexbombe mit schwarzen Haaren und einem Bikini, die auch noch plötzlich Raven hieß. Roberts Vater tauchte eines Tages ohne Ehefrau, aber mit glänzenden Nägeln und einem Sportwagen auf. Im folgenden Sommer kam er mit Raven. Ich wusste nicht, was für traumatische Ereignisse sich unter der Oberfläche abspielten. Meine Eltern waren genauso alt wie die Scheidungseltern meiner Klassenkameraden, aber sie waren aus Israel immigriert, also funktionierten sie eher im Modus der 1950er Jahre. Für mich hatte der ganze Scheidungstrubel den Glanz, dass er amerikanisch war; vielleicht bin ich eifersüchtig gewesen.

Was blieb, als die Scheidungsflut ihren Höhepunkt überschritten hatte, war die von Soziologen so genannte »Divorce Divide« (»Scheidungslücke«). Die Scheidungsrate wurde – wie so viele Phänomene in den heutigen USA – durch das Prisma der sich verschärfenden wirtschaftlichen Ungleichheit gebrochen. Die Scheidungsraten fielen bei dem Bevölkerungsteil mit Hochschulabschluss, während sie beim ganzen Rest stabil blieben. Die April Wheeler in Yates' Roman hatte genau richtiggelegen. Bei den aufstrebenden Schichten lag der Schlüssel zum Glück in der Möglichkeit, dass auch die Frau Geld für die Familie verdienen konnte. Tatsächlich hat der bisher gründlichste Forschungsbericht zu dem Thema das Ergebnis, dass eine Ehe stabiler ist, wenn auch frau arbeitet. Paare, bei denen die Frau ebenso arbeitet, haben eine sehr viel geringere Scheidungswahrscheinlichkeit, womöglich weil der finanzielle Stress geringer ist. Hätte April Wheeler heute gelebt, hätte sie es wahrscheinlich genauso weit gebracht wie eine Washingtoner Freundin von mir. Sie wäre amerikanische Botschafterin der Organisation für wirtschaftliche Zusammenarbeit und Entwicklung (OECD) in Paris geworden, während ihr Mann nur sporadisch arbeiten und sich zum Schreiben Zeit nehmen würde. Wenn sie dann in die USA zurückkehrten, könnte sie sich Zeit für die Jobsuche nehmen, während er wieder bei seiner großen Firma arbeiten würde.

So funktioniert die neue Ehe mit wechselnden Rollen. Die Paare orientieren sich nicht an Gerechtigkeit und Fairness, wie sie irgendeinem externen Maßstab der Gleichberechtigung zwischen den Geschlechtern entsprechen würden. Sie streben vielmehr individuelle Selbstverwirklichung an, und beide Partner bekommen an bestimmten Punkten der Ehe jeweils eine Chance dazu. Das Modell hat sich in einer Ära etabliert, in der die Kreativen in Bezug auf ihre Arbeit viel flexibler sind als früher und niemand mehr erwartet, das ganze Leben denselben Arbeitsplatz zu haben. Diese Haltung wird in einer Gesellschaft gefördert, die Selbstausdruck mehr Wert beimisst als Pflichterfüllung. Sie ist fortschrittlich, was die instinktive Gleichbehandlung der Geschlechter und die Ablehnung obligatorischer Arbeit betrifft, und total konservativ in Bezug auf ihr positives Verhältnis zur traditionellen Ehe. Wegen dieser freiwilligen Selbstbeschränkung auf die Genüsse, die innerhalb der alten, biblisch sanktionierten Verbindung möglich sind, besteht ein riesiger Unterschied zwischen den neuen Ehepaaren und Germaine Greer und den heißen Lesbierinnen, die in der Town Hall auf der Bühne waren. Tatsächlich ist die bürgerliche Boheme so überzeugt von ihrem aktuellen Ehemodell, dass jede Abweichung vom Drehbuch, etwa als Geschiedene, als alleinerziehende Mutter oder durch irgendein anderes »ungewöhnliches Arrangement«, wie die Journalistin Katie Roiphe nicht müde wird zu betonen, den »Abweichlern« mitleidige Kommentare auf dem Spielplatz und das Schandmal der Ehebrecherin einbringt.

Und was ist mit den männlichen Akademikern in dieser neuen Ära des ehelichen Glücks? Haben sie, was ihre Rolle als Familienernährer betrifft, endlich den Kopf aus der Schlinge gezogen? Ein kluger Mann ist sich bewusst, dass seine Frau keine finanzielle Belastung mehr ist. Ganz im Gegenteil, die Frau ist für ihn das Ticket zum Wohlstand. Kurz vor dem Ruhestand hat ein verheiratetes Paar in den Vereinigten Staaten durchschnittlich Vermögenswerte im Wert von 410 000 Dollar angesammelt. Dagegen bringt es jemand, der nie verheiratet war, auf 167 000 und ein Geschiedener auf 154 000 Dollar. Eine Untersuchung ergab, dass die Vermögenswerte bei Paaren, die zusammenblieben, im Lauf von fünf Jahren doppelt so schnell wuchsen wie bei Paaren, die sich hatten scheiden lassen.

Zahlreiche Studien beweisen, dass Männer viel stärker von der Ehe profitieren als Frauen, und das nicht nur in dem augenzwinkernd konstatierten allgemeinen Sinn, dass der Mann durch die Ehe »gezähmt« wird. Exzellente Untersuchungen aus Dutzenden von Ländern beweisen, dass verheiratete Männer glücklicher, gesünder und langlebiger sind als unverheiratete. (Außerdem haben sie, im Gegensatz zu dem alten Junggesellenmythos, ihrer eigenen Aussage nach ein glücklicheres Sexualleben.) Wie aus diversen Studien hervorgeht, haben verheiratete Männer seltener Lungen- oder Herzkrankheiten, Krebs, hohen Blutdruck, Diabetes oder schwere Depressionen. Eine neuere Studie der Canadian Medical Association bewies, dass verheiratete Männer, wenn sie einen Herzinfarkt erleiden, im Durchschnitt eine halbe Stunde früher im Krankenhaus ankommen als unverheiratete. (Bei den Frauen gibt es keinen Unterschied.) Die Statistiker Bernhard Cohen und I-Sing Lee, die einen Katalog relativer Mortalitätsrisiken zusammengestellt haben, kamen zu dem Schluss, dass »unverheiratet zu sein eines der größten Risiken ist, das Menschen freiwillig eingehen«.

Natürlich ist es nichts Neues, dass Frauen fürsorglich sind und ihre Männer drängen, schnell zum Arzt oder ins Krankenhaus zu gehen. Und vielleicht ist das schon immer so gewesen. Bemerkenswert ist jedoch die radikale Veränderung, was den Fokus der Wissenschaft betrifft. Studien über den »normalen« Mann, der die Zügel in der Hand hält, sind nicht mehr in Mode. Heutzutage verwendet die Sozialforschung ihre ganze Energie darauf, die neue Auffassung zu untermauern, dass die Männer zerbrechliche Abhängige geworden sind, die einen Beschützer brauchen; dass sie die Ehe nötiger haben als die Frauen und sie geradezu lebensnotwendig für sie geworden ist.

Viele Propheten einer neuen Männlichkeit würden diese Abhängigkeit als Fortschritt begrüßen. Nur wenn die Männer in ihren häuslichen Rollen flexibler werden, können sie sich aus der Rüstung befreien, in die sie von der Gesellschaft gesperrt worden sind. Der beharrlichste und bekannteste solche Prophet der Männerbewegung ist Warren Farrell, der *The Liberated Man* und in jüngerer Zeit den Bestseller *Mythos Männermacht* geschrieben hat. Seit Jahrzehnten befürwortet er eine »Modernisierung der Geschlechterrollen«, damit die Töchter die gleichen Chancen wie die Söhne bekommen. Frauen sollen den Beruf wählen können, den sie wollen, oder Teilzeit oder überhaupt nicht arbeiten, und das alles sollte von der Gesellschaft akzeptiert werden.

Kürzlich habe ich in Washington eine Podiumsdiskussion mit Farrell besucht. Er leitet eine Arbeitsgruppe, die als Beratungsgremium für das Weiße Haus einen White House Council on Boys and Men gründen soll. Dieser soll die Aufmerksamkeit auf die Leiden der zwangsweise zu Machos erzogenen Männer lenken. Farrell ist wie eh und je ein liebenswerter bärtiger Mann mit einer geübten, wenig bedrohlichen Stimme und zwanglos-kalifornischem Auftreten. Bei der Diskussion klagte er, dass wir unseren Männern beibringen würden, »wegwerfbar« zu sein, wenn wir sie in die Schlacht schicken oder ihnen bei Footballspielen zujubeln, obwohl wir wissen, dass sie verletzt werden könnten.

Er erzählt oft die Geschichte, wie er es so eilig hatte, sein Studium abzuschließen und endlich seiner Rolle als Familienernährer gerecht zu werden, dass er bei mehreren Promotionsprüfungen durchfiel. Diese Erfahrung lehrte ihn, dass Männer von ihrer beschränkten Vorstellung von Männlichkeit befreit werden müssen. Einige Aspekte seiner Zukunftsvision sind heute schon Realität geworden: Die jüngere Generation der Männer strebt tatsächlich eine gewisse Zufriedenheit im Beruf und ein vernünftiges Gleichgewicht in ihrem Leben an. Unsere Erwartungen an eine Vaterschaft haben sich seit den 1970er Jahren dramatisch verändert. Es gibt vielleicht noch nicht allzu viele Väter, die ganz zu Hause bleiben, aber ein Vater, der nie daheim ist, wenn die Familie zu Abend isst oder die Kinder ins Bett gehen, passt nicht mehr in die Zeit.

Trotzdem haben die Männer die neue Botschaft noch nicht voll verstanden. Heutzutage gibt es viele engagierte Väter, aber die Männer gehen noch nicht für Vaterschaftsurlaub oder flexible Arbeitszeiten auf die Straße. Stattdessen haben wir es mit einzelnen Männern zu tun, die mit ihrer neuen häuslichen Erfahrung isoliert sind, obwohl sie David Godsall und dem Rest der Welt zeigen, wie die Ehe aussehen wird, wenn schon in relativ naher Zukunft die meisten Rechnungen nicht mehr von Männern, sondern von Frauen bezahlt werden.

Steven und Sarah Andrews zogen in ein Viertel in der North Side von Pittsburgh, bevor die Polizei die Dealer vertrieben hatte, die die Vortreppen der Häuser bevölkerten. Die schönen alten Reihenhäuser sind ein Schnäppchen, und der Distrikt der Mexican War Streets ist voller verborgener Schätze. Sarah machte an einem Sommermorgen auf dem Weg zu ihrer Arbeitsstelle eine Führung mit mir. Obwohl sie im siebten Monat schwanger war, lief und redete sie so schnell, dass ich ihr kaum folgen konnte. Sie wies mich auf den visionären Garten eines ihrer Nachbarn auf der anderen Straßenseite hin, mit vielen üppigen Pflanzen, mit Flamingos und mit einer Stadtlandschaft auf der Hauswand, die aus kleinen Figuren bestand. Weiter unten an der Straße befindet sich ein Haus für verfolgte Schriftsteller, das mit den chinesischen Gedichten eines dankbaren Flüchtlings dekoriert ist; einen Block weiter liegt die alte Matratzenfabrik, die heute ein namhaftes Museum für moderne Kunst beherbergt. Die

Gegend ist voller Exzentriker und Rebellen, aber das ist es nicht, was Steven und Sarah, wenigstens langfristig, anzieht. Sie gehören zu den Gentrifizierern des Viertels, und was sie wollen, ist ein ruhiges und sicheres Leben für sich selbst, ihren 22 Monate alten Sohn Xavier und das Baby, das Sarah erwartet.

Sarah geht morgens meistens kurz vor acht aus dem Haus, etwa eine Stunde bevor Steven und Xavier zum Frühstück in die Küche herunterkommen (das ihnen Sarah oft auf der Küchentheke bereitstellt). Ein Soziologe, der eine kurze Beziehungsgeschichte von Steven und Sarah schreiben will, könnte sie zunächst fälschlich für »geborene Eheleute« halten, für ein Paar alten Stils, das einfach in die Ehe und das Leben hineinstolpert, ohne groß nachzudenken und zu planen. Sie lernten sich an der Highschool bei den Proben für eine Theateraufführung von *Ordinary People* kennen, wo sie in den Pausen hinter der Bühne Karten spielten. Tatsächlich jedoch sind der 37-jährige Steven und die 32-jährige Sarah perfekte »Eheplaner« und entsprechen damit voll dem heute bei Akademikern dominierenden Ehemodell.

Seit ihrer frühen Zufallsbegegnung planen sie einfach alles: wann genau Sarah schwanger werden, wie lange sie in welchem Job arbeiten und wie viel Geld sie verdienen wird. Sie verhandeln über jedes kleine Detail und ihre jeweiligen Ansprüche wie Topmanager bei Fusionsverhandlungen. Tatsächlich haben sie sogar ein Papier, dass sie als den »Masterplan« bezeichnen und auf dem beide für jedes einzelne Jahr ihre Pflichten und Verantwortungsbereiche aufschreiben. Im Moment besteht Sarahs Rolle darin, »die Familie zu ernähren« und »viel Geld zu verdienen«. Deshalb hat sie nach dem Studium eine Stelle in einer Anwaltskanzlei angenommen, für die sie 80 Stunden in der Woche arbeitet. Als Gegenleistung bekam sie das erste Kind früher, als Steven eigentlich wollte. Jetzt studiert er abends an der juristischen Fakultät, passt tagsüber auf Xavier auf und gibt den »mittelmäßigen Hausmann«.

Ihm gefällt dieser Ausdruck. Er wiederholt ihn häufig, wie eine Berufsbezeichnung, fast genauso oft, wie er Sarah als »Superstar« bezeichnet. Zu folgenden Leistungen hat er sich verpflichtet: Er sorgt dafür, dass »das Kind einigermaßen zufrieden und das Haus halbwegs sauber ist«. Er holt gelegentlich Sachen in der Umgebung ab, aber er macht nicht die Wäsche, und er kocht auch nicht. Mit seinem T-Shirt, auf dem eine Rockband prangt, seinem Dreitagebart und seinen schwarzen Keds könnte er als Brooklyn-Hipster durchgehen. (Ja, Xavier, den die beiden X nennen, besitzt ein dazu passendes Turnschuhpaar, obwohl er offenbar meistens lieber barfuß läuft.) Aber Steven ist auch handwerklich begabt, nicht weil er sich irgendein retroproletarisches Ich-schraube-also-bin-ich-Ethos zugelegt hätte, sondern weil sein Vater tatsächlich Werklehrer war und ihm beibrachte, wie man Dinge repariert oder baut. Stevens bemerkenswerteste Eigenschaft besteht darin, dass er seine Grenzen kennt, weshalb er viel weniger defensiv ist, als es andere Männer in seiner Lage vielleicht wären. »Frauen können offenbar besser verschiedene Aufgaben gleichzeitig erledigen als Männer«, sagt er. »Wenn X für zehn Minuten beschäftigt ist, dann macht Sarah den Abwasch und fängt mit der Wäsche an. Ich kann nicht so schnell umschalten. Ein Kleinkind macht mich *komplett* unproduktiv. Ich kann kein Multitasking.«

Ich verbrachte ein paar Sommernachmittage mit Steven und Xavier und einem Freund aus Italien, der gerade auf Besuch da war. Wie es oft mit Kleinkindern passiert, haben wir die Zeit planlos verbracht: Xavier trug ein paar Zweige von der einen Seite des Gartens auf die andere. Steven wollte eigentlich ein bisschen Unkraut jäten, aber es war zu heiß, also hörte er gleich wieder auf. Im Gegensatz zu den meisten Müttern aus meinem Bekanntenkreis versuchte Steven nicht, die Zeit mit einem rigiden Programm zu füllen. Es gab keine Essenspause, keine Musikstunde, keinen Spaziergang in den Park, keine Auszeiten oder Sprachübungen. Xavier hatte einen Ausschlag, und Steven stimmte ihm zu, dass »das bestimmt übel brennt«, also füllte er einen Eimer mit kaltem Wasser, sagte seinem Sohn, er sei ein »tapferer Junge«, und schlug ihm vor, in den Eimer zu steigen. (Auf so etwas wäre ich nie gekommen.) Wenn Xaviers Stoffwindel voll war, wusch Steven sie grob unter laufendem Wasser ab und ließ sie im Waschbecken liegen. (Laut seinem Ehevertrag muss er den »schmierigen Inhalt« beseitigen, aber Sarah, die auf Stoffwindeln bestanden hat, muss sie waschen.) Nach ein paar Stunden ist es Zeit fürs Mittagessen oder vielleicht für ein Nickerchen. Einmal wollte Sarah Steven eine Website zeigen, über die er sich mit anderen Hausmännern in der Nachbarschaft hätte treffen können. »Warum sollte ich das tun?«, sagte er. »Ich schließe keine Freundschaft, nur weil irgendein Typ einen Jungen in Xaviers Alter hat. Darauf steh ich nicht.« An den allermeisten Tagen gehen Steven und Xavier nicht aus dem Haus.

Steven sieht sich keineswegs als jemand, der ein neues Experiment in Sachen moderner Ehe oder Geschlechterrollen durchführen würde. Er würde lachen, wenn er *Mythos Männermacht* von Warren Farrell lesen würde. Eines Abends, als wir auf der Terrasse saßen, versuchte Sarah, die einen Master in Theatergeschichte hat, ihn davon zu überzeugen, dass er ein Beispiel für »postfeministische Männlichkeit« sei. Seine Reaktion: »Das halte ich für kompletten Schwachsinn.« Für Steven, der einen Bachelor in Elektrotechnik hat, wirkt ihr Arrangement genauso logisch wie eine einfache Gleichung. Im Jahr 2001 war er in einer beruflichen Sackgasse. Er arbeitete als Techniker für Telekommunikation und beriet Firmen bei der Platzierung ihrer Sendetürme, als plötzlich der Markt zusammenbrach. Danach mussten sie sich als Paar »diversifizieren«. Sarah überlegte, ob sie einen Doktor in Theatergeschichte machen sollte, aber Steven meinte, das sei »ein teurer Weg, um als Barista zu enden«. Sie züchteten eine Zeitlang seltene Katzen. Dann schlug Steven vor, sie solle den LSAT machen. Sie bestand den Zulassungstest für ein Jurastudium so gut, dass die Universität ihr anbot, umsonst zu studieren. »Ich wusste gar nicht, dass man für ein Jurastudium ein Stipendium bekommen kann«, sagte Steven.

Danach ergab sich alles wie von selbst. Es stellte sich heraus, dass Sarah, wie Steven es formulierte, »sehr gut schreiben« und »sehr gut reden« und komplizierte Ideen auf eine präzise Art darstellen konnte. Sie machte einen hervorragenden Juraabschluss und hatte bald hervorragende Jobs. »Hey, wenn du gewinnen willst, stellst du deinen besten Schlagmann auf die Home Plate«, sagte er. »Ich wusste, dass ich eine Frau heiraten wollte, die klug, gebildet, selbstmotiviert und fleißig war. Ich bekam eine hochbegabte Frau, die mich in bestimmten Bereichen übertraf.« Während Sarahs Studium peilte Steven als Ziel an, dass sie 50 000 Dollar im Jahr verdienen würde, aber sie bekam mehr als das Dreifache angeboten. Als ich Steven fragte, ob er sich schlecht oder weniger männlich fühlte, weil sie die Familie ernährte, verstand er offenbar den Sinn meiner Frage nicht. »Ich kann meine Frau zu Hause bleiben und mein Geld ausgeben lassen, oder ich kann sie arbeiten und eine Menge Geld verdienen lassen. Hmmm« war alles, was er antwortete.

Und was wird nun aus Steven? Theoretisch ist das gegenwärtige Arrangement nur befristet, und Steven, der inzwischen im dritten Jahr seines Jurastudiums ist, hinkt seiner Frau nur ein paar Jahre hinterher (auch wenn Sarah seine Gliederungen schreibt, sein Material durchsieht und ihm sagt, was er unbedingt lesen muss). Nach dem Studium will er als Rechtsanwalt Klienten gegen Großunternehmen vertreten, weil er den Kampf liebt. »Ich habe Zeit herauszufinden, was ich will. Ich muss mich nicht beeilen. Sarah hat einen guten Job, also kann ich einen annehmen, der weniger einbringt. Ich kann eher machen, was ich will. Es ist mir unwichtig, ob ich viel Geld verdiene. Ich bin nicht darauf angewiesen, weil meine Frau die Familie ernährt.« Wenn er seinen Abschluss in der vorgesehenen Zeit macht, dann mit achtunddreißig.

Kurz vor sechs Uhr abends kam Sarah von der Arbeit zurück, setzte sich hin, um ihre Turnschuhe auszuziehen, und stand dann gleich wieder auf. Es ist schwer zu beschreiben, was als Nächstes passierte, ohne tote Metaphern wie »Wirbelwind« zu benutzen. In Minutenschnelle saß Xavier mit eingecremtem Hintern in seinem Kinderstuhl und aß Blaubeeren. Erdbeeren kamen auf den Tisch, um für einen Kuchen geschnitten zu werden, dazu Butter und Mehl. Wo war die Gelatine? Gleich waren auch verschiedene Gemüse, Hackfleisch und Mais auf dem Tisch, und ich hatte ein kaltes Bier in der Hand. Das Bier hatte Steven besorgt, aber den Rest der Zeit saß er auf seinem Stuhl und sah Sarah bei der Arbeit zu. Sie machte Kuchenteig und holte eine Schale getrocknete Erbsen, um Xavier zu beschäftigen. (Nebenher machte sie ein paar Sprachübungen mit ihm.) Aus dem Hackfleisch wurden Hamburger geformt. »Steven, in ein paar Minuten bitte ich dich, die zum Grill rauszubringen.« Sie deckte den Tisch, badete das Kind, machte die Burger und den Kuchen. Habe ich erwähnt, dass sie im siebten Monat schwanger war? Wir bekamen das Gefühl, als hätten wir das Haus nur besetzt und die ganze Zeit gefaulenzt und als sei jetzt die rechtmäßige Besitzerin zurückgekehrt und brächte alles wieder in Ordnung.

Während ich die paar Tage mit Sarah und Steven verbrachte, wurde mir etwas über meine eigene Ehe bewusst. Meine Vorahnung, als ich mich verlobte, war korrekt gewesen. In all den Jahren haben mein Mann und ich die Arbeit im Haus ziemlich gerecht aufgeteilt. Wir arbeiten beide, wir kochen beide, wir sorgen beide für die Kinder. Daraus hatte ich immer geschlossen, dass ich mich von meiner Bindung an traditionelle Geschlechterrollen weitgehend befreit hatte. Nun jedoch erkenne ich, dass ich sehr viel überlegter und voreingenommener vorging, als ich dachte. Ich gestattete es mir nie, nicht zu arbeiten, weil diese Entscheidung von Feministinnen als Verrat betrachtet wird. Ich erlaubte meinem Mann nie, herumzusitzen und ein Bier zu trinken, während ich in der Küche arbeitete. Und mein Mann blieb nie zu Hause, weil ihm das nie eingefallen wäre. In Pittsburgh erkannte ich, dass sich selbst unsere intimen Beziehungen in einem bestimmten kulturellen Moment entfalten und dass meine Einstellung immer noch zu stark von feministischer Wut geprägt war, als dass ich die kleinen Entscheidungen im Haushalt von dieser Befrachtung hätte trennen können.

Steven und Sarah treffen ihre Entscheidungen auf einer viel klareren Grundlage. Sie verhalten sich fast wie Geschäftspartner auf einer Arbeitstagung, analysieren Trends und gehen entsprechend vor. Sarah arbeitet, weil sie »das bessere Sortiment von Begabungen« hat, um als Rechtsanwältin Erfolg zu haben, und Steven bleibt zu Hause, weil in dieser modernen Volkswirtschaft »Testosteron marginalisiert worden ist«. Steven fühlt sich im Recht, wenn er abends und an den Wochenenden ausgeht, und das macht Sarah »müde und manchmal zornig«. Aber es bedeutet auch, dass X in der besten aller möglichen Welten lebt, weil ein Kind mit einem Hausmann als Vater, wie Sarah in einer Studie las, mehr Elternzeit bekommt. Es gewinnt nämlich die gesamte Zeit des Vaters und behält fast die ganze Zeit der Mutter, deshalb sind auch seine Testergebnisse besser. Alles klar?

Beide Ehepartner wurden mit dem üblichen Wirrwarr geschlechtsspezifischer Erwartungen aufgezogen. Beide kommen aus konservativen Familien des amerikanischen Mittelwestens mit proletarischen Wurzeln. Sarah sah sich in ihrer Jugend als eine Evangelikale und bekam in dem von ihr so genannten »Jesuslager« beigebracht, dass der Mann, wie die Bibel vorschreibt, der Herr im Haus ist und die Frau ihm gehorchen muss. Als Studentin rebellierte sie gegen diese Ideologie und schrieb ihre Examensarbeit über die Einschränkung des Körpers durch das Korsett. An das genaue Thema kann sie sich nicht mehr erinnern. Und das ist exakt der Punkt: Solche feministischen Konstrukte sind nur noch ferne Erinnerungen. Auf ihrem Regal sah ich ein Buch mit »Gebärmutter« im Titel, doch es war hinter einem Notizbuch mit Rezepten verborgen. Von den Büchern, die ich bei Sarah sah, kam der Ratgeber *Working Mother's Guide to Life* einem feministischen Text am nächsten. Er war gut durchgearbeitet, und nützliche Stellen waren markiert, etwa wie man sich in einem hochkarätigen Job die Milch aus den Brüsten abpumpt.

An manchen Tagen kommt Sarah nach Hause und entdeckt einen Fleck auf der Wand, den wegzumachen Steven nicht für nötig gehalten hat, und dann hat sie das Gefühl, als hätte sich seit ewiger Zeit nichts geändert. An solchen Tagen erkennt sie eine Wahrheit, was ihre Situation als Familie betrifft: Steven bleibt tagsüber zu Hause, aber trotzdem herrscht sie über beide Reiche. Als sie beschloss, Vollzeit zu arbeiten, hat sie den häuslichen Bereich nicht wirklich abgegeben, sondern ihre Last nur verdoppelt, obwohl weder sie noch Steven das je aussprechen. In diesem wie in vielen anderen Bereichen ist der Übergang zu einer neuen Ära noch nicht vollständig vollzogen: Paare, bei denen die Frau die Brötchen verdient, halten an alten Gewohnheiten und Sitten fest, die verhindern, dass das neue Modell wirklich funktioniert. Die Frauen übernehmen mit Lust neue Rollen, während die Männer sie nur widerstrebend übernehmen.

Tatsächlich ist das Paar immer noch von der Vorstellung beherrscht, dass Steven letztlich die Verantwortung trägt. Dass er zwischen seiner Familie und der Katastrophe stehen würde, wenn etwas schiefginge. Die Dynamik, wie Sarah sie beschreibt, ist ganz ähnlich wie in *3 Engel für Charlie*: Steven ist Charlie, und Sarah erledigt seine Aufträge. »Ich bin sozusagen der Planer, und sie ist die Ausführende«, sagt Steven. »Durchführung ist nicht meine Stärke.« Sarah formuliert es folgendermaßen: »Ich habe fast das Gefühl, dass er sich zurücklehnt und gemütlich zuschaut, wie ich in meinem Universum herumwerkele und hier und dort Neuland erobere, und dass er denkt: ›Ist das nicht cool? Ist die nicht wahnsinnig kompetent da drüben?‹«

Vielleicht handelt es sich dabei um eine Fiktion, die sie beide aufrechterhalten, weil die Frauen sich noch nicht daran gewöhnt haben, über Macht zu verfügen, selbst wenn sie dies so offensichtlich tun. Es könnte tatsächlich eine Variation des Themas »Ernährer« sein, in der der Mann den Beschützeraspekt des Versorgers behält, obwohl er das Geld bereits nicht mehr verdient. Vielleicht liegt es aber auch daran, dass die Rolle des Ernährers nicht an die Frau übergegangen, sondern einfach dem Vergessen anheimgefallen ist. Als die Männer noch das Geld verdienten, nahmen die Frauen für sich in Anspruch, alternative Quellen der Macht zu besitzen – die Herrschaft über das Haus oder das Schulleben der Kinder oder das gesellschaftliche Leben des Paares, also ist es vielleicht nur fair, wenn dieses System auch jetzt erhalten bleibt. Macht ist diffus. Vielleicht reicht diese Erklärung aus, um die Männer davor zu bewahren, dass sie in Vergessenheit geraten, und gewährt einem Paar den Spielraum, im Zeitalter der weiblichen Macht eine ganz neue Art von glücklichem und harmonischem Familienleben zu erfinden. Aber vielleicht auch nicht.

Eines frühen Abends saßen wir, kurz nachdem Sarah von der Arbeit gekommen war, beieinander und plauderten, da zog sich Xavier die Windel aus und pinkelte vielleicht das dritte Mal an diesem Tag in die Diele, was Steven zu folgender Bemerkung über die Zukunft veranlasste: »Jungen tun einfach nichts anderes, als auf Dinge zu pissen. Der Mann bringt nichts Gutes hervor. Frauen bringen gute Dinge auf die Welt. Ich lebe länger, wenn ich eine Frau habe. Ich habe ein besseres, gesünderes Leben.« Er hob die Windel auf und warf sie in den Ausguss, vergaß freilich, sie zu säubern. »Ich wollte eine kleine *Anne auf Green Gables*. Eine gute und kreative Person. Ich wäre begeistert, wenn das nächste Kind ein kleines Mädchen ist. Wie meine Frau. Ein Superstar.«

DAS NEUE AMERIKANISCHE MATRIARCHAT

Die Mittelschicht vollzieht eine Geschlechtsumwandlung

Alexander City in Alabama – in den ersten Tagen nach der Schließung der Fabrik konnte Pastor Gerald Hallmark von der First Baptist Church ganz konkrete Fürbitten ins Gebet aufnehmen: *Joe Moore hat heute die Kündigung bekommen. Beten wir dafür, dass er eine neue Stelle findet.* Oder: *Die Familie Waller wird nach Atlanta umziehen. Beten wir, dass sie in ihrer neuen Heimatstadt eine passende neue Gemeinde findet.*

Aber schon bald wurden es viel zu viele. In einer Stadt mit 15 000 Einwohnern war die Russell Corporation, ein Hersteller hochwertiger Sportkleidung, der Hauptarbeitgeber und beschäftigte fast 8000 Menschen. Doch in den letzten acht Jahren haben fast alle ihre Arbeit verloren. Die Katastrophe im Detail zu erfassen war ähnlich, wie »einen Tornado mit bloßen Händen festzuhalten«, sagte Hallmark, der schließlich die Betroffenen alle in einem Gebet zusammenfasste. »Wir beten für alle, die ihren Arbeitsplatz verloren haben«, sagte er dann beispielsweise beim Gottesdienst am Mittwochabend. »Möge Gott ihnen eine weitere Tür öffnen.«

Am schnellsten zogen die Manager auf der Suche nach einem neuen Arbeitsplatz weg. Sie waren auch die »Macher«

in der Stadt gewesen, wie der Pastor sie nannte – Diakone und Lehrer in der Sonntagsschule, Trainer der Sportmannschaften und Vorsitzende bei den Rotariern. Früher einmal war das Patriarchat keine abstrakte Idee, über die man sich in der Theorie stritt, sondern das zentrale Organisationsprinzip des bürgerlichen Lebens. An der Spitze des Patriarchats von Alexander City, das dieses Leben in der Mittelschicht ermöglichte, stand die Familie Russell, nach der in der Stadt viele Einrichtungen und wichtige Straßen benannt sind (Benjamin Russell High School, Russell Medical Center, Russell Road). Eine Stufe darunter befanden sich Freunde und Verwandte der Familie, die als Führungskräfte in der Fabrik arbeiteten und wichtige Funktionen im öffentlichen Leben bekleideten.

Die einzige Frau mit einer bemerkenswerten gesellschaftlichen Position war eine Matriarchin namens Big Mama, die auf einer Art Miniplantage mit Rosenspalieren, Swimmingpools und einem Haus für jeden ihrer Söhne lebte.

Das Patriarchat der Stadt unterstützte die aufstrebende, fleißige Mittelschicht, die in Pop- und Countrysongs und politischen Reden so gern romantisiert wird, in jeder Form. Wie viele wirtschaftlich gut gestellte Kleinstädte in den USA war Alexander City ein Musterbeispiel für den amerikanischen Traum, der hier so ganz anders aussah als ein erfolgreiches Leben in New York oder San Francisco. Hier konnte ein Mann mit einer Ausbildung in der Textilwirtschaft oder ein Ingenieur 70 000 oder sogar 100 000 Dollar verdienen, genug, um sich ein zweites Haus am See oder ein eigenes Boot zu leisten. Hier konnte ein Mann einen SUV von Lexus fahren und sich trotzdem noch als amerikanischer Cowboy betrachten, wie er in dem Song von Toby Keith beschrieben wird, der natürlich laut aus dem Radio des Geländewagens dröhnte: »Wearing my six-shooter, riding my pony on a cattle drive« (»Bewaffnet mit meinem Revolver reite ich mein Pferd zum Viehtreiben«). Er konnte mit seiner Familie Urlaub in Disneyland machen und danach wieder daheim in die Kirche gehen, wo man, wenn es nötig war, für ihn persönlich betete. Währenddessen konnten sich seine Kinder die Shows von Tanzkompanien ansehen, die Big Mama gern in die Stadt holte und dazu sagte: »New York City kann uns gar nichts!«

Aber dann, kurz vor Beginn des neuen Jahrtausends, geriet Russell in den Strudel der Globalisierung und der Wirtschaftskrise, in dem viele amerikanische Fertigungsunternehmen untergingen. Die Firma wurde von Berkshire Hathaway aufgekauft, die Produktion wurde nach Mexiko, Kolumbien, Brasilien und Honduras verlegt, wo T-Shirts und Trikots für einen Dollar das Stück genäht wurden. Die amerikanische Firmenzentrale zog nach Atlanta um, weil die neue Klasse der internationalen Führungskräfte und Marketingspezialisten (ganz zu schweigen von der Frau des neuen Vorstandsvorsitzenden) »die Vorstellung, in einer Kleinstadt wie Alexander City zu leben, nicht sonderlich schätzte«, wie es in der offiziellen Firmengeschichte heißt. Das meistfrequentierte Büro in Alexander City war fortan die Arbeitsvermittlung, wo die frisch Entlassenen beraten wurden. Die Stadt entwickelte sich derweil vom unwahrscheinlichen Standort eines Fortune-500-Unternehmens und stolzen Produzenten von Trikots, die praktisch jeder Football- oder Baseballstar trug, den man je in einem Werbespot gesehen hatte, zum jüngsten Opfer des Strukturwandels. »Das ist, als ob jemand einfach den Hahn zugedreht hätte – und wir wissen nicht, wie man ihn wieder anstellt«, erklärte Mary Shockley, die am Russell Medical Center arbeitet. Plötzlich war der Aufstieg in die

Mittelschicht und zu all den damit verbundenen bekannten Insignien versperrt.

Ich kam in einer Zeit nach Alexander City, als die Bewohner immer noch versuchten, das Geschehene zu verarbeiten. Die Stadt war in einer ähnlichen Situation wie zahlreiche amerikanische Vorstädte in der Nähe von Las Vegas, Houston oder Fort Lauderdale, wo die Rezession und die Immobilienkrise die Mittelschicht schwer getroffen hatten. Doch in Alexander City war der Effekt besonders konzentriert und deutlich, man konnte gut erkennen, was verloren gegangen war und was stattdessen entstand. Im vergangenen Jahrzehnt hat die breite Mittelschicht Amerikas so gravierende Veränderungen durchgemacht, dass sie fast nicht mehr zu erkennen ist; die Zahl der Eheschließungen ist massiv zurückgegangen, während die Scheidungsrate und die Zahl der alleinerziehenden Mütter stark gestiegen sind. Männer, die in der Familie die Rolle des Ernährers innehatten, haben nicht nur ihre eigentliche Aufgabe, sondern auch die Orientierung verloren; was sich nicht nur auf die Regeln für Sex, Ehe, Politik und Religion auswirkt, sondern auch auf die Zukunftspläne der jungen Leute, beispielsweise an der Benjamin Russell High School. Selbst Regeln, die quasi in Stein gemeißelt waren, etwa die Art und Weise, wie sich Teenager verlieben, haben sich verändert.

Soziologen haben diesen Wandel überwiegend negativ beschrieben; als ein Loch, wo man früher Vertrautes fand: das Absinken der traditionellen Mittelschicht, das gebrochene Rückgrat Amerikas, die größer werdende Kluft zwischen Arm und Reich. Doch dabei wird übersehen, dass sich die Veränderungen auf Frauen ganz anders auswirken als auf Männer. Die auffälligste Entwicklung ist die Entstehung eines amerikanischen Matriarchats. Vor allem die jungen Männer sind halt- und orientierungslos und waren noch nie in der Geschichte einem Zustand so nahe, in dem sie quasi überflüssig sind – zumindest gemessen an den traditionellen Maßstäben ihres gesellschaftlichen Nutzens. Und die Frauen dürfen die Scherben aufsammeln und die Situation wieder in Ordnung bringen.

Ich lerne Charles Gettys beim Abendmahl kennen, das jeden Mittwochabend in der First Baptist Church stattfindet. Charles arbeitete 23 Jahre lang in der Textilfabrik und machte dort Karriere, wurde Abteilungsleiter der Färberei und der Konfektionierung und stand an zweiter Stelle in der Abteilung für Stoffe. Dank der vielen Sweatshirts und Trikots konnte er drei Kindern das College bezahlen und ein schönes Haus am See bauen. Jetzt wirken all die Wörter – »Färberei«, »Konfektionierung«, »Textiltechnik« – wie aus einer anderen Zeit, als ob er Shakespeare-Englisch sprechen und beim Essen mit der Familie »thou« und »thee« sagen würde, erklärt er und erzählt weiter, dass er sich denkt: »Da bin ich nun, draußen in der weiten Welt, und versuche, Schreibmaschinen an den Mann zu bringen.« Aus der Asche erhob sich die »neue Norm«, wie Charles' Frau Sarah Beth die aktuelle Situation beschreibt, über die die Leute hier aber nur sprechen, wenn man sie dazu drängt, weil sie zu sehr dem Selbstverständnis der Südstaatler und ihrer Sicht von der natürlichen Ordnung der Dinge widerspricht.

»Jahrelang habe ich das Geld nach Hause gebracht und die Familie ernährt«, sagte mir Charles. »Jetzt bringt sie das Geld nach Hause.« Charles und Sarah Beth, beide Mitte fünfzig, legen Wert darauf, jede Woche mittwochs in die Kirche zu kommen, obwohl Sarah Beth mit ihrer Arbeit und ehrenamtlichen Tätigkeit mehr als genug zu tun hat. Sarah Beth hat als Krankenschwester angefangen und sich im Lauf der Jahre nach oben gearbeitet. Heute steht sie in der Klinikleitung des Russell Medical Center, dem lokalen Krankenhaus, das für seine Arbeit schon Preise gewonnen hat, an dritter Stelle. »Wahrscheinlich gibt es niemanden, dessen Frau die Karriereleiter so schnell erklommen hat, wie ich sie hinabgestiegen bin«, meint Charles. Sarah Beth hat ihr eigenes Büro, direkt zwischen dem des Klinikleiters und der kaufmännischen Geschäftsführung. Sie hat eine Sekretärin und muss zu endlosen Besprechungen. Ihre Arbeit gibt den Zeitplan der Familie vor, finanziert die Studiendarlehen und sorgt für die Krankenversicherung. In ihrer Freizeit ist sie eine der »Macherinnen« in der Stadt, unterrichtet an der Sonntagsschule und leitet verschiedene Bürgergruppen. Sie hat nicht viel Verständnis für Charles' Grübeleien. »Bau dir eine Brücke und geh drüber«, rät sie ihm. »Sitz nicht einfach nur herum, ertrinke nicht in Selbstmitleid, tu etwas.«

Überall, wo ich hinkam, passten sich Paare an die neue häusliche Realität an: Die Frau zahlt die Hypothek ab, die Frau fährt jeden Tag zur Arbeit und gibt dem Mann vorher noch schnell Anweisungen, wie er die Wäsche machen muss. Die Einwohner der Stadt unterteilen die ehemaligen Russell-Mitarbeiter in drei Gruppen: die auf der »Durchreise«, die jeden Tag eine Stunde bis nach Montgomery zur Arbeit fahren und nie rechtzeitig zum Abendessen daheim sind, die »Häuslichen«, die tagsüber daheim herumsitzen und auf neue Arbeit hoffen, und die »Laufburschen«, die ihre Frauen zur Arbeit fahren und wieder abholen und in der Zwischenzeit jagen oder fischen gehen. »Sie lachen wahrscheinlich darüber«, sagte mir Charles, »aber für die Männer war es härter als für die Frauen. Man hat den Eindruck, die Frauen wären, wie sagt man, anpassungsfähiger und könnten ihre Fähigkeiten anderweitig einsetzen.« Die Frauen aus der Textilfabrik fanden Arbeit bei den örtlichen Ärzten oder Rechtsanwälten oder im Einzelhandel, oder sie schulten um und wurden Krankenschwestern oder Lehrerinnen. Das ging Charles eines Tages auf, als er beim Arbeitsamt im nahe gelegenen Opelika anrief, um zu fragen, wie lange er seine Leistungen noch bekommen würde. Die Stimme am anderen Ende der Leitung klang vertraut, und nach ein paar Minuten stellte sich heraus, dass er mit seiner ehemaligen Sekretärin telefonierte. Sie stellte ihn an ihre Vorgesetzte durch, und wie sich zeigte, hatte auch sie einmal für ihn gearbeitet. »Ich bin aus dem Süden, hier kümmern sich die Männer um die Frauen«, sagte er. »Und plötzlich sind wir Männer auf die Frauen angewiesen. Plötzlich haben die Frauen die Macht.«

Ich war im Frühjahr 2011 nach Alabama gekommen, kurz nachdem verheerende Tornados im Bundesstaat gewütet hatten. Sie hatten Alexander City größtenteils verschont, dennoch wirkte die Stadt traumatisiert, als ob eine andere Art von Tornado die Stadt getroffen und tiefsitzende Wurzeln herausgerissen hätte. Als ob die Menschen nicht mehr wüssten, wie sie alles wieder aufbauen oder weitermachen sollten. Überall in der Stadt lernte ich Paare wie Charles und Sarah Beth Gettys kennen, wo der Mann in seiner alten Position verharrte und die Frau sich weiterentwickelte, auch wenn sich niemand die neue Realität eingestehen wollte. »Wie sagt man? Den Schein wahren«, meinte Rob Pridgen, ein junger Freund der Gettys. »Die Frauen verdienen mehr Geld und zahlen die Rechnungen, aber der Südstaatenmann muss so tun, als ob er derjenige wäre, der alles zusammenhält.«

Rob verlor seine Arbeit, einen Monat nachdem er Connie kennengelernt hatte, und hielt deshalb ein Jahr lang nicht um ihre Hand an. Sie waren beide Anfang vierzig und jeweils schon einmal verheiratet gewesen, und Rob wusste sofort, dass er sie heiraten wollte, aber ohne Job brachte er es nicht über sich, sie zu fragen. Connie war Lehrerin und hatte ein gesichertes Einkommen, während sich Rob mühsam von einer Woche auf die andere mit Computerreparaturen für einen Freund über Wasser hielt. Allmählich wurde die Situation peinlich, weil sie nicht wussten, wie sie den anderen bezeichnen oder was sie den Mitgliedern ihrer Kirche sagen sollten.

»Er ist total der Typ, der sagt: ›Ich sorge für die Familie. Ich bin der Mann im Haus‹«, erklärt Connie.

»Du sagst das so, als ob ich ein Diktator wäre. Das heißt ja nicht, dass du mit der Schürze in der Küche stehen musst. Aber ich wurde nun einmal so erzogen, dass der Mann die Familie ernährt«, sagt er und wendet sich an mich: »Ich will jetzt nicht mit dem Königinnen-Vergleich daherkommen, aber ich habe nun mal die Aufgabe, meine Frau wie eine Königin zu behandeln.«

»Schatz, du weißt doch, dass ich trotzdem unterrichten würde.«

»Ja, aber du müsstest nicht. Darum geht es doch.«

»Das macht ihm sehr zu schaffen«, sagt Connie zu mir.

»Ich habe das einfach verinnerlicht. Wenn ich nicht für sie sorgen kann, bin ich kein richtiger Mann.«

An der Stelle meldet sich Connies 18-jährige Tochter Abby mit dem Standpunkt ihrer Generation zu Wort. Angesichts des Verhaltens der Jungs bei ihr auf der Highschool klingt dieser Südstaatenverhaltenskodex des ritterlichen Mannes für sie so altmodisch, als ob er aus der Shakespeare-Zeit stammen würde.

»Das ist ja total süß«, sagt sie zu Rob, »und absolut krass.«

Seit dem Jahr 2000 gingen im produzierenden Gewerbe der USA fast 6 Millionen Arbeitsplätze verloren, was über ein Drittel der Gesamtzahl der dort Beschäftigten ausmacht. Nur wenige junge Arbeiter wurden eingestellt. Eine Zeitlang wurde dieser Umstand von der Immobilienblase verdeckt, weil auf dem Bau und in verwandten Branchen viele neue Arbeitsplätze entstanden. Doch dann platzte die Blase. In der gleichen Zeit entstanden in den Bereichen Gesundheitsfürsorge und Erziehung ähnlich viele Arbeitsplätze wie im Baugewerbe, aber in diesen Branchen dominieren Frauen, während sich die Männer mehr als je zuvor auf die Bereiche konzentrieren, wo die Jobs verloren gehen – im Bau, Transportwesen und der Versorgungswirtschaft.

In den vergangenen zehn Jahren wurde im Osten Alabamas eine Fabrik nach der anderen geschlossen – egal ob dort Socken, Autoreifen oder Zellstoff produziert oder Geflügel verarbeitet wurde. Die Wirtschaft liegt am Boden. Im Bezirk Tallapoosa County, zu dem Alexander City gehört, lag die Arbeitslosenquote zum Zeitpunkt meiner Untersuchungen bei fast 14 Prozent – was auf dem Höhepunkt der Rezession für die Region praktisch Standard war.

»Noch vor 20 Jahren gab es Jobs für Männer mit niedrigem Bildungsstand und geringen Qualifikationen. Das waren sogar richtig gute Jobs, mit denen man sich in die Mittelschicht hocharbeiten konnte«, erklärt Joe Sumners, der an der Auburn University das Institut für wirtschaftliche und städtische Entwicklung leitet. »Aber diese Arbeitsplätze sind im Verschwinden begriffen. Wenn diese Männer arbeiten wollen, müssen sie erst einmal umschulen, und das fällt vielen schwer.« 1967 waren 97 Prozent der Männer, die nur einen Highschool-Abschluss hatten, erwerbstätig, 2010 waren es nur noch 76 Prozent. Diese Entwicklung findet sich nicht nur in den USA, sondern in fast allen reichen Ländern, die das Industriezeitalter hinter sich gelassen haben. »Vor 30, 40 Jahren konnte man, wenn man dem relativ konstanten Anteil der jungen Männer angehörte, die auf der Highschool nicht bereit waren, viel zu lernen, immer noch eine Beschäftigung in der Wirtschaft finden«, sagt Henry Farber, Wirtschaftswissenschaftler in Princeton. »Wenn man aufwachte und erkannte, dass man etwas tun wollte, gab es Jobs. Gute Jobs in der Industrie, da konnte man richtig Karriere als Arbeiter machen. Aber diese Jobs gibt es heute nicht mehr.«

In jüngster Zeit haben Wirtschaftswissenschaftler diesen Mangel an Verdienstmöglichkeiten für Männer als »den für sich genommen destruktivsten sozialen Faktor unserer Zeit« ausgemacht, wie es Michael Greenstone formuliert, Wirtschaftswissenschaftler am MIT und ehemaliger Chefökonom des Wirtschaftsrates von Präsident Barack Obama. David Brooks von der *New York Times* bezeichnete das Problem einprägsam als das »fehlende Fünftel« – und meint damit den Anteil der Männer (die meisten ohne Hochschulabschluss), die den Anschluss an die Arbeitswelt verloren haben. 1950 war es etwa jeder zwanzigste Mann im besten Arbeitsalter, der nicht arbeitete, heute ist es jeder fünfte; das ist der höchste Anteil bisher. Auf die Frage der *New York Times*, welches Problem ihn nachts wach halte, sprach Larry Summers, Obamas wichtigster Wirtschaftsberater, genau dieses Verhältnis an. »Mittel- und langfristig mache ich mir Sorgen, woher die

Arbeitsplätze für die weniger Qualifizierten kommen sollen. Einer von fünf Männern zwischen 25 und 54 Jahren arbeitet nicht, und auch nach einer Erholung der Wirtschaft geht man davon aus, dass es immer noch jeder sechste Mann sein wird. Das hat potenziell enorme gesellschaftliche Konsequenzen.«

Der Umbruch ist vor allem in einer kleinen Stadt wie Alexander City zu spüren, er vollzieht sich jedoch überall in den USA, von der Pazifikküste im Nordwesten bis zur Atlantikküste im Nordosten, in den großen alten Industriestädten ebenso wie in den Vororten und ländlichen Regionen. Der Anteil der arbeitenden Männer sank aufgrund des Niedergangs der Automobilindustrie und des Verschwindens der gewerkschaftlich organisierten Fabriken. Die neuen Vororte in Nevada und Florida wurden durch den Zusammenbruch des Immobilienmarktes schwer getroffen. In der Reality-TV-Reihe *Coal* des Fernsehsenders Spike werden die Bergleute in McDowell County in West Virginia als die letzten echten Männer Amerikas romantisiert, Überbleibsel aus einer Zeit, als »schwer arbeitende Männer« noch geschätzt wurden und als »Patrioten« galten, wie die Produzenten gerne sagen. Doch diese Machos existieren nur noch im begrenzten Blickwinkel der Kameras. In seinem Buch *The Big Sort* zeigt der Journalist Bill Bishop, dass das wahre McDowell County Teil einer Region mit tiefreichenden sozialen Problemen ist. Viele ehemalige Bergleute sind abhängig vom Schmerzmittel Oxycontin, die Zahl der Ehen geht in den Keller, und jedes dritte Kind hat eine alleinerziehende Mutter, die für die Männer einspringen und die Familie mit einem Job bei Walmart oder bei anderen Dienstleistungsunternehmen durchbringen muss.

In all diesen Fällen übernehmen Frauen die Rolle des traditionellen »Ernährers«. Der Wirtschaftswissenschaftler David

Autor vom MIT spricht in diesem Zusammenhang von einer Situation, die er mit dem Schlagwort »den Letzten beißen die Hunde« zusammenfasst: »Wenn die Männer versagen, müssen die Frauen zwangsläufig auf eigenen Beinen stehen und sich um die Kinder kümmern. Sie heiraten die Männer nicht, denn sonst hätten sie nur ein weiteres hungriges Maul zu stopfen.« 2008 hatten Frauen aus der Arbeiterklasse im Durchschnitt ein höheres Einkommen als Männer, berichtet June Carbone, Juraprofessorin an der University of Missouri und Autorin von *Red Families versus Blue Families*. Der Anteil der weiblichen Studierenden an den lokalen Community Colleges ist deutlich höher; sie lassen sich dort zur Krankenschwester, Kosmetikerin oder für eine Verwaltungstätigkeit ausbilden. Oft arbeiten die Frauen im lokalen Walmart, meist der einzige konstante Arbeitgeber in einer Stadt. Wenn nötig, verdienen sie sich mit Zusatzjobs wie Babysitten, Kellnern oder Putzen Geld. In Alexander City erhielt Leandra Denneys Ehemann am 2. Januar 2009 morgens um acht Uhr den Anruf mit seiner Kündigung. »Das hat ihn gebrochen«, erinnert sie sich. Im folgenden Jahr wurde er abhängig von Oxycontin und verwandelte sich in einen angsteinflößenden, unberechenbaren Menschen, der gelegentlich mit der Schusswaffe auf sie und ihre beiden Kinder zielte und nichts mehr zum Haushalt beitrug.

Wie kam sie in jenem Jahr über die Runden? »Ich ging putzen«, sagt sie. »Ich bin so ein Typ, wenn ich ein Klo putzen muss, kippe ich einfach WC-Reiniger rein und mache mich an die Arbeit.«

Dergleichen hat sich in der amerikanischen Gesellschaft schon einmal abgespielt. Ab den 1970er Jahren arbeiteten immer weniger männliche Schwarze in der herstellenden Industrie; 1987 waren dort nur noch 20 Prozent der berufstätigen männlichen Schwarzen tätig. Die Männer aus den sozial schwachen Vierteln in den Innenstädten hatten Schwierigkeiten, sich an die neue Entwicklung anzupassen und sich im Dienstleistungssektor eine Stelle zu suchen oder sich weiterzubilden, um in anderen Bereichen unterzukommen. Im Lauf der Zeit fielen die Kernfamilien auseinander, die Zahl der Drogenabhängigen stieg sprunghaft an, und soziale Einrichtungen begannen sich aufzulösen, wie William Julius Wilson in seinem 1996 erschienenen Buch *When Work Disappears* zeigt. In den beiden darauffolgenden Jahrzehnten entwickelte sich hier praktisch ein Matriarchat. In ärmeren Gegenden ziehen Frauen die Kinder alleine auf, während sich ein Drittel der erwachsenen Männer im Gefängnis befindet. Eine kürzlich erschienene Studie kommt sogar zu dem Schluss, dass der Anteil der Jugendlichen, die ihren Schulabschluss machen, bei den afroamerikanischen Jungen, deren Vater im Gefängnis sitzt, höher ist als bei jenen, deren Vater zu Hause ist, was darauf hindeutet, dass die Väter einen negativen Einfluss ausüben. Zwischen afroamerikanischen Männern und Frauen besteht die größte Ungleichverteilung bei den Hochschulabschlüssen, und die Zeitschrift *Ebony* beklagt oft, wie schwierig es für eine schwarze Frau sei, den passenden Mann zu finden.

2010 besuchte ich in Kansas City eine staatlich geförderte Männergruppe, eine von vielen, die überall im industriellen *rust belt* des Nordostens und dort entstanden sind, wo die postindustrielle Wirtschaft die traditionelle Rollenverteilung in der Familie auf den Kopf gestellt hat. Manche Gruppen helfen Männern, mit der Arbeitslosigkeit zurechtzukommen, andere, wieder Kontakt zu ihrer Familie aufzunehmen, zu der die Verbindung abgerissen ist. Die meisten Männer, mit denen ich mich unterhielt, hatten als Elektriker oder auf dem Bau gearbeitet; einer war als erfolgreicher Immobilienmakler tätig gewesen. Jetzt sind auch diese Jobs weg. Darren Henderson verdiente als Blechschmied 33 Dollar die Stunde, bis die Immobilienkrise zuschlug und er arbeitslos wurde. Dann verlor er auch noch seine Doppelhaushälfte – »mein kleines Stück vom amerikanischen Traum« – und danach sein Auto. Schließlich konnte er den Unterhalt für sein Kind nicht mehr bezahlen. »Die stellen mich hin, als ob ich nur herumsitzen würde«, sagte er, »aber das tue ich nicht.« Als Beweis für seine Bemühungen zog er eine neue Berufskraftfahrerlizenz und eine Genehmigung, im Alkoholausschank arbeiten zu dürfen, hervor und warf sie auf den Boden. Sinnlose Bescheinigungen, die ihm bislang nichts genutzt hatten. Die Mutter seiner Tochter verdiente 50 000 Dollar im Jahr und machte gerade ihren Master im Bereich Sozialarbeit. Er hatte gerade Lebensmittelmarken für sich beantragt, so ziemlich die einzige staatliche Sozialleistung, die ein Mann ohne weiteres bekommt. Vor kurzem hatte seine Frau ihn an einer Bushaltestelle warten sehen. »Sie hat mir in die Augen geschaut«, erinnerte er sich, »und ist einfach weitergefahren.«

Der Lehrer und Sozialarbeiter Mustafaa El-Scari leitet einige dieser Männergruppen in Kansas City. El-Scari hat sich mit der Soziologie der Männer und Jungen befasst, die den Halt verloren haben, und betrachtet es als seine besondere Aufgabe, sie dazu zu bringen, sich zu öffnen und über ihre neue Situation nachzudenken. An dem Tag, an dem ich seine Gruppe besuchte, musste er sich mit besonders widerborstigen Teilnehmern auseinandersetzen.

Keiner der etwa 30 Männer im Klassenzimmer einer Schule

in der Innenstadt von Kansas City war freiwillig hier. Sie hatten die Unterhaltszahlungen für ihre Kinder nicht gezahlt und waren vom Richter vor die Wahl gestellt worden, ins Gefängnis zu gehen oder einen wöchentlichen Kurs über die Aufgaben eines Vaters zu besuchen, was ihnen als die bessere Option erschienen war. In jener Woche sollte es auf Grundlage eines Arbeitsbuchs, das *Quenching the Father Thirst* hieß, darum gehen, einen Brief an eine fiktive entfremdete 14-jährige Tochter namens Crystal zu schreiben, die von ihrem Vater bereits als Baby verlassen worden war. Doch El-Scari hatte seine eigene Vorstellung davon, wie er zu dieser noch halb schlafenden, skeptischen Truppe vordringen wollte, und ein Brief an Crystal hatte damit nichts zu tun.

Wie einige der Anwesenden, erklärt er, sei er damit aufgewachsen, sich das Bilderbuchleben von Bill Cosby in der Fernsehserie *Die Bill Cosby Show* anzuschauen – ein Mann, eine Frau und ein Haufen glücklicher Kinder. »Tja, der Traum ist schon lange zerplatzt«, sagt er. »Schauen wir mal«, fährt er fort und liest von einem Arbeitsblatt vor. »Was sind die vier Formen elterlicher Autorität? Moralische, emotionale, soziale und physische Autorität. Aber die haben Sie nicht. Sie haben nur Ihr Gehalt, und das ist jetzt auch weg. Wenn Sie versuchen, Ihre Autorität auszuüben, ruft Ihre Frau die Polizei. Wie fühlen Sie sich dabei? Sie sollen die Autorität im Hause sein, und sie sagt: ›Hau bloß ab, du Versager.‹ Sie nennt Sie einen ›Versager‹!«

Die Männer sind weiß und schwarz, zwischen 20 und 40 Jahre alt. Zwei sehen aus, als ob sie dann und wann auf der Straße schlafen würden, aber die anderen wirken, als ob sie arbeiten würden oder früher gearbeitet hätten. Sie haben mittlerweile ihre Getränke abgestellt und hören aufmerksam

El-Scari zu, der nun ein bisschen philosophischer wird. »Wer macht was?«, fragt er sie. »Welche Rolle haben Sie? Es heißt immer, wir sollen das Oberhaupt einer Kernfamilie sein, deshalb haben Sie das Gefühl, Sie wären beraubt worden. Das ist wie ein Gift, das uns zerstört und uns zum Scheitern verurteilt.« Er schreibt eine Zahl an die Tafel: 85 000 Dollar. »Das ist das Gehalt Ihrer Frau.« Dann: 12 000 Dollar. »Das ist Ihr Gehalt. Wer ist hier der Mann? Wer ist jetzt der Mann in der Familie?« Ein Murmeln setzt ein. »Das stimmt. Sie ist der Mann.«

Diese auf den Kopf gestellte Geschlechterdynamik sorgt bei jüngeren Generationen dafür, dass eine Heirat weit weniger attraktiv wirkt. Zum ersten Mal gibt es in der Gruppe der 30- bis 44-jährigen Amerikaner mehr Frauen mit einem Hochschulabschluss als Männer. Eine wachsende Zahl dieser Frauen – die keinen Mann mit der entsprechenden Ausbildung und dem passenden Einkommen finden – verzichtet komplett auf die Ehe. 1970 waren 84 Prozent der Frauen im Alter von 30 bis 44 Jahren verheiratet. 2007 waren es nur noch 60 Prozent. Im gleichen Jahr waren von den amerikanischen Frauen mit einem Hochschulabschluss gerade einmal 43 Prozent verheiratet. Und obwohl die Gesellschaft die Hände ringt angesichts der einsamen Jungfern, sind die wahren Verlierer – definiert als die einzige Gruppe, die seit den 1970er Jahren kaum noch finanzielle Gewinne verbuchen kann – alleinstehende Männer, seien sie nun arm oder reich.

Allein die Scheidungsstatistik erzählt eine unglaubliche Geschichte. In den 1970er Jahren musste eine geschiedene Frau damit rechnen, dass ihr Einkommen um mindestens ein Viertel zurückgehen würde, wohingegen nur sehr wenige geschiedene Männer einen ähnlichen Rückgang verkraften mussten. Die plötzlich veränderten Lebensbedingungen lieferten den Hintergrund für viele Kitschromane der damaligen Zeit, in der sich die geschiedene Frau mühsam mit Klavierstunden und als Babysitter über Wasser hält. Heute ist der Prozentsatz derjenigen, deren Einkommen nach der Scheidung um ein Viertel zurückgeht, bei Männern und Frauen ungefähr gleich. Außerdem hat sich die Zahl der geschiedenen Frauen, deren Einkommen sich deutlich erhöht, fast verdoppelt. Tatsächlich sind es mehr Frauen als Männer, deren Einkommen nach einer Scheidung um fast 25 Prozent steigt, was einen völlig neuen Eindruck davon vermittelt, wer da wem die Ketten angelegt hat.

Die Veränderungen zeigen sich überall, auch an Orten, wo man nicht damit rechnen würde, und bringen so die kulturelle Landkarte Amerikas durcheinander. Alabama zählt zu den gesellschaftlich konservativsten Staaten der USA. Bei jeder Präsidentschaftswahl seit 1964 wählten die Bürger Alabamas die Republikaner und machten nur zwei Ausnahmen, allerdings stammten die Kandidaten dann aus dem Süden: George Wallace und Jimmy Carter. Der Anteil der Bürger, die sich einer evangelikalen Kirche zurechnen, ist einer der höchsten im Land. Doch trotz einer stetig wachsenden Bevölkerung ist der Anteil der Haushalte mit verheirateten Paaren von 57 Prozent im Jahr 1990 auf 48 Prozent heute zurückgegangen. 2008 begann das Census Bureau, das statistische Bundesamt der USA, Scheidungsraten zu veröffentlichen, das heißt den Prozentsatz der Menschen in einem Bundesstaat, die sich im Vorjahr scheiden ließen. Seitdem steht Alabama jedes Jahr an der Spitze der Scheidungsstatistik. Tatsächlich widerspricht die gesamte Liste den kulturellen Vorurteilen, die man gegenüber den Bundesstaaten hegt: Oklahoma, Kentucky und Alabama stehen an der Spitze, während New York, Kalifornien und Massachusetts fast ganz unten zu finden sind. Im letzten Jahr zählten zwei Kleinstädte in Wayne County, Indiana, zu den Gebieten mit der höchsten Scheidungsrate.

Die Soziologin Kathryn Edin interviewte fünf Jahre lang Mütter in den Wohnvierteln der Innenstadt von Philadelphia. Sie stellte fest, dass sich in vielen Vierteln ein Matriarchat entwickelt hatte, wo die Frauen sämtliche Entscheidungen trafen und die Männer anwiesen, was sie tun und lassen sollten. »Ich glaube, die Feministinnen haben übersehen«, sagte mir Edin, »wie viel Macht Frauen haben« – wenn sie nicht durch die Ehe gebunden sind. Die Frauen, erklärte sie, »treffen jede wichtige Entscheidung« – ob sie ein Kind bekommen möchten, wie sie es großziehen, wo sie leben. »Das läuft definitiv nach dem Motto ›Entweder du tust, was ich dir sage, oder du fliegst raus‹«, erklärt sie. »Vor 30 Jahren hätten die Väter noch gesagt: ›Danke, ohne mich‹, aber heute wollen sie unbedingt ihre Vaterrolle wahrnehmen, befürchten aber, sie könnten die Erwartungen der Frauen nicht erfüllen. Sie werden mit 19 oder 20 Jahren Vater, haben aber einfach nicht den Job, um die Kinder zu ernähren. Die Frauen wollen sie nicht als Ehemänner, und sie haben kein regelmäßiges Einkommen, mit dem sie etwas beitragen könnten. Was haben sie also? Nichts«, sagt Edin. »Sie haben nichts. Die Männer sind seit der Wirtschaftskrise der 1990er Jahre zur Bedeutungslosigkeit verdammt, und das hat sich nie wieder gebessert. Jetzt ist es einfach furchtbar.«

Dabei ist die Situation heute alles andere als ein »feministisches Nirwana«, wie Edin betont. Der Anteil unehelich geborener Kinder ist im vergangenen Jahrzehnt, nachdem er zuvor eine Zeitlang konstant geblieben war, auf 40 Prozent gestiegen. Ein uneheliches Kind, einst für die Mutter ein Stigma, ist heute, wie es die *New York Times* 2012 in einem Artikel auf der Titelseite formulierte, »die neue Normalität«, da über die Hälfte der amerikanischen Frauen unter dreißig ihr Kind unverheiratet zur Welt brachten. Viele alleinerziehende Mütter haben finanziell schwer zu kämpfen; die erfolgreichsten arbeiten und studieren gleichzeitig und eilen zwischendurch nach Hause, um die Kinder zu füttern – und um dann später im Fahrstuhl vom College einzuschlafen. Trotzdem, sie sind diejenigen, die das Sagen haben. »Die Veränderungen innerhalb der Familie in den letzten vier Jahrzehnten waren schlecht für die Männer und schlecht für die Kinder, es ist aber nicht klar, ob sie auch schlecht für die Frauen sind«, meint der Soziologe Brad Wilcox.

In den vergangenen Jahren wurden verschiedene Erklärungen zur Erosion der Ehe in den unteren Schichten entwickelt: steigende Sozialleistungen, die zunehmende Arbeitslosigkeit der Männer oder, etwa von konservativen Kritikern wie Charles Murray, einfach ein schlichter Niedergang der Moral. Doch Edin erklärt das Verschwinden der Ehe damit, dass Frauen mittlerweile wirtschaftlich unabhängiger sind und daher die Bedingungen für eine Ehe diktieren können – und damit normalerweise zu hohe Hürden für die Männer in ihrem Umfeld aufstellen. »Ich habe diesen klassischen Traum von einem Haus mit Garten«, sagte eine Frau zu Edin, und die Männer, die sie kenne, entsprächen dieser Vorstellung einfach nicht, daher fungiere sie selbst als Mutter/Vater/Ernährer/Familienoberhaupt. Oder wie es Edins Koautorin, die Soziologin Maria Kefalas, formuliert: »Jeder schaut Oprah Winfrey« – oder eine entsprechende Sendung. »Jede Frau will eine große Hochzeit, einen Seelenverwandten, einen Ehemann, der gleichzeitig der beste Freund ist.« Aber unter den Männern in ihrem Bekanntenkreis findet die Frau diesen Traummann nicht.

Ein kleiner Beleg für die Theorie, dass Frauen nicht heiraten, weil sie in einer überlegenen Position sind, findet sich in einer kürzlich erschienenen Untersuchung über Lottogewinner in Florida mit dem Titel »Lucky in Life, Unlucky in Love?: The Effect of Random Income Shocks on Marriage and Divorce«, die 2011 im *Journal of Human Resources* erschien. Dabei wurde festgestellt, dass Frauen, die im Lotto gewonnen hatten, erheblich weniger dazu neigten zu heiraten, während ein Lottogewinn bei Männern keinen Unterschied machte. Frauen, die relativ hohe Summen gewonnen hatten (25 000 bis 50 000 Dollar), neigten zu 41 bis 48 Prozent weniger zu einer Heirat als Frauen, die weniger als 1000 Dollar gewonnen hatten, was darauf hindeutet, dass Geld tatsächlich die Entscheidungen von Frauen beeinflusst.

Das Ergebnis ist zwar nicht eindeutig, doch es passt ins Bild. Die Zukunft des ganzen Landes könnte bald so aussehen wie die Gegenwart für viele Afroamerikaner aus den unteren Einkommensschichten: Die Mütter reißen sich am Riemen, aber die Väter halten nicht Schritt. Weiße Frauen, die als Erste in ihrer Familie einen Hochschulabschluss haben, könnten mit ihren schwarzen Geschlechtsgenossinnen eine neue Mittelschicht bilden, wo die Ehe immer seltener eine Rolle spielt.

Dieser Wandel ist nicht nur am Rand der Gesellschaft zu beobachten, sondern reicht bis weit in die amerikanische Mittelschicht, wie Wilcox und seine Kollegen in einer bahnbrechenden Untersuchung mit dem Titel »When Marriage

Disappears: The Retreat from Marriage in Middle America« zeigen. Wilcox konzentriert sich dabei auf die »mäßig gebildete Mitte«, wie er die 58 Prozent der Amerikaner nennt, die keinen Hochschulabschluss haben, aber die Highschool abschlossen und eventuell über eine weitere Ausbildung verfügen. Diese Gruppe strebte früher immer nach oben und orientierte sich an höheren Gesellschaftsschichten. Doch nun ist »die Ehe, diese symbolträchtige Institution der Mittelschicht« bei weiten Teilen im Schwinden begriffen, schreibt Wilcox, und zwar »in einer erstaunlichen Geschwindigkeit«.

Bei fast jedem wichtigen sozialen Kriterium ähnelt die amerikanische Mittelschicht zunehmend der Gruppe, die die Highschool abgebrochen hat. Ende der 1990er Jahre ließen sich 37 Prozent der Frauen mit mäßiger Bildung innerhalb der ersten zehn Jahre nach ihrer ersten Eheschließung scheiden oder lebten getrennt. Dieser Anteil entspricht fast dem Prozentsatz bei den Frauen, die keinen Highschool-Abschluss haben, und ist dreimal höher als bei Frauen mit Hochschulabschluss. Auch bei der Untreue und der Zahl der Sexualpartner hat die amerikanische Mittelschicht aufgeholt. Gegen Ende der 2000er Jahre waren 44 Prozent der Kinder, die von mäßig gebildeten Müttern geboren wurden, unehelich, bei den Kindern besonders gebildeter Mütter waren es nur 6 Prozent. Teenager aus der Mittelschicht beurteilen eine Schwangerschaft bei sich heute als weniger peinlich und schon gar nicht als Schande. Ihr Wunsch, aufs College zu gehen, hat sich dagegen merklich abgeschwächt.

Die Mittelschicht strebt nach wie vor eine glückliche Ehe mit einem Partner an, der gleichzeitig auch ein guter Freund ist, aber die Erfahrungen im wahren Leben passen immer weniger dazu. Von den 1970er bis zu den 2000er Jahren ist der Anteil der Ehepartner, die angaben, sie seien »sehr glücklich« in ihrer Ehe, bei den mäßig gebildeten Amerikanern von 69 auf 57 Prozent gesunken. Die Ehe, schreibt Wilcox, »läuft Gefahr, zum Luxusgut zu werden, das nur für diejenigen erreichbar ist, die über die materiellen und kulturellen Mittel verfügen, daran festzuhalten«. Und Kefalas meint dazu: »Eine stabile Ehe ist in den USA zu einem Klassenprivileg geworden, ähnlich wie der Besuch einer guten Schule oder der Zugang zur Gesundheitsversorgung und gesundem Essen.«

Bei meinem Besuch in Alexander City waren die Schüler der Highschool alle gerade total begeistert von einem Song von Jason Michael Carroll mit dem Titel »Where I'm From«. Der Countrysänger beschreibt darin eine Begegnung bei einem Flug erster Klasse mit einem Geschäftsmann. Der Geschäftsmann im Armani-Anzug fragt den Sänger in Jeans und Cowboystiefel, woher er sei, was er als seine Heimat bezeichne (»Son, where do you call home?«). In der Pop-Countrymusik ist das ein Stichwort, um den amerikanischen Traum zu beschreiben, die erste Reihe in der Kirche, die Uhr am Gerichtsgebäude, einen Ort …

> *Where a man's word means everything*
> *Where moms and dads were high school flames*
> (Wo das Wort eines Mannes alles bedeutet
> Wo Mütter und Väter schon auf der Highschool ineinander verliebt waren.)

Aber diesen Ort, wo das Wort eines Mannes noch alles gilt, gibt es nicht mehr. Im Jahr 2000 begann Maria Kefalas in einer ländlichen Kleinstadt in Iowa mit ihrer Feldforschung.

Damals hörte sie noch von Paaren, die heiraten mussten, und Pfarrern, die sich weigerten, ein Paar zu trauen, das schon vor der Hochzeit zusammengelebt hatte. In der kleinen Stadt hielt man die Ehe noch für einen »Naturzustand«; ohne groß darüber nachzudenken, ging man davon aus, dass es im Leben eine konkrete Reihenfolge gab: Man heiratete, bekam Kinder, und zwischendurch arbeitete man bis zur Rente. Wenn eine Frau durch ein »Missgeschick« vor der Hochzeit schwanger wurde, tat man so, als ob nichts gewesen wäre, und versuchte, den Schein zu wahren.

2007, als die Rezession in vollem Gang war, kehrte Kefalas in die Kleinstadt zurück und musste feststellen, dass sich enorm viel verändert hatte. Sie lernte junge Mütter im Teenageralter kennen, die keine Ehe in Aussicht hatten, was sie aber auch gar nicht zu stören schien. »Sie ähnelten den Teenagern in Nordphiladelphia«, erinnert sich Kefalas. In nicht einmal einem Jahrzehnt hatten diese Teenager im Grunde die Vorstellungen erfolgreicher berufstätiger Frauen übernommen und sich in »Eheplanerinnen« verwandelt, die nicht mehr davon ausgehen, dass eine Ehe einfach passieren wird, sondern sie als fernes Ziel in der Zukunft betrachten, das man sich durch langes Warten und erheblichen Planungseinsatz verdienen muss. Der einzige Unterschied besteht darin, dass diese Zukunft in ihrem Fall nie eintreffen wird. »Ich gelangte zunehmend zu der Überzeugung, dass die Ehe angesichts des Zusammenbruchs der Industriewirtschaft, wie wir sie aus dem 20. Jahrhundert kennen, nicht mehr als natürlicher Zustand betrachtet wird. Diese kulturelle Vorstellung – man sucht sich Arbeit, heiratet seine große Liebe, kauft sich ein Haus, zieht Kinder groß, geht in die Kirche – liegt in Scherben. Ohne die entsprechende wirtschaftliche Grundlage kann sie sich nicht halten. Und das in Iowa – dem idyllischen Herzen des weißen Amerika!« Zwischen der traditionellen Mittelschicht und dem obersten Viertel oder Drittel der Gesellschaft hat sich eine kulturelle Kluft aufgetan, die vor 40 Jahren noch nicht existierte und vor 20 Jahren noch relativ klein war.

Die First Baptist Church in Alexander City ist eine blühende Gemeinde, die Kirchenbänke sind jeden Mittwoch und Sonntag dicht besetzt, und an fast jedem Wochentag gibt es weitere Veranstaltungen. Doch wie bei den meisten evangelikalen Kirchen haben die Veränderungen der Geschlechterbeziehungen auch hier ein Umdenken bei den grundlegenden Glaubensansichten erzwungen. So fragte Albert Mohler, Vorsitzender des theologischen Seminars der Southern Baptist Convention: »Was bedeutet es, wenn große Teile unserer Gesellschaft praktisch zum Matriarchat werden? Wie bereiten wir die Kirche auf den Umgang mit dieser Welt vor, ohne unsere biblischen Vorstellungen von Männlichkeit und Weiblichkeit abzulegen?« Die Christen, so warnte er, müssten sich vergegenwärtigen, »dass viel mehr auf dem Spiel steht als die Wirtschaft. Diese Trends verkörpern nichts Geringeres als den Kollaps der männlichen Verantwortung, Führungsrolle und Erwartungen. Das eigentliche Problem ist nicht das Ende der Männer, sondern das Verschwinden der Männlichkeit.«

Eines Tages sah Pastor Hallmark von der First Baptist Church einen Mann, der früher Werksleiter bei Russell gewesen war und jetzt Hemden bei J.C. Penney verkaufte. Der Mann versuchte, ihm auszuweichen, aber Hallmark tat alles, um ihm sein Unbehagen zu nehmen, ging zu ihm und fragte ihn, wie es ihm mit dem neuen Job gehe. Seit damals hat

Hallmark bei der Glaubenslehre, die er seit fast 30 Jahren predigt, leichte Anpassungen vorgenommen. Anstatt die Männer daran zu erinnern, dass in der Bibel steht, der Mann sei das Oberhaupt der Familie, sagt er ihnen nun: »Männlichkeit zeigt sich darin, wie ein Mann auf schlechte Zeiten reagiert.«

Auch die Frauen passen sich den neuen Zeiten an. Sarah Beth Gettys unterrichtet in der Sonntagsschule eine Gruppe ehrgeiziger Mädchen, die einmal an der Auburn University studieren wollen. Ein Mädchen sagt, ihre größte irdische Versuchung sei wahrscheinlich die, »zu viele akademische Abschlüsse anzustreben«, ein anderes Mädchen wird von ihren Freundinnen in der Sonntagsschule »die zukünftige Präsidentin« genannt. Gettys ist nach wie vor der Ansicht, dass selbst dynamische Frauen nichts auf der Kanzel zu suchen haben, und lehrt ihre Schülerinnen weiterhin, dass der Mann das Oberhaupt der Familie sei, doch mittlerweile verzichtet sie auf das Wort »Unterwerfung« und streut in ihre Lektionen immer wieder Tipps ein, wie eine Frau bei Verhandlungen um eine Gehaltserhöhung auftreten sollte oder wie sie Karriere machen kann.

Connie Pridgen, die Frau, die ich in der Kirche kennenlernte, hatte ihre persönliche Offenbarung während eines Treffens ihres Bibelkreises. Sie sprachen über eine Stelle in der Bibel aus den Sprüchen Salomos, die bei vielen Trauungen der Evangelikalen zitiert wird. »Vom Lob der tüchtigen Hausfrau« heißt der Abschnitt über die Frau, die mit Wolle und Flachs umgeht und den ganzen Haushalt mit Essen versorgt, die »noch vor Tage aufsteht«, einen Acker kauft und einen Weinberg pflanzt vom Ertrag ihrer Hände. Diese Frau ist fleißig; »ihr Licht verlischt des Nachts nicht«. Ihr

Mann dagegen »ist bekannt in den Toren, wenn er sitzt bei den Ältesten des Landes«.

Connie liest mir, Rob und Abby die Stelle laut vor, während wir in dem kleinen Haus, das sie am See gemietet haben, im Wohnzimmer auf der Couch sitzen. Was ihr in den vergangenen Monaten aufgegangen ist, leuchtet uns allen sofort ein, als wir die entsprechenden Sätze hören. Die Frau macht absolut alles. Und der Ehemann?

»Klingt, als ob er mit seinen Kumpels herumsitzt und gemütlich plaudert, über Baseball diskutiert und Chips isst«, meint Rob, der wie immer kein Blatt vor den Mund nimmt.

Abby sagt, der Ehemann klinge »dubios«. Und erklärt, er klinge wie die »dubiosen« Typen, die in der Ruby Tuesday Bar herumsitzen, wo sie am Wochenende arbeitet und wo offenbar die Hälfte der Kellnerinnen schwanger ist von eben diesen dubiosen Typen, »die am nächsten Tag wiederkommen oder vielleicht auch nicht«.

Connie und Rob haben beide eine Scheidung hinter sich, und Connie ist diejenige mit einem festen Job. Aber ihr kommen diese Umwälzungen immer noch wie Schlaglöcher auf einer sonst geraden Straße vor. Sie wuchs in der alten Ordnung auf und kennt den Wert von Liebe und Ehe. Doch Abbys Generation, die mit dem wirtschaftlichen Umbruch und dem Auseinanderbrechen ihrer Familie groß wurde, sieht diese Straße gar nicht mehr.

Connies Schüler der elften Klasse an der Benjamin Russell High School trudeln nach der Mittagspause zum Englischunterricht ein, stellen halbleere Sprite- und Dr.-Pepper-Dosen an den Rand ihrer Tische, streifen sich das Salz der Kartoffelchips von den Fingern und schlagen dann den Text auf, an dem sie gerade arbeiten. Die Klasse schließt heute die Lektüre von *Romeo und Julia* ab, und die meisten Schüler sind froh – viel zu froh nach Connies Geschmack –, dass sie damit durch sind. Früher waren die Schüler begeistert von dem Stück, fasziniert von der romantischen Liebe zwischen zwei Teenagern. »Sie fanden das sooo herrlich kitschig«, erinnert sie sich. »Ooooh, er liebt sie so sehr, er würde sogar für sie sterben!« Das ging sogar so weit, dass sie vor jugendlichem Selbstmord aus Liebe warnen musste. Connie kann die damalige Faszination belegen, sie hat romantische Bilder und Zeichnungen ehemaliger Schüler über der Tafel im Klassenzimmer hängen. Auf einem Bild sieht man Romeo, wie er Julia unter dem Balkon ein Ständchen bringt, auf einem anderen, wie er sich verzweifelt über ihr Sterbebett geworfen hat, auf einem dritten steigt Julia mit Flügeln wie ein Engel in den Himmel auf.

In diesem Jahr hat sie mit der Besprechung des Dramas bis zum Frühling gewartet, »wenn die Säfte steigen und die Schülerinnen und Schüler einander schöne Augen machen«, sagt sie. Aber ihre Zöglinge bleiben ungerührt. Nicht nur ungerührt: Sie sind angewidert von Romeos »weinerlicher Lahmheit«, wie sie ihrer Lehrerin immer wieder sagen. Fünfter Akt, dritte Szene: Romeo hat bereits Julias Leiche gefunden und kehrt nun zur Gruft zurück. Er ist verzweifelt und völlig außer sich vor Kummer. Er hat Paris getötet und ist entschlossen, sich das Leben zu nehmen und sich im Tod wieder mit Julia zu vereinen. Connie spielt eine Aufnahme vor, die sie im Netz gefunden hat: »… will ich dich nie verlassen. Und will aus diesem Palast dichter Nacht nie wieder weichen.« Romeo kriecht in die Gruft. Er küsst Julia, trinkt das Gift und küsst sie erneut. »Dies meiner Lieben! O wackrer Apotheker! Dein Trank wirkt schnell. – Und so im Kusse sterbe ich.« Auf dem Band hört man ein vernehmliches Schlucken, als er trinkt.

Ein Mädchen wirft das Lektürebuch quer durchs Klassenzimmer. Es ist Tanner Harris, eine rotblonde Schönheit, die bereits in den letzten Wochen keinen Hehl aus ihrer Abneigung gegen das Stück gemacht hat. »Was für ein Blödsinn«, sagt sie. »Ich finde das total sinnlos. Und lächerlich.«

Connie ist eine erfahrene Lehrerin und wird mit jeder Meinung fertig, selbst wenn diese an Respektlosigkeit grenzt. Sie nutzt Tanners Einwand als Ausgangspunkt für eine Diskussion. »Aber ist es denn nicht möglich, dass man einfach ein bisschen irrational handelt, wenn man verliebt ist?«, fragt sie.

»Ich glaube, das ist nur bei ihm so«, verkündet Tanner. »Meiner Meinung nach ist er einfach nur ein kleiner Jammerlappen, er ist nicht normal. Ein anderer Junge würde sich einfach ein anderes Mädchen suchen. Er würde sich doch nicht wegen eines Mädchens umbringen. Was soll denn daran so schlimm sein? *Such dir einfach eine andere.*«

»Tja, findet irgendjemand von euch das nicht doch irgendwie romantisch?«, fragt Connie und erhält von der Klasse ein langgezogenes »*Nöööö*« als Antwort.

»Er ist einfach ein Weichei«, meint ein Schüler. »Und total durchgeknallt.«

Nach einer Weile öffnet Connie die Diskussion weiter und spricht mit der Klasse über den Bezug des Schauspiels auf ihr eigenes Leben. »Okay, Wortmeldungen bitte, wer von euch hat vor zu heiraten?« Etwa 15 der insgesamt 25 Schüler heben die Hand, darunter deutlich mehr Jungen als Mädchen. »Wie viele glauben, dass sie heiraten, bevor sie fünfundzwanzig sind?« Sechs Schüler melden sich. »Nachdem sie dreißig sind?« Vier Schüler heben die Hand, allesamt Mädchen. Darunter ist auch Gabby Humber, eine großgewachsene Blondine mit dunklem Haaransatz, die Jeans und eine Halskette mit Herzanhänger trägt und aussieht, als ob sie als Erste weggeheiratet werden würde.

»Tja, mich langweilen andere einfach schnell«, erklärt sie. »Heiraten ist nichts für mich.«

»Und wer sorgt dann für dich?«, fragt jemand.

»Ich gehe aufs College und kann für mich *selbst* sorgen«, zischt sie. »Ich brauche doch keinen Mann, der mich versorgt.«

Connie hat ihre eigene Theorie, warum ihre Schüler plötzlich keine Lust mehr auf Romantik haben. Seit die Textilfabrik im Ort geschlossen wurde, hat das Leben in der Stadt seine tröstliche Routine verloren. Früher hat man sich kennengelernt, hat geheiratet, bei Russell gearbeitet und irgendwann dazwischen ein paar Kinder bekommen, aber das ist vorbei. Für diejenigen, die noch in der Stadt wohnen, ist das Leben deutlich unvorhersehbarer und unkalkulierbarer geworden; das spüren auch die Jugendlichen. Innerhalb von fünf Jahren ist die Zahl der Schüler, die ihr Schulessen kostenlos oder zu einem reduzierten Preis bekommen, von 23 auf 58 Prozent gestiegen, wie mir die Rektorin erzählt. Die Eltern haben mehr Stress und lassen sich häufiger scheiden, was bei den Schülern den Eindruck hinterlässt, dass die Ehe ein »Wegwerfartikel« ist, wie sie es formuliert.

Ich fragte Lou Ann Wagoner von der Schulaufsichtsbehörde, was sich in den letzten Jahren am meisten verändert habe, und sie nannte zwei Punkte. Zum ersten Mal ließen sich weiße Mädchen auf handgreifliche Auseinandersetzungen ein. Seit zwei Jahren, erklärt sie, ähnle die Atmosphäre »immer mehr der *Jerry Springer Show*«, einer Talkshow, die für ihren rauen Umgangston und Handgreiflichkeiten berühmt ist. Die Mädchen würden einander Prügel androhen – viel häufiger als die Jungen untereinander. Sie erwähnte auch den »sprunghaften Anstieg von Schwangerschaften« – in jenem Jahr waren zwölf Mädchen auf der Highschool und ein paar mehr auf der Mittelschule schwanger geworden, »obwohl wir ihnen Keuschheit und das alles beibringen«. Auch Connie ist aufgefallen, dass nicht mehr nur die afroamerikanischen Mädchen aus armen Verhältnissen bereits auf der Highschool schwanger werden. Früher waren sie diejenigen, die »matriarchalischer dachten, wie man wohl dazu sagt, aber heute ticken alle so«.

In der Woche, in der ich die Schule besuchte, waren Gänge und Aufenthaltsräume für die Schulwahlen geschmückt, mit bunten Plakaten, die dafür warben, Rosie als Vizepräsidentin, Anna Lee als Präsidentin, Lindsey als Schriftführerin, Marie Grace als Schatzmeisterin oder Kaydee als Stellvertreterin zu wählen – unter den Kandidaten war kein einziger Junge. Wagoner verfolgt in erster Linie das Ziel, ihre Schulabsolventen aufs College vorzubereiten; heutzutage beginnen die Beratungen fürs College in der zehnten Klasse, wo sich erfolgreiche Absolventen vorstellen und von ihrer Karriere erzählen. Aber irgendwie erreicht sie die Jungen nicht mehr. »Sie glauben immer noch: ›Ich muss nicht studieren. Ich arbeite einfach bei Russell.‹ Als ob es die Firma noch gäbe! Aber irgendwie bringen wir sie nicht davon los.« Die Stadt finanziert jedem Schüler, der seine Ausbildung fortsetzen will, zwei Jahre am Community College. Wagoner stellte verblüfft fest, dass 65 Prozent der Jugendlichen, die das Angebot nutzen, weiblich sind. Außerdem brechen viele Jungen nach einem Jahr ab. »Diese Zahl ist mir wirklich ins Auge gesprungen«, erzählte mir Wagoner. »Ich weiß nicht, wohin die Jungen gehen oder was mit ihnen passiert. Ich glaube, sie sind einfach nicht motiviert.«

Noch vor ein paar Jahren war Shannon eines der Mädchen, die in Connies Unterricht romantische Bilder zeichneten. Mit Buntstiften malte sie Julias Wangen mit einer Farbe aus, die, wie sie sich erinnert, »rosenrot« hieß, und auch das Kleid, das sie zeichnete und das, wie sie heute meint, vielleicht einen etwas zu tiefen Ausschnitt hatte, war rosé. Auf dem Bild liegt Julia auf einem weichen Bett und lächelt im Schlaf. Romeo, der ein bisschen aussieht wie Johnny Depp, schaut sie eher bewundernd als verzweifelt an. Shannon machte damals eine Farbkopie von ihrer Zeichnung und schenkte sie ihrem Freund Troy zum Valentinstag. Wenn sie Troy heute Papier in die Hand drückt, ist es eher ein Stück Küchenrolle, damit er sich die öligen Hände abwischt, wenn er mal wieder versucht, das Auto zu reparieren, oder ein Papiertaschentuch, damit er ihrem gemeinsamen Sohn Brandon die Nase putzt. Shannon sagt heute, sie hätte »zwei kleine Kinder daheim, und ich bin mir nicht sicher, welches von beiden mehr Arbeit macht«.

Um elf Uhr vormittags an einem Mittwoch sieht Shannon, wie unter der Schlafzimmertür Zigarettenrauch durchdringt. Das heißt, dass Troy aufgewacht ist. Ihr dreijähriger Sohn Brandon ist bereits seit vier Stunden wach und »verwüstet das Haus«. Zu dritt leben sie in einem Wohnwagen ein Stück ab von der Straße, etwa eine Meile entfernt von dem Gelände, wo die Sozialwohnungen der Stadt versteckt sind. Nachts, wenn Brandon schläft, wirkt der Wohnwagen groß genug, aber wenn es zu heiß ist, um draußen zu spielen, und sie ihn drinnen beschäftigen muss, ist es die Hölle. »Ta-Ti, Ta-Ti!«, sagt Brandon, weil auch er weiß, was der Rauch bedeutet. Gelegentlich nennt er Troy »Daddy«, aber das will Shannon nicht, sie sagt, er sei erst ein Daddy, wenn er sich auch so benehme, und zwar »von Montag bis Sonntag, und nicht nur, wenn er Lust dazu hat«.

Troy bringt Brandon zum Lachen, er ist darin »besser als SpongeBob«, und er kann Shannon beruhigen, wenn sie jemandem bei der Arbeit am liebsten einen linken Haken verpassen würde. Was er nicht gut kann, ist Geld verdienen. Letzten Monat hat er genau vier Tage gearbeitet, er hat einem Freund geholfen, eine Veranda für eine Familie in Auburn zu bauen. Ansonsten gibt er lieber Geld aus, meistens für Zigaretten und Benzin. Vor einem Jahr bekam er einen Job als Putzkraft bei Walmart, kündigte aber schnell wieder, weil seine Chefin angeblich eine Sklaventreiberin war, die ihn zwang, »die Türknäufe mit Spucke zu polieren, als ob sie ein Feldwebel wäre«. Troy stößt die Tür auf, damit Brandon zu ihm ins Schlafzimmer rennen und auf ihn draufspringen kann.

Troy ist ein emotionaler Typ, der mit seinen Gefühlen nicht hinterm Berg hält – »als ob ich halb schwul wäre oder so«, witzelt er. Er hat sich »Shannon« und »Brandon« auf den rechten Arm tätowieren lassen – das ist seine Version von »bis dass der Tod uns scheidet«. Er erzählt immer, er sei »verheiratet«, damit meint er aber nur, dass er in festen Händen ist, denn auf das »verheiratet« folgt immer der Zusatz »hier drin« mit der Hand auf dem Herzen. Shannon und Troy haben schon oft darüber geredet, was für ein tolles Fest ihre Hochzeit werden würde, Shannon hat sich sogar schon einmal ein Kleid ausgesucht – ein tief ausgeschnittenes Spitzenkleid, ähnlich dem, das sie für Julia zeichnete. Aber irgendwie kommt es nie zur Hochzeit.

Shannon arbeitet Teilzeit bei Walmart, damit sie nachmittags und abends eine Ausbildung zur Krankenschwester am örtlichen Community College machen kann. Um das restliche Einkommen aufzubringen, das die kleine Familie benötigt, arbeitet sie als Stripteasetänzerin in Birmingham, wo sie manchmal 250 Dollar pro Nacht verdient. Troy ist davon nicht begeistert, »weil sie da Ärzte und Rechtsanwälte trifft, die mehr Geld verdienen als ich. Die *viel* mehr Geld verdienen als ich.« Aber selbst er kann rechnen: Direkt nach Brandons Geburt gab es eine Zeit, in der beide nicht arbeiteten und er 10 Dollar von seiner Mutter, Shannons Schwester und seinen beiden Freunden leihen musste, um die Woche zu überstehen. Sechs Monate lang lebten sie von Sozialhilfe – »wir sind die Ersten in meiner Familie«, wie er sagt. Mit 250 Dollar an drei Tagen in der Woche kann man eine große Kiste voller Lebensmittel und Windeln kaufen, es bleibt sogar noch Geld übrig für ein paar Mahlzeiten bei McDonald's und Bier. Der einzige Nachteil ist der, dass Shannon immer viel zu viel zu tun und keine Zeit fürs Einkaufen hat. Das bedeutet, dass Troy ihre Handschrift auf dem Einkaufszettel entziffern muss. Im Supermarkt kann er niemanden fragen, weil »in jeder Regalreihe nur Kerle unterwegs sind«.

An den Abenden, an denen Shannon strippt, lenkt er sich meistens mit einem Footballspiel im Fernsehen ab, oder er geht mit ein paar Kumpels in der Stadt ein Bier trinken. Trotzdem kommt er an manchen Abenden ins Grübeln. Troys Lieblingsausdruck ist »kein Kerl«, den er aber oft widersprüchlich verwendet. Manchmal prahlt er damit – »Kein Kerl würde bei meiner Frau nein sagen, selbst wenn er schwul wäre«, sagt er beispielsweise und zählt all die körperlichen Vorzüge seiner »brandheißen« Frau auf. Manchmal verrät die Formulierung aber auch seine eigene demütigende Situation: »Kein Kerl würde sich das von seiner Frau gefallen lassen«, meint er und denkt daran, dass Shannon vor kurzem an drei Nächten hintereinander erst um vier Uhr nach Hause kam, ohne ein Wort der Erklärung.

»Kein Kerl würde das tun« bezieht sich auf Nacht Nummer drei, als er auf Shannon wartete und sie dann würgte, bis sie bewusstlos wurde. »Das war mein absoluter Tiefpunkt«, sagt er. Zur Wiedergutmachung kaufte er ihr ein Halsband mit einem großen Silberherzen, um die Würgemale zu verdecken.

Troy sagt gern, sie hätten eine »*Jerry Springer*-Beziehung«, was heißt, dass die beiden oft streiten. Dabei geht es fast immer nur um zwei Themen: Sex und Arbeit. Troy beschwert sich, dass sie, als sie sich kennenlernten, »es dreimal am Tag machten, und jetzt heißt es immer ›ich hab Kopfweh, meine Füße tun weh, Brandon war die ganze Nacht wach, ich hatte Streit mit meiner Mutter‹«, erzählt er. »Ich meine, also bitte, alles muss perfekt passen. Aber das ist doch keine Mondlandung oder so. Wir haben doch nur Sex!« Shannon beschwert sich, dass Troy nie Geld verdient. Aber noch mehr ärgert sie sich, wenn er stattdessen immer mal wieder einen Zeitungsausschnitt mitbringt, in dem es heißt, dass in einem der alten Russell-Fabrikgebäude dieser oder jener kleine Betrieb die Arbeit aufnehmen würde. »Vergiss es endlich!«, schreit sie dann, weil sie weiß, dass er in den Erinnerungen seines Vaters lebt, in den guten alten Zeiten, als Russell noch die Trikots für Sportlerlegenden wie Bo Jackson oder William »The Refrigerator« Perry fertigte. »Troy, im Ernst. Vergiss es.« Sie sagt das wie zu jemandem, der noch Phantomschmerzen in seinem amputierten Bein hat. Shannon reagiert auf dieses Wunschdenken auch deshalb so ungeduldig, weil sie gerade wieder schwanger ist. Man sieht noch nichts, und sie hat es auch noch nicht ihrer Mutter erzählt. Sie ist sich sicher, dass es ein Mädchen wird; sie hat das sogar in ihr Tagebuch geschrieben, weiß schon einen Namen (Eliza) und malt sich in einer Handschrift, die sich seit der Highschool kaum verändert hat, eine wunderbare Zukunft aus: Am Tag von Elizas Abschlussfeier an der Benjamin Russell High School erfährt sie, dass sie einen Studienplatz an der Universität hat (der Auburn University, um genau zu sein), und Elizas Vater (der in der Geschichte aus unbekannten Gründen nicht Troy, sondern Thomas heißt) ist der Letzte, der das Aufnahmeschreiben sieht, weil er spät von der Arbeit nach Hause kommt.

Ein Jugendlicher, der in Alexander City aufwächst, vor allem ein Jugendlicher, der nichts mit lauten, stickigen Fabriken und Textilien zu tun haben will, sondern ein anderes Leben führen möchte, das er vielleicht aus dem Fernsehen kennt, träumt davon, nach Auburn zu gehen, das etwa 45 Autominuten in südöstlicher Richtung liegt. So war es schon immer, selbst noch vor der Schließung von Russell, weil Auburn in der beschränkten Geografie eines Teenagers die nächste Stadt mit einem richtigen Kino und einem Einkaufszentrum ist. Dort gibt es eine Universität mit einer eigenen Footballmannschaft, Studenten aus aller Welt und einen Laden von Gap an der Haupteinkaufsstraße, die vom Campus wegführt. Die Jugendlichen in Alexander City reden über Auburn, als wäre die Stadt so exotisch und glamourös wie New York. Wie alle, die an der Benjamin Russell High School einen sehr guten Abschluss machen, zog auch Connies Tochter Abby direkt nach der Schule nach Auburn.

Überall im Osten Alabamas gilt Auburn als die Stadt, die es richtig gemacht hat, die im Gegensatz zur übrigen Region die Schwierigkeiten gemeistert und ihre Zukunft so geplant hat, dass sie auch in der modernen Wirtschaft Bestand hat. In den umliegenden Bezirken lag die Arbeitslosigkeit während der Rezession im zweistelligen Bereich, in manchen erreichte sie sogar 18 Prozent. Doch Lee County, zu dem Auburn und die Schwesterstadt Opelika gehören, hat der Rezession getrotzt und weist heute eine mäßige Arbeitslosenquote von 6,4 Prozent auf, die weit unter dem nationalen Durchschnitt liegt.

Was ist in Auburn anders? Ein Teil der Antwort ist offensichtlich: Die Stadt hat eine blühende Universität, die seit knapp 150 Jahren die Grundlage für Auburns Wirtschaft bildet. Schaut man jedoch genauer hin, ist man überrascht – nicht nur ich, sondern auch die Stadtoberen waren verblüfft, weil die Antwort das Selbstbild dieser Stadt (die immerhin in den Südstaaten liegt) gründlich hinterfragt. Auburn wurde zum wirtschaftlichen Zentrum der Region, weil hier die Frauen dominieren.

2010 stieß der Marktforscher James Chung auf Datenmaterial, das eine ganz neue Zukunft für Amerika verhieß. Er untersuchte 2000 Metropolregionen in den USA, die 91 Prozent der Bevölkerung abdeckten. In 1997 Regionen hatten junge Frauen ein höheres Durchschnittseinkommen als junge Männer. Das galt in großen wie kleinen, armen wie reichen Städten. Chungs Erkenntnisse schafften es bis auf den Titel des Magazins *Time*, er selbst wurde zum Verkünder einer sich rasch entwickelnden geschlechterbedingten Umwälzung. »Diese Frauen haben die Männer nicht nur eingeholt«, sagte mir Chung. »In vielen Städten übertrumpfen sie die Männer bereits. Wir wissen schon lange, dass mehr Frauen als Männer einen Universitätsabschluss machen, die Frage war nur: Wirkt sich das auch in Form von mehr wirtschaftlicher Macht aus? Jetzt haben wir die Antwort. Diese Generation von Frauen hat sich der Umstrukturierung der Wirtschaft besser angepasst als die gleichaltrigen Männer.«

Im Frühjahr 2011 rief ich Chung an und fragte, ob eine der Regionen eine besonders hohe Disparität aufweise. »Ja«, antwortete er. »Eine Region namens Auburn-Opelika.« Auburn Opa-was? Wie sich herausstellte, lag das Durchschnittseinkommen der dortigen Frauen zu 140 Prozent über dem der Männer. Ich konnte es kaum fassen. Nach all den Jahren hatten wir das feministische Paradies gefunden, es lag in einer kleinen Universitätsstadt im tiefen Süden der USA, einer Stadt, wo auf zwölf Menschen immer noch eine Kirche kommt und an drei von sieben Tagen ein Artikel über die Footballmannschaft die Titelseite der Zeitung in Beschlag nimmt.

Wie sieht das moderne feministische Wunderland aus? Eine Stadt mit viel Südstaatencharme, aber mit wenig vom alten rassistischen, sexistischen Erbe. Zahlreiche prächtige Herrenhäuser entlang der Hauptstraßen vermitteln Wohlstand, außerdem gibt es genügend ungezähmte Wildnis, um den Eindruck der Vorstadt zu vermeiden. Eine Rinderherde grast in der Nähe des neuesten Forschungszentrums. Auburn zählt laut *U. S. News & World Report* von 2009 zu den zehn lebenswertesten Städten der USA. Als ich die Stadt besuchte, wurden ein Strickladen, ein Fitnesszentrum, ein Treffpunkt der Weight Watchers, eine Boutique für Damenkleidung, ein Café namens Paris Bakery Garden und ein Publix (»Wo der

Einkauf ein Vergnügen ist« – eine Biolebensmittelkette, die sich als regionale Konkurrenz zu Whole Foods betrachtet) neu eröffnet. Der Chevrolet-Händler versuchte, seine Kunden am Wochenende mit frischgebackenen Schokoladenkeksen zu locken. (Welcher Mann lässt sich mit Keksen locken?) Vor allem aber war Auburn das perfekte Spiegelbild einer modernen, feminisierten Wirtschaft: eine Kombination aus Arbeitsplätzen an der Universität, im Dienstleistungsbereich und in der Verwaltung mit einem kleinen Anteil im produzierenden Gewerbe.

Die typische Bewohnerin von Auburn ist jemand wie Meghan McGowen, die im von Frauen dominierten Amt für Wirtschaftsförderung der Stadt arbeitet. McGowen war Präsidentin ihrer Studentinnenverbindung und sah sich die Universitäten vor ihrem Wirtschaftsstudium genau an. Sie entschied sich für Auburn, weil sie zu Fuß zur Universität gehen konnte und es keine Verbrechen in der Stadt gab. Nach ihrem Abschluss bekam sie Angebote von den beiden wichtigsten Wirtschaftsprüfungsunternehmen in ihrer Heimatstadt Los Angeles. Doch sie lehnte ab und entschied sich für die Stadtverwaltung von Auburn, »weil man hier besser lebt«. Sie verdient weniger Geld, doch dafür ist ihr Lebensstandard höher, außerdem bietet die Stadt fantastische Schulen. Ihre drei besten Freundinnen sind eine Unternehmensberaterin, eine Anwältin und eine Ingenieurin, sie alle können einen Teil ihrer Arbeit zu Hause erledigen. Sie lieben die Stadt, sie werden jedoch nie zur typischen einheimischen Südstaatenschönheit werden; sie könnten von überall sein, sie gehören zur Armee der aufstrebenden, flexiblen und ortsungebundenen Frauen, die einen guten Job und ein gutes Leben wollen, wo immer das auch sein mag.

Gibt es noch eine letzte Männerdomäne? Vielleicht in den Fabriken? Ich besuchte Briggs & Stratton, ein Werk, wo Generatoren und kleine Motoren für Rasenmäher und Schneefräsen gebaut werden. Die Fabrik liegt nur ein paar Kilometer von der Stelle entfernt, wo der Film *Norma Rae – Eine Frau steht ihren Mann* gedreht wurde, der Sally Field einen Oscar für ihre Rolle als Gewerkschafterin in einer Textilfabrik einbrachte. In der Nähe liegt auch der ehemalige Arbeitsplatz von Lilly Ledbetter, nach der ein Gesetz zur gleichen Entlohnung von Frauen und Männern benannt ist. Seitdem hat sich viel getan – von den Bedingungen in der Fabrik, die ich besuchte, hätte Norma Rae nur träumen können.

Ich rechnete damit, die letzte Bastion männlicher Dominanz zu finden, wo sich Männer mit aufgekrempelten Ärmeln Befehle über den Lärm der Maschinen hinweg zubrüllen. Doch ich musste feststellen, dass die Regeln der neuen Frauenwelt selbst in der Fabrik galten. Früher machte man Karriere, wenn man sich gut mit dem Betriebsleiter verstand. Aber heute heißen die Betriebsleiter in der neuen Sprache der feminisierten Arbeitswelt »Teamleiter« oder »Coach«. »Sie sollen sich als Mentoren verstehen, ihre Aufgabe ist es, die Mitglieder in ihrem Team zu motivieren«, erklärte mir Cisco King, der Personalchef der Firma.

Vor ein paar Jahren konnte King das Community College der Stadt dafür gewinnen, Kurse direkt in der Fabrik abzuhalten, von 15 bis 17 Uhr, direkt nach der Schicht. Die Lehrer vom College unterrichteten Elektrotechnik oder Elektroinstallation oder einen anderen Aspekt der Betriebsabläufe in der Firma. »Die Leute, die hier gut arbeiten, sind auch diejenigen, die motiviert sind, die Chancen zur Weiterbildung zu nutzen«, sagte King. »Sie fragen mich nicht nur nach den

Kursen, wenn gerade eine Stelle neu besetzt werden muss«, fuhr er fort. »Sie besuchen die Kurse, wann immer sie angeboten werden. Das zeigt mir, dass sie weiterkommen wollen.« Bei den Teilnehmern handelt es sich meistens um Frauen. Etwa Monica Hodge, Mutter von zwei Kindern, die Kurse über Elektrotechnik besuchte, weil sie, wie sie mir erklärte, »eines Tages weiterkommen will«. Die Belegschaft ist seit kurzem zu 55 Prozent weiblich, erfuhr ich von King.

Auburns Erfolg macht Hoffnung, ist aber auch verwirrend. Für die Städte im Umland, die mit wirtschaftlichen Problemen zu kämpfen haben, ist Auburn ein Vorbild für die Zukunft. Doch dieser Erfolg verlangt, nicht zurückzublicken und sich nicht mehr länger die guten alten Zeiten der produzierenden Industrie zurückzuwünschen, sondern das Neue anzunehmen und sich auf die feminisierte Wirtschaft einzulassen.

Und was ist mit den Männern? Wie passen sie in diese neue Arbeitswelt? Im vergangenen Jahr hat sich die verarbeitende Industrie erholt, es gibt wieder Arbeitsplätze, die von den Männern eilig besetzt werden. Doch sie machen nur einen Bruchteil aus und können nicht alle beschäftigen, die ihre Arbeit verloren haben.

Die Community Colleges sind sehr kreativ, wenn es darum geht, Männer auf die neue Arbeitswelt vorzubereiten. Um das Interesse junger Männer wachzuhalten, wird in Opelika eine 3-D-Simulation eingesetzt, bei der man sich vorkommt wie in einem Videospiel. Auf dem Schild über dem Simulationslabor steht nicht »Gebrauch deine Hände«, sondern »Erweitere deinen Verstand«. Andere Colleges haben sich auf grüne Technologien oder andere Zukunftstechnologien spezialisiert. Und in Opelika beschäftigt man sich mit der Frage, wie man verhindert, dass Männer das Gefühl haben, am College fehl am Platz zu sein, und hat ein Unterstützungsnetzwerk für sie aufgebaut.

Erfolg wird in Zukunft auch davon abhängen, einen Teil der alten männlichen Verhaltensweisen aufzugeben, was den Männern in den Südstaaten nicht leichtfällt. Aber selbst in Alabama konnte ich beobachten, dass sich Männer aus purer Notwendigkeit langsam mit ihren neuen Rollen abfanden – sie holten beispielsweise die Kinder von der Schule ab, wenn ihre Frauen bei der Arbeit waren. Und sie hatten sogar Spaß daran, auch wenn sie nicht bereit waren, das zuzugeben. Rob Pridgen brachte seinem Sohn geduldig das Motorradfahren bei, und es war eindeutig, dass er darin einen gewissen Trost fand.

Shannon hat zumindest einen ersten Schritt gemacht: Sie hat dafür gesorgt, dass Troy nicht mehr die Augen vor der Realität verschließt und weiter darauf wartet, dass alles wieder so wird wie früher. Eines Tages wartet sie nicht, bis Troys Rauchzeichen unter der Tür durchkommen, sondern marschiert um zehn Uhr morgens ins Schlafzimmer und holt ihn aus dem Bett. »Los, aufstehen«, ruft sie und zündet ihm die erste Zigarette des Tages an, um die Sache zu beschleunigen. Draußen setzt sie Brandon in den Kindersitz des Autos, nimmt selbst auf dem Beifahrersitz Platz und dirigiert Troy, ohne ihm genau zu sagen, wo sie hinfahren, direkt zum alten Werksgelände von Russell. Sie sind schon Hunderte Male dort vorbeigefahren, haben aber nie angehalten und sich umgeschaut. Zuerst bleibt Troy bei jedem Stoppschild auf dem Werksgelände stehen, aber dann merkt er, dass niemand dort unterwegs ist, und rast über die Kreuzungen, wie wenn er sein Lieblingscomputerspiel *Need for Speed* spielen würde.

Das Fabrikgelände wirkt wie ein verlassenes Dorf; die massiven Backsteingebäude sind über eine schmale, gewundene Straße miteinander verbunden. Heutzutage sehen Fabriken alle gleich aus, große weiße quaderförmige Gebäude, in denen sich genauso gut ein Walmart wie eine Kia-Fabrik befinden könnte, doch Russell wirkt wie ein Pionierdorf aus einem vergangenen Jahrhundert. Direkt neben dem Eingang zum Gelände befindet sich der Betriebskindergarten, an der Mauer ist ein großes Gemälde mit Kindern zu sehen, die sich an den Händen halten, ein universales Symbol für Frieden und Hoffnung auf die Zukunft. Brandon will auf den Spielplatz, aber die Rutschen sind mit Rost bedeckt und die Schaukeln schon lange abgerissen.

Shannon weist Troy an, auf einer Schotterfläche anzuhalten, von der man über ein weites Feld blicken kann. Sie steigen aus. Auf dem Gelände sind riesige Öfen und Generatoren zu sehen, aber alle sind außer Betrieb. Zu hören sind nur die Vögel, die sich zwischen den Schildern und weggeworfenen Metallteilen Nester bauen. Troy zündet sich eine Zigarette an und sagt lange nichts. Auf dem Feld steht ein Lastwagenanhänger, schon halb in die Erde eingesunken. An der Seite ist eine riesige Reklametafel mit einem Footballspieler in voller Montur angebracht, der mit dem Ball in den Händen rennt, daneben der Schriftzug Russell und der Slogan »Erfahrung macht sich bezahlt«. Der Spieler steht kurz vor dem Touchdown, seine Gegner sind nicht zu sehen. Doch im Lauf der Jahre sind die Räder des Anhängers immer tiefer im Schlamm eingesunken, und das Bild ist zu einem dunklen Lavendelton verblasst, wie ein alter Schnappschuss von den

Sporterfolgen eines Jungen in einer Kleinstadt. Troy sieht das Bild im selben Moment wie Brandon. Ein deprimierender Anblick, der große Anhänger versunken im Dreck, die Verhöhnung dieses siegreichen Augenblicks. Aber Troy spürt das nicht. Mit einer schnellen Bewegung nimmt er die Position des Footballspielers ein, schreit so laut »*Hike!*«, dass Shannon zusammenzuckt, wirft seine Zigarettenschachtel nach ihr und stürzt sich mit einem Tackling auf sie, so dass beide ins Gras fallen und dort lachend liegen bleiben.

PHARMA-MÄDCHEN

Wie Frauen die Wirtschaft erneuern

In Hannah Coopers Haus findet man nur einen sichtbaren Hinweis darauf, dass auch ihr Freund Billy, mit dem sie seit elf Jahren zusammen ist, hier lebt: ein Quartett Glasaugenbarsche, die einst im Lake Wisconsin schwammen und jetzt über dem Esszimmertisch hängen, die klaffenden Mäuler auf ewig in Lack konserviert. (»Ich sagte: Okay, wir hängen sie auf, aber nur an eine Wand.«) Ansonsten sind Billys Sachen in den Räumen versteckt, von denen Hannah weiß, dass Besucher sie nicht zu sehen bekommen. Seine Bierposter und seine Angelausrüstung liegen auf dem Billardtisch in einem ungeheizten Raum neben der Garage. Seine Jagdkleidung und Waffen sind im Keller, wo sie sich den Platz mit mehreren Paar Snowboardstiefeln teilen (»Männerspielzeug«, sagt sie kühl). Am Fuß der Kellertreppe stehen zwei Dutzend Eimer Farbe in den üblichen Tönungen – Weiß, Cremeweiß, Eierschale –, die er für seine Arbeit als Anstreicher braucht, dazu spezielle Walzen, die über dem Waschbecken im Keller trocknen.

Das übrige Haus kündet von Hannahs unermüdlichem Streben nach oben, weg von ihren Wurzeln. Eine kuschelige rote Sitzgarnitur dominiert das Wohnzimmer – Hannah hat 3000 Dollar dafür gespart, nachdem sie die Couch in einer Einrichtungszeitschrift gesehen hatte, weil sie einen Hauch von »New York« für sie vermittelte. Nach der Universität sitzt sie dort oft und lernt für ihre Pharmazieprüfungen und lässt dazu im Fernsehen den Sender für klassische Musik laufen. »Ich habe einmal irgendwo gelesen, dass klassische Musik Teile des Gehirns aktiviert, die wir sonst nicht nutzen.« Wenn Billy heimkommt, zieht sie sich in ihr Arbeitszimmer zurück, das er für sie in einem ganz bestimmten Salbeigrün streichen musste. Ihr Arbeitszimmer hat Hannah zu ihrer eigenen kleinen Festung der Weiterbildung ausgebaut: ordentliche Stapel mit Lehrbüchern für die Uni, Stapel mit wissenschaftlichen Artikeln und Büchern aus der Bücherei, die sie lesen möchte *(Die Geschichte des Edgar Sawtelle)*, und Bücher, von denen sie glaubt, sie müsste sie lesen (Jane Austen, George Orwell), sowie Bücher für zukünftige Projekte (Gartenbücher und Bücher über ökologische Lebensmittel). Über ihrem Schreibtisch hängt in einem vergoldeten Rahmen die Aufnahmebestätigung für die Universität, eine Erinnerung an die Leistung, die ihr Leben veränderte. Daneben hängt etwas kleiner ihr Lebensmotto, gedruckt in romantischer Schnörkelschrift: »Ich glaube, dass unsere Herkunft und die Umstände beeinflussen, wer wir sind, aber wir sind selbst dafür verantwortlich, was wir aus uns machen.«

Ich lernte Hannah im Winter 2011 kennen, als ich den Fachbereich für Pharmazie an der University of Wisconsin in Madison besuchte, eine der führenden zehn Fakultäten des Landes, mit einer Frauenquote von 62 Prozent bei den Studienanfängern. Pharmazie ist eine der vielen von der Mittelschicht bevorzugten Fachrichtungen, die in letzter Zeit immer stärker weiblich dominiert werden, und ich wollte sehen, wie die Vertreterinnen dieser neuen Generation erfolgshungriger junger Frauen aussahen. Hannah fiel mir in der Vorlesung zur Arzneimitteltherapie auf, an der ich teilnahm und wo alle Lehrenden und die meisten Studierenden weiblich waren. Die Dozentin befragte die Studenten zu verschiedenen Medikamenten in der Chemotherapie, und Hannah wies sofort auf einen Fehler in einer bereits als richtig akzeptierten Antwort hin, weniger aus Arroganz als vielmehr aus Pflichtbewusstsein – denn ein solcher Fehler hätte, wie die Dozentin erklärte, zu einer tödlichen Dosierung geführt.

Wie viele Frauen, die ich im Verlauf meiner Recherchen kennenlernte, betrachtete sich Hannah nicht als feministische Wegbereiterin oder als Frau an der Spitze irgendeiner Bewegung. Sie sah sich einfach als jemand, der eines Tages eine Brücke vor sich erkannte und sie überquerte. Frauen wie Hannah erinnern mich an Immigranten, ähnlich meinen Eltern: Sie werden von einer dämonischen, mysteriösen Energie angetrieben, die sie immer weiter vorwärtsdrängt, auch wenn sie nicht wissen, was sie erwartet, und ein bisschen nervös sind. Durch dieses stetige Voranschreiten befindet sich unser Land im ständigen Wandel. Hannah wirkte entschlossen und so, als könne man sie nicht aufhalten, sie wollte nicht lange darüber nachgrübeln, was die Zukunft bringen würde. Alle Frauen, die sie kannte, versuchten, mit dem Strom nach oben zu schwimmen, während die Männer in die Strudel gerieten – die Männer, die zum Pendant der Familie wurden, die in der alten Heimat zurückblieb, durchaus geliebt, aber träge und heillos in der Vergangenheit hängengeblieben?

Hannah trägt die Haare jetzt in einem welligen roten Pagenkopf. Das alte Augenbrauenpiercing ist kaum noch zu sehen, und ihre Tätowierung auf dem Steißbein ist gut versteckt unter dem »Businessoutfit«, das die Fakultät den Studierenden unter den Labormänteln vorschreibt. Aber auch ohne Laborkittel wird Hannah von ihren alten Freunden kaum noch erkannt. Bei einem meiner Besuche gingen wir abends in einer Kneipe namens Caddy Shack essen, die Hannahs Mutter in einer nahe gelegenen Stadt betreibt. An der Bar arbeitet ein ehemaliger Schulkamerad von Billy, der eine Weile brauchte, bis er erkannte, dass Hannah Billys Freundin war, und bis ihm wieder einfiel, dass sie Pharmazie studierte. »Ich kenne ein Mädchen, das Pharmazie studiert hat«, hob er an. »Heute verdient sie sechsstellig.« Hannah lächelte nur, sie wollte eindeutig nicht in einer überfüllten Bar über Geld reden. »Ich selbst bevorzuge ja die guten alten Hausmittel«, fügte er hinzu. »Ingwer-Brandy.«

Hannah und Billy lernten sich auf der Highschool kennen und führten nach der Schule ein ausgelassenes Leben, feierten, kifften, gingen auf Raves und hielten sich mit schlecht bezahlten Jobs über Wasser. Seit damals sind beide ruhiger geworden und haben sich weiterentwickelt, allerdings in unterschiedliche Richtungen. Billy lernte das Streichen vom Vater einer Exfreundin und arbeitet immer noch als Maler, allerdings weniger häufig als früher, weil die Aufträge ausbleiben. Nach der Arbeit oder wenn er keine Arbeit hat, geht er mit seinen Kumpels angeln. *»Jeden verdammten Tag«*, sagt Hannah. »Damit ist er zufrieden, mehr will er gar nicht.« Wenn sein Leben eine gerade Linie mit ein paar Dellen ist, die für die arbeitslosen Phasen in den letzten Jahren stehen, ist Hannahs Leben eine stetige Kurve nach oben. Hannah ist ruhig und zurückhaltend und ein bisschen ein Stubenhocker, aber sie hat eine innere Energie, die andere erschöpft.

Alles begann damit, dass sie stundenweise als Lagerarbeiterin für ein Pharmaunternehmen arbeitete, ein Job, der wenige Kenntnisse und keine Ausbildung erfordert. Hannah räumte gerade Medikamente ins Regal, als eine ältere Frau, die Pharmazeutin war, sie etwas fragte:

»Wo ist das Trileptal?«

»Bei den Oxcarbazepinen«, antwortete Hannah und verwendete die generische Bezeichnung für den Wirkstoff anstelle des Handelsnamens. Hannah schilderte mir die Szene: »Sie drehte sich um und sah mich total verwundert an.«

»Sie sollten Pharmazie studieren«, sagte die Frau.

»Warum, nur weil ich die Wirkstoffbezeichnungen kenne?« Aber der Gedanke ließ Hannah nicht mehr los, und schon bald dachte sie: »Ich sollte wieder auf die Schule. Ich *muss* einfach.« Sie ging aufs College, machte ihren Abschluss und bekam einen Studienplatz an der University of Wisconsin. In den letzten Prüfungen hatte sie sehr gute Noten und zählt nun zu den besten Studenten ihres Semesters.

Im Winter hat sie entschieden, nicht zum jährlichen Wohltätigkeitsball der Pharmazeuten zu gehen, weil sie Billy nicht mitnehmen will. »Er würde sich völlig fehl am Platz fühlen. Die Leute dort sind sehr gebildet, er hätte das Gefühl, nicht dazuzugehören. Es wäre mir peinlich für ihn. Ich kenne ihn, und ich liebe ihn so, wie er ist. Aber er würde sich nicht wohl fühlen.« Warum bleibt sie mit ihm zusammen? »Weil wir uns gegenseitig ergänzen«, erklärt sie. Ihre Mutter befürchtet etwas anderes. Sie glaubt, Hannah sei mit Billy aus demselben Grund zusammen, aus dem sie sich 800 Seiten dicke Romane über Indien aus der Bücherei ausleiht: Sie fühlt sich zu Leid und Herzschmerz hingezogen.

Im Jahr 2009 waren in den USA zum ersten Mal in der amerikanischen Geschichte mehr Frauen als Männer beschäftigt, und Frauen stellen auch weiterhin etwa die Hälfte der amerikanischen Beschäftigten. Etwa 80 Prozent der Frauen im Alter zwischen 25 und 54 Jahren sind erwerbstätig, und der Anteil der Frauen mit Hochschulabschluss ist sogar noch höher. Nach den Angaben des Bureau of Labor Statistics waren im Jahr 2011 51,4 Prozent der Personen in leitenden Positionen oder in akademischen Berufen weiblich – 1980 waren es nur 26,1 Prozent. Frauen stellen 61,3 Prozent der Beschäftigten im Bereich Buchhaltung und die Hälfte aller Beschäftigten im Banken- und Versicherungswesen. Etwa ein Drittel der amerikanischen Ärzte ist weiblich, ebenso 45 Prozent der Mitarbeiter in Anwaltskanzleien – und beide Zahlen steigen schnell, da der Anteil der weiblichen Studierenden in den Fächern Jura und Medizin mittlerweile über dem der männlichen liegt. In Großbritannien wird die Zahl der Medizinstudentinnen die ihrer männlichen Kommilitonen voraussichtlich im Jahr 2017 übersteigen, was eine nationale Debatte darüber auslöste, ob die Medizin »zu weiblich« werde. In Frankreich stellen Frauen 58 Prozent der Ärzte unter 35 Jahren, in Spanien sind es 64 Prozent.

Irgendwann in den vergangenen 40 Jahren war auf dem Arbeitsmarkt der Punkt erreicht, wo Kraft und Größe keine Rolle mehr spielten, und von da an büßten die Männer ihre Vormachtstellung ein. Der technische Fortschritt arbeitete ebenfalls gegen die Männer, denn viele Tätigkeiten, für die Muskelkraft erforderlich war, wurden von Maschinen übernommen, wodurch die von Wirtschaftswissenschaftlern als »soziale Kompetenzen« bezeichneten Eigenschaften immer wichtiger wurden. Fortan waren zukunftsträchtige Qualifikationen verlangt, etwa Spezialkenntnisse oder soziale Kompetenzen für Aufgaben, die ein Roboter nicht so einfach übernehmen konnte. Traditionell weibliche Eigenschaften wie

Empathie, Geduld und die Fähigkeit zur Problemlösung im Team ersetzten allmählich das vertikal ausgerichtete Modell für Autorität und Erfolg. Zum ersten Mal in der Geschichte haben Frauen in der Weltwirtschaft zunehmend mehr Erfolg als Männer.

Frauen aus der Oberschicht bleiben nicht länger zu Hause, sondern gehen arbeiten und mehren so die stetig wachsende Zahl der Kreativen – als PR-Beraterinnen, Weinkritikerinnen, Foodstylistinnen, Nachhaltigkeitsmanagerinnen oder Drehbuchautorinnen. Dadurch entstehen wiederum Arbeitsplätze auf Grundlage der Tätigkeiten, die Frauen früher kostenlos leisteten – Kinderbetreuung, Essenszubereitung, Altenpflege. Die boomende Gesundheits- und Pflegebranche bietet die entsprechenden Arbeitsplätze, von der Gastroenterologie bis zur Hilfe in der häuslichen Pflege. Und genau dazwischen liegt die Pharmazie.

Unter den vielen Berufen, in denen Frauen in den vergangenen Jahren allmählich die Vorherrschaft übernommen haben – Buchführung, Finanzverwaltung, Optometrie, Dermatologie, Genetik, Forensik, Jura und Tiermedizin, um nur einige wenige zu nennen –, sticht die Pharmazie noch einmal besonders hervor. 1960 waren nur 8 Prozent der Pharmazeuten weiblich, heute sind es fast 60 Prozent. In den Anfangszeiten hatten Apotheker noch etwas von Schamanen; großgewachsene Gestalten und Zauberer, die Tränke mischten, was als viel zu gefährliche Tätigkeit für eine Frau galt. Man denke nur an Monsieur Homais, den wichtigtuerischen Apotheker in Gustave Flauberts 1857 erschienenem Roman *Madame Bovary*, der in der Schlusssequenz des Buches Mitglied der Ehrenlegion wird, während Emma Bovary in sein Labor einbricht und Arsen stiehlt, um sich zu vergiften. In

Hannahs Kurs sind es meistens Frauen, die die Tütchen mit der leuchtend roten Gefahrenwarnung handhaben, und es sind auch Frauen, die fast alle Auszeichnungen erhalten. Im Fach Pharmazie sind weit über 60 Prozent der Absolventen weiblich. Dazu kommt, dass männliche Apotheker früher in den Ruhestand gehen als Frauen. Eine Pharmaziezeitschrift stellte deshalb in einem Leitartikel bereits die Frage: »Wird die Pharmazie zur Domäne der Frauen?«

Historisch betrachtet wäre die Bezeichnung »typischer Frauenberuf« ein Hemmschuh für jedes angesehene Gewerbe. Früher sanken in einem solchen Fall die Gehälter, Männer wollten den Beruf nicht mehr ausüben, und jegliches Prestige ging verloren. Beispiele dafür sind Berufe wie Sekretär oder Lehrer. Die Historikerin Alice Kessler-Harris von der Columbia University, die sich vorwiegend mit der Geschichte der Arbeit befasst, bezeichnet diesen Zusammenhang als das »Schreibmaschinen-Paradox«: Frauen beherrschen eine Maschine oder verschiedene Fähigkeiten, die ihnen neue Tätigkeitsfelder eröffnen, und sofort wird diese Tätigkeit abgewertet. Die Wirtschaftswissenschaftlerin Claudia Goldin aus Harvard verwendet einen anderen Begriff für das Vordringen der Frauen in einen Beruf: »Pollution«, also »Verschmutzung«. Wenn Frauen in einen Beruf drängen, hat das ähnliche Auswirkungen wie saurer Regen oder die schleichende Vergiftung durch Atommüll. Männer fürchteten dieses Vordringen, und wenn sie es beobachteten, taten sie alles, um sich dagegen abzuschirmen. Wenn das nicht gelang, setzten sie sich ihre Gasmasken auf und flohen in ein anderes Büro. Als 1937 die ersten Bilder von Frauen in Laborkitteln in den Pharmaziezeitschriften auftauchten, schrieb der Herausgeber des *American Journal of Pharmaceutical Education* einen satirischen Kommentar über Präsident Roosevelts Förderung der Berufstätigkeit bei Frauen und forderte ein »Komitee zur Untersuchung der Bedrohung der Pharmazie durch Frauen«.

Doch heutzutage zeigt sich ein ganz anderes Bild. Die Pharmazie als ein Gewerbe, das im Dienste der Medizin steht, war schon immer auf ihr Ansehen bedacht. Daher achtet man sehr darauf, anderen einen Schritt voraus zu sein. Angesichts der Umstrukturierung der Wirtschaft tat man alles, um nicht durch tablettenverteilende Automaten oder Fabrikarbeiter in Indien ersetzt zu werden. Apotheker begannen, sich »Gesundheitsexperten« zu nennen, die sich an »vorderster Front« für das Wohlergehen der Patienten einsetzen. In den USA wurde für Apotheker ein sechsjähriges Pharmaziestudium Pflicht, zu dessen Inhalten auch die Patientenberatung und die Erstellung komplizierter Medikamentenpläne gehört. Hannah und ihre Kommilitonen belegen außerdem ein Seminar für »Kommunikation«, wo sie lernen, Empathie zu zeigen und auch störrische Patienten zu erreichen. »Unsere sozialen Kompetenzen werden bewertet«, erklärt Hannah zur anstehenden Assistenzzeit, »aber auch das Wissen über Medikamente ist wichtig.«

Die Apotheker haben die Entwicklung rechtzeitig erkannt und sich für die richtige Seite entschieden. Sie haben sich von der Handarbeit größtenteils verabschiedet und konzentrieren sich nun auf die eher weiblich ausgerichtete Dienstleistungs- und Informationsbranche, wo höhere Qualifikationen nötig sind und die Technik die Möglichkeit bietet, sich mehr auf den Kunden zu konzentrieren. Die Pharmazie hat sich an das Erfolgsrezept der modernen Wirtschaft gehalten. Und in diesem Rezept sind die vielen Frauen kein Hemmschuh mehr, sondern der Garant für eine strahlende, bessere Zukunft.

In der Pharmazie – als Frauendomäne – verdient man heute im Durchschnitt 110 000 Dollar im Jahr. Das verspricht eine sichere Zukunft und ein ausgeglichenes Leben. Bei den Berufen zählt Apotheker zusammen mit Statistiker, Buchhalter und Anwaltsgehilfe zu den »besseren« Jobs – alle gelten als sauber, sicher und zukunftsträchtig, und in allen sind Frauen auf dem Vormarsch. Am anderen Ende der Skala stehen Dachdecker, Schweißer, Holzfäller, Blechner und Hafenarbeiter – Berufe, in denen Männer dominieren. Die Entwicklung vollzieht sich vielleicht langsam und ungleichmäßig, doch sie findet definitiv statt: Langfristig betrachtet werden die Regeln in der modernen Wirtschaft von Frauen diktiert werden, und die Männer müssen sich bemühen, Schritt zu halten.

Hannah und ihre Kommilitoninnen studieren heute aus dem gleichen Grund Pharmazie, aus dem die Mädchen in den 1920er und 1930er Jahren Sekretärinnen wurden: Sie wollen einen angesehenen Beruf, wo sie sich nicht die Hände schmutzig machen müssen. Sie wollen finanziell unabhängig sein und ein besseres Leben führen als ihre Mütter. An der University of Wisconsin sind 35 Prozent der Studenten die Ersten in ihrer Familie, die einen Hochschulabschluss haben. Doch anders als die frischgebackenen Sekretärinnen früher werden sie nach ihrem Abschluss nicht gleich enttäuscht. Una Golden, die Heldin in Sinclair Lewis' Roman *Der Erwerb*, dem ersten in einer Trilogie über die neue Frau und den Alltag im Büro, ist begeistert von der Sekretärinnenschule, doch im Büro findet sie nur »lieblose Routine« und junge Männer, die »sehr salopp sind und nach Pfeife riechen« und ihr endlose ermüdende Tätigkeiten aufdrücken.

Das Pharmaziestudium ist – wie so viele andere Fächer, die enormen Zulauf bei Frauen finden – dagegen nicht nur ein leeres Versprechen. Ich lernte drei Studentinnen kennen, die zusammenwohnten und einander Jobs bei der Pharmakette Walgreens besorgt hatten. Sie schwärmten mir 15 Minuten lang begeistert von der Arbeit dort vor: vom Computer, der das Rezept sofort scannte und einem »erstaunlich schnell« die verschiedenen Medikamente als Bild anzeigte; von ihrer Chefin, einer 40-jährigen Frau mit zwei Kindern, die an vier Tagen in der Woche arbeitete; von den Regalen mit den perfekt geordneten weißen Medikamentendöschen, »so sauber wie die Zähne von Justin Bieber«. An dem Tag, an dem der Dritten im Bunde ein Job angeboten wurde – nur auf Empfehlung ihrer Freundinnen, ohne Vorstellungsgespräch –, gründeten sie den »109 Club«, benannt nach dem Jahresgehalt, das sie sich in ein paar Jahren erhoffen. Sie wollen sich jedes Jahr am 9. Oktober in einer bestimmten Bar an der State Street treffen, komme, was wolle – Prüfungen, Kinder, Notfälle, Footballspiele. Und die Ehemänner? »Die werden sich anpassen«, meinte die eine.

Eines Tages beobachtete ich, wie die drei frühmorgens ihre Wohnung verließen, gekleidet für die Universität: Rüschenblusen und 7,5 Zentimeter hohe Absätze, dazu der Laborkittel. Sie traten in die Fußstapfen von Mary Tyler Moore in ihrer Rolle als Fernsehproduzentin oder von Candice Bergen in der Rolle der Fernsehjournalistin Murphy Brown in der gleichnamigen Fernsehserie und all der anderen Karrierefrauen in Seidenblusen, die sich in einer Männerwelt durchsetzen mussten, die die Augen über ihre ruppigen weißhaarigen männlichen Chefs verdrehten und immer hofften, dass sie »es trotzdem schaffen« würden, wie es in der Titelmusik heißt.

Doch mehrere Jahrzehnte später müssen sich berufstätige Frauen nicht mehr länger auf unbekanntes Terrain vortasten. Stattdessen geben sie den Ton an in einer Weltwirtschaft, die auf den Kopf gestellt wurde und wo Frauen am härtesten arbeiten und entspannt davon ausgehen, dass sie nach dem Studium die besten Jobs bekommen, während die Männer ein bisschen bemitleidet und missverstanden werden und besondere Hilfe benötigen – und wo der Mann die Frau abends »mit Blumen und frischgebackenen Keksen begrüßt, sobald er mich an der Tür hört, wenn ich von der Arbeit komme«. Zumindest malt sich das eine der drei Studentinnen so aus und kehrt damit das Bild von der klassischen guten Hausfrau ins Gegenteil um.

Diese Vorstellungen dringen weit in unsere Kultur vor. Sie wirken sich auf Träume und Hoffnungen aus und veranlassen junge Leute zu der Annahme, dass sie auch mit ihren Partnerschaften ganz neues Terrain betreten werden. Während sich die drei Studentinnen an jenem Morgen für die Universität zurechtmachten und sich schminkten, lief auf irgendeinem Computer »Hey Soul Sister«, ein beliebter Song bei den Studentinnen, die ihre Kommilitonen damit aufziehen, dass die Jungen Pharmazie studieren, um eine Frau zu finden, die sie einmal versorgen wird. Bei meinem Besuch an der Universität bekam ich mehrere Songs zu hören, deren Text von den Mädchen geändert worden war – »I ain't saying *he's* a gold digger« (»Ich sage nicht, dass er es nur aufs Geld abgesehen hat«) von Kanye West oder »*Boys* just wanna have fun« (»Jungs wollen nur Spaß«) von Cyndi Lauper. Die Jungs amüsieren sich, während die Mädchen lieber 15 Bewerbungen schreiben und über Zinsen für Kredite diskutieren, die sie noch nicht einmal aufgenommen haben.

Jeanine Mount ist stellvertretende Dekanin für akademische Angelegenheiten und erst die zweite Frau, die diese Aufgabe an der Universität übernommen hat. Sie gehört einer anderen Generation an und hat für ihre Karriere große Opfer gebracht. Ihr Mann arbeitet in Silver Spring in Maryland; die beiden leben in verschiedenen Bundesstaaten und pendeln, seit sie vor 20 Jahren geheiratet haben. In letzter Zeit staunt sie über die »Fluidität« der Studentinnen, wie sie es nennt, und über deren »erstaunlich vielfältige Wahlmöglichkeiten«.

»Die guten Studierenden, die, die wirklich Topleistungen bringen, sind fast ausschließlich Frauen«, sagt sie. »Ich weiß nicht, warum. Sie sind nicht intelligenter als die Männer. Vielleicht bringen sie eine andere Arbeitshaltung mit.« Die Männer bezeichnet sie dagegen als »verlorene Generation«. Sie studieren Pharmazie, weil ihre Väter Apotheker sind oder weil sie einen zweiten Beruf lernen wollen. Aber sie haben nicht den gleichen »Erfolgshunger«.

Vor kurzem war sie bei den Vorstellungsgesprächen für die Besetzung der Stelle für Chancengleichheit an der Universität dabei. Sie fragte einen Bewerber, was Chancengleichheit bedeute, und erhielt eine Standardantwort im Sinne von gleiche Chancen für alle, unabhängig von Geschlecht, körperlicher Behinderung oder sexueller Orientierung. Also hakte sie nach: »Wenn Sie sich das Studienfach Pharmazie anschauen, sind dort nicht die Männer die Gruppe, die am wenigsten vertreten ist?« Der Bewerber sah das anders und erklärte, Männer hätten ihr ganzes Leben lang eine privilegierte Position – für Mount ein eindeutiger Hinweis, dass sich der Bewerber viel zu lange mit der akademischen Theorie beschäftigt hatte und die offensichtliche Entwicklung in der Praxis übersah.

»Ich dachte: Er hat es einfach nicht kapiert«, erzählt sie. »Er versteht einfach nicht, wie schlimm es bereits ist.« Vor kurzem hat sie Fotos von verschiedenen Studentengruppen – Studentenmitverwaltung, Studentenverbindungen, Wohltätigkeitskomitees – für einen Newsletter ausgedruckt. Dabei fiel ihr zum ersten Mal auf, dass fast jede Gruppe von Frauen geleitet wurde. »Mir fällt nur ein Mann in einer Führungsposition ein«, sagte sie und nannte seinen Namen. »Aber wenn ich mir das so überlege, kommt er mir ein bisschen androgyn vor. Und seine Verlobte ist eine sehr starke Frau. Hm, eigentlich haben viele junge Männer hier so eine Partnerin …«

Schon vor ein paar Jahren fiel Hannahs Freund Billy auf, dass er als Maler nicht mehr einen Monat im Voraus ausgebucht war wie früher, aber dieses Jahr war »das schlimmste seit elf Jahren«, sagt er.

Manchmal schickt sein Chef zwei Maler zu einem Kunden, damit sie sich den Verdienst teilen können. Ein paar Monate lang war Billy auf Arbeitslosengeld angewiesen. Hannah vermutet, dass die Jungs darüber ganz glücklich sind, weil sie dann den ganzen Tag angeln gehen können. Billys Freunde – ein Elektriker und zwei Klempner – hatten dieses Jahr auch nicht viele Aufträge. Aber allen ist klar, dass sie nur glücklich sind, solange das Geld reicht. Das Arbeitslosengeld macht nicht einmal die Hälfte von Billys üblichem Lohn aus, doch noch wichtiger ist, dass es nur zwei Jahre lang gezahlt wird. Bei Hannahs Vater, der ebenfalls Elektriker ist, läuft es bald aus, und das spürt man. Er ist auch sonst sehr gesprächig, aber jetzt redet er fast ununterbrochen, meist über Pläne, von denen Hannah weiß, dass sie nie zustande kommen. Vor kurzem bewarb er sich erfolglos als Schichtarbeiter bei einer örtlichen Fabrik, die LKW-Planen herstellt – ein Job, für den er früher nur Spott übrig hatte, wie Hannah sich erinnert.

Bei den 30 Berufsfeldern, die Prognosen zufolge im kommenden Jahrzehnt die meisten Arbeitsplätze bieten werden, dominieren Frauen in 20, darunter Krankenpflege, Buchhaltung, Unterstützung bei der häuslichen Pflege, Kinderbetreuung und Essenszubereitung. (Sie dominieren auch 12 der 15 Bereiche, von denen man ausgeht, dass dort die absolute Spitzenzahl an Stellen entstehen wird.) Viele der neuen Berufe in der Arbeiterklasse, erklärt Heather Boushey vom Center for American Progress, »ersetzen die Tätigkeiten, die Frauen früher kostenlos daheim leisteten«. In manchen Berufen verdient man nicht besonders viel, doch ihr stetiges Wachstum trägt zu einem Stellenmarkt bei, zu dem Frauen aus der Arbeiterklasse leichter Zugang finden als Männer. Wenn wir später einmal auf diese Zeit zurückblicken würden, meint Jamie Ladge, Professor für Wirtschaftswissenschaften an der Northeastern University, würden wir sie »als Wendepunkt für berufstätige Frauen erkennen«.

Die meisten zukunftsfähigen Berufe, für die man kein Studium benötigt, finden sich im Pflegebereich, wo Frauen ironischerweise von den alten Stereotypen und Gewohnheiten profitieren. Theoretisch gibt es keinen Grund, warum Männer hier weniger qualifiziert sein sollten als Frauen. Dennoch erweisen sie sich als bemerkenswert unfähig, sich anzupassen. Im Lauf des letzten Jahrhunderts hat der Feminismus dafür gesorgt, dass Frauen immer mehr Dinge taten, von denen man ursprünglich annahm, sie lägen nicht in ihrer Natur – zuerst waren sie vor der Ehe berufstätig, dann arbeiteten sie weiter, wenn sie verheiratet waren, und schließlich sogar, wenn sie kleine Kinder daheim hatten. Viele Berufe haben sich ähnlich wie der des Apothekers entwickelt; sie begannen als Domäne der Männer, doch jetzt sind Frauen in der Überzahl. Dagegen kenne ich keinen Beruf, der sich in die umgekehrte Richtung entwickelt hätte. Kranken- und Altenpflegeschulen bemühen sich seit Jahren um Männer, doch der Erfolg ist bescheiden. Auch bei den Grundschullehrern hätte man gern mehr Männer als Rollenvorbild für Jungen. Der Mann aus starrer Pappe legt die alten Gewohnheiten nur schwer ab. Die Zahl der akzeptablen männlichen Rollen hat sich vergleichsweise wenig verändert, womöglich hat sie sich sogar verringert, da Männer immer noch vor Berufen zurückschrecken, in denen Frauen dominieren.

Die meisten Wirtschaftswissenschaftler sind sich darüber einig, dass die Löhne für einen männlichen Erwerbstätigen in Vollzeit stagnieren. Im Jahr 2009 brachten Männer im Schnitt 48 000 Dollar nach Hause, inflationsbereinigt entspricht das etwa dem Verdienst, den sie 1969 hatten. Ein kürzlich erschienener Bericht des ehemaligen Wirtschaftsberaters im Weißen Haus Michael Greenstone zeigt, dass die Wirklichkeit noch viel düsterer aussieht. Wenn man hier nur von Stagnation spricht, ignoriert man, dass heute weniger Männer in Vollzeit tätig sind als früher, viele arbeiten auch gar nicht oder sitzen in Haft. Berücksichtigt man diese Faktoren, hat das Durchschnittseinkommen von Männern im Alter von 25 bis 64 Jahren nicht nur stagniert, sondern ist deutlich zurückgegangen, seit 1969 um 13 000 Dollar – also um 28 Prozent.

Seit 40 Jahren zeichnet sich ein deutliches Muster in der Wirtschaft ab: Das Arbeitsplatzangebot zerfällt in Stellen mit geringen und Stellen mit hohen Qualifikationsanforderungen, und die Mittelschicht bleibt dabei auf der Strecke. Doch diese Polarisierung traf Männer und Frauen ganz unterschiedlich, wie der MIT-Wirtschaftswissenschaftler David Autor in einer Untersuchung aus dem Jahr 2010 zeigt. Männer und Frauen sind aus der Mittelschicht herausgefallen, doch Frauen ergriffen auffallend häufig Berufe mit hoher Qualifikation, während sich Männer in beide Richtungen bewegten. Zwei der Gründe, die Autor für diese ungleiche Verteilung bei den Geschlechtern nennt, sind uns bereits bekannt und leicht zu verstehen: die »Automatisierung von Routinetätigkeiten« und die »internationale Integration der Arbeitsmärkte«. Doch dieser letzte Grund birgt durchaus Überraschungspotenzial: Die Nachfrage nach qualifizierten Arbeitskräften – von Autor als »Arbeitskräfte, die gut lesen und rechnen können und analytische Fähigkeiten besitzen« beschrieben – steigt seit Jahrzehnten. »Die Wirtschaft stand auf der Spitze des höchsten Berges und benutzte den größten Lautsprecher, um zu verkünden: ›Macht einen Hochschulabschluss! Wer einen Abschluss hat, verdient bei uns einen Haufen Geld!‹«, erklärt Greenstone. »Die Wirtschaft macht das seit 25 Jahren. Und trotzdem haben Männer die Botschaft immer noch nicht verstanden.« Warum verstehen die Männer sie nicht? Das sei ein »tieferes Geheimnis«, schreibt Autor.

Ein Geheimnis, von dem Hannahs Mutter Dian glaubt, sie hätte es entschlüsselt. Sie hat schon zahlreiche Männer für ihre Bar eingestellt, die nicht aufs College wollten. Sie hat einen geheiratet (Hannahs Vater) und lebt jetzt mit einem anderen zusammen. »Faul« nennt sie diese Männer. »Sie wollen nicht gern nachdenken.« Aufgrund ihrer Erfahrung ist sie sehr darauf bedacht, Hannah auf die praktischen Probleme hinzuweisen, die ihre Tochter mit ihrer auf den Kopf gestellten Beziehung heraufbeschwört. »Wie will er denn für seine Hälfte des Hauskredits aufkommen, wenn du dreimal so viel verdienst wie er?«, fragt sie Hannah eines Nachmittags. Doch Hannah hält an ihrem Traum fest. Sie will ein Haus am Lake Wisconsin mit einem Weg, der von Farnen und Hostas gesäumt ist. Sie wird den Kredit abzahlen, Billy kann für die Nebenkosten aufkommen. Sie hat schon eine Liste angelegt, auf der sie jede Woche notiert, wer für welche Rechnung zuständig ist und wie viel Billy ihr schuldet. »Er hat überhaupt keine Meinung. Am liebsten wäre es ihm, wenn ich ihm immer sagen würde, was er tun soll.«

Doch wir Frauen wissen längst, dass diese Form der häuslichen Hierarchie irgendwann zu bröckeln beginnt, selbst bei den umgänglichsten Partnern. Eines Abends sah sich Hannah eine Dokumentation über Kleopatra im History-Channel an. Als sie kurz aufstand, um etwas wegen einer Aufgabe für die Uni nachzusehen, schaltete Billy auf Comedy Central um und schaute sich *Tosh.0* an, eine Comedy-Sendung, in der der Komiker Daniel Tosh schlechte Filme, die gerade auf DVD erschienen sind, auf die Schippe nimmt oder mit gigantischen Schwertern Gegenstände aufschneidet – ein Sandwich, eine Kaffeemaschine oder einen Wasserspender. Billy sagt für gewöhnlich nicht viel; seine Devise lautet eher: Warum reden, wenn man auch schweigen kann? Und nach einem langen Tag, egal ob er schwer gearbeitet hat oder angeln war, will er sich anschauen, was ihm gefällt.

»Na, damit tust du ja viel für deine Bildung«, sagte Hannah, als sie aus ihrem Arbeitszimmer zurückkam.

»Warum willst du unbedingt was über Kleopatra wissen?«, schnauzte er zurück.

»Er geht sofort in die Defensive, als ob ich ihm unterstellen würde, er wäre dumm. Dabei weiß ich, dass er nicht dumm ist. Er hat einfach weniger Bildung als ich«, sagte sie mir später. »Aber manchmal habe ich das Gefühl, dass ich einfach Respekt dafür verdiene, dass ich all die Jahre studiere. Ich habe das alles geschafft, und das sollte er respektieren.«

Noch vor einem Jahrhundert erforderte die Herstellung von Medikamenten körperliche Arbeit und peinliche Genauigkeit. Ein Apotheker und sein Gehilfe mussten 25 Kilo schwere Säcke mit Arzneimittelbestandteilen wuchten, giftige Substanzen in gigantischen Mörsern zerstoßen und dann jede Pille sorgfältig von Hand mit genau dem richtigen Druck drehen. Zum Schamanen wurde der Apotheker, wenn er hinter der Theke im Laden vor den Kunden mit geheimnisvollen Substanzen hantierte und sie mit einer Zaubershow en miniature verblüffte, die mit einem persönlichen Zauberspruch in Form einer Tablette oder Tinktur endete. Zeitschriften aus jener Zeit sind voller Briefe von begeisterten Anhängern, die sich nach den »wissenschaftlichen Geheimnissen« verschiedener Tränke und Tinkturen erkundigen oder sogar nach der geheimen Rezeptur mancher Getränke und Limonaden – dem anderen Standbein der lokalen Apotheken oder Drugstores, wie sie in den USA hießen.

Dann kam zu Beginn des 20. Jahrhunderts, gerade als die Remington-Schreibmaschinen den Markt eroberten, eine Maschine der Arthur Colton Company in Detroit auf, die jeder Apotheker haben wollte. Jedes Jahr kündeten die moosgrünen Kataloge von den neuesten Angeboten und Entwicklungen: Die Automatic Pill Making Machine No. 2 Complete, eine erstaunliche Maschine wie aus *Charlie und die Schokoladenfabrik*, mit zwölf Rädchen, die sich in alle Richtungen drehen, oder eine Dragiermaschine mit Röhren und Auffangschalen oder das Prunkstück des Unternehmens, die Rundläufertablettenpresse, die aussieht wie ein moderner Roboter, mit vier eleganten Beinen und zwei Rädchen als Augen und zwei Trichtern, stolz erhoben wie Pompons. Die Maschine ist laut Katalogversprechen »praktisch geräuschlos und bringt kontinuierlich Tabletten mit einer Rate von 325 Stück in der Minute hervor«.

Die Geräte erleichterten die Arbeit der Apotheker erheblich, nahmen ihr jedoch wie alle Maschinen einen Teil ihres Geheimnisses. Der Schriftsteller Sherwood Anderson schrieb 1931 in seinem bizarren Essay *Perhaps Women*: »Angesichts der Maschinen fühle ich mich zu klein ... Meine Männlichkeit kann ihnen noch nichts entgegensetzen. Sie machen ihre Aufgabe zu gut. Sie machen zu viel.« Apotheker betrachteten weibliche Kollegen mit Skepsis, auch wenn es damals noch relativ wenige Frauen in der Pharmazie gab. In den Fachzeitschriften für Pharmazie bestanden die männlichen Autoren darauf, dass Frauen immer noch nicht die schweren Säcke mit Arzneimittelbestandteilen zu den Maschinen tragen und auch nie nachts bei einem Notfall die Apotheke öffnen könnten – traditionell die Aufgabe der Lehrlinge, die im Laden schliefen. Gerüchte über Frauen im Bürgerkrieg, die ihre kriegsversehrten Männer vergifteten, indem sie Rattengift in die Butter mischten, sollten beweisen, dass man Frauen keine Arzneimittel anvertrauen durfte. Die Zeitschrift *Pharmaceutical Era* brachte eine Serie mit Geschichten, in denen immer wieder eine weibliche Drogensüchtige auftauchte, die regelmäßig in einer Apotheke um Stoff bettelte.

Gelegentlich wurden die Frauen auch verteidigt und der Beruf als durchaus geeignet für sie angesehen, meist stützte man sich dann auf Legenden wie Florence Nightingale als Engel der Kranken und Heilige mit einem unglaublichen Organisationstalent. In einem Artikel von 1893, in dem Frauen als »neue Drogistinnen« vorgestellt wurden, hieß es, dass Medikamente nicht von Maschinen zusammengestellt werden sollten, sondern von einem »jungen Mädchen mit frischem Gesicht und mit zarten Händen, frohem Blick und goldenen Zöpfen … Sie überreicht sie mit hellem Blick, bescheidenem Lächeln und mit einer Art, die signalisiert, dass sie auch eine Geschäftsfrau ist.« Ein paar Jahre zuvor war im *Druggists' Bulletin* von 1887 die folgende herablassende Liebeserklärung an das »Mädchen in der Apotheke« erschienen, in dem es als perfekte Ehefrau gepriesen wurde:

Like sparkles of morning sunbeams,
All sweet with the flowers they kiss,
Comes the gentle evangel of brightness,
The »Registered« girl Pharmacist …
Make room all you bachelor chemists,
Make room for this queen on your list
And crown her with all the attributes,
A »Registered« girl Pharmacist.

(Wie Strahlen der Morgensonne
Süß von den Blumen, die sie küssen,
Kommt die sanfte Verkünderin der Helligkeit,
Die »examinierte« Apothekerin …
Macht Platz, ihr Junggesellen unter den Chemikern,
Macht Platz für die Königin auf eurer Liste
Und krönt sie mit all den Attributen
Der »examinierten« Apothekerin.)

Doch auf dem Louisville College of Pharmacy for Women, das 1883 gegründet wurde, weil die regulären Universitäten keine Frauen aufnahmen, malte der Eröffnungsredner den Studienanfängerinnen ein deutlich weniger romantisches Bild von der Zukunft: »Sie haben sich entschieden, sich mit den Männern in eine Reihe zu stellen. Sie sind sein Mitbewerber ums tägliche Brot, sein Rivale bei der Arbeit. Erhoffen Sie sich keine andere Behandlung als die, die er seinen Kollegen angedeihen lässt.« Frauenrechtlerinnen griffen diesen Aspekt auf: »Den Aufschrei einzelner Schwächlinge, die um die Sicherheit ihrer eigenen unsicheren Positionen fürchten und daher verlangen, dass Frauen nicht als Pharmazeutinnen arbeiten dürfen, weil sie das Einkommen dort schmälern könnten, werden wir Frauen nicht akzeptieren«, schrieb Emma Gary Wallace. »Nein! Tausendmal nein!«

In den 1920er Jahren drängten Mädchen und Frauen in großer Zahl in die Büroberufe. Wie heute schlossen sie die Schule mit besseren Noten ab als die Jungen und besuchten dann weiterführende Schulen. Ziel war die Anstellung in einem Büro, die ähnlich beschrieben wurde, wie Hannah und ihre Freundinnen von der Arbeit der Apothekerin schwärmen: »sauber, angenehm, angesehen«. Ein Mädchen, das in der Fabrik arbeitete, konnte Schande über die Familie bringen; ihre Tätigkeit hatte etwas Verzweifeltes und Gefährliches. Aber als Sekretärin in einem der überall in Amerika entstehenden, mit Schreibmaschinen ausgestatteten Büros konnte sie mit ihrer Karriere prahlen.

In früheren Zeiten hatte man bei diesem Beruf eher an eine Figur wie aus einem Roman von Charles Dickens gedacht: ein Gentleman im schwarzen Gehrock und mit einem grünen Augenschirm, der lange Zahlenreihen im Kopf addierte. Er hatte nicht nur einfach die Funktion eines Schreibers, sondern hütete die wertvollen Geheimnisse der Firma und war vom Firmenchef persönlich eingelernt worden. Er konnte hoffen, rasch aufzusteigen und vielleicht eines Tages selbst die Leitung der Firma zu übernehmen. In den Schriften für die neue Karrierefrau hieß es damals hoffungsvoll, der Begriff *clerk* (Büroangestellter) leite sich vom Wort *cleric* (Kleriker) ab.

Doch kaum wurde der Beruf des Sekretärs weiblich, verblasste dieses Ansehen. In der rasch expandierenden Wirtschaft arbeiteten Frauen als Stenografinnen für Versicherungsunternehmen, als Vermittlerinnen bei Ölgesellschaften oder als Telefonistinnen bei einer Bank. Aufstiegsmöglichkeiten gab es keine. Bei einer Umfrage aus dem Jahr 1939 unter Firmen in fünf Bundesstaaten gaben die Unternehmen an, es gebe spezielle Stellen für Frauen und spezielle Stellen für Männer, die »unzufrieden wären, wenn sie keine Aufstiegschancen hätten«, wie eine Firma erklärte. Die Berufe wurden, wie die Wirtschaftswissenschaftlerin Claudia Goldin erläutert, im Grunde mit »sekundären Geschlechtsmerkmalen« ausgestattet. Selbst bei einer Frau mit Hochschulabschluss drehte sich das Bewerbungsgespräch um die Frage: »Können Sie tippen?«

Ein Bericht aus dem Jahr 1939 über die sogenannte »Drogeriebranche«, die damals Medikamente, Duftwasser und Cremes umfasste, schlüsselt die Verteilung der Geschlechter auf. Bei der neuen, mechanisierten Herstellung von Medikamenten und Toilettenartikeln verrichteten Männer die hochqualifizierte und spezialisierte Arbeit, indem sie etwa Rohstoffe verarbeiteten, die »komplizierte Mechanik« kontrollierten oder den Inhalt, die Reinheit und Stärke jeder einzelnen chemischen Mischung prüften. Frauen kümmerten sich derweil um die »Endbearbeitung«: Sie befüllten die Behälter und etikettierten sie. Der Durchschnittsverdienst für einen Mann lag bei 27,60 Dollar, Frauen verdienten 10 Dollar weniger.

Das Vordringen der Frauen in die Pharmazie wurde kulturell allmählich akzeptiert, allerdings zu einem hohen Preis. In den Jahren 1934 bis 1942 veröffentlichte die Fachzeitschrift *Drug Topics* einen wöchentlichen Comic über eine Apothekerin namens Betty Brown. Betty war zwar charmant und attraktiv, sollte aber als Warnung für alle Frauen dienen, die sich über ihre gesellschaftlich zugedachte Position erheben wollten. Zunächst wird sie vom Apotheker Bob Steele als Verkäuferin für Geschenkartikel eingestellt, um den Umsatz anzukurbeln. Schließlich gesteht sie ihm, dass sie selbst ausgebildete Apothekerin ist, und kauft ihm irgendwann sein Geschäft ab. Nach dieser anmaßenden Tat wird sie zu einer Art weiblichem Dick Tracy und gewinnt zwar die kleineren Schlachten, aber nie das wahre Glück im Leben. Sie triumphiert über Fälscher, Ganoven und Diebe. (»In die schieße ich so viele Löcher, dass sie aussieht wie ein Fischernetz«, droht einer.) Aber ihr Privatleben liegt im Argen. Ein Verehrer von ihr stirbt nach einem Herzanfall, einen anderen verliert sie an ihre gewöhnlich aussehende Cousine, nachdem Betty sie ein bisschen hübsch gemacht hat. »Die Liebe ist wie manche Medikamente«, lautet ihr Fazit, »sie heilt nicht, hinterlässt dafür aber einen bitteren Nachgeschmack.«

Nach einem kurzen Aufschwung in Kriegszeiten geriet der Aufstieg der Apothekerinnen wie allgemein der berufstätigen Frauen nach Kriegsende ins Stocken. Die Männer kehrten aus dem Krieg zurück, und die Frauen wurden wieder in die

Küche abgeschoben. Drugstores waren damals in den USA kleine Geschäfte im Familienbesitz. Noch gab es keine Fastfood-Ketten, daher boten fast alle Drugstores neben Medikamenten und Drogerieartikeln auch Erfrischungsgetränke und kleine Mahlzeiten an. Die Kunden kamen hauptsächlich, um etwas zu essen und sich zu unterhalten, nur gelegentlich benötigten sie auch Medikamente. Wenn Frauen überhaupt arbeiteten, dann in den Funktionen, die sie auch als Ehefrauen ausübten: Sie kochten, servierten und halfen dem Ehemann hinter der Theke. Die bundesstaatlich organisierten Apothekerverbände erfanden zur Belebung des Geschäfts eine neue Tradition: einen jährlichen Schönheitswettbewerb zur Kür der Miss Pharmacy, die dann die Titelseiten der Fachzeitschriften zierte: »Eine Schönheit aus Birmingham!«, hieß es beispielsweise als Bildunterschrift unter dem Foto der hübschen Margaret Jacks, einem Teenager mit frischem Gesicht und Naturlocken.

In den 1960er Jahren begann die starre häusliche Fassade zu bröckeln. Plötzlich tragen die Mädchen auf den Fotos in den Fachzeitschriften die weißen Laborkittel, die zuvor nur den Männern vorbehalten waren. Allerdings sind noch keine Apothekerinnen zu sehen, sondern »Kosmetikerinnen«, die normalerweise mit ihren Kundinnen in ein intensives Gespräch über einen neuen Klebstoff für künstliche Fingernägel oder über Heimdauerwellen vertieft sind. Oder sie halten Farbkarten in der Hand, um »den für eine Frau passenden Lippenstiftton wissenschaftlich exakt zu bestimmen«. Sie stehen vor Verkaufstheken, deren Design als »faszinierend modern« bezeichnet wird, mit Hunderten weißen Lippenstifthülsen in vorgestanzten Löchern, ähnlich wie Medikamentenfläschchen. Sie »beamen« sich Informationen über

Gegensprechanlagen zu, die »ihnen Peinlichkeiten ersparen, wenn sie einmal nicht sofort eine Antwort auf die Fragen ihrer Kunden haben«. Offensichtlich brachten die Laborkittel und die vorgetäuschte wissenschaftliche Autorität die Frauen auf den Geschmack. Schon bald erschienen in Frauenzeitschriften wie *Miss* Anzeigen, in denen es hieß: »Tausende Pharmaziestudierende in den nächsten zehn Jahren werden Frauen sein!« Und natürlich wurden die Frauen aufgefordert, sich ihnen anzuschließen.

Schon bald war es aufgrund der Bürgerrechtsbewegung und Gleichberechtigung unmöglich, Frauen von den Colleges und Universitäten auszuschließen oder bestimmte Tätigkeiten nur unverheirateten Frauen oder nur Männern vorzubehalten. In den 1970er Jahren strömten die Frauen an die Universitäten und Berufsschulen und ließen sich zu Ärztinnen, Anwältinnen und Geschäftsfrauen ausbilden. Mit objektiven Maßstäben bewertet und hervorragenden Zeugnissen ausgestattet, konnten Frauen nun beweisen, dass sie genauso qualifiziert wie ihre männlichen Kollegen waren; schließlich hatten sie die gleichen Kenntnisse und Abschlüsse. In den 1980er Jahren machten etwa genauso viele Frauen wie Männer einen Hochschulabschluss; beim Pharmaziestudium wurde der Wendepunkt 1985 erreicht.

Der erste Schlag gegen die Vorherrschaft der Männer in der Arbeitswelt ging von der Automatisierung aus, der zweite vom Büroalltag. »Woran sollte ein Arbeitnehmer, der den ganzen Tag am Schreibtisch saß, seine Männlichkeit festmachen?«, schrieb der Historiker Elliott Gorn. »Woher sollte in einer zunehmend gesichtslosen Bürokratie die Maskulinität kommen?« Der Journalist Joel Garreau greift dieses Phänomen in seinem 1991 erschienenen Buch *Edge City* auf, in dem er das Aufkommen außerstädtischer Zentren untersucht, wo neben den üblichen Häusern und Einkaufszentren immer mehr Büroflächen entstehen. Unternehmen zogen aus den Stadtzentren an die Ränder, weil sie dort nicht nur niedrigere Mieten vorfanden, sondern auch »gut ausgebildete, äußerst gewissenhafte und solide Arbeitskräfte«. Besonders vielversprechend waren »unterbeschäftigte Frauen aus der Mittelschicht, die am Rand der alten Stadtzentren lebten«. Bei seiner Schilderung der Entstehung der Büroparks am Stadtrand legt Garreau einen besonderen Schwerpunkt auf das Jahr 1978, das Jahr, in dem am meisten Frauen ins Berufsleben einstiegen. Da Muskelkraft nicht mehr länger Voraussetzung für eine Anstellung war, schnitten Frauen nun oft besser ab als Männer. Sie waren klug, pflichtbewusst und zuverlässig, solange ihre Arbeitgeber den Arbeitsplatz so gestalteten, dass er den Bedürfnissen der Frauen entgegenkam.

Auch die Arbeit in der Apotheke und im Drugstore glich mehr und mehr einer Verwaltungs- oder Verkaufstätigkeit – mit den entsprechenden Konsequenzen. Die kleinen Familienbetriebe verschwanden und wurden schnell durch landesweite Ketten ersetzt, die das Geschäft unter sich aufteilten. Die Fastfood-Ketten übernahmen den Imbissbetrieb, und in einer neuen Ladenform, die wir als Apotheke kennen, wurden fortan verschreibungspflichtige Medikamente, Kosmetika und Toilettenartikel verkauft. In den 1970er Jahren hatte Walgreens bereits über 600 Filialen im ganzen Land und beschäftigte 1500 Apotheker. Das Bild des Apothekers wandelte sich, er war nicht mehr der Unternehmer und angesehene Macher in seiner Stadt, der eigenhändig Getränke und Heilmittel herstellte. Stattdessen war er nun ein bezahlter Angestellter, und immer häufiger war er weiblich. Ein gewisser William S. Apple sagte 1971 bei einer Versammlung von Pharmazeuten: »Sobald die Pharmazie die viktorianische Ansicht ablegt, dass man selbst ein Geschäft besitzen muss, um den Beruf auszuüben«, würde die »geballte Macht der Frauen« über die Branche hereinbrechen.

Das neue Arrangement kam den Frauen zugute. Ein Geschäft zu besitzen und zu führen war ein gewaltiges Unterfangen, das lange Überstunden am Abend und Arbeit am Wochenende verlangte. Doch eine bezahlte Angestellte konnte in ihren verschiedenen Lebensabschnitten mehr oder weniger arbeiten, zwischendurch aussetzen und die Arbeit allgemein flexibler gestalten. Arbeitskräfte strebten ohnehin diese dynamische Entwicklung an. Der Arbeitsplatz veränderte sich, es gab nicht mehr länger einen Patriarchen an der Spitze, der lebenslange Loyalität einforderte. Stattdessen waren Arbeitskräfte ungebunden und konnten problemlos zwischen verschiedenen Beschäftigungen wechseln. Frauen waren diesem Trend einfach voraus.

Es gab jedoch noch einen weiteren Grund, der Frauen zu einem entscheidenden Faktor für die Apothekerzunft machte: Das Sterben der kleinen Familienbetriebe und Läden hatte den Beruf des Apothekers vielleicht von viktorianischen Vorstellungen befreit, bescherte ihm aber auch eine Identitätskrise, wie sie in vielen Berufen auftrat: »Roboter können Tabletten genauer und kostengünstiger als der Mensch abzählen, Techniker können Medikamente in Apotheken oder in riesigen automatisierten Fabriken zusammenstellen. Man kann ohne ein Universitätsstudium Medikamente verkaufen und an der Kasse arbeiten«, schrieb der bekannte Pharmazeut und Autor Albert Wertheimer.

»Doch schon in naher Zukunft wird Bedarf nach Personen bestehen, die das Gesundheitssystem als Ganzes verstehen, die als Gesundheitserzieher, Torwächter, Ansprechpartner, Problemlöser und Koordinator fungieren können ... Der Apotheker der Zukunft wird dem Patienten das bieten, was immer mehr verschwindet, wird ihn an die Hand nehmen und leiten ... Er wird jemand sein, der mit Anreizen arbeiten kann, der das Health-Belief-Modell versteht und eine mitfühlende, fürsorgliche Professionalität an den Tag legt.«

»Problemlöser«, »Koordinator«, »an die Hand nehmen«, »mitfühlende, fürsorgliche Professionalität«. Diese neue Definition zeigte deutlich, dass der Beruf weiblicher werden musste, wenn es ihn weiterhin geben sollte. Man sprach nun von der »Sozialpharmazie« oder »klinischen Pharmazie«. An den amerikanischen Universitäten wurde Pharmazie nicht mehr als vierjähriges Bachelor-Studium angeboten, sondern als Diplomstudiengang mit dem Titel »Pharm D« nach einem sechsjährigen Studium. Frauen stellten bald die Mehrheit der Pharmaziestudenten, die ihren Abschluss machten, und ihre Zahl ist seitdem weiter gestiegen.

Das Umdenken in der Pharmazie entsprach den neuen Werten in der Wirtschaft. In jüngster Zeit haben Wirtschaftswissenschaftler die sogenannten Soft Skills oder sozialen Kompetenzen und ihre Wirkung auf den Erfolg am Arbeitsmarkt untersucht. In einer 2005 erschienenen Studie mit dem Titel »People People« analysierten Bruce Weinberg, Lex Borghans und Bas ter Weel, wie bestimmte Eigenschaften, etwa Kooperationsfähigkeit, Geduld und Motivation, zu wichtigen Qualifikationen auf dem Arbeitsmarkt werden. Das Team unterschied zwischen Berufen, bei denen soziale

Kompetenzen wichtig sind (zum Beispiel bei der Krankenpflege und im Verkauf), und Berufen, wo sie weniger wichtig sind (beim Bedienen von Maschinen oder als LKW-Fahrer). Die Wissenschaftler stellten fest, dass seit den 1970er Jahren die wachsende Nachfrage nach Soft Skills mit dem Anstieg des Einkommens von Frauen korrespondiert.

Unternehmen wollen sich nicht mehr länger als gesichtslose Vermittler von Autorität präsentieren; in einer zunehmend demokratischen, multikulturellen Zeit möchten sie zugänglich wirken und den Eindruck vermitteln, dass sie auf ihre Kunden eingehen. Bei der Entwicklung eines Logos oder einer Werbekampagne will man nicht einfach die Liste mit den gewohnten Attributen wie stark und marktdominant abhaken. Stattdessen will man nun innovativ, dynamisch, sozial wirken, wie der Werbeexperte David Redhill 1999 erklärte. Im Lauf der Zeit ist dieser Wunsch noch stärker geworden, und heute, im Zeitalter der Selbstdarstellung und sozialen Medien, kommt es praktisch einem Todesurteil gleich, wenn man als abweisendes Patriarchat auftritt.

Das entbehrt natürlich nicht einer gewissen Ironie: Ähnlich wie Neubaugebiete nach dem benannt werden, was sie zerstörten, bemühen sich die großen, alles beherrschenden multinationalen Konzerne, die Wärme und Nähe der alten kleinen Läden an der Ecke zu vermitteln, die sie aus dem Geschäft gedrängt haben. Vor kurzem machte die Kaufhauskette Target Werbung auf Bussen, bei der eine Reihe breit lächelnder Frauen verschiedener Herkunft gezeigt wurde. Darunter hieß es, man könne sie alles fragen, die Apotheker bei Target hätten eine freundliche Antwort auf jede Frage, von Aspirin bis Zinksalbe. Der Kunde solle doch einfach vorbeikommen und sich beraten lassen (oder einfach nur Hallo sagen). Wer würde in der Apothekenabteilung von Target einfach nur vorbeischauen, um Hallo zu sagen?

Allerdings ist der Wandel bei den Apotheken nicht nur ein cleverer Schachzug zum Kundenfang. Zur Zeit der kleinen inhabergeführten Läden gab es bei weitem nicht so viele Medikamente. Heute sind Tausende auf dem Markt, und Fehler bei der Kombination können tödlich sein. Da Ärzte und Pharmakonzerne mittlerweile für viele Menschen mit einer kalten, patientenfernen Apparatemedizin assoziiert werden, nutzen Apotheker die entstandene Lücke und präsentieren sich selbst als Helfer vor Ort mit einem freundlichen Lächeln, die moderne Version des Landarztes, der die Medikamente ebenso gut kennt wie die Namen seiner Kunden und deren Kinder.

Das Vordringen der Frauen in der Pharmazie und Büroarbeit hat mit der Zeit eine Eigendynamik entwickelt. Frauen eroberten die Personalabteilungen und stellten weitere Frauen ein. Sobald sie die kritische Masse erreicht hatten, begannen sie, bestimmte Forderungen der Frauen an den Arbeitgeber umzusetzen – etwa nur an vier Tagen die Woche zu arbeiten oder früher Feierabend zu machen. Je mehr Frauen arbeiteten, desto größer wurde ihre wirtschaftliche Macht, was diesen Effekt noch mehr verstärkte. Schon bald warnten Marketingexperten, wenn ein Unternehmen keine Frauen in Führungspositionen hätte, würde es nie die Kunden der Zukunft verstehen und wäre damit zum Untergang verurteilt.

In der Studie »People People« stellen Weinberg und seine Kollegen diesen neuen, innovativen Arbeitsplatz als eine Oase für Teamarbeit und gegenseitige Hilfsbereitschaft dar. Die Aufgaben der modernen Arbeitskräfte von heute, die Weinberg als »fürsorgende Agenten« bezeichnet, gehen weit über das Empfangen und Erteilen von Anweisungen hinaus;

moderne Werktätige haben ein Talent dafür, Gefühle und Ideen erfolgreich zu interpretieren. Für viele Männer klingt dieser moderne, innovative Arbeitsplatz wie der Lesekreis ihrer Freundin oder vielleicht auch wie die Hölle.

Die Komödie *Alles Routine* aus dem Jahr 1999 zeigte vielleicht als erster Film, wie fremd und entmutigend diese schöne neue weibliche Arbeitswelt für Männer sein kann und wie sehr sie sich dagegen sträuben, sich anzupassen. Im Film sind der Protagonist Peter und seine Freunde genervt von ihrer Arbeit und ihrem Job. Sie unterschlagen Geld bei ihrer Firma und kommen nicht mehr regelmäßig zur Arbeit. Am Ende des Films zündet ein männlicher Kollege die ganze Firma an, und Peter kündigt seine Bürotätigkeit und findet seinen Traumjob als Bauarbeiter. Früher basierte das Unbehagen der Männer auf pubertären Ängsten und falschen Vorstellungen von der Machtübernahme der Frauen. Doch dieses Mal hatten die Männer echte, statistisch gestützte Gründe, sich Sorgen zu machen. Frauen waren tatsächlich dabei, die Arbeitswelt zu dominieren, wodurch die entsprechenden Rollen der Männer durcheinandergewirbelt wurden. Eine 2002 erschienene Studie über Arbeitskräfte in der Pharmazie beschreibt die Verdrängung der Männer etwas leidenschaftsloser: »Die Bezahlung der Apothekerinnen ist so stark gestiegen, dass es aus finanzieller Sicht für eine Familie besser ist, wenn die Frau Vollzeit arbeitet und der Mann Teilzeit. Möglicherweise ist in Familien, in denen ein Partner Pharmazeut ist, die Umkehrung der Geschlechterrollen häufiger zu beobachten als in anderen Familien.«

Wie sieht diese »Umkehrung der Geschlechterrollen« für die kommende Generation aus? Nach einem hektischen Vormittag voller Vorlesungen und Seminare aß ich mit einer

Gruppe Studentinnen zu Mittag und unterhielt mich mit ihnen über ihr Leben. Die meisten stammten aus traditionellen Arbeiterfamilien in Wisconsin, doch ihre Vorstellungen von ihrem zukünftigen Familienleben waren sehr flexibel oder, wie es die Dekanin formuliert hatte, von einer erstaunlichen »Fluidität« geprägt. Sie gingen nicht davon aus, dass sie aufhören würden zu arbeiten, wenn sie einmal Kinder hatten, und es musste auch nicht automatisch Teilzeit sein. Sie nahmen nicht einmal an, dass sie diejenigen sein würden, die sich hauptsächlich um die Kinder und den Haushalt kümmern würden. Die Rolle der traditionellen »Mutter« war für sie geschlechtsneutral und konnte von jedem übernommen werden. »Entweder bleibt man selbst zu Hause oder überlässt das dem Partner, je nachdem, wer möchte«, sagte Laura Burt, eine der jüngeren Studentinnen, mit denen ich sprach.

Das Gehalt, das sie vermutlich einmal bekommen würden, entzückte sie immer noch, ihnen war allerdings auch bewusst, dass ihr höheres Einkommen eine Belastung sein konnte. Ein Mädchen zeigte mir eine Instant Message, die sie gerade an eine Freundin geschickt hatte, die nach ihrem Liebesleben gefragt hatte. »Die Männer sind entweder eingeschüchtert von mir (und meinem Gehalt), oder sie können sich ein Mädchen wie mich nicht leisten«, hatte sie geschrieben. Fünf Studentinnen lebten seit längerem in einer festen Partnerschaft oder waren verheiratet, unter ihren Partnern fand sich ein Polizist, ein Holzfäller, ein Bauleiter, ein Elektriker und ein Koch für einen Cateringservice. Katie Scarpace, ein hübsches, sommersprossiges Mädchen, das mit dem Polizisten liiert war, erzählte mir: »Er witzelt, dass er mit dreißig in Rente gehen wird, wenn ich dann endlich anfange zu arbeiten. Er nennt mich seine ›Sugar-Mummy‹.«

Sarah VandenHeuvel ist eine charismatische junge Frau mit langen dunklen Haaren und spitzen Nietenpumps unter dem Laborkittel. Sie hatte im letzten Sommer geheiratet und beschrieb mir ihren Mann Andrew als »nicht gerade jemand, den man als Alphamännchen bezeichnen würde«. Später holte Andrew sie ab. Er könnte auch eine Nebenrolle in einem Film von Judd Apatow übernehmen; groß und schlaksig, mit verstrubbelten Haaren, doch anders als im Film hatte er offenbar nichts gegen eine dominante Frau einzuwenden. Er mochte das Leben in der Kleinstadt, aber als Sarah verkündete, sie werde nach Madison ziehen, sagte er: »Ich komme mit.« Jetzt arbeitet er als IT-Berater am Informationsschalter eines großen Unternehmens, ein Job, den er als »Routinearbeit« bezeichnet, der ihm aber trotzdem gefällt. Seine Arbeitsphilosophie? »Besorg dir einen guten Job, geh zur Arbeit, gib dein Bestes, aber übertreib es nicht.« Ich fragte ihn, wie er sich seine berufliche Karriere vorstelle, und er antwortete: »Ich? Na ja, ich kann mir schon vorstellen, dass ich auch in Zukunft gern arbeite. Aber da ich im IT-Bereich bin, hoffe ich, dass ich mich selbstständig machen oder von daheim aus arbeiten kann. Das hängt davon ab, was man für einen Job hat. Ich glaube, wenn ich mit meinem Job nur so viel verdienen würde, wie die Kinderbetreuung kostet, dann würde sich das nicht lohnen. Meine Mutter war immer daheim, und es wäre schön, wenn ein Elternteil daheim wäre ... Meine Freunde scherzen gern: ›Oh, wenn Sarah einmal so viel verdient, musst du daheimbleiben und dich um die Kinder kümmern‹, und ich denke dann: ›Ähm, ja. Genau das haben wir vor.‹«

Im ersten Semester ihres Pharmaziestudiums las ein Professor von Sarah Beschäftigungsstatistiken vor, die zeigten, dass Frauen in der Pharmazie häufiger Teilzeit und insgesamt weniger Stunden arbeiteten als Männer. »Das ärgerte mich so«, sagt Sarah. »Um mich herum brachten Frauen hervorragende Leistungen und übernahmen sämtliche Führungspositionen, und an der Uni redete man immer noch wie früher darüber und tat so, als ob Frauen nur eine Zeitlang arbeiten, dann Kinder bekommen und den Beruf ruinieren würden.« Tatsächlich arbeiten Frauen in der Pharmazie, wenn sie in Vollzeit tätig sind, 2,4 Stunden weniger als Männer, und es sind auch mehr Frauen in Teilzeit beschäftigt.

Trotzdem hat Sarah absolut Recht. Der alte vorwurfsvolle Ansatz, dass Frauen weniger Stunden in der Woche arbeiten als Männer, ergibt keinen Sinn mehr. Die Zahlen, die ihr Professor anführte, belegen nur, dass man in der Pharmazie flexibel genug ist, sich den Bedürfnissen der am besten ausgebildeten Arbeitskräfte anzupassen, und damit für eine Zukunft gerüstet ist, in der sowohl Frauen als auch Männer zu verschiedenen Zeitpunkten ihres Berufslebens Interesse an flexibleren Arbeitszeiten haben könnten.

Was benötigt man, um zukünftig in der Wirtschaft Erfolg zu haben? Eine gute Ausbildung wird unabdingbar bleiben, ein akademischer Abschluss wird sich wohl auch weiterhin positiv auf das Einkommen auswirken. Der technische Fortschritt hat weiter Einfluss auf das Arbeitsleben – in zunehmendem Maße auch auf hochqualifizierte Tätigkeiten –, doch wie dieser Fortschritt genau aussehen wird, lässt sich schwer vorhersagen. (Heutzutage verwenden beispielsweise Anwaltskanzleien ein Computerprogramm, mit dem sie Dokumente einscannen und auf Schlüsselwörter untersuchen, womit das Auffinden bestimmter Schriftstücke vereinfacht und eine wichtige Tätigkeit von Rechtsanwaltsgehilfinnen automatisiert wird.) Doch sicher wird es auch in Zukunft Tätigkeiten geben, die nicht von einem Computer oder einer billigeren Kraft im Ausland übernommen werden können. Tätigkeiten, bei denen der zwischenmenschliche Kontakt ebenso zählt wie soziale Kompetenzen und Kreativität. Und genau in diesen Bereichen zeichnen sich Frauen besonders aus.

Die Flexibilität der Arbeitgeber wird eine immer wichtigere Rolle dabei spielen, qualifizierte und talentierte Arbeitskräfte zu finden. Man muss nur einen Blick auf medizinische Berufe werfen, wo die Frauen immer mehr dominieren. Die Wirtschaftswissenschaftlerin Claudia Goldin hat die medizinischen Fachrichtungen genauer unter die Lupe genommen und im Hinblick auf die Frage untersucht, warum sich Frauen für bestimmte Richtungen häufiger entscheiden als für andere. Wie sich herausstellte, hat beispielsweise die Vorliebe für Kinderheilkunde im Vergleich zur Hirnchirurgie weniger mit Kinderliebe oder damit zu tun, dass Frauen sich davor ekeln würden, ein Gehirn aufzuschneiden, sondern viel mehr mit der freieren Zeiteinteilung. Auch die Gastroenterologie ist dafür ein perfektes Beispiel. Jahrelang war dort der Frauenanteil am niedrigsten. Nur 5 Prozent der Gastroenterologen im Alter von 55 bis 64 Jahren sind weiblich, doch unter den jüngeren – unter 30 Jahren – liegt ihr Anteil bei 30 Prozent. Was war geschehen? Haben Frauen eine plötzliche Vorliebe für Rektaluntersuchungen entwickelt? Die Antwort ist bei den regelmäßigen Arbeitszeiten zu finden. Durch die wachsende Zahl planbarer Routinekontrollen und Darmspiegelungen ist die Gastroenterologie ein Fachgebiet geworden, das einen geregelten Tagesablauf ermöglicht und daher attraktiv für Frauen ist.

Ein weiteres Beispiel ist die Tiermedizin. In letzter Zeit

wurde sie praktisch von den Frauen komplett übernommen. Liegt das daran, dass Frauen im Vergleich zu Männern die größeren Tierfreunde sind? Nicht unbedingt. Früher führte ein Tierarzt ein ähnliches Leben wie ein selbstständiger Apotheker – ein Unternehmer mit unvorhersehbaren Arbeitszeiten und Nachtschichten. Heute verteilen sich diese Aufgaben auf regionale Tierkliniken mit festangestellten Tierärzten in verschiedenen Schichten. Frauen sind in den Berufen erfolgreich, in denen sie niedrige »Karrierekosten« haben, wie Goldin die Nachteile nennt, die entstehen können, wenn man sich Auszeiten nimmt oder anderweitig vom üblichen Karriereweg abweicht. Das heißt jedoch nicht, dass Frauen bei der Karriere Kompromisse machen. Frauen nutzen neue Technologien und innovative Arbeitskonzepte. Anders ausgedrückt, steht ihr Aufstieg im Zusammenhang mit der zukunftsorientierten Gestaltung der Arbeit und des Arbeitsplatzes.

Was einst als typisch weibliches Anliegen galt, ist mittlerweile für eine wachsende Zahl von Arbeitnehmern von Bedeutung. Umfragen bei der Generation Y ergeben, dass Männer und Frauen fast dieselben Vorstellungen von ihrem Arbeitsplatz und Wünsche im Berufsleben haben wie eine 40-jährige berufstätige Mutter: Flexibilität, die Möglichkeit, von zu Hause zu arbeiten, zwischen Voll- und Teilzeit zu wechseln, sowie der Wunsch nach einer sinnvollen Tätigkeit, wie aus einem 2009 erschienenen Artikel in der *Harvard Business Review* hervorgeht. »Warum sollte ich mir wünschen, zwölf Stunden am Tag im Büro zu hocken?«, fragte ein junger Betriebswirtschaftler. »Ich will schließlich auch noch leben.« Unternehmen, die talentierte junge Arbeits- und Führungskräfte anlocken wollen, gehen auf solche Wünsche ein. Die

Unternehmensberatung Deloitte zum Beispiel rief ein Programm ins Leben, das heute als vorbildlich gilt. Unter dem Namen Mass Career Customization können Angestellte ihre Arbeitszeit auf ihren jeweiligen Lebensabschnitt abstimmen. Das Programm, heißt es bei Deloitte, löse »ein komplexes Problem – das nicht mehr als rein weibliches Anliegen bezeichnet werden kann«. Frauen haben die Blaupause für den Arbeitsplatz der Zukunft vorgelegt. Nun bleibt nur noch die Frage, ob sich die Männer wirklich anpassen werden.

Gegen halb neun Uhr abends – zwölf Stunden nach seinem Aufbruch – kehrt Billy von seinem Angelausflug zurück. Hannah und ich sitzen auf der Couch und unterhalten uns über ihr anstehendes praktisches Jahr. Wir erörtern gerade die Frage, ob sie lieber in einer unabhängigen Apotheke oder für eine Kette arbeiten will, als Billy aus der Küche kommt und uns seinen Fang des Tages präsentiert, einen 79 Zentimeter langen Hecht. »Tropfst du?«, fragt Hannah. Und zu mir: »Er hat getropft.«

Billy ist müde und hat eigentlich keine Lust mehr, den Fisch gleich auszunehmen und zu zerlegen, aber Hannah sagt, er muss, es wäre eine »Verschwendung«, wenn er es nicht täte, außerdem könne der Fisch stinken, wenn er ihn über Nacht auf der Ladefläche des Pick-ups lasse. Unten im Keller, an einem Tisch neben dem Waschbecken, macht sich Billy an die Arbeit. Er hat einen Eimer für Gräten und Blut sowie zwei Messer, eins für die Gräten und eins für das Fleisch. Er ist sich allerdings nicht sicher, wie er vorgehen soll, weil er noch nie einen Hecht gefangen hat. »Hast du denn kein Buch darüber?«, fragt Hannah, aber er ignoriert sie und schneidet drauflos.

Hannah will sich das eigentlich nicht anschauen (»es stinkt«), aber ich bin neugierig, schließlich bin ich nicht jeden Tag Zeuge beim Fischausnehmen. Wir schauen zu, wie er den Hecht am Bauch aufschneidet und verschiedene Teile hervorquellen, die Hannah für die Leber oder Milz hält. »Ich hole mein Biobuch«, schlägt sie vor und erinnert sich, dass sie früher im Biologieunterricht Fische seziert haben, als sie das Zentralnervensystem behandelten. Sie zuckt zusammen, als Billy die Bezeichnungen Knochen- und Knorpelfisch verwechselt. »Ich sollte wirklich mein Biologiebuch holen, dann können wir bestimmen, was das alles ist«, schlägt sie noch einmal vor. Die Eingeweide des Fisches offenbaren viele kleine gelbliche Eier. »Sieht aus wie Maisgrütze«, sagt er. »Sieht aus wie Quinoa«, sagt sie genau im selben Moment.

Ein paar Stunden zuvor hat mir Hannahs Mutter Dian von ihrem »Moment der Entscheidung« erzählt, in dem ihr aufging, dass sie aus ihrer Ehe ausbrechen musste. Sie hatte im Caddy Shack gearbeitet und Gemüse für den Kohl- und den Kartoffelsalat geschnitten. Ihr damaliger Mann – Hannahs Vater – kam in die Bar. Er machte einen Jagd- oder Angelausflug, war auf dem Weg in den Norden und brauchte noch ein paar Pappteller. Dian fragte ihn, ob er ihr einen Eimer Eis aus der Truhe holen könnte, und er antwortete: »Ich bin nicht hergekommen, um deine Arbeit zu machen. Ich habe meine eigene.« Sie arbeitete damals zwölf Stunden am Tag und bekam ihre Tochter kaum zu Gesicht. Er dagegen besaß keinen geregelten Job und hatte das Geld, das sie für Hannahs College-Ausbildung angelegt hatte, für sein Hobby, fürs Tractorpulling, ausgegeben. »Da hat es bei mir Klick gemacht«, erinnerte sich Hannah. Sie hatte ein Messer in der Hand – zack, zack, zack –, und in diesem Stakkato gingen ihr die folgenden Sätze durch den Kopf: »Arbeite wie ein Mann. Denke wie ein Mann. Handle wie ein Mann.«

Eine Woche später verließ sie ihren Mann und Hannah, die damals noch ein Teenager war. Sie nahm sich einen Liebhaber. Sie hatte großen Erfolg mit ihrem Lokal, und im Lauf der Zeit verzieh Hannah ihr und bewunderte sie sogar. Dian ist »viel mehr als nur eine Barbesitzerin«, wie Hannah sagt. Sie unterstützt mehrere lokale Sportmannschaften. Sie organisiert in der Stadt die alljährliche Parade zum Unabhängigkeitstag am 4. Juli. Sie ist so eine Art inoffizielle Bürgermeisterin, es ranken sich sogar schon Legenden um sie. In der Bar hängt ein goldener Schuh, und das kam so: Eines Tages machte eine fremde, ungewöhnliche Frau halt in der Stadt, völlig betrunken und seltsam gekleidet stieg sie aus einer weißen Limousine und marschierte schnurstracks in Dians Bar. Weiße Limousinen waren in dem Teil des Landes so selten wie Palmen, und eine weiße Limousine, der eine Frau im Abendkleid entstieg, wirkte wie eine Fata Morgana. Die Einwohner nannten die Frau Cinderella, weil sie viel zu betrunken war, um selbst einen Namen zu nennen. Dian setzte sich zu ihr an die Bar und verabreichte ihr ein Getränk, das sie für solche Zwecke braut. Sie blieb an ihrer Seite, bis sie wieder einigermaßen klar denken konnte. Als Dank schenkte ihr die Frau ihren goldenen Schuh, der heute daran erinnert, wie Dian eine Rolle wie die von Flauberts Monsieur Homais übernommen hat, einem angesehenen Bürger der Stadt und eine Art mystischer Heiler.

Als Billy aus dem Keller kommt, schaltet er auf Comedy Central, um zu schauen, ob *Tosh.0* läuft. Die Sendung kommt tatsächlich, aber die beiden kennen die Folge schon. Hannah gibt zu, dass Tosh witzig ist. Billy schaltet erneut um und landet bei *Jackass 3D*. Hannah verdreht die Augen, weil die Typen bei Jackass ihrer Meinung nach immer dasselbe machen, Jahr für Jahr. »Und was ist daran schlimm?«, fragt Billy.

DER ABSCHLUSS MACHT DEN UNTERSCHIED

Die Bildungslücke

Im Jahr 2009 stieß Gail Heriot, Professorin an der University of California, San Diego, auf eine Grafik über die Zulassung zum Hochschulstudium. Die Grafik mit der Überschrift »Frauen brauchen sich nicht zu bewerben« war ursprünglich in dem Nachrichtenmagazin *U. S. News & World Report* erschienen. Sie bezog sich nicht auf alte Formen der Diskriminierung (etwa dass Frauen in Ivy League Eating Clubs und Geheimgesellschaften nicht aufgenommen werden), sondern auf eine neue Variante, die es zuvor praktisch nicht gegeben hatte. Auf der Grafik war dargestellt, in welchem Ausmaß mehrere wohlbekannte private Hochschulen, darunter das Vassar College und die University of Richmond, bei der Aufnahme Männer bevorzugten. Aus der Grafik wurde deutlich, dass diese Hochschulen weit mehr weibliche als männliche Bewerber ablehnten, es also für die durchschnittliche Frau viel schwerer war, dort einen Studienplatz zu bekommen, als für den durchschnittlichen Mann. Ein naheliegender Schluss war, dass qualifizierte weibliche Bewerber zugunsten *weniger qualifizierter* männlicher Bewerber abgelehnt wurden. Mit anderen Worten, wenn Heriot die Grafik richtig verstand, hatten private amerikanische Hochschulen in aller Stille begonnen, *affirmative action* (Diskriminierung zugunsten Benachteiligter) zu praktizieren, und zwar zugunsten von Männern.

Die Zitate in dem Artikel neben der Grafik schienen Heriots Verdacht zu bestätigen: Männer sollten einen gewissen Bonus erhalten, weil sie »Perspektiven anzubieten haben, die eine Frau nicht hat«, sagte ein Student. Und laut einem Studienberater sollten Bewerber »betonen, dass sie Männer sind«. Falls an ihrem Namen, wie etwa bei Alex oder Madison, das Geschlecht nicht klar abzulesen sei, sollten sie nicht zögern, ein Bild mitzuschicken oder mit ihren sportlichen Leistungen zu prahlen, »um einem Mitarbeiter der Zulassungsstelle ins Auge zu stechen«.

Andere Perspektiven anzubieten. Ein klarer Zulassungsvorteil. Schicken Sie ein Bild. Das sind die Worte, mit denen die Zulassungsstellen früher Angehörige von Minderheiten und Frauen traktierten. Wie konnte es sein, dass *affirmative action*, eine Methode, die darauf abzielte, die Macht des weißen Mannes zu brechen, jetzt zu einer Krücke geworden war, die er selbst brauchte? Und das sogar an einer so erlauchten Adresse wie der University of Richmond? Und wie war es so weit gekommen, dass Frauen sich jetzt in derselben Lage wiederfanden wie die zornigen weißen Männer in den 1990er Jahren, die darüber frustriert waren, dass sie trotz guter Qualifikationen keinen Studienplatz bekommen hatten?

Zu dem Zeitpunkt, als Heriot den Artikel mit der Grafik entdeckte, war sie Mitglied der US-amerikanischen Commission on Civil Rights, und sie war der Ansicht, dass die offensichtliche Ungleichbehandlung von Männern und Frauen bei der Hochschulzulassung von der Kommission genauer untersucht werden sollte. Vielleicht gab es ja eine völlig harmlose

Erklärung für die Unterschiede. Vielleicht hatten manche Hochschulen besonders viele weibliche oder ungewöhnlich gute männliche Bewerber. Freilich bestand schon seit Jahren der Verdacht, dass private Hochschulen Männern eine Vorzugsbehandlung angedeihen ließen. Schließlich hatten staatliche Hochschulen, die bei der Zulassung keine Rücksicht auf das Geschlecht nehmen durften, inzwischen fast 60 Prozent weibliche Studenten. Wie war es möglich, dass so viele private Hochschulen in ihren Studiengängen ein ausgeglichenes Geschlechterverhältnis hatten?

Niemand konnte sicher wissen, was der Grund dafür war, weil die privaten Hochschulen ihre Zulassungskriterien geheim hielten. Aber durch eine systematische Analyse, die Informationen über Ergebnisse des SAT (Scholastic Assessment Test), GPAs (Grade Point Averages) und andere relevante Qualifikationen sammelte und diese dann mit den Zulassungsraten verglich, konnte man der Wahrheit näher kommen. Heriot stellte in der Bürgerrechtskommission einen entsprechenden Antrag, in dem es hieß, es sei unter privaten Hochschulen wohl ein »offenes Geheimnis«, dass bei der Zulassung Männer gegenüber höher qualifizierten Frauen bevorzugt würden. Der Antrag wurde angenommen.

Bei privaten US-amerikanischen Universitäten ist die geschlechtliche Diskriminierung bei der Zulassung absolut legal. Im Gegensatz zu den staatlichen Universitäten sind sie nicht an Title IX des Education Amendments Act von 1972 gebunden, der eine Nichtzulassung aufgrund des Geschlechts verbietet. Aber Heriot fand das Thema so wichtig, dass es vielleicht durch ein allgemeineres Antidiskriminierungsgesetz mit abgedeckt werden sollte. Da sie *affirmative action* offenbar sowieso eher ablehnt, wollte sie außerdem das

Bildungsestablishment zwingen, die Anwendung dieser Methode einzugestehen. Dann würde es sich endlich der Frage widmen müssen, *warum* die Männer keinen Erfolg hatten, anstatt sie weiterhin einfach nur zwischen den Institutionen hin- und herzuschieben.

Die Mitglieder der Kommission wählten eine Gruppe von 19 Hochschulen aus, die folgende Grundkategorien von Einrichtungen abdecken sollte: große, kleine, religiöse, solche mit strengen Zulassungskriterien, solche mit weniger strengen Zulassungskriterien und traditionell afroamerikanische. Sie beschränkten sich auf die Mittelatlantikstaaten, weil sie davon ausgingen, dass die dortigen Hochschulen ihnen gegenüber eine klarer definierte Informationspflicht hatten. Im Lauf eines Jahres erhob die Kommission Daten bei fast all diesen Hochschulen, obwohl die meisten, wie mir Heriot erzählte, das Material nur widerstrebend herausrückten. Die elitärsten Universitäten der Gruppe, die Johns Hopkins University und die Georgetown University, nahmen nur unter der Bedingung an der Untersuchung teil, dass sie die Daten anhand der Erhebungsprotokolle über die Gruppe selbst auswerten dürften.

In jenem Jahr erkundigte ich mich in regelmäßigen Abständen nach den Fortschritten der Untersuchung. Falls die Kommission ein Handlungsmuster entdeckte, musste es meiner Ansicht nach für eine ziemlich massive konzeptionelle Veränderung stehen: Ausgerechnet in einer Institution, die im Lauf der letzten 100 Jahre als das wichtigste einzelne Instrument der sozialen Mobilität betrachtet worden war, wurden Männer nun offiziell wie Underdogs behandelt, nämlich in den angesehenen Privatuniversitäten des Landes, die bis vor kurzem noch als Ausbildungsstätten der künftigen männlichen Elite gedient hatten.

Als ich mich irgendwann im April 2011 nach den jüngsten Ergebnissen der Untersuchung erkundigte, konnte ich über die Arbeit der Kommission plötzlich keine neuen Informationen mehr bekommen. Ich wandte mich an Heriot, um herauszufinden, was passiert war, und erwischte sie in einem glücklichen Moment. Sie war so wütend, dass sie redete. »Es ist verdächtig, nicht wahr?« war das Erste, was sie sagte. Offenbar hatten die Mitglieder der Kommission einen Monat zuvor ohne Vorwarnung dafür gestimmt, die Untersuchung einzustellen. Als offizieller Grund wurden »unzureichende Daten« angegeben – ein sehr schwacher Grund, wie Heriot betonte, da der Berg roher Daten, den sie gerade zu analysieren begonnen hätten, sehr viel ergiebiger gewesen sei als alles, was sie je zuvor in der Hand gehabt hätten. Heriot hatte zu diesem Zeitpunkt schon genug von den Daten gesehen, um zu vermuten, dass »es Beweise für absichtliche Diskriminierung gibt. Das heißt, dass die Zulassungsstellen bei ihren Entscheidungen berücksichtigen, wer männlich und wer weiblich ist.«

Für die plötzliche Einstellung der Untersuchung waren offensichtlich politische Gründe verantwortlich, aber andere, als man reflexhaft annehmen könnte. Zwischen dem Beginn der Untersuchung und ihrem abrupten Ende waren zwei Kommissionsmitglieder, die unter der Regierung Bush ernannt worden waren, durch Kandidaten der Obama-Administration ersetzt worden, wodurch die Kommission eine demokratische Mehrheit erhielt. Progressive Demokraten, die sich für Bürgerrechte interessieren, hätten eigentlich mit Begeisterung beweisen müssen, dass ein Haufen anerkannter privater Institutionen in großem Maßstab hart arbeitende Frauen diskriminierte. Wer sich jedoch mit dem größeren

Zusammenhang auseinandersetzte, durch den diese Diskriminierung verursacht wurde, konnte sich durch eine ganz andere Art von Erkenntnis bedroht fühlen: Er musste sich von der Annahme verabschieden, dass junge Frauen in bestimmten Elitebereichen der Gesellschaft immer noch zu kämpfen hatten. Ja, er musste sich eingestehen, dass es in diesen Bereichen tatsächlich die Männer waren, die Hilfe brauchten.

Diese Umkehr der Kräfteverhältnisse an den amerikanischen Universitäten war eigentlich schon längst eine unübersehbare Tatsache, aber sie war zu beunruhigend für die linken Mitglieder der Kommission und vermutlich auch für die rechten. (Welcher Republikaner möchte sich eine solche Verwundbarkeit der Männer schon gern eingestehen?) Doch die Kommission tat nur, was der Rest des Landes angesichts der Geschlechterstatistik der Hochschulen ebenfalls tat. Sie tat so, als sei diese weder außergewöhnlich noch bedeutungsvoll. Tatsächlich jedoch ist die Vorherrschaft der Frau an den Universitäten wahrscheinlich die seltsamste und tiefgreifendste Veränderung des Jahrhunderts, zumal sie fast überall auf der Welt ganz ähnlich stattfindet.

Wer einen Blick in die Zukunft – von Erwerbsbevölkerung, Wirtschaft und Kultur – werfen will, muss einige Zeit an den Hoch- und Fachhochschulen verbringen, denn dort ist eine stille Revolution im Gange. Mehr als je zuvor ist die Hochschule das Tor zum wirtschaftlichen Erfolg, eine notwendige Vorbedingung für den Aufstieg in die obere Mittelschicht und zunehmend auch schon in die Mittelschicht. Es ist diese breite strebsame Mittelschicht, die unsere Gesellschaft prägt. Und die Frauen übernehmen diese Mittelschicht vor allem deshalb, weil sie an den Hochschulen dominieren.

Frauen machen fast 60 Prozent aller Bachelor-Abschlüsse – in den meisten Fällen die Minimalvoraussetzung für ein Leben im Wohlstand. Zwischen 1970 und 2008 stieg der Prozentsatz der weißen Männer im Alter von 25 bis 34 Jahren, die einen Hochschulabschluss machten, nur mäßig von 20 Prozent im Jahr 1970 auf 26 Prozent im Jahr 2008. Bei den weißen Frauen derselben Altersgruppe verdreifachte sich der Anteil nahezu von 12 auf 34 Prozent. Dies bedeutet, dass die Zahl der Frauen, die einen Hochschulabschluss machen, die Zahl der Männer, die dies tun, jedes Jahr um einige Zehntausend übersteigt. Auch in den Ingenieur- und Naturwissenschaften, die zusammengenommen am häufigsten studiert werden, sind die Frauen allmählich in der Überzahl. Unter Hochschulabsolventen über 65 Jahre mit Abschlüssen in Ingenieur- und Naturwissenschaften sind nur 23 Prozent Frauen, aber in der Altersgruppe zwischen 25 und 39 Jahre sind es 45,9 Prozent. »Wenn die Männer rational handeln würden, müssten sie eigentlich die Ausbildung machen, die sie brauchen, um da draußen zurechtzukommen«, sagt Tom Mortenson, ein leitender Wissenschaftler am Pell Institute for the Study of Opportunity in Higher Education. »Aber sie schaffen es einfach nicht, sich anzupassen.«

Dasselbe Muster setzt sich auch bei den höheren Abschlüssen durch. Inzwischen machen die Frauen auch 60 Prozent der Master-Abschlüsse, etwa die Hälfte aller Abschlüsse in Jura und Medizin und etwa 44 Prozent aller wirtschaftswissenschaftlichen Abschlüsse. Im Jahr 2009 promovierten das erste Mal mehr Frauen als Männer, und ihr Anteil begann auch in männlichen Domänen wie Mathematik und Computerwissenschaft zu wachsen.

Die Bildungslücke vergrößert sich nicht nur in den Vereinigten Staaten, sondern auf der ganzen Welt. Die Organisation für wirtschaftliche Zusammenarbeit und Entwicklung publiziert jedes Jahr Daten über die Hochschulabschlussraten in 34 demokratischen Industrieländern. In 27 dieser Länder haben die Frauen mehr Hochschulabschlüsse als die Männer. In Norwegen ist die Differenz mit etwa 18 Prozent am größten. In den meisten anderen europäischen Ländern und in Australien liegt sie bei knapp über 10 Prozent. In all diesen Ländern ist ein Hochschulabschluss für eine erfolgreiche Karriere genauso wichtig wie in den Vereinigten Staaten.

Dasselbe gilt laut einem Bericht der UNESCO auch für weniger wohlhabende Länder. In Lateinamerika, der Karibik, Zentralasien und den arabischen Staaten, das heißt fast überall mit Ausnahme Afrikas, besuchen mehr Frauen als Männer eine Hochschule. In einigen Ländern, von denen man es nicht erwarten würde, nämlich Bahrain, Katar und Guyana, stellen die Frauen fast 70 Prozent der Hochschulabsolventen. Und in mehreren Ländern sind sie nicht nur in den Geistes-, sondern auch in den Naturwissenschaften in der Mehrzahl. In Saudi-Arabien zum Beispiel wurde die Ausbildung der Frauen bis 2002 auf allen Stufen vom Ministerium für religiöse Führung streng kontrolliert, dann jedoch wurde die Zuständigkeit an das Bildungsministerium übertragen. Bis 2006 wurden zahlreiche Hochschulen und ausländische Universitäten für saudische Frauen gegründet. Heute stellen sie mehr als die Hälfte der Studierenden und der promovierten Akademiker.

Ein Hochschulabschluss bedeutet natürlich noch nicht, dass eine Frau sofort einen Spitzenjob bekäme. Doch die plötzliche Existenz so vieler hochgebildeter, hochqualifizierter Frauen, die eifrig nach einem Arbeitsplatz suchen, setzt die herrschenden Schichten natürlich stark unter Druck. In den asiatischen Ländern sind Frauen, die jahrelang extrem harte Prüfungen absolviert und in einheimischen und ausländischen Universitäten Spitzenplätze belegt haben, nicht mehr bereit, sich mit Jobs im mittleren Management zu begnügen. In Brasilien sagen 80 Prozent der Frauen mit Hochschulabschluss, dass sie »Spitzenjobs« anstreben, und fast 60 Prozent bezeichnen sich als »sehr ehrgeizig« – ein viel höherer Prozentsatz als in den Vereinigten Staaten. Fast ein Drittel der brasilianischen Frauen verdient inzwischen mehr als ihre Männer.

In vielen islamischen Ländern haben diese neuen hochgebildeten Frauen mit ihren Abschlüssen so schlechte Berufschancen, dass sie ihre Frustration in Protestaktionen artikulieren. Nahostexperten vermuten, dass sie einen wesentlichen Beitrag zum Arabischen Frühling leisteten. In vielen konservativen Ländern verschieben Frauen ihre Heirat, weil sie nicht mehr damit zufrieden sind, ihren Hochschulabschluss einfach zu vergessen und in die alten traditionellen Rollen zurückzukehren. Unter Wirtschaftswissenschaftlern herrscht inzwischen weitgehende Einigkeit, dass der Fortschritt in den konservativen Entwicklungsländern zum Stillstand kommen wird, wenn sie nicht beginnen, die Begabungen und Qualifikationen all ihrer Staatsbürger zu nutzen.

In den leistungsorientierten Vereinigten Staaten war die Hochschule schon immer mit Mobilität und offenen Horizonten verknüpft. Schon etwa ab den 1920er Jahren gingen ebenso viele Frauen wie Männer auf Hochschulen, wenngleich die meisten Frauen spezielle Einrichtungen für Lehrerinnen besuchten, wie die Wirtschaftswissenschaftler Claudia

Goldin, Lawrence F. Katz und Ilyana Kuziemko 2006 in ihrem Artikel »The Homecoming of American College Women« aufzeigten. In den 1930er Jahren strömten die Männer massenweise an die Hochschulen, um die Weltwirtschaftskrise zu überstehen. Ein ähnliches Muster etablierte sich auch in den Jahrzehnten danach, als viele Männer an die Hochschulen gingen, um die Vorteile der G.I. Bill zu nutzen, die den amerikanischen Soldaten nach dem Zweiten Weltkrieg die Wiedereingliederung ins Berufsleben erleichtern sollte. Später studierten sie dann, um einem Einsatz im Vietnamkrieg zu entgehen. Anfang der 1960er Jahre kamen jeweils drei Männer auf zwei Frauen, die einen Hochschulabschluss machten.

Die Hochschule wurde der Ort, an dem die Männer und Frauen der amerikanischen Elite und zunehmend auch der Mittelschicht ihre Rollen zu finden begannen. Die Männer schlossen sich der aufsteigenden Schicht der Manager und Selbstständigen an, während die gebildeten Frauen die amerikanischen Werte am heimischen Herd hochhielten. Wie Adlai Stevenson 1955 vor dem Abschlussjahrgang des Smith College erklärte, bestand die Aufgabe der Hausfrau darin, ihrem Mann »ein echtes Ziel zu geben, dafür zu sorgen, seinen Leib und seine Seele zusammenzuhalten«. Wenn der Kalte Krieg ein Kampf der Denkweisen sei, dann würden die Amerikaner »totalitäre, autoritäre Ideen nur durch bessere Ideen besiegen«, fügte Stevenson hinzu. Eine gebildete Frau konnte in der Arbeitswelt nichts erreichen, das sich mit ihrer Rolle als Vollzeitpropagandamaschine in den eigenen vier Wänden messen konnte.

Was dann in den 1960er und 1970er Jahren passierte, ist uns ziemlich vertraut, bemerkenswert ist jedoch, wie schnell die Frauen von ihren neuen Chancen Gebrauch machten und ihr Selbstbild veränderten. Dank verlässlicher Empfängnisverhütung konnten sie ihre Zukunft besser planen; der Feminismus öffnete ihnen den Arbeitsmarkt und gab ihnen Grund, sich mehr anzustrengen, und die erhöhten Scheidungsraten zwangen sie dazu, darüber nachzudenken, wie sie im Fall des Falles für sich selbst sorgen konnten. Mädchen hatten in der Highschool schon immer besser als Jungen abgeschnitten, doch als sie für sich eine echte Zukunft in der Arbeitswelt sahen, vergrößerte sich ihr Vorsprung rapide. Sie hatten traditionell eher sprach- und geisteswissenschaftliche Fächer belegt, jetzt aber begannen sie, auch vermehrt in mathematisch-naturwissenschaftliche Gebiete vorzudringen. Im Jahr 1957 studierten junge Männer in den USA im Durchschnitt ein Semester Physik und junge Frauen jedoch nur 0,3 Semester. Innerhalb weniger Jahre hatten die Frauen mit den Männern fast gleichgezogen, während sie ihren Vorsprung bei den Fremdsprachen hielten. Bei standardisierten Tests vergrößerten sie ihren Vorsprung im Lesen, und sie holten im mathematischen Bereich auf. Auch machten sie mehr College-Vorbereitungskurse und Prüfungen im Rahmen des Advanced Placement Program, das pädagogische Kurse auf College-Niveau an den Highschools anbot. Demgegenüber verwendeten die Jungen an den Highschools weniger Zeit für ihre Hausaufgaben und wiesen zunehmend Disziplinprobleme und Lernschwächen auf.

Innerhalb weniger Jahre entwickelten die Frauen ganz neue Vorstellungen von ihrer Zukunft. Zwischen 1968 und den späten 1970er Jahren stieg die Zahl der Frauen, die bei der US-weiten Longitudinal Survey of Young Women angaben, dass sie mit fünfunddreißig vermutlich arbeiten würden, von etwa 30 auf fast 80 Prozent. In einer anderen Studie stimmten 1973 nur 17 Prozent der Studentinnen im ersten Semester folgender Aussage zu: »Eine verheiratete Frau sollte ihre Aktivitäten am besten auf das Heim und die Familie beschränken.« Die Frauen aus der Elite strömten als Erste an die Hochschulen, aber Frauen aller Schichten und Rassen traten schnell in ihre Fußstapfen. Schon 1982 war die alte ungleiche Geschlechterverteilung verschwunden, und gleich viele Frauen wie Männer machten einen Hochschulabschluss.

In einer logischen Welt hätten die Abschlussraten in diesem glücklichen Gleichgewicht verharren müssen. Doch zur Überraschung vieler Wirtschaftswissenschaftler begann sich die ungleiche Verteilung der Geschlechter mit umgekehrten Vorzeichen wieder zu vergrößern. Auf dem Arbeitsmarkt war der Hochschulabschluss immer noch den Höchstpreis wert, aber während die Frauen stark auf diesen Anreiz reagierten, stagnierten die Männer. Heute haben laut dem Census Bureau etwa 30 Millionen US-amerikanische Männer und 30 Millionen US-amerikanische Frauen einen Hochschulabschluss. Doch dieses Gleichgewicht täuscht, denn die Männer sind im Durchschnitt viel älter. Das junge Amerika lebt in einer Welt, in der die Bildungselite mehrheitlich genauso weiblich ist, wie sie früher männlich war. Viele Frauen haben heute nur noch die Wahl, entweder einen weniger gebildeten Mann zu heiraten oder ihre Heirat aufzuschieben oder gar nicht zu heiraten. Männer internalisieren heute schon zu Beginn ihres Lebens die Vorstellung, dass Frauen erfolgreicher und in Bezug auf die für den Erfolg nötigen Eigenschaften Wissen, Tatendrang und Disziplin Naturtalente sind, gegen die sich die Männer nur noch mühsam behaupten können.

Im Jahr 2010 besuchte ich ein paar Hochschulen in Kansas City, um für die neue Geschlechterdynamik in der höheren Bildung ein Gefühl zu bekommen. Ich begann mit dem Metropolitan Community College in der Innenstadt. An diesem College lernen die Studenten praktische berufliche Fertigkeiten, damit sie sich in der im Wandel begriffenen Arbeitswelt behaupten können. Und, wie heutzutage in den meisten Community Colleges, waren Männer dort auffällig abwesend. Eines Nachmittags machte ich einen Abstecher in die Cafeteria im Keller eines fast fensterlosen Backsteingebäudes, wo mehrere Frauen versuchten, sich auf den Inhalt ihrer Biologielehrbücher zu konzentrieren und die SMS ihrer Babysitter zu ignorieren. Eine weitere Gruppe stand vor der Damentoilette und flocht einander die Haare. Als ich wieder in den Aufzug stieg, hatte ich jene Begegnung, die sich mir als das Urbild der Widersprüche des neuen strebsamen Mittelschichtmatriarchats eingeprägt hat: eine Frau, die immer noch den weißen Kittel der medizinischen Assistentin trug und zwischen dem Erdgeschoss und dem dritten Stock einschlief, weil sie so müde davon war, zu studieren, zu arbeiten und allein ihre Kinder zu versorgen.

Bernard Franklin registrierte den Männermangel, als er 2005 Präsident des Metropolitan Community College wurde, und verkündete seinem Stab, von nun habe es Priorität, »mehr junge Männer zu rekrutieren«. Er gründete spezielle Beratungsprogramme und Lerngruppen und Studentenverbindungen für Männer und suchte bewusst den Kontakt mit männlichen Studenten, die ihm den Spitznamen »Anzug« verpassten. »Einige meiner Feministinnen waren darüber empört«, erinnert er sich heute. Doch das College wurde auch weiterhin von Frauen überschwemmt. Sie stellen heute

70 Prozent der Studenten und kommen, um Krankenschwestern und Lehrerinnen zu werden: afroamerikanische Frauen, in der Regel ein paar Jahre älter als traditionelle Studentinnen, und neuerdings auch weiße Frauen aus der Arbeiterschicht der Vorstädte, die eine preisgünstige Qualifikation erwerben wollen. Und was ist mit den Männern? Nun, da hat sich wenig geändert. »Ich erinnere mich an einen jungen Mann, der wirklich schlau war«, erzählte mir einer der Berater der Schule. »Aber er las wie ein Sechstklässler, fühlte sich in Gegenwart von Frauen nicht wohl und musste seine Bücher vor seinen Freunden verstecken, weil sie ihn aufzogen, wenn er lernte. Dann kamen die Ausreden: ›Es ist Frühling. Ich muss Baseball spielen.‹ ›Es ist Winter, es ist zu kalt.‹ Er schaffte es nicht.«

Es hat auch ökonomische Gründe, dass mehr Frauen als Männer Community Colleges und überhaupt weiterführende Hochschulen besuchen. Frauen zwischen fünfundzwanzig und fünfunddreißig verdienen durchschnittlich etwa 25000 Dollar pro Jahr, wenn sie nur einen Highschool-Abschluss haben, und Männer bringen es mit der gleichen Qualifikation immerhin auf etwa 32000 Dollar. Trotzdem ist die Trägheit der Männer nur ein Stück weit ökonomisch rational. Gut bezahlte lebenslange Arbeitsplätze für Gewerkschaftsmitglieder werden seit 30 Jahren immer weniger. In Kansas City zum Beispiel hat sich der Schwerpunkt von der Stahlproduktion auf pharmazeutische Produkte und Informationstechnologien verlagert. »Die Wirtschaft ist nicht mehr so männerfreundlich wie früher«, sagt Jacqueline King vom American Council on Education. »Man sollte meinen, dass genauso viele Männer diese Colleges besuchen. Aber sie tun es nicht.«

Im Jahr 2005 führte ihre Organisation eine Umfrage unter Erwachsenen mit geringem Einkommen durch, die ein College besuchten. Wie sich herausstellte, fiel es den Männern schwerer, wieder die Schulbank zu drücken, selbst wenn sie dringend eine neue Qualifikation brauchten. Sie waren in der Regel weniger gebildet und fühlten sich der Arbeit für das Studium oft nicht gewachsen. Sie sagten, dass sie sich isoliert fühlten, und es gelang ihnen viel schlechter, Kontakte mit anderen Studenten, Lerngruppen oder Studienberatern zu knüpfen, die ihnen bei der Anpassung helfen konnten. Mütter, die wieder eine Ausbildung machten, sagten, sie seien ein gutes Rollenmodell für ihre Kinder. Väter sorgten sich, weil sie ihrer Verantwortung als Ernährer nicht mehr gerecht wurden.

Cameron Creal ist einer der wenigen männlichen Stars an Franklins Hochschule. Er will Lehrer werden, was Franklin besonders gefällt, weil auf diese Weise auch die nächste Generation junger Männer erreicht wird. Camerons Freunde an der Highschool sagten alle, sie könnten aufs College gehen, aber nur wenige taten es auch. »Sie sehen die Fernsehwerbung und meinen, es sei leicht, einen Abschluss zu machen«, sagte Cameron im Gespräch mit mir. »Aber dann kommen sie hier an und sind einfach nicht gefasst auf die Arbeit.« Also arbeiten sie lieber als Kundenberater in Call-Centern oder nehmen irgendwelche Hausmeisterjobs an, »wo die Aufstiegschancen gering sind«.

Der inzwischen 22-jährige Cameron spielte in der Highschool den Klassenclown, und nach seinem Schulabschluss war ihm ebenfalls unbehaglich bei dem Gedanken, sich weiterzuqualifizieren. Er arbeitete die ersten zwei Jahre nach der Schule in einem Taco-Bell-Schnellrestaurant. Aber er wohnte in der Nähe bei seiner Schwester und sah bei ihr, dass man auch fast Unmögliches leisten kann. Sie ist alleinerziehende Mutter und bringt ihre drei Kinder morgens um sieben zur Schule, dann geht sie bis drei Uhr mittags aufs Community College, und danach arbeitet sie von sechs Uhr abends bis drei Uhr morgens für die Steuerbehörde IRS. »Wie bei vielen von diesen jungen Frauen«, sagt er und zeigt auf eine Frau, die auf der Bank in der Lobby eingeschlafen ist, »ist ihr Tag *voll*, und sie ist dauernd am *Hetzen*.«

Mitte der 2000er Jahre begannen diverse Leute, die in den USA für die Hochschulbildung zuständig sind, die ungleiche Geschlechterverteilung als Krise zu empfinden, weil sie nicht mehr nur auf Community Colleges und Liberal Arts Colleges beschränkt war, sondern auch die staatlichen Vorzeigeuniversitäten, die UCs (Universities of California), die SUNYs (Universities of New York) und die UNCs (Universities of North Carolina), erfasst hatte. Wie viele dieser Hochschulen nähert sich auch die University of Missouri in Kansas City (UMKC), eine vollwertige Forschungsuniversität mit mehr als 14 000 Studenten, inzwischen dem kritischen Frauenanteil von 60 Prozent, bei dem Zulassungsstellen fürchten, dass sich die Atmosphäre und der Ruf einer Hochschule für immer verändert. Im Februar 2010 sprach ich mit Ashley Burress, der Präsidentin der Studentenvertretung der UMKC. (Die anderen drei Amtsträger der Studentenvertretung waren ebenfalls Frauen.) Die hübsche kleine 24-jährige Afroamerikanerin machte gerade ihren Doktor in Pharmazie und brachte ganz ähnliche Beschwerden vor, wie ich sie auch von anderen jungen Frauen gehört hatte. Die Männer gratulieren sich gegenseitig, wenn sie eine Drei geschrieben haben, während die Frauen sich schon über eine Zwei minus grämen. Die Männer spielen Videospiele in ihren Schlafräumen, während die Frauen sich in der Bücherei gegenseitig auf die Füße treten. Die Frauen machen problemlos ihre Abschlüsse, während die Männer offenbar immer in Gefahr sind, den Anschluss zu verlieren. »Im Jahr 2012 bin ich Frau Dr. Burress«, sagte Ashley. »Muss ich mich dann mit Männern herumschlagen, die nicht einmal einen Bachelor haben? Ich würde gern eine Beziehung anfangen, aber die Auswahl ist wirklich dürftig.«

Die UMKC ist eine Hochschule für die Arbeiter- und die Mittelschicht, eine Art von Universität, an der klassische Geschlechterrollen nicht gerade verpönt sind. Doch als ich mit den Studierenden sprach, erkannte ich, wie sehr sich die Grunderwartungen bei Männern und Frauen geändert hatten. Bei den Studentinnen hatten viele Mütter erst relativ spät im Leben Karriere gemacht, manchmal nach einer Scheidung, und sie hatten ihre Töchter gedrängt, sich mit ihrer eigenen Karriere zu beeilen. Victoria, Michelle und Erin sind in der gleichen Studentinnenverbindung. Victorias Mutter ist Teilzeit-Barfrau in einem Hotel. Victoria studiert im Hauptfach Biologie und will Chirurgin werden; demnächst wird sie sich an einem Haufen medizinischer Hochschulen bewerben. Sie will noch eine Weile keine Kinder, weil sie weiß, dass sie »etwa 100 Stunden pro Woche in der Klinik sein« wird, und wenn sie Kinder hat, wird sie »eine erstklassige Chirurgin sein, und er [ein namenloser Er] wird zu Hause sein und mit den Kindern spielen«.

Michelle, die sich selbst als »Perfektionistin« bezeichnet, hat ihr Leben ebenfalls schon genau geplant. Sie studiert im Hauptfach Psychologie und will Familientherapeutin werden. Nach dem College wird sie promovieren und nach Praktikumsstellen suchen. Sie ist mit den Berufsberatungsangeboten auf dem Campus gut vertraut. Und ihr Verlobter? »Er hat sein Studienfach schon so etwa sechzehn Mal gewechselt, letzte Woche wollte er Zahnarzt werden. Diese Woche sind es Umweltwissenschaften.«

»Hat er diese Woche schon wieder gewechselt?«, fragt Erin. »Wenn ihr mal Kinder habt, bleibt er auf jeden Fall zu Hause. Jetzt mal im Ernst, was will er eigentlich machen?«

Michelle seufzt. »Das kommt auf den Wochentag an. Wisst ihr noch, letztes Jahr? Da war es Bio. Es ist wirklich ein Witz. Aber es ist nicht witzig. Es ist komisch, aber leider sehr ernst.«

Bei den Studenten aus den wohlhabendsten Familien, die sich den Besuch von privaten Hochschulen wie Vassar oder der University of Richmond leisten können, scheint die Kluft zwischen den Geschlechtern zu verschwinden. In den neuen Jahrgängen ist das Geschlechterverhältnis oft wieder ausgeglichener. Aber private Elitehochschulen haben ihre eigenen Regeln, und sie verstoßen nicht gegen das Gesetz, wenn sie das Geschlecht bei der Zulassung berücksichtigen. Im Jahr 2005 ergab eine Studie der Wirtschaftswissenschaftler Sandy Baum und Eban Goodstein, dass die Chancen, bei einer geisteswissenschaftlichen Hochschule mit selektiver Zulassung angenommen zu werden, für Männer um 6,5 bis 9 Prozent besser sind als für Frauen. Mit anderen Worten, diese Hochschulen nehmen einen Teil der Frauen nicht auf, damit sie nicht »zu weiblich« werden, wie Heriot es einmal formulierte.

Jennifer Delahunty Britz, Dekanin für Zulassungen und Finanzhilfen am Kenyon College in Ohio, gab 2006 in einem Gastkommentar in der *New York Times* ein Geheimnis preis. Das Geschlechterverhältnis, schrieb sie, sei ein Riesenproblem, dem sich jedoch niemand stellen wolle. Fünf Jahre später erzählte sie mir, dass das Problem immer noch akut sei. Wenn der Frauenanteil Richtung 60 Prozent geht, »bekommen die Mitarbeiter der Zulassungsstellen einen Hauch von Verzweiflung in die Stimme«. Delahunty hatte in ihrem Gastkommentar ein typisches Dilemma ihres Aufgabenbereichs geschildert: Eine junge Frau aus Kentucky hatte eine unwahrscheinliche Anzahl von Zusatzqualifikationen vorzuweisen, während ihr Notendurchschnitt eher mittelmäßig war. Man zögerte, sie aufzunehmen, was bei einem Mann nie der Fall gewesen wäre. »Weil junge Männer seltener sind«, schrieb Delahunty, »sind sie mehr wert.«

Aber nicht unbedingt eindrucksvoller. Eine typische Bewerberin am Kenyon College bringt laut Delahunty das Verfahren selbstständig hinter sich. Sie vereinbart die notwendigen Gespräche, plant eine Besichtigung des Campus und bittet um eine Unterredung mit den Mitgliedern ihrer Fakultät. Dagegen hat man am College mehr als einen männlichen Bewerber erlebt, der sich, »manchmal mit geschlossenen Augen, auf dem Sofa zurücklehnt, während ihm seine Mama erklärt, wo er hingehen und was er tun muss. Manchmal sagen wir: ›Was für einen tollen Essay seine Mama geschrieben hat‹«, berichtet Delahunty, genau wie Michelle mit der unausgesprochenen Botschaft: Das alles wäre ja sehr lustig, wenn es nicht so traurig wäre.

Damit die gefürchtete Schwelle von 60 Prozent nicht überschritten wird, haben die Zulassungsstellen ihre eigene Sprache entwickelt, um die Defizite der jungen Männer zu entschuldigen: »Verstand noch nicht angesprungen.« »Spätentwickler.« »Noch nicht ganz auf dem Höhepunkt seiner Leistungsfähigkeit.« »Ganzheitlich betrachten.« Manchmal ist Delahunty so beunruhigt über das Phänomen der »übermäßig gebildeten Frauen« und der »zu wenig gebildeten Männer«, dass sie sich zum Spaß Verschwörungstheorien ausdenkt. Einmal rief sie ihre Schwester, eine Kinderärztin, an, um ihre neueste Theorie mit ihr zu besprechen. »Vielleicht sind diese jungen Männer genetisch veranlagt wie die Kanarienvögel in einem Kohlebergwerk und nehmen so viel Gifte und schlimme Einflüsse aus der Umwelt auf, dass sich ihre DNA verändert. Vielleicht sind sie wie diese Frösche – deformiert, weil sie irgendwie empfindlicher sind oder so.«

Gleichgültig welche Ursachen das Problem hat, dass die jungen Männer den Anschluss verlieren, es ist jedenfalls hartnäckig. In einem Artikel aus dem Jahr 2006 formulierten die Soziologen Claudia Buchmann und Thomas A. DiPrete eine faszinierende Erklärung dafür, warum dem so ist. Sowohl die Jungen als auch die Mädchen, die vor Mitte der sechziger Jahre in Familien geboren wurden, in denen beide Eltern eine Hochschulausbildung hatten, machten in der Regel ebenfalls einen Hochschulabschluss. Dagegen ließen die weniger gebildeten, aber aufstiegsorientierten Familien jener Periode gemäß einer alten kulturellen Tradition meistens nur ihre Söhne studieren. Im Lauf der Zeit jedoch kehrte sich dieses Muster um. In Familien, wo der Vater nur einen Highschool-Abschluss oder weniger hat, ist es heute viel wahrscheinlicher, dass die Mädchen erfolgreich studieren und nicht die Jungen. Falls auch die Jungen eine Hochschule besuchen, ist es wahrscheinlicher, dass sie das Studium abbrechen. Dieser Unterschied ist bei Familien ohne Vater besonders ausgeprägt.

Wenn die Mutter eine Hochschule besucht hat, verbessert dies offenbar bei den Töchtern die Chancen auf einen Hochschulabschluss, wirkt sich aber bei den Söhnen nicht aus. Für sie ist die Mutter offenbar kein geeignetes Rollenmodell, also sind sie nicht motiviert, ihrem Beispiel zu folgen. Diese Dynamik sorgt dafür, dass das Matriarchat Wurzeln schlägt. Frauen aus der Mittelschicht heiraten heutzutage seltener als früher, und wenn sie es doch tun, ist es wahrscheinlicher, dass der Mann keinen Hochschulabschluss hat. Wir haben also eine Zukunft vor uns, in der die Mütter eine Generation nach der anderen als Rollenmodell für ihre ehrgeizigen Töchter dienen, während die Söhne ratlos zusehen. Außerdem investieren die Familien heute in Umkehrung einer jahrhundertelangen Tradition in ihre Töchter. Dass in der Geschichte so lange die Söhne bevorzugt wurden, beruhte nicht nur auf emotionaler Bindung oder Gewohnheit. Die Familien steckten ihre Ressourcen in die Söhne, weil diese die größten Erfolgschancen hatten und ihre Eltern im Alter am ehesten unterstützen konnten. Nachdem nun die Frauen die amerikanischen Hochschulen dominieren, setzt die aufstiegsbewusste Mittelschicht stärker auf ihre Töchter.

Wie erklärt sich diese Entwicklung? Was passiert in der frühen Schulzeit, das so viele junge Männer davon abhält, eine Hochschule zu besuchen? In den ganzen späten 1990er und frühen 2000er Jahren suchten diverse Experten vergeblich nach dem magischen Hinweis oder der wundersamen Theorie, die erklären konnten, was da schiefging. Viele dieser Theorien widersprechen einander. Christina Hoff Sommers verursachte im Jahr 2000 große Aufregung mit »The War Against Boys«, einem Artikel in der Zeitschrift *The Atlantic*, der einen fehlgeleiteten Feminismus, der normalen männlichen Jugendlichen Gewalttätigkeit und sexuelle Übergriffe unterstelle, für das Phänomen verantwortlich machte. Viele andere Experten erklärten die Lage dagegen mit einer allzu rigiden, übertrieben männlichen Betonung von Konkurrenz und Prüfungen.

Neuerdings wird im männlichen Gehirn nach Antworten gesucht. Junge Männer, schreibt Michael Gurian, Autor des Bestsellers *The Wonder of Boys* und mehrerer weiterer Bücher, die den »männlichen Verstand« erklären, seien »bildhafte Denker und kinästhetische Lerner«. Das heißt, sie liebten Systeme und bewegten sich möglichst viel, wenn sie lernten. In »The Trouble with Boys«, einem Artikel für das Nachrichtenmagazin *Newsweek*, schreibt Peg Tyre über die »kinetischen, desorganisierten, unerträglichen und manchmal genialen Verhaltensweisen, von denen Wissenschaftler heute glauben, dass sie nicht erlernt, sondern angeboren sind«. Laut der Neurobiologin Lise Eliot jedoch fangen die Neurowissenschaften gerade erst an, die Grundlagen der neurologischen Unterschiede zwischen den Geschlechtern zu erforschen, und all die farbenfrohen Schilderungen des menschlichen und des weiblichen Verstands sind in diesem frühen Stadium »offen gesagt Schwindel«. Neurowissenschaftler wüssten zwar etwas über die unterschiedliche Gestalt und Funktion des männlichen und des weiblichen Gehirns, aber sie wüssten nicht annähernd genug, um gültige Aussagen zu machen über »irgendwelche Unterschiede in den mentalen und neuralen Prozessen, die bei Jungen und Mädchen stattfinden, wenn sie das Sprechen, das Lesen oder das Einmaleins lernen«.

Die Nation's Report Card (offiziell National Assessment of Educational Progress – NAEP) ist eine Serie von Tests, die seit den späten 1960er Jahren alle paar Jahre vom amerikanischen Bildungsministerium durchgeführt wird, um die Leistungen der Schüler verschiedener Klassenstufen zu evaluieren. Bei der letzten Testserie schnitten die Mädchen im Lesen viel besser ab als die Jungen, aber das war schon immer so. Die einzig bedeutsame Veränderung im Lauf des letzten Jahrzehnts ist ein Einbruch bei den Jungen der zwölften Klasse. Dieser Einbruch ist bei armen und eingewanderten Familien am stärksten, aber nicht auf sie beschränkt. Am Ende der Highschool schnitten von den weißen Jugendlichen, deren Eltern einen Hochschulabschluss besaßen, fast 25 Prozent der Jungen, aber nur 7 Prozent der Mädchen im Lesetest des NAEP »schlechter als ausreichend« ab. In Mathematik verbessern sich die Werte sowohl bei den Jungen als auch bei den Mädchen kontinuierlich, aber die Mädchen haben in den letzten paar Jahren die Jungen eingeholt.

In keinem einzigen Jahr sind die Unterschiede alarmierend, und in manchen Jahren schneiden auf bestimmten Klassenstufen sogar die Jungen besser ab. In der Summe jedoch liefern die Daten das Bild eines Bildungssystems, das den Stärken der Mädchen entgegenkommt, und das Bild einer neuen Generation von Mädchen, die sich den gestiegenen Erwartungen gewachsen fühlt und bereit ist, ihnen gerecht zu werden. Die Schulen sind zu einer Art Mikrokosmos der gesamten Volkswirtschaft geworden. Richard Whitmire, der Autor von *Why Boys Fail*, fasst diesen Trend wie folgt zusammen: »Die Welt ist verbaler geworden; die jungen Männer nicht.« In den späten 1990er Jahren gingen die Bildungsplaner von der richtigen Annahme aus, dass alle Berufe heutzutage eine bessere Schreibfähigkeit verlangen. Polizisten brauchen heute bessere Qualifikationen und mehr Praxis in kommunikativen Fertigkeiten; von Fabrikarbeitern wird erwartet, dass sie komplizierte Auftragsformulare ausfüllen können. Die Gesellschaft erwartet von den meisten Arbeitern eine Lese- und Rechtschreibfähigkeit auf Hochschulniveau, auch wenn diese für ihre tägliche Arbeit vielleicht nicht notwendig ist.

Die Schulen reagierten entsprechend und begannen, verbale Fertigkeiten früher zu fördern. Inzwischen lernt bereits ein typisches Vorschulkind, was es früher erst als Erstklässler lernte. Der verbale Lehrplan wird kompliziert, lange bevor die Jungen dafür reif genug sind. In der Folge empfinden sie sich schon früh als Schulversager. Sie werden immer frustrierter, und viele Jahre später bekommen es die Schulen mit dem Phänomen zu tun, das Whitmire als den Bauch in der neunten Klasse bezeichnet. Im neunten Schuljahr sind die Klassen oft um einiges größer als in den folgenden Jahren, weil sie voller Jungen sind, die nur noch darauf warten, bis sie alt genug sind, um die Schule endgültig zu verlassen. Im Gegensatz dazu werden die Mädchen immer ehrgeiziger, wenn sie die Schule durchlaufen. Sie machen häufiger als die Jungen Vorbereitungskurse für ein Studium, darunter Geometrie, Algebra II, Chemie, Biologie und Fremdsprachen – nur Physik wird immer noch häufiger von Jungen belegt. Eine Studie der University of Michigan ergab, dass in der Oberstufe der Highschool 67 Prozent der weiblichen, aber nur 55 Prozent der männlichen Schüler sagten, sie wollten ein vierjähriges Hochschulstudium absolvieren.

Außer an rein verbalen Fähigkeiten fehlt es vielen Jungen auch an sogenannten »nichtkognitiven Fähigkeiten«; sie können sich zum Beispiel nicht genug konzentrieren, sind unfähig, sich und ihre Arbeit zu organisieren, und lassen sich leichter auf Abwege bringen. Jungen aller Ethnien und Schichten haben häufiger Disziplin- und Verhaltensprobleme und werden häufiger von der Schule verwiesen als Mädchen. Sie verwenden viel weniger Zeit auf ihre Hausaufgaben und sind viel häufiger auf Sonderschulen oder haben irgendeine Behinderung wie zum Beispiel Autismus. Die Lehrer in der

Highschool attestieren den Mädchen durchgängig mehr Disziplin und Fleiß als den Jungen. Außerdem sind die Versuchungen, die die Leistung beeinträchtigen können, heute viel mächtiger geworden. Sowohl Jungen als auch Mädchen verplempern Zeit mit neuen Technologien, aber Studien beweisen, dass Jungen dafür größere Zeitblöcke aufwenden und nach der Schule stundenlang Videospiele spielen. Tatsächlich bildet sich gerade ein Konsens, dass genau die Eigenschaften den größten akademischen Erfolg verheißen, die seit jeher das Klischee des guten Mädchens ausmachen: Selbstdisziplin und die Fähigkeit zum Belohnungsaufschub. Mit anderen Worten: die Fähigkeit, sich zwei Stunden an die Hausaufgaben zu setzen, bevor man sich der Playstation widmet.

Natürlich ist es möglich, dass Mädchen schon immer die besseren natürlichen Voraussetzungen hatten, um bessere Schüler zu werden. Dass sie schon immer fleißiger, organisierter, disziplinierter und gefallsüchtiger waren, dies aber angesichts ihrer begrenzten Chancen kaum ins Gewicht fiel. In dem 1860 erschienenen Roman *Die Mühle am Floss* von George Eliot wird deutlich, dass Maggie viel besser für eine weiterführende Schulbildung geeignet ist als ihr Bruder Tom. Sie ist neugieriger und aufgeschlossener und hat immer ein Buch in der Hand (obwohl ihre Lernbegier in der damaligen Zeit als Aufsässigkeit und Mangel an Gehorsam interpretiert wurde). Aber an dem Tag, als Tom von der Schule heimkommt und sie ihm Geld aus ihrer Sparbüchse anbietet, sagt er: »Wozu? Dein Geld brauch ich nicht, du dummes Ding. Ich hab 'ne ganze Menge mehr Geld als du, weil ich ein Junge bin. Zu Weihnachten kriege ich immer halbe oder ganze Sovereigns geschenkt, weil ich mal ein Mann sein werde; und du nur Fünfschillingstücke, weil du bloß ein Mädchen bist.«

Obwohl Tom sie für dumm hält, verspricht er, immer für sie zu sorgen.

Heutzutage haben Mädchen viel stärker das Gefühl, dass ihre Anstrengungen in der Schule sich auszahlen werden. »Monitoring the Future«, eine große Langzeitumfrage unter Highschool-Schülern, ergab, dass die neue Generation von Schülerinnen ausgesprochen ehrgeizig ist. Fast die Hälfte der Mädchen sagte 2010, es sei wichtig, Führungsaufgaben zu haben, gegenüber 19 Prozent im Jahr 1975. 71 Prozent sagten, sie wollten einen gesellschaftlichen Beitrag leisten. Und trotz all dem Gerede über das sinkende Selbstvertrauen der Mädchen in der Mittel- und Oberstufe sagten die meisten befragten Mädchen dieser Altersgruppen, sie seien glücklicher als je zuvor. Ob sie mit »dem Leben insgesamt« zufrieden seien? Auch diese Frage wurde von 71 Prozent mit Ja beantwortet. Und 75 Prozent sagten, sie seien zufrieden mit sich selbst.

Mein eigener Sohn und meine Tochter sind gleich gut in der Schule, aber ich kann erkennen, dass das System den Jungen auf Arten strapaziert, die das Mädchen locker verkraftet. Als meine Tochter relativ neu an der Schule war, erfand sie eine Anzahl imaginärer Fingerpuppen, zum Beispiel die Zahnpastafee oder die Pfennigfee, und spielte mit ihnen still unter ihrem Kleidersaum, wenn sie in der Schule nervös oder unruhig wurde. Ein Lehrer, der sie beobachtete, hätte nur ein Mädchen gesehen, das mit gesenktem Kopf still dasaß, und wenn er sie aufrief, wäre sie sofort wieder aufmerksam gewesen und hätte geantwortet. Unter denselben Umständen stand mein Sohn auf und redete, ohne aufgerufen zu sein, oder er zappelte auf seinem Stuhl herum und zog die Schuhe aus. Wenn er wirklich unruhig wurde, stupste oder stieß er sogar einen seiner Klassenkameraden, bis dieser reagierte. Ob er in der Schule ruhiger sein muss, als angebracht wäre, ist schwer zu sagen. Ich weiss nur, dass meine Tochter die Erwartungen viel leichter erfüllen kann.

Auch jetzt, wo sie älter sind, sind sie immer noch beide gut in der Schule, aber meiner Tochter fällt alles viel leichter als meinem Sohn, und sie braucht weniger Hilfe von mir als er. Am Abend, bevor sie zu Bett geht, macht sie sich eine Liste, was sie am nächsten Tag oder im Lauf der Woche tun muss, und sie erinnert mich per E-Mail daran, was ich ihr für ihre Projekte kaufen muss. Ihre Aufgabenliste für die Woche ist manchmal länger als meine: Klavier üben, die Blockflöte putzen, Aufsatz in Spanisch schreiben, Kuchen für den Backwarenverkauf glasieren usw. Mir ist klar, dass ich sie wie das Klischee vom guten Mädchen aussehen lasse, aber diese Betrachtungsweise ist nicht fair. Warum sollte meine Tochter für ihre Sorgfalt und ihr Verantwortungsbewusstsein nicht Anerkennung erfahren?

Mein Sohn dagegen ist von der immer komplizierter werdenden Schule zunehmend überfordert. Manchmal denkt er an seine Aufgaben, und manchmal vergisst er sie. Das heisst, ich kann sie nie von meiner Liste streichen und mich darauf verlassen, dass er an sie denkt. Ich weiss noch, wie eine Freundin vor ein paar Jahren im Scherz zu mir sagte, dass eine Mutter heutzutage zur Sekretärin ihres Sohnes wird, weil die Schule so viel früher so viel mehr verlangt als ehedem. Ich habe diesen Satz nie vergessen. Heute tue ich alles, was in meiner Macht steht, um meinem Sohn zu helfen, dass er sein eigener Sekretär wird. Ich schreibe Checklisten, die er jeden Morgen anschauen kann, oder hänge einen Kalender auf, auf dem er Abgabefristen notieren soll, kurz, ich tue alles, damit er einmal nicht der junge Mann wird, bei dem die Frau in der Zulassungsstelle sagt: »Was für einen tollen Essay seine Mama geschrieben hat.«

Kürzlich stellte ich aus Freunden meiner Kinder eine Fokusgruppe zusammen, die ich über ihre Schulerfahrungen befragte. Der Unterschied zwischen Jungen und Mädchen wurde sofort deutlich. Die Jungen wirkten viel widerspenstiger, reagierten aber zugleich sehr empfindlich auf Kritik. Sie hatten das Gefühl, dass die Schule nur dazu da war, ihnen das Leben schwerzumachen. »Steh nicht auf diese Art. Steh nicht auf jene Art«, sagte ein Zweitklässler aus der Gruppe. (Oder, wie mein Sohn kürzlich ein Strichmännchen sagen ließ, das einen Lehrer aus der dritten Klasse darstellte: »T-t-tu das nicht! Leg das weg!«) Als wir über die Schule sprachen, schweiften die Jungen schnell ab. Sie kamen auf Actionhelden zu sprechen und begannen, *Jäger des verlorenen Schatzes* nachzuspielen. Ich konnte selbst sehen, womit die Lehrer es zu tun hatten. Man sagt einem Jungen, was er tun soll, und er beginnt bereits, Fluchtpläne zu schmieden. »Manchmal muss man einfach Schwierigkeiten kriegen«, versicherte einer der Jungen.

Dies ist vermutlich das »kinetische, desorganisierte, unerträgliche« Verhalten, auf das sich *Newsweek* bezog. Leider gibt es nur eine beschränkte Anzahl von Bill Gates und Steve Jobs, die dieses Verhalten an den Tag legen und trotzdem Erfolg haben. Seit ein paar Jahren überlegen die Bildungsplaner, wie sich diese rebellische Energie in produktivere Bahnen lenken lässt. Australien und Großbritannien sind den USA in dieser Beziehung heute schon einige Jahre voraus. In Australien zum Beispiel hat die Regierung eine Arbeitsgruppe gegründet, die sich um die Krise der männlichen Jugend kümmern soll, und es wurden mehrere Versuchsprogramme durchgeführt, die die Probleme männlicher Jugendlicher besonders berücksichtigen. Auch in China hat ein hoher Funktionär kürzlich eine »Differenzierung« des Bildungswesens vorgeschlagen, als festgestellt wurde, dass die Frauen bei den Zulassungsprüfungen für die Hochschulen besser abschneiden als die Männer, dass sie an den besten weiterführenden Schulen und den Universitäten die Mehrheit stellen und dass 80 Prozent der 50 Millionen »schlechten Schüler« männlich sind.

Bei einigen dieser Programme kommen so einfache Methoden zur Anwendung wie die Einführung von Lesematerial, das Jungen vielleicht interessanter finden: Bücher, in denen es mehr um Abenteuer und Unfug geht. In anderen Programmen werden die Aufgaben stärker gestückelt, um der geringeren Aufmerksamkeitsspanne männlicher Jugendlicher gerecht zu werden. Zum Teil werden Pausen eingerichtet, in denen die Jungen im Freien herumrennen oder Skateboard fahren können. Sogar Spezialklassen nur für Jungen werden wieder eingeführt mit der Begründung, dass die neuen Underdogs nur in einem speziell auf sie zugeschnittenen Umfeld Erfolg haben können. Alle diese Strategien werden vermutlich in bestimmten Stadtvierteln oder Situationen funktionieren.

Viele Eltern, die ich kenne, stöhnen über eine Jugendkultur, die alles andere als bildungsfreundlich ist. Unmittelbar vor der weiterführenden Schule bekommen die Eltern den Eindruck, dass ihre Jungen die Wahl zwischen zwei Möglichkeiten haben: Probleme oder Erfolg. Die verantwortungsbewussten unter ihnen erkennen, dass sie den Lauf der Welt nicht ändern können. Aber sie können für ihre männlichen Nachkommen ein Umfeld schaffen, in dem sie sich nicht wie Versager fühlen, und sie können ihnen die notwendigen Instrumente an die Hand geben, die es ihnen ermöglichen, wenigstens mitzuhalten.

Der erste Schritt muss allerdings darin bestehen, dass man die Existenz des Problems nicht mehr in Frage stellt. Denn wie einige australische Bildungsplaner zu Whitmire sagten: »Diese Debatte haben wir hinter uns. Sie war vor 20 Jahren relevant.«

EIN PERFEKTERES GIFT

Die neue Welle weiblicher Gewalt

Im Jahr 2007 wurde die 47-jährige Larissa Schuster aus Clovis in Kalifornien angeklagt, weil sie ihren Mann getötet hatte, indem sie ihn in ein Fass mit Säure stopfte. Laut der Anklage betäubten Schuster und ein junger männlicher Komplize ihren Mann Timothy mit einem Elektroschocker und Chloroform und steckten ihn dann mit dem Kopf zuerst in ein 200-Liter-Fass. Danach schüttete Larissa Schuster Salzsäure in das Fass, um die Leiche aufzulösen. Als die Polizei den Behälter in einem Lagerraum fand, waren nur noch die verflüssigten Reste der unteren Körperhälfte und kaum noch identifizierbares Gewebe vorhanden. Forensische Pathologen und andere Experten kamen zu dem Schluss, dass die Leiche in zwei Hälften zersägt worden war oder dass man ihr die Füße abgesägt hatte, damit sie in das Fass passte. »Sie wollte ihn völlig auslöschen«, sagte Bob Solis, ein Freund von Timothy. »Als ob es ihn nie gegeben hätte.«

Als »Säuremörderin« von Kalifornien gehört Schuster zu einer langen Reihe berüchtigter weiblicher Täterinnen, die mit giftigen Chemikalien statt mit plumper Gewalt arbeiten. Gift gilt bei Frauen schon lange als die Waffe ihrer Wahl, obwohl sie nicht wirklich die Wahl haben. Sie sind gewöhnlich schwächer als Männer und könnten diese in einem körperlichen Kampf nicht besiegen. Trotzdem wird der Giftmord traditionell auf das Fehlen roher Aggression bei der Frau und auf ihre Scheu vor direkter Konfrontation zurückgeführt. Ein Giftmord lässt an häusliche Gefangenschaft und Misshandlungen denken – oder an eine verheiratete Frau mit einem Liebhaber, die zu große Angst hat, die Scheidung zu verlangen. Die Tatwaffe wird in der Regel im Supermarkt oder im Autoersatzteilgeschäft für weniger als fünf Dollar zusammen mit anderen Besorgungen für den tyrannischen Ehemann gekauft. Das bevorzugte Gift ist heutzutage Bleichmittel, aber viele Frauen entscheiden sich auch für biologischere Substanzen. Kürzlich schmuggelte eine Frau aus Colorado Fingerhutblätter in den Salat ihres Mannes und ermahnte ihn danach, ja seine Rohkost zu essen. Der Fingerhut enthält das tödliche Gift Digitalis.

In Mythologie und Literatur wird Gift mit Hexen, Hebammen und Köchinnen in Verbindung gebracht. Seine Anwendung sei »ein Versuch der Machtlosen, Macht auszuüben«, schreibt Joyce Carol Oates in einer Rezension von Shirley Jacksons *Wir haben schon immer im Schloss gelebt*. In diesem Roman sind die Blackwood-Schwestern in ihrem Dorf Außenseiter und werden von ihren Nachbarn der Hexerei verdächtigt. Sie sind außerdem regelrecht von der Küche besessen. Essen ist ein Fetisch in dem Roman: Selbstgeräucherter Schinken, frische Marmeladen, Kekse und Krautsalat werden vertilgt, und ständig wird Tee serviert. Wie sich gegen Ende des Romans herausstellt, hat die verschrobene und kindische Ich-Erzählerin Merricat ihre eigenen Eltern vergiftet, indem sie Gift in die Zuckerdose getan hat, und zu ihrer Schwester sagt sie in Bezug auf die Dorfbewohner: »Ich werde ihnen allen Gift ins Essen tun und zusehen, wie sie sterben.«

Schuster jedoch passt überhaupt nicht zu dieser Theorie der Machtlosigkeit. Zum Zeitpunkt des Mordes betrieb sie die Central California Research Laboratories, ein erfolgreiches Biochemielabor (»BAD CHEMISTRY« war eine der bevorzugten Schlagzeilen bei der Berichterstattung über den Mordfall). Nachbarn sagten aus, sie habe an den meisten Tagen von 6.30 Uhr bis 19.30 Uhr gearbeitet. Ihr Mann Timothy war Krankenpfleger und fuhr die Kinder zum Arzt, zur Musikstunde und ins Fußballstadion. (»Mr Mom« wurde er in den Medien genannt.) Im Prozess wurde Larissa von Zeugen als »intelligent«, »herrschsüchtig«, »aufregend« und »ehrgeizig« beschrieben und Timothy als »sanft«, »ängstlich«, »ruhig« und »zuvorkommend«. Aus den finanziellen Unterlagen ging hervor, dass sie etwa doppelt so viel verdiente wie er und den größten Teil der Hypothek auf dem neuen Haus des Paars abzahlte. Laut ihrem Anwalt Roger Nuttall war sie »eindeutig das Familienoberhaupt« und »bestimmte, wo es langging«. Tatsächlich hatte Timothy am Tag des Mordes seinen Job im Saint Agnes Medical Center verloren; Freunde meldeten ihn bei der Polizei als vermisst, als er zu seinem Entlassungsgespräch nicht erschien.

Wie Bob Solis im Gespräch mit mir sagte, verschlechterte sich die Beziehung zwischen Larissa und Timothy, als sie in Kalifornien herumreiste, sich mit leitenden Angestellten anderer Chemiefirmen traf und dann zu Hause ihren Mann mit ihnen verglich. »Sie kam zu dem Schluss, er sei, wie heißt noch mal das Wort, zu häuslich?« Timothy arbeitete gern im Garten und war gern mit den Kindern zusammen. Er war ein ausgebuffter Schnäppchenjäger und ein begeisterter Koch. In der Nacht seines Todes machte er für Solis und dessen Frau seine berühmte Vanilleeiscreme in der Rührtrommel nach einem Rezept seiner Mutter. Larissa jedoch verkehrte laut Solis inzwischen »mit einer anderen Klasse von Leuten und fand, dass er ihrem Format nicht mehr ganz entsprach«.

Wenn Larissa von ihren Dienstreisen nach Hause kam, erzählte sie ihren Freunden, was für ein »Schisser« ihr Mann sei und dass er »endlich erwachsen werden« solle. Mit der Zeit wurde sie extrem beleidigend. Während des Verfahrens spielte die Anklage Mailboxnachrichten vor, auf denen sie ihn beschimpfte, weil er so wenig Geld verdiene und impotent sei. »Du könntest nicht mal einen Hund ficken, du impotente Schwuchtel«, brüllt sie auf seiner Mailbox. Timothy hatte nach Aussage von Freunden eine Pistole unter dem Kissen seines Sofas, weil er Angst vor seiner Frau hatte.

An einem Punkt des Verfahrens versuchte die Verteidigung, Larissa in die bekannte Schublade von der weiblichen Giftmörderin zu pressen. Der Psychiater Stephen Estner wurde aufgerufen und sagte aus, Larissa weise das Syndrom einer geschlagenen Frau auf. »Meinem Eindruck nach war Mrs Schuster eine sehr direkte und durchsetzungsfähige Person, und Mr Schuster war ein eher passiver und fürsorglicher Charakter. Und ich glaube, sie sind deshalb aneinandergeraten.« Nach Estners verquerer Logik erkrankte Larissa wegen der Passivität von Timothy und seinem Versagen als Mann körperlich und seelisch an Symptomen, die unter anderem Depressionen, Herzrhythmusstörungen und Haarausfall umfassten. In Umkehrung des üblichen Szenarios war sie laut Estner eine geschlagene Ehefrau, weil Tim nicht Manns *genug* war – die erste bekannte Verwendung eines Arguments, das vielleicht als die »Ende-der-Männer-Verteidigung« in die Geschichte eingehen wird. Doch die Geschworenen ließen sich nicht überzeugen. Sie hielten ein direkteres Motiv für wahrscheinlicher, das bei einem Mord am Ehepartner nur deshalb neu war, weil es bei der Frau und nicht beim Mann vorlag. Ihrer Ansicht nach tötete Larissa ihren Mann, weil sie Angst hatte, dass er bei einer Scheidung die Hälfte des lukrativen Unternehmens bekommen würde, das sie aufgebaut hatte.

Larissa Schuster gehört einer neuen Liga von Frauen an, in der sich der Archetyp der Giftmörderin so verändert hat, dass er zu der Umwälzung unserer häuslichen Verhältnisse passt. Sie spielt in derselben Liga wie Ann Miller Kontz, eine bei GlaxoSmithKline beschäftigte Chemikerin aus North Carolina, die 2005 verurteilt wurde, weil sie ihrem Mann Arsen in die Infusion getan hatte, mit Tianle Li, einer Chemikerin aus New Jersey, die bei der pharmazeutischen Firma Bristol-Myers Squibb arbeitete und angeklagt wurde, ihren getrennt lebenden Ehemann mit Thallium vergiftet zu haben, einem giftigen Metall, das in den 1970er Jahren verboten wurde. Die Mordwaffen dieser neuen Art von Giftmörderinnen sind nicht die Massenware, die einer normalen unglücklichen Hausfrau zur Verfügung steht, sondern Chemikalien, zu denen nur hochqualifizierte Personen mit einer eindrucksvollen Stelle bei einer biochemischen oder pharmazeutischen Firma Zugang haben. (Ein Blogger gab in Bezug auf den Fall Larissa Schuster seinen männlichen Lesern folgenden Rat: »Wenn ihr daran denkt, eine Biochemikerin zu heiraten, überlegt es euch lieber noch einmal.«) Die neuen Morde sind nicht mehr auf die Unterdrückung der Frau zurückzuführen, sondern darauf, dass diese inzwischen in wissenschaftliche Bereiche vordringt, die früher Männern vorbehalten waren. Die alte Vorstellung von der Giftmörderin beruhte auf der Furcht, dass Frauen aus Wut über die Dominanz der Männer ihre Waffen im Haushalt nutzen könnten, um dem Unterdrücker sozusagen passiv den Tod zu bringen. Die neue Vorstellung beruht dagegen auf der Furcht, dass Frauen Gewalt ausüben und ihr Spezialwissen einsetzen könnten, um zu kriegen, was sie wollen. Auch wenn die oben beschriebenen Fälle noch durchaus vereinzelt und exotisch sind, lassen sie doch die beunruhigende Möglichkeit ahnen, dass die bisher männertypische Eskalation von der bloßen Konkurrenz zu Aggression und Gewaltanwendung sich mit der Umwälzung der Geschlechterrollen auch bei den Frauen zu manifestieren beginnt.

Warum sollten Frauen ihre Aggressionen besser kontrollieren können als Männer? Bei den Männern nehmen wir schon lange an, dass Aggressionen ganz verschiedene Ausprägungen haben können. Derselbe Impuls, der die eine Person zum Mörder macht, verhilft der anderen zu einem Killerinstinkt an der Wall Street. Dieselbe Wut, die auf der Straße zu einer Schlägerei führen kann, kann auch als Antrieb für ein riskantes Geschäft genutzt werden. Oft benutzen wir dafür sogar die gleiche Sprache. Brett Steenbarger, der Menschen berät, damit sie an der Wall Street Erfolg haben, sagt den Händlern, sie sollten sich wie Boxer verhalten. Wenn du siehst, dass dein Gegner verletzt ist, »versuch den Niederschlag«. Manchmal können die destruktiven und die produktiven Formen des Antriebs in ein und demselben Mann vorliegen. Am Ende von Bret Easton Ellis' Roman *American Psycho* gehen Patrick Batemans Antriebe in mehrere Richtungen zugleich. Er sitzt in einem modischen New Yorker Restaurant und spricht mit seinen Kollegen von der Wall Street darüber, »wie man Macht effektiv einsetzt«. Gleichzeitig hält er in dem Lokal Ausschau nach dem Gast, den er als Nächsten ermorden kann.

Bateman ist wahnsinnig, aber in völliger Übereinstimmung mit dem Ursprungsmythos der männlichen Dominanz, in dem die Rolle beider Geschlechter etwa 200 000 Jahre lang relativ klar definiert war. Anthropologisch erklärt sich dieses Phänomen so, dass der Mann denselben Instinkt hat wie der Elch, der in der Brunftzeit mit dem Geweih kämpft, oder der Käfer, der seinen Kiefer um den Rivalen schließt und diesen zerquetscht.

Der »Fortpflanzungserfolg« der tapfersten und geschicktesten Kämpfer hängt davon ab, »ob sie sich in der sozialen Hierarchie behaupten« und so auch die meisten Frauen und Nachkommen bekommen, wie es Simon Baron-Cohen, ein Psychologieprofessor aus dem britischen Cambridge, formulierte. Um seinen Samen zu verbreiten, musste der Mann mutig sein, Risiken eingehen und gern konkurrieren. Gelegentlich bildeten Männer auch Armeen, um den Feind zu besiegen und dessen Frauen zu gewinnen. Die Frau dagegen musste wählerisch und vorsichtig sein. Sie musste in ihre Nachkommenschaft investieren und sich deshalb schützen und Risiken vermeiden.

Im Lauf der Jahre hat die Evolutionsbiologie das Bild vervollständigt, das sich aus diesen frühen Mustern ergibt. Solche evolutionären Relikte »haben wichtige Auswirkungen am Arbeitsplatz«, argumentiert der Juraprofessor Kingsley Browne in seinem Buch *Divided Labours: An Evolutionary View of Women at Work*. Das Streben nach Macht und Status sei tief in der Psyche des Mannes verankert; Frauen seien dagegen auf Zurückhaltung programmiert.

Im Extremfall bewahrheiten sich diese Annahmen, wenigstens heute noch. Was die blanke körperliche Aggression betrifft, übertreffen die Männer die Frauen bei weitem;

laut Statistik werden weltweit 80 Prozent der Morde von Männern begangen. Und im Gegensatz zu Männern bringen Frauen fast nie Fremde um. Fragebögen und Studien zur Untersuchung feindseliger Handlungen beweisen, dass Männer bis heute sehr viel wahrscheinlicher schlagen oder schreien oder anderen (angebliche) Elektroschocks verpassen. Die Neurowissenschaftlerin Lise Eliot erklärt die primitive Logik dieses Phänomens in ihrem Buch *Wie verschieden sind sie? Die Gehirnentwicklung bei Mädchen und Jungen* wie folgt: »Man kann einen grimmigen Widersacher schwerlich bezwingen, indem man sich besorgt fragt, wie ihm wohl zumute ist.«

In *Gewalt: Eine neue Geschichte der Menschheit* führt der Linguist und Kognitionswissenschaftler Steven Pinker den historischen Rückgang der Gewalt teilweise auf die Verweiblichung der Kultur zurück. Während Männer sehr viel wahrscheinlicher gewalttätige Spiele spielten, für kriegerische Politik stimmten oder Gewaltverbrechen begingen, gründeten Frauen eher pazifistische Organisationen. Die Triebkraft der Veränderung sei eine gewaltige Verweiblichung der Kultur von der Art, wie sie Konservative gerne beklagten, ein Austausch des alten männlichen Verhaltenskodex kriegerischen Ruhms gegen eine weiblichere Betonung von Gerechtigkeit und Empathie. »Wir sind heute alle Feministen«, schreibt Pinker. Und er zitiert die Erklärung von Tsutomu Yamaguchi, einem Überlebenden von Hiroshima, dass nur noch stillende Mütter Staaten regieren sollten.

Wie immer sind Pinkers allgemeine umfassende Behauptungen schwer zu widerlegen, es sei denn, man denkt an konkrete Gegenbeispiele. (War Margaret Thatcher Pazifistin? War Condoleezza Rice gegen den Irakkrieg? Gab es keine Kriege mehr, nachdem das Frauenwahlrecht eingeführt wurde? Ist eine aggressivere Kommunikation denkbar, als wenn eine anonyme Mutter im Netz über Frauen herzieht, die nicht stillen wollen?) Aus weiter Ferne betrachtet wirken Pinkers Behauptungen meistens richtig: Ja, Männer sind im Allgemeinen gewalttätiger; und ja, die zurückgehende Verherrlichung militärischen Ruhms hängt vermutlich mit dem weniger kriegerischen Verhalten in den westlichen Ländern zusammen. Doch aus dieser distanzierten Perspektive sind all die Veränderungen nicht zu erkennen, die sich abseits der dramatischen Verhaltensweisen ändern, auf die Pinker sich konzentriert – Veränderungen, die die Vorstellung erschüttern könnten, dass die Männer »von Natur aus« das dominantere Geschlecht wären.

Es gibt einfachere und genauso überzeugende historische Erklärungen für die männliche Aggressivität, wie der Philosoph Jesse Prinz kürzlich in »Why Are Men So Violent?«, einem einflussreichen Artikel in der Zeitschrift *Psychology Today*, dargelegt hat: In Jäger-Sammler-Gesellschaften waren die Männer davon abhängig, dass die Frauen Nahrung sammelten. Als jedoch die Landwirtschaft eingeführt wurde, machten die Männer, da sie mehr Körperkraft besaßen, die meiste Arbeit selbst. Sie wurden die einzigen Ernährer der Familie, und die Frauen wurden wirtschaftlich von ihnen abhängig. Dies erlaubte den Männern letztlich, die sozialen und politischen Institutionen zu übernehmen und die Frauen unter Kontrolle zu halten. Als die Männer erst einmal über die Macht und die Ressourcen verfügten, hatten sie allen Grund, hart dafür zu kämpfen, dass dem auch so blieb.

Welche Version richtig ist, werden wir offensichtlich nie sicher wissen. Wir wissen jedoch, dass der Vergleich zwischen Männern und Elchen in letzter Zeit nicht mehr ganz so überzeugend wirkt. Analysiert man subtilere Formen der Aggression, als Speere zu werfen und Menschen zu töten, sind die Unterschiede zwischen den Geschlechtern nicht mehr so deutlich. Mehr und mehr Frauen scheinen »männliche« Verhaltensweisen zu kopieren, und außerdem erfinden Frauen ganz neue Arten der Gewaltanwendung. Oder wie die erfolgreiche Kriminalschriftstellerin Patricia Cornwell kürzlich in der *New York Times* zitiert wurde: »Je mehr Macht die Frauen gewinnen, umso mehr wird ihr Verhalten dem anderer mächtiger Menschen gleichen.«

Zu Beginn der 2000er Jahre stellten Kriminologen in den USA einen seltsamen Trend fest. Die große Kriminalitätswelle ab Mitte der 1990er Jahre ging endlich zu Ende. Die Raten der Gewaltverbrechen sanken, das heißt: die der von Männern begangenen Gewaltverbrechen. Tatsächlich wurden weniger Männer und insbesondere weniger männliche Jugendliche verhaftet als je zuvor. Bei den Verhaftungen von Frauen jedoch verhielt es sich genau umgekehrt. Der Anteil der wegen Gewaltverbrechen verhafteten Frauen stieg von 11 Prozent im Jahr 1990 auf 18 Prozent in 2008. Der Anteil der Frauen, die wegen Eigentumsdelikten verhaftet wurden, stieg im selben Zeitraum von 25 auf 35 Prozent. Bei den weiblichen Jugendlichen war die Steigerung bemerkenswert: Zwischen 1992 und 2003 stiegen laut FBI die Festnahmen wegen Tätlichkeiten bei weiblichen Jugendlichen um erstaunliche 40,9 Prozent, während sie bei männlichen Jugendlichen nur um 4,3 Prozent zunahmen. Die Frauen holten die Männer damit noch lange nicht ein, doch der Abstand verringerte sich rapide. Im Jahr 1980 wurden dreimal mehr Männer als Frauen wegen einfacher Körperverletzung festgenommen, und bis 2008 war die männliche Rate weniger als doppelt so groß wie die weibliche.

Die Zahl der Festnahmen vermehrte sich bei Frauen aller Altersstufen. Eine seltsame statistische Besonderheit war der Anstieg bei den Frauen über vierzig. In dieser Altersgruppe war die Zahl der Festnahmen wegen Gewaltverbrechen seit den 1980er Jahren um 307 Prozent, wegen Eigentumsdelikten um 114 Prozent und wegen Drogendelikten um 1040 Prozent gestiegen. Typisch wäre eigentlich, dass jüngere Frauen mehr Gewaltverbrechen begehen als Frauen, die deren Mütter sein könnten. Doch in der letzten Kohorte hatte sich diese Tendenz umgekehrt: Es wurden mehr Frauen mittleren Alters wegen Gewaltverbrechen und Drogendelikten verhaftet als Frauen unter achtzehn.

Das Ergebnis war wohl oder übel, dass in den USA viel mehr Frauen als je zuvor strafrechtlich verfolgt wurden. Von 1985 bis 2002 stieg die Zahl der Gerichtsverfahren gegen weibliche Jugendliche um 92 Prozent, während die gegen männliche Jugendliche nur um 29 Prozent zunahm. Etwa im selben Zeitraum nahm die Inhaftierung weiblicher Jugendlicher um 98 Prozent zu, während sie bei männlichen Jugendlichen nur um 23 Prozent stieg. Das Strafrechtssystem und insbesondere die Jugendgerichte, die junge Frauen lange mit einer gewissen Milde und einem gewissen patriarchalischen Beschützerinstinkt behandelt hatten, ließen den Frauen nun eine Art »rachsüchtige Gleichbehandlung« angedeihen, wie es Kriminologen formulierten. Die Gerichte sahen bei den weiblichen Jugendlichen nun fast das gleiche Destruktivpotenzial wie bei den männlichen.

Unter Kriminologen ist es bis heute umstritten, ob die jungen Frauen tatsächlich gewalttätiger geworden sind oder ob sie in unserer Kultur nur so behandelt werden. Die Frage ist nicht zu klären und in gewisser Hinsicht unwichtig. Wie Kriminologen gerne sagen, kann Gewalt als selbsterfüllende Prophezeiung betrachtet werden. Je mehr die jungen Frauen von den Behörden als gewalttätig betrachtet werden, umso stärker sehen sie sich selbst so. Auf diese Weise wird der Kreislauf der Gewalt in Gang gehalten. Die Kriminologin Melissa Sickmund bezeichnet den Wandel in den letzten zwei Jahrzehnten »als subtile Verlagerung in der Wahrnehmung der Norm. Was die Polizei tut und was die Leute in der Zeitung lesen oder im Fernsehen sehen, verändert die Erwartungen, die wir in Bezug auf das Verhalten von jungen Frauen haben. Und die Frauen erfüllen diese Erwartungen« (eben auch in negativer Hinsicht).

Mit dem Verbrechen erobern die Frauen ein neues Terrain, und zwar insbesondere in dem Bereich des Verbrechens, der die Öffentlichkeit am meisten beschäftigt. In der Vergangenheit waren die Verbrechen von Frauen in der Regel eine Familienangelegenheit, zum Beispiel wurde der Ehemann erstochen oder ein Baby getötet. Häufig hatten sie einen Hintergrund, der Mitgefühl mit der Frau weckte und feministisch interpretiert werden konnte: eine geschlagene Ehefrau, die den Täter angreift (Lorena Bobbitt), eine Frau mit einer postpartalen Psychose (Andrea Yates).

Doch der vielleicht berüchtigtste weibliche Mörder in den letzten paar Jahren war die Neurowissenschaftlerin Amy Bishop, die an der University of Alabama in Huntsville auf sechs ihrer Kollegen schoss und drei von ihnen tötete. Sie entsprach keinem der Archetypen des weiblichen Mörders. Vielmehr entsprach sie, ganz ähnlich wie Larissa Schuster, einem vertrauten männlichen Archetyp: dem gestörten Einzelgänger, der ein grundloses, aber vorsätzliches Verbrechen begeht. Auch folgte sie, ebenfalls ähnlich wie Schuster, einer verqueren Binnenlogik, nach der die Anwendung von Gewalt zum Schutz der eigenen Karriere legitim war. Jede Ära hat die Kriminellen, die sie verdient. Die 1930er hatten den angeberischen Al Capone, die späten 1960er den kultigen Charles Manson und die 1980er Charles Keating mit seinem extremen Finanzschwindel. Gut möglich, dass der Kriminelle, den die frühen 2000er Jahre verdienen, die mordende Karrierefrau sein wird. »Es ist eine unangenehme Tatsache«, schrieb Sam Tanenhaus in der *New York Times*, »dass Dr. Bishop trotz ihrer ausgeprägten Einzigartigkeit auch auf den entwickelten Status der Frau im Amerika des 21. Jahrhunderts verweist.«

Auch einen weniger tödlichen Bereich sind die Frauen im Begriff zu erobern, wenn nicht gar zu beherrschen: die Schlägerei in der Öffentlichkeit. Die vielleicht berüchtigtste Täterin in diesem Bereich ist Snooki, der stämmige kleine Star der Realityshow *Jersey Shore*. Eine Episode ist erst komplett, wenn Snooki jemand einen Drink ins Gesicht geschüttet oder über einen Tisch geschubst hat. In der MTV-Show *Teen Mom* ist weibliche Gewalt mindestens genauso alltäglich wie das Geturtel mit Säuglingen. (Jenelle Evans, einer der Stars von *Teen Mom 2*, wurde festgenommen, als auf der Website TMZ ein Video gepostet wurde, in dem sie eine andere junge Frau angreift und schlägt.) Eine ganze Rubrik könnte auf YouTube für Frauen eingerichtet werden, die in Fastfood-Restaurants Schlägereien anfangen. Im Jahr 2010 wurde die blonde und gutaussehende, aber betrunkene Melodi Dushane aus Toledo, Ohio, festgenommen, weil sie eine Schlägerei mit zwei Angestellten von McDonald's anfing und die Scheibe des Drive-in-Schalters einschlug, weil sie vor

9.30 Uhr keine Chicken McNuggets bekam – eine Szene, die von Überwachungskameras aufgenommen wurde. In einem weiteren Video aus einem Denny's Restaurant in Chicopee, Massachusetts, setzen eine weiße und eine schwarze Frau, die für einen Abend in der Stadt angezogen sind, einen Kampf fort, mit dem ihre Begleiter aufgehört haben. Und in einem Burger King in Panama City, Florida, springt eine junge Frau im Bikini über die Theke und schlägt auf den Mann an der Kasse ein.

Als ich Sickmund fragte, was denn für die neue Frauengewalt typisch sei, wies sie mich auf ein kürzlich entstandenes Video hin, auf dem eine Gruppe junger afroamerikanischer Frauen an einer Metro-Haltestelle in Washington, D.C., einen wildfremden weißen Mann mittleren Alters angreift. Die Mädchen gehen eine nach der anderen zu ihm hin und stoßen ihn, bis er einen langen Korridor entlangstolpert. »Ich will nichts von euch!«, schreit er hysterisch, während ihm der Rucksack von der Schulter rutscht. Aber sie gehen immer weiter auf ihn los, schlagen ihn mit fliegenden Zöpfen. »Was ist los? Was ist los?«, schreien die Angreifer, während andere aus der Gruppe Fotos schießen. Nichts spricht dafür, dass die Mädchen provoziert, belästigt oder von anderen zu der Tat angestiftet wurden. Wahrscheinlich könnte man in einem größeren soziokulturellen Zusammenhang mit der Unterdrückung von Rassen oder Klassen und mit unterdrückter Ausdrucksfähigkeit argumentieren, aber selbst das wäre ziemlich weit hergeholt. Es ist Freitag um halb vier, die Schule ist aus, und die Katzen spielen mit einer Maus. Wenn es für dieses Ereignis überhaupt eine relevante ethnografische Interpretation gibt, dann das Buch von Cindy Ness, *Why Girls Fight*, über Gewalt in den Innenstädten. Ness ist eine der wenigen

Autorinnen, die bei dem Thema nicht nur Unterdrückung und Viktimisierung als Tatmotive unterstellen. Ihrer Ansicht nach ist Gewalt für weibliche Jugendliche eine »Quelle von Vergnügen, Selbstachtung und kulturellem Kapital«. Die jungen Frauen in ihrer Studie »genießen es, andere physisch zu beherrschen, sie haben Freude daran, Schmerz zuzufügen und als Siegerinnen aus einer Konfrontation hervorzugehen«. Oder wie es eine von Ness interviewte Jugendliche formulierte: »Ich weiß, dass ich nicht die Welt regiere, aber ich kann mich so fühlen, als ob ich es tue, kann Ihnen das Gefühl vermitteln, dass ich es tue.«

Im Sommer 2011 besuchte ich ein PACE-Center in der Nähe von Fort Lauderdale in Florida. PACE steht für Practical Academic Cultural Education und dient als Alternative zum konventionellen Strafrechtssystem für weibliche Jugendliche. Die Gerichte schicken weibliche Teenager in ein PACE-Center, wenn sie typische Anlagen zur Jugendkriminalität zeigen: ein sich herausbildendes Verhaltensmuster von Schulschwänzerei, Drogenmissbrauch oder Drogenhandel oder physischer Gewaltausübung. Einige Jahre lang besuchen die Mädchen dann ein PACE-Center statt der Highschool. Sie haben normalen Unterricht, aber auch Beratungssitzungen und sind einigermaßen strengen Regeln unterworfen. Als Kleidung sind Poloshirt und lange Hosen vorgeschrieben, und die Mädchen müssen sich immer abmelden, wenn sie das Gebäude verlassen. Bei PACE gilt das Prinzip, dass die Mädchen im System anders behandelt werden müssen als die Jungen, und die Organisation hat zu diesem Zweck ein sogenanntes »geschlechtsspezifisches Programm« entwickelt. »Die Mädchen werden generell falsch verstanden«, sagt die Direktorin Aggie Pappas. »Sie sind in der Regel irgendwie traumatisiert oder viktimisiert, und das ist der Antrieb für ihr Verhalten. Wir geben ihnen einen Raum, in dem sie sich ausdrücken und eine eigene Stimme finden können.« In einer Gruppensitzung sah ich zu, wie die Mädchen mit den Beratern darüber sprachen, was sie tun sollten, wenn ihre Väter ihnen nicht trauen und sie zu Hause einschließen oder wenn ihre Mutter einfach verschwindet. Die Mädchen kamen aus allen Teilen der Region und waren etwa zu gleichen Teilen Weiße, Afroamerikanerinnen und Latinas. Während ich dort war, führte eine Gruppe der Mädchen einen bewegenden, wenn auch etwas unbeholfenen Tanz zu dem absolut angemessenen Girlpowerhit »Fuckin' Perfect« von Pink vor: »Pretty pretty please, don't you ever ever feel, like you're less than fuckin' perfect« (»Bitte, meine Hübsche, fühl dich immer, als ob du verdammt perfekt wärst«), lautet der Refrain.

Die Mädchen, mit denen ich sprach, haben offenbar die Grundbotschaft von PACE akzeptiert, dass es besser ist, eine Hochschule zu besuchen, als im Knast zu landen, und dass es besser ist, über ein Problem zu reden, als zuzuschlagen. Aber selbst bei den beiden vorbildhaften Schülerinnen, die mich das Personal des Centers interviewen ließ, ist der reale Bezug zur Gewalt immer noch bestenfalls ambivalent. Wenn sie von den Kämpfen sprechen, die sie gewonnen haben, sind sie unverkennbar stolz. Meine 17-jährige Gesprächspartnerin Delores hat genauso hübsche Augen wie Beyoncé und eine kurvenreiche Figur unter dem großen braunen Sweatshirt. Sie hat außerdem eine nette, kindliche Stimme, die ihr ständig Probleme macht, »weil die Leute mich für weich halten«. Aus diesem Grund hatte sie immer das Gefühl, sich beweisen zu müssen. Sie geriet in Schlägereien mit Cousinen, Freundinnen, Freunden und sogar Polizisten. Über ihre letzte

Schlägerei mit ihrer Cousine Princess erzählte sie mir: »Um ehrlich zu sein und obwohl es sich für Sie vielleicht gestört und traurig anhört, mir hat es gefallen, sie zu schlagen. Ich fühlte mich sehr gut danach, weil jetzt niemand mehr denkt, dass ich Angst vor ihr habe. Wissen Sie, die Leute finden, dass sie auf der Welt nichts anderes haben als Respekt. Das ist das Einzige, wofür es sich zu kämpfen lohnt.« Diese aktualisierte Version des alten martialischen Macho-Ehrenkodex ist immer noch sehr real für sie, vielleicht das Realste in ihrem Leben.

Meine zweite Gesprächspartnerin, Delores' 15-jährige Freundin Christine, ist ein völlig anderer Typ: weiß, mit einem Cheerleader-Selbstbewusstsein und immer schnell mit ermutigenden Wendungen bei der Hand (»Du kannst absolut aufs College gehen!«). Trotzdem fällt es ihr leicht, sich auf Delores' Lebensphilosophie zu beziehen. Auch sie kam in Schwierigkeiten, weil sie sich an der Schule mit einem anderen Mädchen schlug. Ein Jahr danach schaut sie sich immer noch gern das Video von dem Kampf an, das jemand auf Facebook gepostet hatte, und sie wiederholt besonders gern die Stelle, an der das andere Mädchen schreit: »Geh runter von mir! Geh runter von mir!«

»Mir gefällt das, weil sie es wirklich nötig hatte, dass ich von ihr runtergehe!«, sagte Christine. »Und dann haben mir meine Freundinnen all diese Textnachrichten geschickt: ›Verdammt, der hast du's aber gezeigt‹ und ›Die wird sich nie mehr blicken lassen.‹ Solche Sachen. Und es hört sich vielleicht traurig an, aber das hat mir auch echt gutgetan. Ich glaube nicht, dass es nur Mädchen oder nur Jungen so geht. Es geht allen so. Wenn du verlierst, halten dich die Leute für weich, und wenn du gewinnst, respektieren sie dich.«

Auf meine Frage, ob sie sich auch mit Jungen schlagen würden, lachten sie. »Natürlich! Aber wir sind die Einzigen, die schlagen«, sagte Christine und erzählte mir, dass ihr Freund einen Bluterguss bekam, weil sie ihm eine neun Kilo schwere Hantel ins Gesicht warf.

Was sich im einen Kontext geradezu verrückt anhört, kann in einem anderen wie eine legitime Stärkung der Frau klingen. Eine Begleiterscheinung der jüngsten Zunahme weiblicher Gewalt ist nämlich die bemerkenswerte Abnahme der Gewalt gegen Frauen. Heutzutage ist es viel weniger wahrscheinlich, dass Frauen ermordet, vergewaltigt, tätlich angegriffen oder ausgeraubt werden, als zu irgendeinem anderen Zeitpunkt in der Geschichte. In einem Bericht des Weißen Hauses über Frauen und weibliche Jugendliche wurden 2010 die jüngsten statistischen Daten veröffentlicht – sehr zur Verwirrung vieler Feministinnen. Die Rate nicht tödlicher gewaltsamer Viktimisierung von Frauen ist laut dem Bericht seit den 1990er Jahren drastisch gesunken. Im Jahr 1993 kamen 43 gewaltsame Zwischenfälle auf je 1000 Frauen, heute sind es noch 18. Die Zahl der Vergewaltigungen ist seit 1993 um 60 Prozent gesunken und das ganze Jahrzehnt nicht mehr gestiegen. Die genaueste Verbrechensstatistik, die National Crime Victimization Survey des Bureau of Justice Statistics, zeigt, dass Vergewaltigungen und andere Tätlichkeiten gegen Frauen im Lauf der letzten 35 Jahre, und insbesondere im letzten Jahrzehnt, stark abgenommen haben. In den vergangenen zwölf Jahren berichteten Mädchen und junge Frauen über weit weniger Fälle von vollendeter und versuchter Vergewaltigung, tätlichen Angriffen, Drohungen und allen anderen Gewaltverbrechen.

Der Rückgang fand statt, obwohl die Definition von Vergewaltigung erweitert wurde. Sie schließt inzwischen auch Handlungen mit ein, bei denen es, wie etwa bei Oralverkehr, nicht zur Penetration kommt, und gilt auch bei Umständen, unter denen das Opfer (in der Regel wegen Trunkenheit) nicht mehr in der Lage ist, seine Zustimmung zu geben. Der stärkste Rückgang ist bei tätlichen Angriffen von Bekannten und Verwandten zu verzeichnen. »Frauen können heute viel leichter aus einer schlimmen Beziehung aussteigen«, sagt Melissa Sickmund. »Sie müssen nicht bleiben, bis sie getötet werden.« Und der Kriminologe Mike Males fügt hinzu: »Junge Frauen haben heute erheblich mehr Macht. Deshalb sind sie viel schwerer zum Opfer zu machen. Die Leute geben nicht zu, dass es diese Trends gibt, weil es selbst unter Liberalen ein großes Unbehagen darüber gibt, dass junge Frauen so großen Erfolg haben. Sie kommen in größeren Zahlen auf den Arbeitsmarkt und verdienen gut, während sich die jungen Männer auf einer destruktiven Talfahrt befinden. Viele Entwicklungen sind positiv, und ich glaube, das bringt manche Leute aus dem Gleichgewicht, weil sie an einer anderen Geschichte hängen.«

Aus einer neueren britischen Studie geht hervor, dass Frauen dreimal öfter wegen häuslicher Gewaltanwendung festgenommen werden und dabei sehr viel öfter eine Waffe benutzen als Männer. Seit in den USA Ende der 1990er Jahre Gesetze verabschiedet wurden, die eine Festnahme bei häuslicher Gewalt zwingend vorschreiben, sind die Festnahmen von Frauen stark gestiegen und haben in manchen Staaten bereits einen Anteil von 50 Prozent oder noch mehr erreicht. Leute, die sich für die Opfer häuslicher Gewalt einsetzen, sind oft empört über diese Entwicklung und sagen, die Frauen gerieten versehentlich in eine Falle, die eigentlich für gewalttätige Männer bestimmt sei. Eine genauere Erklärung lautet jedoch, dass weibliche Aggressionen – genau wie männliche – eine große Bandbreite besitzen. Frauen sind heutzutage eher bereit, sich zu verteidigen oder Gegengewalt anzuwenden, als früher, und manchmal schlagen sie wohl auch als Erste zu. Eine britische Studie kam zum Ergebnis, dass 40 Prozent der Opfer häuslicher Gewalt Männer waren.

Unsere Vorstellung von der besonderen Verwundbarkeit der Frau ist natürlich tiefer verwurzelt als unsere politischen Ansichten. Es ist für uns schwer vorstellbar, dass sich durch die neuen Lebensbedingungen der Frau etwas so Fundamentales verändern könnte wie die rohe physische Kraft. In den meisten Kriminal- und Actionfilmen sind die Frauen immer noch Opfer, und der weibliche Aggressor ist immer noch eine exotische Anomalie. Fernsehserien wie *Snapped* auf dem amerikanischen Kabelsender Oxygen, die die Biografien weiblicher Krimineller zeigen, spielen immer noch mit der Erwartung, dass weibliche Gewaltanwendung eine seltsame Ausnahmeerscheinung sei. »Diese schockierenden, aber wahren Geschichten ... beweisen, dass selbst die unwahrscheinlichsten Tatverdächtigen zu einem Mord fähig sind«, heißt es in der Einleitung der Episoden. Wir finden es schwierig, die alte Geschichte von der hilflosen Frau aufzugeben, selbst wenn Frauen denkbar großes Unheil anrichten.

Seit dem Jahr 2000 verübten Frauen in Russland, im Nahen Osten, in Indien, in Sri Lanka und in anderen Ländern mehr als 100 Selbstmordanschläge. Als die »Schwarzen Witwen« von Tschetschenien 2010 in der Moskauer U-Bahn erneut eine Bombe zündeten, wurden sie in den Nachrichten beschrieben, als ob sie einer griechischen Tragödie entstammten: Sie waren durch persönliche Verluste so zerstört und von ihrer weiblichen Natur entfremdet, dass sie einen medeaartigen Racheakt verübten. Eine der Täterinnen befand sich »in emotionaler Verzweiflung, nachdem ihr Ehemann aufgrund eines offenbar geschäftlichen Streits umgebracht worden war«, sagte die Anwältin Natalja W. Jewlapowa der *New York Times*. Diese Frauen, sagte sie, »werden einfach in eine Ecke gedrängt«.

Die Medien beschreiben die Motive solcher Selbstmordattentäterinnen immer mit ein paar typischen metaphorischen Redewendungen: Sie sind entweder jung und psychisch gestört oder rachsüchtig oder naiv und stehen unter dem Einfluss eines charismatischen Mannes. Die erste bekannte Selbstmordattentäterin war ein 16-jähriges Mädchen, das für eine syrische Widerstandsgruppe arbeitete und 1985 einen Lastwagen in einen israelischen Konvoi steuerte. In den Nachrichten hieß es zunächst, sie sei schwanger, und dann, sie sei depressiv gewesen. Wie sich herausstellte, war sie weder das eine noch das andere. Die Attribute waren nur schmalzige sentimentale Tünche.

»Wie man uns erzählt«, schreibt Lindsey O'Rourke, eine Doktorandin an der University of Chicago, die eine umfassende Studie über alle bekannten weiblichen Selbstmordattentäter erstellte, »werden Frauen aus Verzweiflung oder geistiger Verwirrung, aus religiöser Unterwerfung oder aus Frustration über geschlechtliche Diskriminierung und aus einer Vielzahl anderer geschlechtsspezifischer Faktoren zu Selbstmordattentäterinnen. Allgemeine Einigkeit herrscht offenbar nur darüber, dass männliche und weibliche Selbstmordattentäter völlig verschiedene Motive haben. Das einzige Problem: Es gibt so gut wie keine Beweise für spezifisch weibliche Motive von Selbstmordattentäterinnen.« Genau wie die Männer haben die Frauen eine große Bandbreite von Motiven. Sie können zum Beispiel bei einem früheren Angriff des Feindes ein Familienmitglied verloren haben, aber das ist auch bei den meisten männlichen Selbstmordattentätern so. Insgesamt gesehen führt die große Mehrheit (95 Prozent) ihren Anschlag im Rahmen einer militärischen Operation gegen eine Besatzungsmacht durch.

Motiviert sind die Frauen einerseits durch Loyalität zur Sache und andererseits durch persönlichen Groll, etwa im selben Verhältnis, wie diese Faktoren auch Männer motivieren. Ihre wichtigste Motivation ist jedoch eine ganz andere. O'Rourke kommt zu einem Schluss, den die Mädchen im PACE-Center wahrscheinlich gut verstehen könnten: Selbstmordattentäterinnen sind bemerkenswert erfolgreich. In ihrer Doktorarbeit stellt O'Rourke fest, dass die Anschläge von Frauen fast doppelt so viele Todesopfer fordern wie die von Männern. Eine Selbstmordattentäterin hat größere Erfolgschancen als ein Mann und tötet im Durchschnitt 8,4 Menschen, während ein männlicher Attentäter im Durchschnitt nur 5,3 tötet. Die Frauen profitieren von einem Überraschungseffekt; Sicherheitsleute verzichten dank sozialer Normen oft darauf, sie gründlich zu durchsuchen. Wie britische Behörden herausfanden, lassen sich unter einem klassischen muslimischen Tschador fast fünf Kilogramm Sprengstoff verstecken.

Mitte der 1990er Jahre führten Soziologen an der Princeton University ein Experiment über die Grenzen weiblicher Aggression durch. Zwei gemischte Gruppen von Studenten mussten ein eigens für die Studie entworfenes Videospiel spielen. Man sagte ihnen, ein unsichtbarer Feind werde in den ersten drei Runden des Spiels Bomben auf sie abwerfen und dann dürften sie zurückschlagen. In den ersten drei Runden wurde eine ungeheure Menge Bomben abgeworfen, um bei den Spielern Wut und Frustration auszulösen. Danach maßen die Forscher die Reaktion der Studenten.

Als die Mitglieder der einen Gruppe zum ersten Mal zu dem Projekt kamen, wurden sie gebeten, nahe an den Versuchsleiter heranzutreten und sich namentlich vorzustellen. Jedes Mitglied erhielt ein großes Namensschild und musste vor der Gruppe persönliche Fragen über seine Familie, seine Herkunft und seine bevorzugten Tätigkeiten beantworten. Der Interviewer schrieb die Antworten in großen schwarzen Buchstaben auf und wiederholte dabei das Geschlecht der Versuchsperson. Als diese erste Gruppe mit dem Videospiel begann, kam der Versuchsleiter und kontrollierte, wie sie spielte. Die Gruppe war, was die Forscher als »individuiert« bezeichneten, das heißt, ihre Mitglieder wurden aktiv daran erinnert, wer sie tatsächlich waren. Die andere Hälfte der Studenten musste hinten im Raum bleiben, und man sagte ihnen, es würden keine Informationen von ihnen gebraucht. Sie blieben anonym und wurden während des Spiels nicht kontrolliert.

In der individuierten Gruppe warfen die Männer erheblich mehr Bomben auf den Feind ab als die Frauen, aber in der anonymen Gruppe warfen Männer und Frauen gleich viele Bomben ab. »Wenn die Aggressionsbeschränkungen aufgehoben wurden, die der weiblichen Geschlechterrolle inhärent sind, verhielten sich die Frauen genauso aggressiv wie die Männer«, formulierten die Soziologinnen Jenifer Lightdale und Deborah Prentice das Ergebnis. (Obwohl die Frauen in Übereinstimmung mit dem gängigen Rollenklischee meinten, sie hätten beim Spiel schlechter abgeschnitten als die Männer, und berichteten, dass sie sich weniger aggressiv verhalten hätten, als dies tatsächlich der Fall war.)

Die Studie war primitiv, was ihr sehr buchstäbliches und enges Gewaltanwendungsszenario, den Abwurf (fiktiver) Bomben, betraf. Und ihre Ergebnisse kamen nicht unbedingt überraschend. Frühere Untersuchungen, einschließlich des berühmten Stanford-Prison-Experiments, ergaben, dass sich Versuchspersonen mit deindividuierten Rollen in der Regel gewalttätiger verhielten, als wenn sie unmaskiert waren. (Wer jemals Kinder mit einer Darth-Vader-Maske beobachtet hat, kann das bestätigen.) Im Zusammenhang mit dem Geschlecht jedoch machte diese durchaus primitive und einfache Studie eine wichtige Feststellung: Psychologische Untersuchungen haben schon immer ergeben, dass Männer und Frauen gleich schnell wütend werden, aber Frauen ihre Wut unterdrücken, während Männer sie zum Ausdruck bringen. Wie aber verhält es sich, wenn die Frauen einer schwächeren sozialen Kontrolle unterworfen sind? Wie weit werden sie sich auf der Skala dann Richtung Aggression bewegen? (Es ist bemerkenswert, dass die Ergebnisse der hier beschriebenen Studie später in verschiedenen anderen Formen wiederholt wurden, so auch in meinem Lieblingsversuch, der sogenannten *Hot Sauce Study*, in der die Versuchspersonen aufgefordert wurden, eine Person, die ihre Arbeit kritisiert hatte, dadurch zu bestrafen, dass sie ihr extrascharfe Soße auf die Cracker taten. Frauen, die anonym blieben, erlegten sich dabei keinerlei Zurückhaltung auf.)

Viele Studien lassen vermuten, dass sie keine Skrupel hätten, ihren Spielraum voll auszunutzen, wenn weibliche Aggressionen sozial stärker akzeptiert würden. Und genau das ist offenbar passiert. Dies ist eine Fragestellung, bei der sich der Bem-Test über geschlechtsspezifisches Verhalten, der seit den 1970er Jahren angewandt wird, als ausgesprochen nützlich erweist. Bei diesem Test beschreiben sich Frauen zunehmend mit Begriffen, die früher als männlich galten: ehrgeizig, selbstbewusst, selbstbehauptend. Zwischen den 1970er und den späten 1990er Jahren gab es bei den Männern kaum Veränderungen in der Selbsteinschätzung, während sich die Frauen »zunehmend Charaktereigenschaften zuordneten, die als typisch maskulin« galten, schreibt Professor Jean Twenge von der San Diego State University im *Journal of Personality and Social Psychology*. Das Selbstbehauptungsgefühl der Männer hat sich als recht stabil erwiesen, während sich das der Frauen gemäß dem historischen Moment zu verändern scheint. Im Jahr 2001 analysierte Twenge Persönlichkeitstests, die bis in die 1930er Jahre zurückreichten, und versuchte zu quantifizieren, wie stark Frauen kulturelle Normen internalisierten. Wie sich herausstellte, entsprachen sie genau dem Modell der Plastikfrau: Ihre Ich-Identität änderte sich in perfekter Übereinstimmung mit dem Zeitgeist. Studentinnen schätzten ihre Selbstbehauptungsfähigkeit und Dominanz von 1931 bis 1945, dem Jahr, als die Frauen erstmals die Arbeitswelt überschwemmten, immer höher ein. Es folgte ein Einbruch zwischen 1946 und 1967, einer Periode, in der die Hausfrauenrolle stark betont wurde. Von 1968 bis 1993 gab es dann wieder einen kontinuierlichen Zuwachs. In den letzten Jahren des Untersuchungszeitraums ist die Selbstbehauptung der Frauen so stark gestiegen, dass es praktisch keinen Unterschied mehr zu der der Männer gab. Der soziale Wandel werde »internalisiert« und manifestiere sich als »Charaktereigenschaft«.

Im Jahr 1999 erbrachte eine Analyse von 150 Studien über Risikoverhalten ähnliche Ergebnisse. Studien, die vor 1980 durchgeführt wurden, zeigen beim Risikoverhalten eine größere Kluft zwischen den Geschlechtern. Auch danach haben Männer noch einen höheren Durchschnitt, aber die Unterschiede betreffen vor allem Dinge wie Autofahren und den Umgang mit Drogen und Alkohol. Bei eher normalen Entscheidungen hat sich der Abstand erheblich verringert. Und bei den jüngeren Kohorten ist er sogar noch geringer. Das heißt, entweder die jungen Frauen werden mutiger, oder die jungen Männer werden in einer hochgradig risikoscheuen und fürsorglichen Gesellschaft vorsichtiger.

Zunehmend finden die Forscher heraus, dass Eigenschaften, die man bisher für angeboren hielt, in Wirklichkeit kontextspezifisch sind, und zwar besonders bei Frauen. Um das Konkurrenzverhalten zu testen, verglich Uri Gneezy von der University of California, San Diego, zwei verschiedene Stammesgesellschaften: die Massai in Tansania, die in einer patriarchalischen Gesellschaft leben, und die Khasi in Indien mit einer matrilinearen Kultur, in der die Familien hauptsächlich in die Mädchen investieren. Bei der Aufgabe, einen Tennisball in einen Eimer zu werfen, entschieden sich die Massai-Männer doppelt so oft für die konkurrenzorientierte Durchführung der Aufgabe als die Massai-Frauen, bei den Khasi jedoch waren die Ergebnisse fast umgekehrt, und die Frauen waren viel konkurrenzorientierter. Dies bedeutet allermindestens, so Gneezy, dass »es nicht universal zutrifft, dass die durchschnittliche Frau in jeder Gesellschaft weniger konkurrenzorientiert ist als der durchschnittliche Mann in der gleichen Gesellschaft, denn wir haben mindestens ein Setting entdeckt, in dem dies nicht der Fall ist«.

Stereotype ändern sich langsam, aber wie Maud Lavin in ihrem 2010 erschienenen Buch *Push Comes to Shove: New Images of Aggressive Women* schreibt, entwickelt sich die Kultur in den westlichen Ländern in Richtung auf eine »neue, bewusstere Akzeptanz weiblicher Aggression« hin. Eine erhebliche Rolle hat bei dieser Entwicklung Title IX des Education Amendments Act gespielt. Er bewirkte, dass zahlreiche Highschool-Schülerinnen und College-Studentinnen begannen, Schulsport zu treiben. Im Jahr 1971 nahm nur etwa eins von 27 Mädchen in den USA aktiv am Schul- oder Hochschulsport teil, heute ist es eins von zwei. Dank der frühen Erfahrung im sportlichen Wettkampf legen Frauen heute Verhaltensweisen an den Tag, die früher auf Männer beschränkt waren, und sie finden außerdem einen Weg, sich von der alten weiblichen Aggressionshemmung zu befreien. Im Sport ist die Anwendung von Gewalt nicht gefährlich, sondern geregelt, sie ist fein säuberlich in Halbzeiten und Spielhälften aufgeteilt und einem höheren Mannschaftsziel untergeordnet.

In ihrem Essay »Throwing Like a Girl« vertritt die Philosophin Iris Marion Young die Ansicht, die Vorstellungskraft und das Gefühl für das eigene Potenzial sei bei Frauen begrenzt, weil sie als kleine Mädchen den seitlichen Raum nicht nutzten und es nicht schafften, bei physischen Aufgaben ihr ganzes Gewicht einzusetzen. Im Gegensatz dazu durchdringt die Erfahrung physischer Kompetenz, wie Lavin schreibt, »den Alltag wie Wellenringe« und bewirkt in zehntausendfacher Multiplikation »eine massenhafte Veränderung in der Gesellschaft«. In ihrem Buch verfolgt Lavin die Entwicklung von Filmen über Frauensport, die nicht mehr nur verhübschte Disziplinen wie Gymnastik, Cheerleading und

Eislauf zeigen, sondern zunehmend auch die brutaleren Welten von Fußball und Boxen, wie sie in *Kick it like Beckham*, *Girlfight – Auf eigene Faust* und *Million Dollar Baby* zu sehen sind. *Million Dollar Baby* endet mit einer düsteren Szene, in der die von Hilary Swank gespielte Boxerin, nachdem sie im Kampf eine Querschnittslähmung erlitten hat, auf eigenen Wunsch von ihrem Trainer getötet wird.

Langsam stellt sich die Popkultur auf die neue Welle weiblicher Gewalt ein. In Roman Polanskis Film *Der Ghostwriter* ist die traditionelle Politikerfrau zu einer kaltblütigen Killerin geworden, die im Zentrum einer Verschwörung steht. Lady Gaga mit ihrem unfehlbaren Gespür für kulturelle Trends arbeitet in ihrem Video für den Song »Telephone« den Film *Thelma und Louise* so um, dass aus einer Geschichte über vorübergehenden weiblichen Machtgewinn eine Story über skrupellose weibliche Macht wird. Anstatt sich umzubringen, töten sie und ihre Freundin (gespielt von Beyoncé) einen bösen Liebhaber und verschiedene Zufallsopfer und fahren in einem gelben Pick-up davon, während Gaga prahlt: »Wir haben es geschafft, Honey B.« Manchmal übernehmen Frauen auch aus reiner Lust am Neuen die Männerrolle. Die Rolle der CIA-Agentin Salt im gleichnamigen Actionfilm war ursprünglich für einen Mann geschrieben worden, wurde aber mit Angelina Jolie besetzt. Sie wirkt völlig authentisch als widerstrebende Profikillerin mit einem Privatleben. *Wer ist Hanna?*, ein Film von Joe Wright, geht das Thema männliche Gewalt von den Ursprüngen her an. Saoirse Ronan spielt ein Mädchen, das von ihrem Vater in der Wildnis aufgezogen und zur Jägerin statt für die Rolle als Mutter und Sammlerin ausgebildet wird. Der Film hat starke mythische und märchenhafte Elemente, und als Hanna eines Abends im Ballettröckchen ein Konzert besucht und einen Jungen kennenlernt, gibt sie ihrem Prinzen nicht etwa einen Kuss, sondern ringt ihn nieder und erwürgt ihn fast.

In vielen Büchern und Filmen über Teenager hat das böse Mädchen im Lauf des vergangenen Jahrzehnts den männlichen Schlägertypen als Fluch des Highschool-Lebens ersetzt. In seinem neuesten Entwicklungsstadium verbreitet dieses Mädchen nicht mehr nur Psychoterror, sondern stößt in einen tödlicheren Bereich vor. Katniss Everdeen aus *Die Tribute von Panem*, Lisbeth Salander in *Verblendung* und Maximum Ride aus der beliebten gleichnamigen Fantasyserie von James Patterson sind eine völlig neue Art weiblicher Helden: beschädigte, aber hocheffektive Killerinnen, die an einem wahnsinnig gewordenen Patriarchat Rache üben. Demgegenüber ist der neue männliche Held bemerkenswert gebrochen und mit einem ganzen Bündel Woody-Allen-hafter Neurosen belastet. In vielen beliebten Büchern und Filmen für Jungen (etwa den Buchserien *Gregs Tagebuch* von Jeff Kinney, *Alvin Ho* von Lenore Look, *NERDS* von Michael Buckley und in dem Dreamworks-Film *Drachenzähmen leicht gemacht*) bringt der Held gerade noch genug Mut auf, um in (eine Art) Happy End zu stolpern.

Für einige Leute muss die Zunahme weiblicher Gewalt eine große Enttäuschung sein. Viele von uns hegen die Hoffnung auf ein künftiges, von Frauen geführtes Utopia, in dem Macht nicht mehr so stark korrumpiert wie heute. Hinter dieser Vision hat sich jedoch schon immer eine gewisse Herablassung verborgen. Die herausragendste Eigenschaft der Frauen ist nicht unbedingt, dass sie netter oder freundlicher sind als die Männer oder dass sie alles tun, um ihren Nachwuchs zu schützen. Vielmehr besteht sie, wie Jean Twenge festgestellt hat, darin, dass sie stark auf soziale Anreize reagieren und ihre Persönlichkeit verändern, um die Spielräume auszunutzen, die sich ihnen in ihrer Zeit bieten.

Bisher haben sich die Frauen ihre neue dominante Rolle in der Arbeitswelt eher mit traditionell als weiblich geltenden Eigenschaften wie sozialer Kompetenz, Fürsorge und kooperativem Verhalten erarbeitet. Dennoch waren ihre Erfolge in dieser Konstellation nur begrenzt. Inzwischen erkennen sie, dass sie das Spiel etwas anders spielen müssen, um wirklich ganz an die Spitze zu kommen. Das größte Hindernis für Frauen, die heutzutage höchste Machtpositionen anstreben, besteht aus einer Anzahl unausgesprochener Annahmen, nämlich dass Frauen nicht wettbewerbsorientiert, dominant oder hungrig genug wären, um es zu schaffen. Aber mit der Wucht einer Lady Gaga, einer Katniss Everdeen und von Schulmädchen mit Stollenschuhen und blauen Flecken sind sie nun dabei, auch noch diese letzte Barriere zu durchbrechen.

DIE SPITZE

(Mehr oder weniger) Nette Mädchen
bekommen das Chefbüro

So werden Probleme am Arbeitsplatz der Zukunft gelöst: Marissa Mayer, die ehemals höchstrangige Frau bei Google (und heutige Vorstandsvorsitzende von Yahoo), hatte das unangenehme Gefühl, dass Katy, eine ihrer besten Führungskräfte, bald kündigen würde. Katy war fleißig und beliebt, doch Mayer waren Gerüchte über einen Burn-out und Verstimmungen zu Ohren gekommen. Mayer verlor nicht gern weibliche Führungskräfte – denn bei Google gab es nicht viele. Der Auslöser für Katys Überlastung war ihrer Ansicht nach offensichtlich. Katy war eine *Soccer-Mom* mit drei Kindern, darunter Zwillinge. Als Teamleiterin bei Google musste sie jeden Abend um ein Uhr an einer Telefonkonferenz nach Bangalore teilnehmen. Mayer nahm an, dass die Gespräche um ein Uhr nachts zu viel für jemanden waren, der kleine Kinder daheim hatte, die wahrscheinlich nicht jede Nacht durchschliefen. Sie beschloss, sich einzuschalten.

Mayer rief Katy zu sich und erklärte ihr ihre Philosophie, bei der es darum geht, »den eigenen Rhythmus zu finden«, was keine alternative Verhütungsmethode ist, sondern Mayers persönliches Rezept gegen Burn-out. Burn-out wird laut Mayer nicht durch zu viel Arbeit verursacht. Ein Mensch kann, so glaubt sie, »beliebig hart für eine beliebig lange Zeit arbeiten«. Er wird jedoch unzufrieden, wenn er durch die Arbeit Dinge versäumt, die ihm wirklich wichtig sind. Der Trick, sich das Engagement und die Loyalität eines Mitarbeiters zu bewahren, besteht darin zu erkennen, was er oder sie auf keinen Fall missen möchte, und sich als Arbeitgeber darauf einzustellen. Mayer forderte Katy auf, darüber nachzudenken und in einem Monat wieder mit ihr zu sprechen.

Wie sich herausstellte, hatte sich Mayer mit den Telefonkonferenzen um ein Uhr nachts geirrt. Katy liebte ihre Arbeit und ihr Team, es machte ihr nichts aus, jeden Abend bis spät in die Nacht zu arbeiten. Katy störte etwas ganz anderes. Sie kam oft zu spät zu den Veranstaltungen ihrer Kinder, weil ein Meeting viel zu lange dauerte, und das aus keinem anderen Grund als dem, dass Meetings oft viel zu lange dauern. Sie hasste es, wenn ihre Kinder zusehen mussten, wie sie sich verspätet in ein Sportturnier oder eine Theateraufführung schlich. Für Mayer lag die Lösung auf der Hand. Sie führte eine spezielle Katy-Regel ein. Wenn Katy ihr vor einer Besprechung sagte, dass sie um vier gehen musste, um rechtzeitig zum Fußballspiel ihrer Kinder zu kommen, dann sorgte Mayer dafür, dass Katy tatsächlich um vier gehen konnte. Selbst wenn eine Besprechung nur fünf Minuten länger dauern sollte, selbst wenn Google-Mitbegründer Sergey Brin persönlich gerade mitten in einem Satz war und eine Frage an Katy richtete. Mayer sagte dann einfach: »Katy muss jetzt los«, und Katy stand auf und ging. Die Frage beantwortete sie später per E-Mail, wenn die Kinder im Bett waren.

Ich hatte immer davon gehört, dass das Silicon Valley der ultimative flexible Arbeitsplatz sei, daher besuchte ich dort

2011 eine der größten Firmen und ein paar Start-up-Unternehmen. Erfolgreiche weibliche Führungskräfte erzählten mir Dinge, die jeden neidisch machen würden, der sich müht, einen anspruchsvollen Job und sein Privatleben unter einen Hut zu bringen. Als Mutter von drei Kindern hatte beispielsweise Katie Stanton ihre Arbeit im Weißen Haus als Albtraum empfunden. Eines Abends rief ihr Chef um acht Uhr bei ihr an und fragte sie, was sie denn schon daheim mache. »Ich bringe meine Kinder ins Bett«, antwortete sie. »Warum, gibt es einen Notfall?« Bald darauf kündigte sie und zog zurück nach Kalifornien, um für Twitter zu arbeiten. Als Leiterin für internationale Strategie fragte Stanton ihren Chef, ob sie jeden Tag um fünf Uhr Feierabend machen könne – sie wohnte eine Stunde entfernt –, sie würde dann nach acht von daheim aus per E-Mail weiterarbeiten. Kein Problem. »Ich finde, ich habe unglaubliches Glück«, sagt Stanton. »Ich kann meinen Job richtig gut machen und trotzdem Familie haben. Das ist großartig. Das ist genau das Richtige für mich, hier habe ich die perfekte Rolle für mich gefunden.«

Das Leben der Frauen, mit denen ich mich unterhielt, war nicht unbedingt perfekt; für mich klang es sogar überaus anstrengend. Stanton arbeitet jeden Abend – wirklich jeden Abend in der Woche – und hat nie Zeit, im Fitnessstudio zu trainieren oder mit ihrem Mann auszugehen. Die Frauen haben zwar flexible Arbeitszeiten, arbeiten dafür aber ständig. Emily White, die eine leitende Position bei Facebook bekleidet, erklärte mir: »Vergessen Sie den Ausgleich, das ist der *merge*.« Sie meinte damit, dass, wie beim Zusammenführen von Dateien, Arbeit, Freizeit, Kinder und Schlaf irgendwie in 24 Stunden untergebracht werden müssen. (White kam auf den Begriff, als sie und ihr Mann es endlich einmal schafften, einen Abend für sich allein zu haben und auszugehen, doch dann starrten beide während des Essens fast die ganze Zeit auf ihr iPhone.) Trotzdem ist die Arbeitskultur im Silicon Valley eine Offenbarung. Ohne staatliche Vorschriften und bürokratische Regulierungen wird im Silicon Valley an der Lösung des größten Problems für ehrgeizige berufstätige Frauen gearbeitet, einem Problem, das man bisher für unlösbar hielt: Wie können sie Zeit mit ihren Kindern verbringen, ohne ihre Karriere zu ruinieren?

Die Branche hat das Problem keineswegs gelöst, das heißt, es gibt auch dort sehr wenige Frauen an der Spitze der Unternehmen. Wir erhaschen jedoch einen Blick auf die Arbeitskultur der Zukunft, wo die bloße Anwesenheit nicht so wichtig ist und man automatisch davon ausgeht, dass Frauen – und Männer – wirklich ehrgeizig sein und trotzdem noch ein Privatleben haben können. »Das Ansehen eines Mitarbeiters basiert auf dem, was man leistet«, sagte mir White, »und nicht auf dem, was man in der Hose hat.« In einer Tabelle, in der die Wirtschaftswissenschaftlerin Claudia Goldin die »Karrierekosten durch eine Familie« (den Preis, den man bezahlt, wenn man sich Zeit für die Familie nimmt) an verschiedenen Arbeitsplätzen vergleicht, stehen die Hightech-Unternehmen in einer Art Wolke der Glückseligen weit über den anderen Firmen. Frauen wie Männer können sich eine Auszeit nehmen und müssen trotzdem keine großen Einkommenseinbußen befürchten. Andere Branchen, erklärt Goldin, würden dagegen an »Trägheit« oder »einer Abneigung gegen Veränderungen« kranken. Sie vergleicht diese Branchen mit ihrem Ehemann, der »bis heute gern bei Whole Foods einkauft und immer die gleiche Route durch die Regalreihen nimmt, während ich gern Neues entdecke. Die neueren Branchen gehen die Dinge anders an und finden plötzlich tatsächlich neue Wege.«

Probleme, mit denen sich andere Unternehmen herumplagen, bekommen die Firmen im Silicon Valley unkonventionell und scheinbar mühelos in den Griff. Bestand die Gefahr, dass Mütter durch die Katy-Regel stigmatisiert wurden? Mayer sorgte dafür, dass die Regel für alle galt. Jetzt kann einer ihrer jungen männlichen Führungskräfte jeden Dienstag früher Schluss machen, weil er mit seinen ehemaligen Mitbewohnern vom College zu Abend isst und ihm der Termin heilig ist. Die Probleme im Leben unterscheiden sich gar nicht so sehr von den Problemen in der Technologie: Mit einem kreativen Ansatz lässt sich alles lösen.

Als erste Frau, die von Google als Technikerin eingestellt wurde und dann in die Führungsetage aufstieg, ist Mayer Teil der Google-Legende geworden. Sie machte ihren Abschluss in Informatik mit dem Schwerpunktthema künstliche Intelligenz an der Stanford University und ist selbst in einem lockeren Gespräch so konzentriert, dass ich mich bei der Überlegung ertappte, ob sie überhaupt blinzelte. Sie ist groß und blond, sieht gut aus (ein bisschen wie Holly Golightly), hat Stil und tritt regelmäßig bei schicken Partys an der Seite ihres gutaussehenden Unternehmer-Mannes auf, worüber auch in den lokalen Society-Blogs gern berichtet wird. Sie weiß sehr gut, dass sie etwas Besonderes ist, und hat ihre Rolle als Vorbild für ehrgeizige technikbegeisterte Mädchen in der ganzen Welt akzeptiert: »Ich halte es für wichtig, dass gerade Mädchen wissen, dass es nicht den einen Weg zum Erfolg gibt. Man kann auf Mode stehen und trotzdem ein Technikfreak sein und gut programmieren können«, sagt sie und fügt dann eilig hinzu: »Genauso gut kann man natürlich ein toller

Sportler und ein guter Programmierer sein. Man muss das, was man liebt, nicht aufgeben.«

Doch wenn man versucht, Mayer auf ein so vermintes Gebiet wie die Frage der Gleichberechtigung zu ziehen, setzt sie sich zur Wehr. »Ich bin nicht als Frau bei Google«, sagt sie gern. »Ich bin bei Google, weil ich ein Technikfreak bin.« Und warum gibt es nicht mehr Technikfreaks unter den Mädchen, warum machen nicht mehr ihren Abschluss in Informatik?, wollte ich wissen. »Ich mache mir weniger Gedanken um den Anteil, ich will die Gesamtzahl erhöhen«, antwortete sie. »Wir haben weder genug Männer noch genügend Frauen, die wissen, wie man programmiert.«

Die Frauen im Silicon Valley leben nicht in einer abgehobenen Märchenwelt, wo sie Sexismus nicht mehr wahrnehmen. Man müsste schon blind sein, um jeden Tag durch die Büroräume von Facebook oder Google zu gehen, ohne dass einem auffällt, dass fast alle Programmierer männlich sind. Sheryl Sandberg, die bei Facebook das operative Geschäft leitet, spricht von einer »Burschenschaft«, bei der es zugehe wie in einer Studentenverbindung. Doch hier hat man zum Sexismus eine ähnliche Einstellung, wie man sie vermutlich in London zum schlechten Wetter hat: ein allgegenwärtiger und unerfreulicher Umstand, der einen jedoch nicht davon abhalten sollte, seinen eigenen Geschäften nachzugehen. Die Frauen leugnen den Sexismus nicht, doch sie ignorieren ihn und konzentrieren sich lieber auf ihre Arbeit. Sie sind weder idealistisch noch aufmüpfig, sondern einfach nur sehr pragmatisch: Am besten meistert man solche Situationen, wenn sie auftreten, eine nach der anderen, wie die vielen kleinen Fehler beim Programmieren.

Sich mit Sexismus zu befassen sei »komplette Zeitverschwendung«, erklärte Lori Goler, Personalchefin bei Facebook, in einem Artikel über Sandberg im *New Yorker*. »Wenn ich mich eine Stunde lang darüber auslasse, dass ich als Frau von etwas ausgeschlossen bin, ist das eine Stunde, die ich nicht damit verbringe, die Probleme bei Facebook zu lösen.« Selbst Berichte über offenen, hartnäckigen Sexismus gelten hier nicht. White erzählte mir von ihrem ehemaligen Chef in einer anderen Firma, der ihr sagte: »Ich kann es kaum erwarten, dass Sie kündigen, damit ich Sie heiraten kann.« Aber White winkte einfach ab und meinte, der Typ wäre eben schon »ziemlich alt« gewesen, ein Dinosaurier, der mittlerweile sicher schon die Radieschen von unten betrachte. Sie nahm einfach an, dass er ein Relikt aus der *Mad Men*-Ära war und ein altertümliches Verhalten an den Tag legte, das man vielleicht noch aus einer Retro-Fernsehserie oder aus dem Museum kannte. Sie dagegen verkörperte die Zukunft.

Man muss den Mangel an Frauen in den Spitzenpositionen der amerikanischen Wirtschaft nur erwähnen, schon bekommt man eine gesunde Dosis feministischen Zorns zu spüren. »Ich habe es satt zu hören, wie weit wir gekommen sind. Ich habe es satt zu hören, wie viel besser es uns heute im Vergleich zu früher geht ... Es ist doch so: Was Führungspositionen betrifft, sind Frauen fast nirgends zu finden«, schreibt Barbara Kellerman, Professorin für Führung an der Harvard Kennedy School, und zitiert die bekannten Statistiken: Frauen stellen nur 3 bis 6 Prozent der CEOs bei den Fortune-500-Unternehmen und haben nur 17 Prozent der Sitze im US-Kongress inne. Außerdem sind nur 20 der 180 Staats- und Regierungschefs weltweit weiblich.

Natürlich gibt es andere Statistiken, die sich nicht nur auf die Spitzenpositionen beziehen. Direkt unterhalb der CEOs – bei den Führungskräften mit der besten Bezahlung – haben Frauen in jüngster Zeit um etwa einen Prozentpunkt pro Jahr aufgeholt. Die Zahl der Frauen mit einem sechsstelligen Einkommen steigt in den USA deutlich schneller als die der Männer. Landesweit verdiente im Jahr 2009 jede achtzehnte in Vollzeit arbeitende Frau 100 000 Dollar und mehr, wie die jüngsten Zahlen zeigen – was eine Verbesserung um 14 Prozent innerhalb von zwei Jahren bedeutet. Frauen sind heute Moderatorinnen von Nachrichtensendungen, Präsidentinnen von Universitäten der Ivy League, Bankpräsidentinnen, Vorstandsvorsitzende von Unternehmen, Filmregisseurinnen, Komikerinnen, die auch vor Fäkalhumor nicht haltmachen, Präsidentschaftskandidatinnen und so weiter – das alles wäre vor 20 Jahren noch undenkbar gewesen. Der Posten des US-Außenministers ist praktisch für eine Frau reserviert. Die Zahl weiblicher Staats- und Regierungschefs ist zwar klein, hat sich aber in den letzten Jahren verdoppelt. Und wie das Beispiel Barack Obama zeigt, genügt manchmal schon eine Person, um ein ganz anderes Bild entstehen zu lassen.

Noch wichtiger als die Statistik ist jedoch die Einstellung der Menschen. Man kann die aktuelle Situation als Beweis dafür interpretieren, dass Spitzenpositionen für immer im eisernen Griff der Männer bleiben werden, oder man kann sie als das betrachten, was sie wirklich ist: als das Todesröcheln eines Zeitalters, das im Verschwinden begriffen ist. Selbst die Art und Weise, wie darüber berichtet wird, zeigt, dass sich der Griff der Männer an der Spitze bereits lockert. In Wirtschaftskreisen wird der Mangel an Frauen in Toppositionen als Braindrain bezeichnet, als Mangel an qualifizierten Führungskräften und als »Talentschwund«. Mindestens ein Dutzend umfassender Studien hat gezeigt, dass sich der Mangel an Frauen in Spitzenpositionen negativ auf den Unternehmensgewinn auswirkt. Weibliche CEOs sind in den größten Unternehmen der USA vielleicht selten, werden jedoch sehr geschätzt, was sich auch anhand ihres Gehalts zeigt: 2009 verdienten sie im Schnitt 43 Prozent mehr als ihre männlichen Kollegen und erhielten häufiger eine Gehaltserhöhung.

»Frauen stehen bereits an der Schwelle zu Führungspositionen, und das in dem Moment, in dem ihre Talente besonders gut zu den aktuellen Anforderungen passen«, schreibt David Gergen im Vorwort von *Enlightened Power: How Women Are Transforming the Practice of Leadership*. Das alte Modell von Kommando und Kontrolle, bei dem die Entscheidungsgewalt allein bei einer Person liegt, gilt als Relikt des Militärzeitalters der 1950er Jahre. Das neue Modell wird mitunter »postheroisch« oder »transformatorisch« genannt, etwa vom Historiker und Politologen James MacGregor Burns, der sich auf Führungsverhalten spezialisiert hatte. Heutzutage lautet die Vorgabe, sich wie ein guter Trainer zu verhalten und das eigene Charisma zur Motivation anderer einzusetzen, um sie zu Leistung und Kreativität anzuspornen. Das ist kein ausdrücklich weibliches Modell, man erkennt darin jedoch einige Schlagwörter aus der Literatur über den Unterschied zwischen Männern und Frauen wieder. In einem Seminar an der Columbia Business School werden beispielsweise sensible Führung und soziale Kompetenzen gelehrt, darunter auch die bessere Deutung von Mimik und Körpersprache. »Wir sagen natürlich nie ausdrücklich: ›Entwickeln Sie Ihre feminine Seite‹, es ist jedoch klar, dass wir genau das raten«, meint Jamie Ladge, Professor für Wirtschaftswissenschaften an der Northeastern University.

Julie Gerberding, Spezialistin für Infektionskrankheiten und ehemalige Leiterin der Centers for Disease Control und heute Leiterin der Abteilung für Impfstoffe beim Pharmakonzern Merck, nennt diesen neuen Führungsstil »Meta-Führung« oder »horizontale Führung«:

Horizontale Führung erfordert andere Fähigkeiten als eine vertikale Führung. Und sie erfordert Personen, die verhandeln können, die in der Lage sind, als authentische und effektive Partner und Kollegen aufzutreten, die den goldenen Mittelweg finden, die sich dank emotionaler Intelligenz und Empathie in andere hineinversetzen können. Männer wie Frauen besitzen diese Fähigkeiten, doch ich glaube, mitunter neigen Frauen von Natur aus mehr dazu oder sind so sozialisiert worden. In der komplizierten Welt von heute ist die horizontale Führung vermutlich einer der wesentlichen Erfolgsfaktoren für jede Organisation.

In einer Studie aus dem Jahr 2008 wurde versucht, den Effekt dieses weiblich anmutenden Führungsstils zu messen. Forscher an der Columbia Business School und der University of Maryland analysierten Daten der 1500 wichtigsten amerikanischen Unternehmen aus den Jahren 1992 bis 2006, um das Verhältnis zwischen der Performance der Firma und dem Anteil weiblicher Führungskräfte zu ermitteln. Firmen mit Frauen in Spitzenpositionen schnitten besser ab, was vor allem dann galt, wenn das Unternehmen eine, wie es die Forscher nannten, »innovationsintensive Strategie« verfolgte, bei der »Kreativität und Zusammenarbeit eine große Rolle spielen« – eine passende Beschreibung für eine zukunftsorientierte Wirtschaft.

Möglicherweise steigern Frauen tatsächlich die Unternehmensleistung, vielleicht können sich aber auch nur gutgehende Firmen den Luxus leisten, hochqualifizierte Frauen einzustellen und zu halten. Die Assoziation ist jedoch klar: Innovative, erfolgreiche Firmen fördern Frauen. In derselben Studie wurden auch die Branchen nach dem Anteil ihrer weiblichen Führungskräfte sortiert, und das Ende der Liste liest sich, als ob man die Geister einer fernen industriellen Vergangenheit herbeiriefe: Schiffsbau, Baugewerbe, Kohle, Stahl und Maschinenbau.

Das Problem fehlender weiblicher Führungskräfte erhielt vor kurzem eine neue Dringlichkeit. Mit dem Platzen der Internetblase im Jahr 2001 erschien im *Quarterly Journal of Economics* des MIT ein Artikel mit dem Titel: »Boys Will Be Boys: Gender, Overconfidence, and Common Stock Investment«. Zwei Wissenschaftler der University of California in Davis verglichen über einen Zeitraum von sechs Jahren das Handelsverhalten von Männern und Frauen, die an der Börse spekulierten. Männer, vor allem alleinstehende Männer, handelten viel häufiger mit Aktien als Frauen, und zwar aufgrund eines übersteigerten Selbstvertrauens und überzogenen Glaubens an das eigene Urteilsvermögen, lautete die Schlussfolgerung der Studie. (Alleinstehende Männer handelten zu 67 Prozent häufiger mit Aktien als alleinstehende Frauen.) Die Folge dieses übersteigerten Selbstvertrauens besteht allen wirtschaftlichen Modellen zufolge darin, dass man schlechte Entscheidungen trifft und entsprechend wenig Gewinn macht. Als die Konjunktur einige Jahre später einbrach, lieferte diese Erkenntnis eine der wenigen klaren Richtlinien für die Zukunft: Mehr Frauen bedeuten weniger sinnlose Risiken. Was früher als Beleg für Führungsqualitäten galt – die Fähigkeit zu schnellen Entscheidungen, die großes Selbstvertrauen erfordern –, wurde nun als Belastung betrachtet. Gleichzeitig erschienen Eigenschaften, die einst als typische Merkmale weiblicher Schwäche galten – Zögern, Abwarten, bis man andere Meinungen eingeholt oder eine Bestätigung von außen gefunden hat –, nun wie die entscheidende Fähigkeit zur Sicherung des wirtschaftlichen Überlebens. In der Forschung untersucht man mittlerweile sogar den Einfluss von Testosteron auf eine überzogene Risikobereitschaft und geht der Frage nach, ob sich Männer in der Gruppe hormonell bedingt gegenseitig anspornen, rücksichtslose Entscheidungen zu fällen. Man kann noch nicht mit Gewissheit sagen, ob Testosteron wirklich geschäftliches Handeln beeinflusst. Doch das Bild, das sich hier abzeichnet, verkehrt die traditionelle Verteilung typisch männlicher und weiblicher Eigenschaften ins Gegenteil: Männer und Märkte auf der Seite des Irrationalen und übertrieben Emotionalen, Frauen auf der Seite der kühl Abwägenden, Ausgeglichenen.

»Sowohl am isländischen Crash als auch an der Wall Street waren auffällig wenige Frauen beteiligt. Frauen arbeiteten zwar auch in den Banken, aber nicht in den Positionen, in denen sie große Risiken eingingen«, schreibt Michael Lewis in seinem Buch *Boomerang*. Halla Tomasdottir arbeitete in leitenden Positionen in den USA, bevor sie in ihre Heimat Island zurückkehrte und dort eine Finanz- und Investmentgesellschaft gründete. Das war im Jahr 2007, als Island gerade einen Boom aufgrund der neuen komplizierten Investitionsformen erlebte, die schon bald die isländische Wirtschaft zerstören sollten. Tomasdottir hatte »ein starkes Bauchgefühl, dass das nicht anhalten würde« und beschloss, eine Firma mit ausschließlich »weiblichen Werten« zu gründen. (Wir reden hier von Island, wo Feminismus nicht peinlich ist.) Für sie bedeutete das, bestimmten Konzepten wie Risikobewusstsein und emotionalem Kapital den Vorzug zu geben. Risikobewusstsein bedeutet, die Finger von Investitionen zu lassen, die man nicht versteht. Beim Konzept des emotionalen Kapitals erinnert man sich daran, dass hinter den Zahlen und Excel-Tabellen Menschen stehen, die Geld verdienen und verlieren. Tomasdottirs Firma war eine der wenigen, die ohne Verluste aus der Krise hervorging und auch heute weiterhin Gewinn macht.

Im Mai 2012, als sich die Wall Street verwundert die Augen rieb und sich fragte, wie J. P. Morgan die katastrophale Finanzwette hatte eingehen können, die die Bank mehrere Milliarden Dollar kostete, wartete die *New York Times* mit einer neuen und schlüssigen Erklärung auf. Die Leiterin des Investitionsgeschäfts, Ina Drew, hatte das für die Wette verantwortliche Team lange geleitet. Drew war eine ruhige Person, eine zweifache Mutter und laut ihren Freunden »so weit entfernt von einer rücksichtslosen Diva, wie man es sich nur vorstellen kann«. Dass die Bank 2008 nicht in größere Turbulenzen geriet, galt vor allem als ihr Verdienst. Indem sie vom Coaching entlehnte »postheroische« Führungsstrategien einsetzte, gelang es ihr, die enormen Egos der Trader in Schach zu halten. In den Morgenmeetings »kuschelte« sie mit ihnen, damit sie ihr die Risiken, die sie am Tag vorhatten einzugehen, erläuterten. »Solange Ina da war, lief alles glatt«, sagte ein Kollege später der *Times*. Doch Ina erkrankte 2010 an Lyme-Borreliose und war zeitweise kaum noch im Büro. Während ihrer Abwesenheit endeten die Morgenmeetings nun regelmäßig in lautstarkem Gebrüll, wie Mitarbeiter berichteten. Einer ihrer Stellvertreter in New York führte einen Kleinkrieg mit ihrem Stellvertreter in London, von dem wiederum die Strategie für die desaströse Finanzwette stammte. Die Egos wüteten blind, und »alles schraubte sich in die Höhe«. Am Ende stand ein Verlust von annähernd drei Milliarden Dollar, der die Bank fast in den Ruin getrieben hätte.

In seinem Buch *Chasing Stars* beobachtete Boris Groysberg, Professor für Wirtschaftswissenschaften an der Harvard Business School, tausend Staranalysten der Wall-Street-Investmentbanken. Groysberg hatte sich gefragt, was mit Spitzenkräften in Eliteberufen passierte, wenn sie den Job wechselten, wie es heute üblich ist – in einer Zeit, wo Mitarbeiter sich ihrer Firma nicht mehr verpflichtet fühlen und sich die Unternehmen gegenseitig Talente abwerben. Groysberg stellte fest, dass diese Praxis jedoch in den meisten Fällen katastrophale Folgen hat. Investmentstars, die das Unternehmen wechseln, »erleiden einen unmittelbaren und anhaltenden Leistungseinbruch«, den Groysberg unter anderem anhand ihrer Platzierung in der Zeitschrift *Institutional Investor* beurteilte. Es gab jedoch eine überraschende Ausnahme: Frauen. Die von ihm untersuchten 189 Frauen verließen sich nicht darauf, dass ihre Firmen sie wie üblich unterstützen und fördern würden, und verwendeten viel Zeit darauf, Beziehungen außerhalb des Unternehmens zu verschiedenen Klienten zu pflegen – Klienten, die sie an ihren neuen Arbeitsplatz mitnehmen konnten. Außerdem akzeptierten die Frauen nicht blindlings Angebote, nur weil sie mehr Geld oder einen besser klingenden Titel verhießen; sie nahmen potenzielle Arbeitgeber sorgfältig unter die Lupe, bevor sie zusagten. Dadurch hatten die Frauen am Ende der Studie im Durchschnitt eine bessere Platzierung, außerdem fanden sich mehr Frauen auf den vordersten Plätzen. Groysberg vermutet, dass die Frauen so gut abschnitten, weil sie in einem von Männern dominierten Umfeld intelligenter, flexibler, zielstrebiger und ehrgeiziger agieren mussten. Eine Analystin sagte ihm: »Eine Durchschnittsleistung zu bringen ist für eine Frau keine Option.« Doch größtenteils profitierten die Frauen davon, dass sie traditionell »weibliche Werte« wie Vorsicht und Sorgfalt zu ihrem Vorteil einsetzten.

Wenn sich die Welt in diese Richtung entwickelt, warum hat sich diese Haltung dann noch nicht durchgesetzt? Was hält Frauen davon ab, die Männer an der Spitze zu überholen? Eine Frau Mitte dreißig, die sich ihren Weg durch eine frustrierende Firmenhierarchie nach oben bahnt, findet den Gedanken, dass sich Geschichte nur im weiten Bogen entwickelt, sicher nicht aufheiternd. Die Welt kehrt sich nicht über Nacht ins Gegenteil. Männer haben seit 40 000 Jahren das Sagen, Frauen sind erst seit 40 Jahren dabei, sie zu verdrängen. Daher gibt es natürlich noch Hindernisse auf dem Weg an die Spitze.

Eine ehrgeizige Karrierefrau, die außerhalb der idyllischen Zustände von Silicon Valley arbeitet, hat derzeit noch ein Problem mit der »Identität ihrer Marke«. Frauen sind praktisch die Kias unter den Werktätigen: Ihr Marktanteil wächst schnell, schneller als der ihres großen Bruderunternehmens Hyundai. Sie gelten als wendig und trendy und orientieren sich an den Wünschen des Verbrauchers. Einst waren sie die schäbigen Außenseiter auf dem Automarkt, aber jetzt können sie bei den Großen mitmischen. Trotzdem müssen sie immer noch alle davon überzeugen, dass sie wirklich dazugehören.

An der Spitze der Unternehmen dominieren nach wie vor die Männer, daher wirken Frauen, die es bis ganz nach oben schaffen, wie eine Anomalie. Als ob diese Frauen gegen ein grundlegendes Gesetz der Weiblichkeit verstoßen würden – gegen Wärme, Mutterinstinkt, Solidarität. Tief in unserem Innern sind wir – Männer wie Frauen – nicht geschlechtsblind. Wir erwarten immer noch, dass Frauen sich auf eine bestimmte Art verhalten und Männer auf eine andere Art. Wir haben es hier mit einem kollektiven Versagen unserer Vorstellungskraft und einem klassischen Teufelskreis zu tun: Frauen kommen nicht an die Spitze, weil sie unweiblich wirken, wenn sie es tatsächlich tun. Doch dieses Phänomen wird mit der Zeit verschwinden, wenn immer mehr Frauen erkennbare Machtpositionen ausüben.

2008, als Citigroup zum Paradebeispiel für den Zusammenbruch einer großen Bank und für Korruption wurde, hielten die Führungskräfte des Unternehmens wie jeden Montagmorgen ihre übliche Besprechung ab. Vikram Pandit, der neue CEO, wollte eine umstrittene neue Managementstruktur umsetzen, bei der die Kontrolle über verschiedene geografische Bereiche verteilt wurde. Sallie Krawcheck, die für die Abteilung globale Vermögensverwaltung zuständig war, betrachtete das neue Konzept mit Argwohn. Sie und Pandit waren sich in vielen Dingen uneinig, und dieses Mal beschloss sie, ihre Einwände in der Besprechung vorzubringen. Anders als viele alteingesessene Finanzinstitute war Citigroup ein Unternehmen, wo man »auch mal auf den Putz hauen« konnte, wie Krawcheck mir sagte. Eine Besprechung, in der man schrie und sich anbrüllte, war nichts Außergewöhnliches. Krawcheck stellte also die neuen Autoritätsstrukturen in Frage. »Was ist, wenn ich ›hüh‹ sage und derjenige, der für Asien zuständig ist, sagt ›hott‹? Wenn wir uns nicht einigen können? Was ist dann?«, fragte sie und deutete an, dass das neue System für eine »Lähmung« sorgen könnte.

Bis dahin war Krawcheck, die »Queen der Wall Street«, ein Liebling der Wirtschaftsmedien gewesen. Mehrere Jahre lang stand sie in der Liste der zehn mächtigsten Frauen der Welt, die das Magazin *Forbes* kürte. *Fortune* führte sie in einem 2002 erschienenen Artikel mit dem Titel »In Search of the Last Honest Analyst« (Auf der Suche nach dem letzten ehrlichen Analysten) als rühmliche Ausnahme an – ein ungeheures Kompliment in einer Branche, die gleich nach dem US-Kongress den zweiten Platz im Hinblick auf öffentliches Misstrauen und Verachtung belegt. Krawcheck ist groß und schlank, adrett gekleidet, blond und gutaussehend und hat einen Südstaatenakzent, doch die Medien mochten sie vor allem aus dem Grund, aus dem auch ich sie bei unserem Gespräch auf Anhieb sympathisch fand: Sie war ehrlich und direkt. Einmal scherzte sie in einem Interview: »Wie erkennt man, dass ein Manager lügt? Er bewegt die Lippen« – ein Zitat, das sie seitdem begleitet und in fast jeder Darstellung über sie zu finden ist. Bei einem von *Forbes* veranstalteten Kongress für Führungskräfte erzählte sie den Zuhörern, ihr erster Mann habe eine Affäre gehabt, weil sie zu viel gearbeitet habe und er neidisch auf sie gewesen sei. Sie war zwar direkt, aber keine Diva, die laut herumschrie. Sie wusste ihren Südstaatencharme einzusetzen und war bei den verschiedenen Banken, für die sie schon gearbeitet hatte, bekannt für ihren unermüdlichen Einsatz für ihre Mitarbeiter. Sie hatte Manieren und behandelte andere stets höflich. »Wenn sie einmal fluchte, dann nur leise zu sich selbst«, sagte einer ihrer ehemaligen Kollegen.

Doch am Tag nach der Besprechung wandten sich die

Medien gegen Krawcheck. Das *Wall Street Journal* berichtete im Internet, Krawcheck würde Pandits Mikromanagement nicht unterstützen und ihn öffentlich herausfordern. Der Begriff »Lähmung« wurde in Blogs und Artikeln aufgegriffen. Krawcheck wurde kritisiert, sie sei illoyal und habe die Beherrschung verloren. »Mistkerle«, dachte sie damals, »ich habe nicht einmal die Stimme erhoben. Ich habe nicht herumgebrüllt.« Der ganze Vorfall erschien ihr »total harmlos«, verglichen mit dem, wie es sonst bei den Montagmorgensitzungen zuging, vor allem wenn man bedachte, dass es eine aufrichtige, grundlegende Meinungsverschiedenheit gab. Sie war verblüfft, dass die Geschichte dem *Wall Street Journal* überhaupt einen Artikel wert war.

Aber dann fiel ihr ein, was ihr bei einer Montagsbesprechung vor einigen Wochen passiert war. Eine Kollegin hatte sich über irgendetwas empört und herumgeschrien, und »ich weiß noch ganz genau, dass sich in meinem Kopf das Wort ›Schlampe‹ formte«. So wie es ihr mit der Kollegin ergangen war, hatten andere empfunden, als sie Pandit kritisierte. Die Männer konnten sich bei den Montagsbesprechungen ohne weiteres gegenseitig kritisieren – ja sie konnten brüllen und Sachen durchs Zimmer werfen und »Nur über meine Leiche!« oder »Idiot« und »Scheißkerl« schreien. Bis zum Mittag war die Auseinandersetzung schon wieder vergessen. Aber wenn sich eine Frau so verhielt, machte sie Schlagzeilen. Nicht weil die Wall Street sexistisch war, Vorurteile gegen Frauen hegte oder noch in den Vorstellungen von »hübschen kleinen Mädchen« gefangen war, wie man sie aus *Mad Men* kannte, sondern weil man instinktiv zusammenzuckt, wenn sich eine Frau kämpferisch gibt und zum Schwert greift. Krawcheck bezeichnet diesen Vorgang als *the Twitch* (das Zusammenzucken).

Die meisten berufstätigen Frauen wurden wahrscheinlich schon einmal Opfer von diesem *Twitch*. Mir passierte das schon relativ früh in meiner Laufbahn. Als junge Journalistin bei der *Washington Post* fand ich eines Tages heraus, dass ein männlicher Kollege, der etwa zur gleichen Zeit wie ich eingestellt worden war, aber über weit weniger Erfahrung verfügte, mehr verdiente als ich. Er prahlte damit sogar am Telefon gegenüber einem Freund, und ich bekam das im Großraumbüro live mit. Natürlich war ich wütend. Ich schrieb eine relativ freundliche Nachricht an meinen Chef und bat ihn um eine Gehaltserhöhung, allerdings schlich sich meine Verstimmung irgendwie zwischen die Zeilen – vielleicht verwendete ich sogar das Wörtchen »ungerecht«. Mein Chef reagierte völlig entsetzt und enttäuscht. »Ich dachte, wir hätten ein gutes Arbeitsverhältnis«, begann seine E-Mail, und danach kam es noch schlimmer. Mir war das sehr peinlich, ich schämte mich so, dass ich mich sogar entschuldigte. Ja, ich entschuldigte mich! Und weil ich keine clevere Geschäftsfrau wie Sallie Krawcheck bin, muss ich an dieser Stelle beschämt zugeben, dass ich nie wieder um eine Gehaltserhöhung bat.

Ich weiß, dass dieser Vorfall zum Standardrepertoire der gestörten Geschlechterbeziehungen in der Arbeitswelt gehört. Meine gekränkte, weinerliche E-Mail, die entsetzte Reaktion meines Chefs, weil ich mich beschwere, meine Entschuldigung und meine fortan geübte Zurückhaltung – das alles sind Beispiele dafür, wie sich Frauen auf keinen Fall am Arbeitsplatz verhalten sollten, wenn sie den unvermeidlichen Vormarsch ihres Geschlechts an die Spitze beschleunigen wollen.

Zu Beginn des neuen Jahrtausends stellte man sich in der Forschung die Frage, warum die Einkommen von Frauen stagnierten. Frauen machten immer noch in größerer Zahl einen Hochschulabschluss als Männer und strömten in die lukrativen Berufe, doch ihr Einkommen, vor allem an der Spitze, schnellte nicht weiter nach oben. Die Wirtschaftswissenschaftlerin Linda Babcock stieß auf eine relativ einfache Erklärung. Sie leitete ein PHD-Programm an der Carnegie Mellon University, als sich eine Gruppe Doktorandinnen beschwerte, dass sie im Gegensatz zu den Männern keine eigenen Klassen unterrichten durften. Babcock stellte den verantwortlichen Dekan zur Rede und erfuhr, dass die Frauen »einfach nicht fragen« und daher auch keine eigenen Klassen zugeteilt bekamen.

Babcock fragte sich, ob das auch für andere Bereiche galt, und ging der Sache auf den Grund. Sie befragte ehemalige Studenten der Carnegie Mellon University, die kürzlich ihren Abschluss gemacht hatten, nach ihrem Anfangsgehalt im neuen Job. Wie sich herausstellte, hatten 57 Prozent der Männer über ihr Einstiegsgehalt verhandelt, aber nur 7 Prozent der Frauen, obwohl ihnen die Berufsberatung der Universität dringend dazu geraten hatte. Infolgedessen lag das Einstiegsgehalt der Männer im Durchschnitt um 7,6 Prozent über dem der Frauen.

Ich kann Babcocks Erkenntnisse durch eine Anekdote aus meinem eigenen Leben bestätigen. Seit drei Jahren gebe ich den Frauenteil des Online-Magazins *Slate* heraus. Etwa 10 Prozent der von mir betreuten Autoren sind Männer. Online-Magazine zahlen nicht sehr viel für Artikel, und im Budget gibt es nur wenig Spielraum, aber manchmal, unter bestimmten Umständen, lässt sich etwas machen. Den Frauen würde das jedoch nie auffallen. In all den Jahren fragten mich nur vier von mehreren Dutzend Frauen, mit denen ich zusammenarbeite, ob sie mehr Geld bekommen könnten. Und nur zwei der Männer verkniffen sich die Frage.

Babcock ist Wirtschaftswissenschaftlerin, daher wandte sie ein bisschen Mathematik an und kam zu folgendem Ergebnis: Selbst wenn ein Mann nie wieder um eine Gehaltserhöhung bittet und er und seine Kollegin während ihres übrigen Berufslebens beide hin und wieder eine Erhöhung um 3 Prozent erhalten, wäre der Mann mit seinem um 7,6 Prozent höheren Ausgangsgehalt bis zur Rente um eine halbe Million Dollar reicher als die Frau – was dem Unterschied zwischen einer winzigen Wohnung in einem Vorort von Miami und einer luxuriösen Doppelhaushälfte in Sarasota entspricht.

Angesichts der aktuellen Wirtschaftssituation in den USA wirkt diese Erkenntnis besonders brisant. Heutzutage wechselt fast jeder Arbeitnehmer irgendwann die Firma. Babcock weist darauf hin, dass bereits im Jahr 2000 ein Viertel der Arbeitnehmer angab, seit weniger als einem Jahr für ihren aktuellen Arbeitgeber tätig zu sein. Arbeitnehmer wechseln von einer Stelle zur anderen, und jedes Mal wird über Arbeitszeit, Geld und Zusatzleistungen verhandelt. Die Arbeitgeber bieten ihren Angestellten verschiedene Aktienoptionen, Zusatzleistungen oder Sondervereinbarungen an: flexible Arbeitszeiten, Arbeit von zu Hause aus, Zeitarbeit. Der Arbeitsmarkt hat sich in einen riesigen orientalischen Basar verwandelt, und die Frauen lassen sich womöglich die besten Gelegenheiten entgehen! Im Allgemeinen sind Frauen gar keine schlechten Verhandlungspartner – etwa im Namen ihrer Firma, für ihre Kinder oder Freunde. Aber wenn es um sie selbst geht, zögern sie. Folglich erkennen sie manche Chancen einfach nicht. Sie scheinen davon auszugehen, dass sie nur hart genug arbeiten müssen, dann würde man sie schon dafür belohnen.

Entsprechend dieser Tendenz erschien eine Fülle von Ratgebern, die Frauen den Rücken stärken sollten und Titel hatten wie *Nice Girls Don't Get the Corner Office; Play Like a Man, Win Like a Woman* und *Stop Sabotaging Your Career*. Auch Babcock verfasste zusammen mit Sara Laschever einen Ratgeber, *Ask for It*, in dem die beiden erklären, »wie Frauen in Verhandlungen das bekommen, was sie wirklich wollen«. Der Inhalt dieser Ratgeber geht schon aus dem Titel hervor: Wer befürchtet, »andere zu kränken«, »zu schnell einen Rückzieher macht« oder sonst ein »mädchenhaftes Verhalten« am Arbeitsplatz an den Tag legt, wie Lois Frankel mahnt, die Autorin der *Nice Girls*-Reihe, »sabotiert die eigene Karriere!«.

Doch noch während immer weitere Karriereratgeber auf den Markt kamen, nahm die Forschung eine kuriose Wendung. Immer mehr Studien kamen zu dem Schluss, dass Frauen, die nicht den weiblichen Stereotypen entsprachen – die direkt eine Gehaltserhöhung verlangten, die ihre eigenen Leistungen hervorhoben und dafür Anerkennung einforderten oder es versäumten, für andere Kollegen einzuspringen und ihnen zu helfen –, einen hohen Preis bezahlten. Sie wurden als schroff oder unsympathisch beurteilt, man arbeitete nicht gern mit ihnen zusammen, wollte sie nicht als Chefin und – noch schlimmer – gewährte ihnen keine Gehaltserhöhung und war nicht bereit, ihnen Anerkennung zu zollen. Da war wieder der böse *Twitch*, das allgemeine Zusammenzucken, das verhinderte, dass der Angriffsplan »Alle Schwestern zu den Waffen« funktionierte. Anscheinend war die Welt noch nicht bereit für böse Mädchen im Büro.

Im ganzen Land wurden verschiedene Arbeitsplatzszenarien getestet, doch das Ergebnis war immer dasselbe: Aggressiv auftretende Frauen wurden schlechter bewertet als zögerlich wirkende Frauen. Einer Frau, die ihre Leistung selbst in den Vordergrund stellt, spricht man soziale Kompetenz ab. Dasselbe gilt für Frauen, die am Arbeitsplatz aus irgendeinem Grund wütend werden. In einem Szenario wollen einige Kollegen gerade zu einer Büroparty gehen, als ein anderer Kollege auftaucht und völlig in Panik ist, weil der Kopierer kaputt ist und er dringend einen Auftrag fertig machen muss. Er braucht Hilfe, um von Hand die 500 Seiten zusammenzutackern, die er kopiert hat. Die Frauen, die ablehnen und einfach auf die Party gehen, wurden von den Testpersonen gnadenlos verurteilt. Männer, die sich genauso verhielten, wurden dagegen überhaupt nicht kritisiert. Männer können sich laut Urteil der Testpersonen freundlich und kollegial verhalten, müssen aber nicht. Für Frauen ist ein kollegiales Verhalten dagegen Pflicht.

Besonders ernüchternd ist wohl ein Experiment, das 2004 von Madeline Heilman durchgeführt wurde, einer Psychologin an der New York University. Heilman teilte den Testpersonen Unterlagen mit Informationen über einen bestimmten Mitarbeiter aus, der Assistent des Vorstands bei einem Flugzeughersteller war. In einigen Fällen hieß es, es gebe noch keine Beurteilung des Mitarbeiters. In anderen Fällen gab es eine Beurteilung, er wurde als »brillanter Leistungsträger« oder »aufsteigender Stern« bezeichnet. Der einzige weitere Unterschied bestand darin, dass der Mitarbeiter in einigen Unterlagen »James« hieß und in anderen eine Mitarbeiterin namens »Andrea« war. Die Testpersonen, die glaubten, der Mitarbeiter sei noch nicht beurteilt worden, bewerteten Andrea und James gleich. Doch bei denjenigen, denen der Mitarbeiter/die Mitarbeiterin als »aufsteigender Stern« beschrieben worden war, gingen die Meinungen weit auseinander.

Man sollte meinen, dass eine Frau, die es bis in die Führungsetage eines Flugzeugherstellers gebracht hat, für diese Leistung eine Eins mit Sternchen verdient hätte. Weit gefehlt. Die Testpersonen stuften den aufsteigenden Stern Andrea als weit unsympathischer ein und beurteilten sie viel feindseliger als James, tatsächlich galt Andrea als »total unhöflich«, erklärt Heilman, obwohl es keine Informationen gab, die diese Sichtweise gestützt hätten. Die Testpersonen gingen einfach davon aus, dass »Andrea« es nur mit List und Tücke an die Spitze einer von Männern dominierten Branche geschafft hatte. Die Schlussfolgerungen waren deprimierend. Sobald Frauen Topleistungen in einer Männerdomäne erbrachten, wurden sie negativ beurteilt. Eine neue Strategie schien daher dringend erforderlich.

Einige Jahre später hatte Heilman eine solche Strategie entwickelt. Sie nennt sie »eine Prise Zucker«. Heilman führte das Andrea/James-Experiment erneut durch, doch dieses Mal ergänzt um weitere Details. Andrea/James »verlangt viel von ihren/seinen Mitarbeitern«, ist aber auch »fürsorglich und geht auf deren Bedürfnisse ein« oder ist »fair« und fördert »Zusammenarbeit und Hilfsbereitschaft«. Alle drei Zusatzinformationen zeigten in Andreas Fall Wirkung, den Testpersonen war sie nun sympathischer, sie erklärten, sie hätten sie gern als Chefin, und stuften sie als kompetent ein. Heilman zog sogar die Mutter-Trumpfkarte. Sie erwähnte, dass Andrea Kinder habe, und erzeugte damit denselben Effekt. Eine Mutter konnte doch nicht böse und gemein sein, müssen die Testpersonen wohl gedacht haben. Die kleine »Prise Zucker« zeigte also große Wirkung.

Wie sollten sich Frauen nun verhalten, sollten sie Schokoladenkuchen für ihre Kollegen backen, sie um die Mittagszeit massieren und allgemein eitel Sonnenschein im Büro verbreiten? Offenbar saßen die Frauen immer noch in der Falle. Wie schaffte es eine Frau, so nett zu sein, dass die Leute nicht vor ihr zurückschreckten (der *Twitch*), aber nicht so lasch zu wirken, dass sie nie befördert wurde?

Im Jahr 2011 nahm Hannah Riley Bowles von der Harvard Kennedy School die Herausforderung an. Bowles war Linda Babcocks Schützling, ging jedoch von einer anderen Prämisse als ihre Mentorin aus. Sie erklärte: »Fragen kostet nichts.« In Zusammenarbeit mit Babcock entwarf sie ein einfaches Szenario, bei dem einer Mitarbeiterin eine Stelle angeboten wird und sie um eine Gehaltserhöhung bittet. Jede Testperson sah ein Video mit verschiedenen Mitarbeitern, die von Schauspielern dargestellt wurden. Alle baten um eine Gehaltserhöhung, folgten aber jeweils einem anderen Drehbuch. Bowles hatte die These aufgestellt, dass die Darbietung zwei verschiedene Kriterien erfüllen musste, wenn die Bitte Erfolg haben sollte: Die Mitarbeiterin musste so weiblich wirken, dass sie keine Abwehrreaktion *(Twitch)* hervorrief, aber auch aggressiv genug auftreten, um die Testpersonen zu überzeugen, ihr eine Gehaltserhöhung zu bewilligen.

»Ich finde, ich sollte beim Gehalt zur Spitzengruppe gehören. Und meiner Meinung nach komme ich auch für eine Bonuszahlung am Ende des Jahres in Frage.«

Schlecht. Zu aggressiv.

»Ich hoffe, es stört Sie nicht, wenn ich Sie das frage. Es täte mir schrecklich leid, wenn ich Sie damit kränken würde.«

Wieder nein. Zu zaghaft.

»Ich weiß nicht, ob man in so einer Position über Geld verhandelt, aber ich hoffe, dass Sie meine Fähigkeiten am Verhandlungstisch als wichtige Qualifikation für meine Tätigkeit zu schätzen wissen.«

Bingo.

Als die Schauspielerin diesen Text verwendete, waren die Testpersonen nicht nur bereit, mit der Frau zusammenzuarbeiten, sondern wollten ihr auch eine Gehaltserhöhung bewilligen. Der Trick bestand darin, dem Stereotyp zur Hälfte zu entsprechen. Die Frau war höflich, blieb aber standhaft. Vor allem jedoch wurde akzeptiert, dass sie für sich eintrat, weil sie ihre Bedürfnisse mit den Bedürfnissen des Unternehmens verband. Sie musste als Selbstdarstellerin *und* Teamspielerin auftreten. Sie konnte für sich selbst in einer Verhandlung eintreten, weil sie damit Verhandlungsgeschick bewies, das sie später für das Unternehmen einsetzen würde. Allerdings durfte sie auf keinen Fall gekränkt wirken, wie ich es in meinem Brief an den Herausgeber der *Washington Post* getan hatte. »Man sollte die anfängliche Empörung rasch hinter sich lassen«, empfiehlt Bowles. »Als Überzeugungsstrategie hätte das vielleicht vor 25 Jahren funktioniert, aber heute nicht mehr. Das ist nicht nur ineffektiv; Sie erreichen damit das genaue Gegenteil dessen, was Sie wollen. Wenn Sie betonen, dass Sie falsch behandelt wurden, dass Sie wie jemand mit geringerem Status behandelt wurden, überzeugen Sie Ihr Gegenüber am Ende meistens nur davon, dass Sie tatsächlich einen geringeren Status haben.«

Bowles gibt zu, dass diese Strategie einen Drahtseilakt erfordert und einen in den Wahnsinn treiben kann. Außerdem ist sie eigentlich eine Beleidigung für das eigene Ego, weil man kapitulieren muss. »Wenn wir Einfluss auf die Ergebnisse unserer Experimente hätten«, schreibt sie, »würden wir uns für eine befreiendere Botschaft entscheiden.« Andererseits ist dieser Ansatz sehr pragmatisch und damit doch wieder auf seine Art befreiend. Wenn Frauen verhandeln, kommen leicht Emotionen ins Spiel: übertriebene Bescheidenheit, Scham, Unmut, Wut. Solche Gefühle sind nicht gerade hilfreich für eine vernünftige Argumentation. Bowles' Strategie bietet Frauen die Möglichkeit, sich auf etwas anderes zu konzentrieren, etwas, was ihnen vielleicht sogar eher liegt: Sie schaffen eine überzeugende Argumentation, die erklärt, warum ihre eigenen Bedürfnisse denen der Firma entsprechen.

Eine weibliche Führungskraft, die sich von Bowles beraten ließ, fand heraus, dass einer ihrer männlichen Untergebenen mehr verdiente als sie. Am liebsten wäre sie schnurstracks ins Büro ihres Chefs marschiert und hätte ihm gesagt, wie ungerecht und empörend sie das fand – und das war es ja auch. Doch mit Bowles' Hilfe überlegte sie sich einen anderen Text, in dem zwar auch die Ungerechtigkeit dieser Situation vermittelt wurde, aber in gemäßigtem Ton. Sie verwies auf allgemeine Standards, nicht auf ihre persönliche Empörung: »Ich weiß, dass dieses Unternehmen keine Struktur haben will, in der Untergebene mehr verdienen als ihre Vorgesetzten.« Sie lernte ihren Text und achtete darauf, nicht laut zu werden. Sie bekam die Gehaltserhöhung.

Eine andere Frau, die von Bowles beraten wurde, wurde gebeten, die Gleichstellungsinitiative ihrer Kanzlei zu leiten. Sie vermutete, dass man sie damit nur ruhigstellen und von ihrer eigenen erfolgreichen Karriere abbringen wollte. Eigentlich wollte sie ihrem Chef direkt sagen, dass diese neue Aufgabe ihrer Karriere im Weg stehen würde. Bowles schlug einen anderen Weg vor: »Wenn ich Sie richtig verstehe und wenn Sie wollen, dass diese Position über die erforderliche Autorität verfügt, sollte sie meiner Meinung nach auch mit

Stufe ____ vergütet werden und einen entsprechenden Titel haben.« Sie beschwerte sich also nicht, bekam die gewünschte Beförderung, und die Gleichstellungsinitiative erhielt einen neuen Stellenwert und mehr Autorität.

In ihrem Buch *Knowing Your Value* beschreibt die Fernsehmoderatorin Mika Brzezinski, die sich ebenfalls von Bowles beraten lässt, ihre eigenen ungeeigneten Versuche, um eine Gehaltserhöhung zu bitten. Bei ihrem ersten Vorstoß entschuldigte sie sich wieder und wieder bei Phil Griffin, dem Präsidenten des Nachrichtensenders MSNBC. »Es tut mir leid«, »ich möchte keine Probleme machen«, »ich möchte wirklich nicht wie eine Diva wirken«. Das führte natürlich zu nichts. Bei ihrem zweiten Versuch probierte sie es mit einer Kombination aus Wut und Angeberei, die sie bei ihrem Komoderator Joe Scarborough beobachtet hatte. »Das ist lächerlich, das lasse ich mir nicht mehr länger gefallen!«, rief sie und stieß Phil gegen die Schulter, wie sie es bei Joe gesehen hatte. Griffin sah sie an, als ob sie völlig durchgedreht wäre, und boxte zurück. Aber schließlich schaffte sie es doch noch, und zwar indem sie »nicht wütend wurde und nicht jammerte. Ich brachte einfach die Argumente in meinen eigenen Worten vor: ›Du bist ein schlechter Freund. Weißt du, was das heißt, Phil? Du nimmst und nimmst die ganze Zeit, gibst aber nichts ab. Hör auf damit und lerne zu teilen.«

Bei meinen Gesprächen mit weiblichen Führungskräften erfuhr ich, dass viele diese Lektion gelernt hatten, und die meisten hatten die Zähne zusammengebissen und sich daran gehalten. Indra Nooyi, CEO bei Pepsi, erinnerte sich an eine ihrer ersten Vorstandssitzungen, als sie noch nicht lange bei der Firma war. Irgendjemand stellte einen dubiosen Dreijahresplan vor. Die meisten sprachen sich dagegen aus, formulierten es aber vorsichtig: »Das ist sehr interessant, aber Sie sollten es vielleicht noch einmal unter einem anderen Blickwinkel betrachten.« Nooyi sagte ganz direkt: »Das ist Mist. Das wird so nie funktionieren.« Danach nahm ein männliches Vorstandsmitglied sie beiseite und erklärte ihr, wenn sie in der Firma bleiben und vorankommen wolle, müsse sie ihren Ton etwas mäßigen. »Er half mir, meine Einstellung zu ändern«, sagte sie. »Die ganze Firma wird sich nie bewegen und dir entgegenkommen. Das ist einfach nicht realistisch.« Das sei ihre erste Lektion gewesen, erklärte sie, bei der sie gelernt habe, wie man in einem von Männern dominierten Umfeld überlebt.

Die Facebook-Geschäftsführerin Sheryl Sandberg rät Frauen immer, in dem Ton zu verhandeln, den auch Bowles seit ihrer Studie empfiehlt. Sandbergs Version des Textes würde etwa so lauten: »Ihnen ist klar, dass Sie mich eingestellt haben, um die Abteilung für Unternehmensentwicklung zu leiten. Sie wollen daher sicher, dass ich gut verhandeln kann. Tja, und da wären wir. Ich würde jetzt verhandeln.« Sandberg ist mit der Frauenrechtsikone Gloria Steinem befreundet, doch bei diesem pragmatischen Ansatz sind sich die beiden schon lange uneinig. »Aber ich sage, du musst dein Ego beiseiteschieben und nach den Regeln spielen, damit du nach oben kommst und etwas verändern kannst. Schau, da bin ich nun bei Facebook, in einer Position, in der ich fünf Monate bezahlte Elternzeit einführen kann. Hat sich das nicht gelohnt?«

Emily White ist eine von Sandbergs jungen Schützlingen und hat zögernd Sandbergs Auftrag angenommen, sich an die Regeln zu halten. »Ich bin ein sehr aggressiver Mensch. Ich habe sehr ausgeprägte Ansichten und bin sehr wettbewerbsorientiert und erwarte, dass die Menschen in meinem Umfeld genauso sind«, erklärt White. »Aber ich habe wirklich versucht, meinen Stil zu ändern und meine Zunge mehr im Zaum zu halten. Ich frage andere immer aktiv nach ihrer Meinung, selbst wenn sie mich eigentlich nicht interessiert. Und ich halte mich mehr zurück und verwende nicht ganz so starke Formulierungen.« Sie fügt hinzu: »Das macht mich wahnsinnig. Ich bin mir nicht sicher, wie lange ich das durchhalte.« Whites ablehnende Haltung zu diesem erzwungenen Imagewechsel ist vielleicht ein hoffnungsvoller Hinweis darauf, dass diese schmerzhafte Übergangsphase nicht ewig währen wird, dass wir schon näher am Wendepunkt sind, als uns bewusst ist, und dass es bald genug Frauen vom Typ einer Emily White an der Macht geben wird, die nicht mehr so behutsam auftreten müssen.

Frauen lernen vielleicht mit der Zeit, diesen Drahtseilakt zu perfektionieren. In ihrer unbegrenzten Wandlungs- und Anpassungsfähigkeit treffen sie vermutlich genau den richtigen Ton zwischen weiblich und aggressiv, um vorwärtszukommen, ohne dass andere misstrauisch werden. Aber selbst wenn sie diese äußerlichen Hindernisse überwinden, gibt es noch andere, in gewisser Weise tiefer sitzende Barrieren, die sie behindern.

Frauen schleppen psychischen Ballast mit an den Arbeitsplatz: eine seit langem bestehende ambivalente Haltung zu ihrem eigenen Ehrgeiz, eine Empfindlichkeit gegenüber Eigenwerbung, das Gefühl der Verpflichtung gegenüber der Familie, die sie ihren Ehemännern nicht überlassen wollen oder können, eine Vorstellung von Befriedigung, die weit mehr umfasst als Erfolg im Beruf, und ein allgemeines Gefühl der Verwundbarkeit. Diesen Ballast tragen Frauen offenbar ständig mit sich herum, unabhängig davon, wie mächtig sie werden. Das ist verständlich, wenn man bedenkt, dass die meisten Arbeitsplätze so starr strukturiert sind, dass Frauen immer das Gefühl gegeben wird, sie würden um einen besonderen Gefallen bitten. Doch das sind eben auch die Gründe, warum Frauen am Ende eines Jahres 10 000 Dollar weniger verdienen, wie Claudia Goldin es formuliert. Anders als manche Frauenzeitschriften behaupten, sind das keine »schlechten Angewohnheiten«, die Frauen überwinden müssen, sondern eher Neigungen, die sich eine Frau bewusstmachen sollte, bevor sie entscheidet, was sie beruflich erreichen will.

Aus einer langfristig angelegten Studie an Absolventen der Business School der University of Chicago kennen wir den grundlegenden Karriereverlauf berufstätiger Frauen der Elite, in diesem Fall von Frauen, die Betriebswirtschaft studiert haben. Direkt nach dem Studium verdient eine Frau im Schnitt etwas weniger als ihre männlichen Kollegen, 115 000 Dollar im Vergleich zu 130 000 Dollar. Nach fünf Jahren beginnen die Einkommen von Männern und Frauen auseinanderzudriften. Die Frauen arbeiten weniger, manche hören auch komplett auf zu arbeiten. Nach fast einem Jahrzehnt haben die Frauen ein durchschnittliches Einkommen von 250 000 Dollar, die Männer dagegen von 400 000 Dollar.

Warum? Was ist passiert? Wie entsteht aus einer kleinen Differenz diese gigantische Lücke?

Ein erster Hinweis ergibt sich aus der Tatsache, dass zwischen Männern und kinderlosen Frauen kaum ein Einkommensunterschied besteht. Die Entwicklung ist daher offensichtlich: Frauen mit Kindern arbeiten weniger oder suchen sich ein Arbeitsverhältnis, das familienfreundlicher ist. Eine völlig vernünftige Reaktion auf ein Arbeitsumfeld wie in den USA, wo kaum beachtet wird, dass die Erwachsenen, die jeden Tag zur Arbeit erscheinen, nebenbei noch Kinder großziehen.

Aber Kinder sind nicht die einzige Erklärung, oder vielleicht sind Kinder auch ein Vorwand für die allgemeinere Abneigung der Frauen, sich durchzusetzen und zu kämpfen, die bei ihnen Ende zwanzig einsetzt und mit dreißig und vierzig in voller Blüte ist.

»Mangelt es Frauen an Ehrgeiz?«, fragte die Psychologin Anna Fels daher in einem 2004 erschienenen Artikel in der *Harvard Business Review*. Sie beginnt mit der prägnanten Schilderung einer Frau, die ein schmutziges Geheimnis aus ihrer Kindheit beichtet: Einst hatte sie ihr Tagebuch mit dem Satz »Ich möchte berühmt werden« vollgekritzelt. Ein schmutziges Geheimnis, weil sich die Vierzigjährige immer noch dafür schämte. Welcher Typ Frau läuft schon herum und verkündet allen, dass sie berühmt werden möchte?

Fels kommt zu dem Schluss, dass Frauen diese Prahlerei mit den Jahren ausgetrieben wird. Sie bewahren sich ihren kindlichen Stolz auf das, was sie erreicht haben, für sich selbst, verlieren aber den Antrieb, dafür Anerkennung bei anderen einzufordern. Sie verlieren den Ehrgeiz an sich. »Die Frauen, die ich interviewte, hassten sogar das Wort«, schreibt Fels. »Sie assoziieren ›Ehrgeiz‹ automatisch mit Egoismus, Selbstgefälligkeit, Geltungsbedürfnis oder der Manipulation anderer, um die eigenen Ziele zu erreichen. Sie würden niemals zugeben, dass sie ehrgeizig sind. Stattdessen sagten sie mir immer wieder: ›Das kommt nicht von mir. Das kommt von der Arbeit.‹«

Stellen wir uns ein Videospiel namens »Ambition Killer«

vor. Ein Mädchen beginnt sein Leben mit einer bestimmten Menge Ehrgeizpunkte und stößt dann auf verschiedene Hindernisse, die ihm diese Punkte abnehmen: Ehemann, Kinder, ein starrköpfiger Chef, keine flexiblen, familienfreundlichen Bedingungen bei der Arbeit, die Verlockung eines faulen Nachmittags unter der Woche. Es gibt viele Möglichkeiten, warum Frauen althergebrachte Wege beschreiten und den Willen verlieren, für das zu kämpfen, was sie wollen. Manchmal spüren Frauen den Druck der Gesellschaft, die eine beruflich ehrgeizige Mutter als selbstsüchtig darstellt, als Frau, die ihre Interessen über die ihrer Kinder stellt. Manchmal – und das ist besonders schwer – sehen Frauen einfach keinen größeren Reiz darin, ihre mittleren Jahre damit zu verbringen, in einer Firma die Karriereleiter zu erklimmen, anstatt ausschließlich Mutter zu sein oder auch einfach nur ein Buch in einem Café zu lesen.

Die Studie an den Absolventen der Chicago Business School zeigte eine merkwürdige Aufspaltung. Die Frauen fingen mit einem Einkommen von 115 000 Dollar im Schnitt an. Danach heirateten viele, manche Männer, die mehr oder weniger so viel verdienten wie sie, andere dagegen heirateten Männer, die viel mehr verdienten. Die Frauen, die einen solchen »Großverdiener« ehelichten, was in der Studie bedeutete, dass er mehr als 200 000 Dollar im Jahr verdiente, und dann Kinder bekamen, hörten viel häufiger auf zu arbeiten als Frauen mit einem Partner, der weniger Einkommen hatte. Sie erklärten sich auch zu einem größeren Teil verantwortlich für die Erziehung und Betreuung der Kinder – 52 Prozent im Vergleich zu 32 Prozent bei den Frauen mit geringer verdienenden Männern.

Die hier zugrunde liegende Tragik wurde in einem Leitartikel von Michael Lewis mit dem Titel »How to Put Your Wife Out of Business« perfekt zum Ausdruck gebracht. Der 2005 in der *Los Angeles Times* erschienene Artikel grenzte an Satire: »Es gab einmal eine kurze Zeit, etwa von 1985 bis 1991, in der erfolgreiche Männer ihren Status damit demonstrierten, dass sie ebenso erfolgreiche Frauen mit hochbezahlten Jobs heirateten. Doch diese Zeit ist vorbei. Heute demonstriert ein Mann seinen sozialen Status mit dem schönsten bürgerlichen Schmuckstück, das er finden kann – er sucht sich die bestbezahlte Frau in einer höchst angesehenen Position und schaltet sie durch Heiraten aus.«

Vor langer Zeit hätte ein gutverdienender Mann keine Betriebswirtin geheiratet. Er hätte eine Stewardess oder Sekretärin oder seine Freundin aus der Highschool genommen, die ihm mit ihrem Job sein Studium finanziert hat. Aber heutzutage finden sich häufig Paare mit gleichem Ausbildungsstand zusammen. Einem Pascha von der Wall Street genügt es nicht, ein Fotomodell zu heiraten: Er muss die beeindruckendste Frau in seinem Studienfach heiraten – und sie dann, wie Lewis schreibt, aus dem Beruf drängen. Für Frauenrechtlerinnen ist das empörend: Zahllose potenzielle weibliche Führungskräfte werden der Gier und den egoistischen Anforderungen ihrer Ehemänner geopfert. Frauen, die Höheres anstreben, tun daher gut daran, folgenden Rat zu beherzigen: Wenn Sie beim Studium einen Mann kennenlernen und annehmen, dass er eines Tages sehr erfolgreich sein wird, lassen Sie besser die Finger von ihm. Heiraten Sie lieber einen aus dem mittleren Management.

Zumindest sollte sich eine erfolgsorientierte Frau jemanden suchen, der versteht, dass ihre Karriere genauso wichtig ist wie seine. Man sollte meinen, dass eine starke Frau den Anteil ihres Ehemannes an ihrem Erfolg herunterspielen würde, dass sie darauf besteht, dass sie es *trotz* des Mannes in ihrem Leben geschafft hat. Doch in einer neuen Wendung eines alten Themas erklärten die erfolgreichen Frauen, mit denen ich mich unterhielt, sie seien völlig auf ihre Männer angewiesen. Für alle war das die wichtigste Erfolgsregel: »Augen auf bei der Partnerwahl. Ich formuliere das oft als Witz, aber es gibt kaum eine so wichtige Entscheidung, eine Entscheidung von solcher Tragweite – positiv wie negativ – für die eigene Karriere«, erklärt Sallie Krawcheck. Sheryl Sandberg sagt Frauen bei jedem Vortrag: »Ihre wichtigste Karriereentscheidung ist die Wahl Ihres Ehemannes.« Und abhängig von ihrem Publikum fügt sie manchmal noch hinzu: »Wenn Sie lesbisch sein können, dann entscheiden Sie sich dafür.« Viele besonders erfolgreiche Frauen – die ehemalige Hewlett-Packard-CEO Carly Fiorina, Indra Nooyi oder Tina Brown, die Herausgeberin von *The Daily Beast* und *Newsweek* – erklären, ihre Ehemänner hätten ihren Erfolg erst möglich gemacht. »Ich hatte mit meinem Mann echt Glück«, meint etwa Nooyi, die aus einer traditionellen indischen Familie stammt und einen Inder heiratete, Rajkantilal Nooyi. »Er hat mich massiv unterstützt. Ich glaube nicht, dass ich so hätte arbeiten können, wenn ich daheim nicht diese Unterstützung gehabt hätte.«

Mit Mitte zwanzig hatte ich einen festen Freund, den ich direkt nach dem College kennengelernt hatte. Wir reisten zusammen, gaben uns gegenseitig Bücher zum Lesen und redeten über Politik. Ich hatte gerade begonnen, als Journalistin zu arbeiten, und er lobte großzügig meine Artikel. Wenn ich ihn gefragt hätte, wie es ihm gefallen würde, wenn seine Frau arbeiten würde, hätte er gesagt, er würde das voll unterstützen. Aber ich spürte, dass das nicht stimmte. Ich erkannte das daran, wie er über seine Mutter und ihren Versuch sprach, noch spät im Leben Karriere zu machen. Daran, wie er darüber redete, was seine zukünftigen Kinder im Sommer tun würden. Daran, dass er große Ambitionen hatte, die kaum Platz für Ablenkungen ließen. Ich tat gut daran, genau auf diese Hinweise zu achten: Heute ist er unglaublich reich, und seine hochqualifizierte Frau arbeitet nicht.

In der amerikanischen Wirtschaft verdient eine alleinstehende kinderlose Frau unter dreißig mehr als ein alleinstehender kinderloser Mann. Das heißt, dass in der Elite, deren Mitglieder meist spät heiraten, eine hohe Wahrscheinlichkeit dafür besteht, dass die Frau bei der Eheschließung mehr verdient als der Mann. Frauen können lernen zuzulassen, dass diese Anfangskonstellation den Rhythmus der Ehe vorgibt, und sollten dem Impuls widerstehen, immer nachzugeben. Eine frustrierte Freundin mit Baby sagte einmal über ihren Mann, der Anwalt wie sie ist: »Es ist ja nicht so, dass *sein Job* weniger flexibel ist. Nein, *er* ist weniger flexibel, was seinen Job betrifft.«

Vor der Hochzeit ging auch Emily Whites Mann davon aus, dass sie wahrscheinlich diejenige sein würde, die sich um den Großteil des Haushalts kümmern würde. Doch er hat gelernt, sich anzupassen. Er hat eine eigene Investmentfirma, die ihn fordert, ihm aber dennoch mehr Freiraum lässt, als Emily in ihrem Beruf hat. Er macht jetzt »den Großteil des Haushalts«, sagt White – er kümmert sich um die Rechnungen, repariert tropfende Wasserhähne, besorgt das Abendessen und plant die seltenen Urlaubsreisen. Sie bringt jeden Morgen ihr Kind in die Schule, aber er übernimmt die abendliche Übergabe des Kindes von der Nanny – »vermutlich das größere Opfer«, gibt sie zu, damit sie abends länger arbeiten kann. White hat ihn ganz bewusst als Ehemann gewählt, weil sie, als sie sich kennenlernten, bereits wusste, dass er, gleich wie seine Weltanschauung aussah, der Typ Mann war, der »offen dafür war, sich diese Weltanschauung gehörig durcheinanderwirbeln zu lassen«. Whites persönliche Erfahrung hat bei ihr den Eindruck hinterlassen, dass »die Männer hier« – im Silicon Valley – »diese Situation mehr und mehr akzeptieren. Hier ist es keine Schande, wenn sich der Mann mehr um die Kinder kümmert.«

Vor ein paar Jahren schrieb ich für die Zeitschrift *The Atlantic* einen Artikel über das Stillen mit dem Titel: »Argumente gegen das Stillen«. Das war ein bisschen überspitzt formuliert – ich verstehe vollkommen, dass Stillen nachweislich gesundheitliche Vorteile für das Kind hat. Aber ich vertrat den Standpunkt, dass diese Vorteile nicht so gravierend sind, dass sie automatisch alle anderen Argumente, die dagegen sprechen, zunichtemachen. Ich kam zu dem Schluss:

Insgesamt betrachtet ist Stillen wahrscheinlich das Beste. Aber es ist nicht so viel besser, dass man einen Verzicht aufs Stillen als »Gefährdung der öffentlichen Gesundheit« wie etwa das Rauchen einstufen könnte. Nach allem, was wir bisher wissen, scheint es angebracht, die gesundheitlichen Vorteile des Stillens auf der Pro-Seite zu verbuchen und andere Faktoren – Anstand, Unabhängigkeit, Beruf, Vernunft – auf der Kontra-Seite. Dann kann man die einzelnen Punkte einander gegenüberstellen und sich entscheiden. Doch heutzutage, wo Eltern vor jedem möglichen Risiko zurückschrecken, wird das nicht so gehandhabt.

Ich habe erlebt, dass viele Freundinnen fast gekündigt haben, weil sie nicht aufhören wollten zu stillen oder sich nicht den Stress machen wollten, bei der Arbeit Milch abzupumpen. In dieser kurzsichtigen, verzweifelten Phase der frühen Mutterschaft verkürzt sich die Sichtweise der Mütter darauf, dass sie ihr Kind praktisch verhungern lassen, wenn sie ihrem beruflichen Ehrgeiz nachgeben würden.

Selbst nach all den Jahren in der Arbeitswelt neigen Frauen dazu, Entscheidungen bezüglich ihrer Kinder darauf zu reduzieren, dass sie zwischen den selbstsüchtigen Wünschen einer Mutter und den Bedürfnissen des Kindes wählen müssen. Aber das ist eine sehr begrenzte Sichtweise. Es mag viele überraschen, doch laut einer Untersuchung zur Zeiteinteilung im vergangenen Jahrhundert, einer Zeit also, als Frauen immer stärker in die Arbeitswelt drängten, verbringen Frauen heute mindestens genauso viel oder sogar mehr Zeit mit ihren Kindern als in früheren Jahrzehnten. Eine Studie kam sogar zu dem Ergebnis, dass sich seit 1995 die Zeit, die Frauen mit ihren Kindern verbringen, fast verdoppelt hat auf heute 21,2 Stunden die Woche. Ich habe diese Statistik bereits in mehreren verschiedenen Studien gesehen, aber noch keine Erklärung dafür gefunden. Sie bestätigt jedoch etwas ganz eindeutig: Eines kann man uns als Elterngeneration definitiv nicht vorwerfen: Vernachlässigung.

Als Journalistin hatte ich einmal die Aufgabe, über eine umfassende Studie des National Institute of Child Health aus dem Jahr 2006 zu berichten. Mein Redakteur hatte sie mir als Untersuchung beschrieben, die bewies, dass Kinder in Kindertagesstätten mehr Wutanfälle hätten, denn so war das Ergebnis von den Nachrichtenagenturen zusammengefasst worden. Tatsächlich zeigt die Studie – eine der längsten und umfassendsten, die je gemacht wurden –, dass es bei der kognitiven Entwicklung oder beim Verhalten praktisch keine Unterschiede zwischen den Kindern gibt, die zu Hause bei der Mutter, zu Hause mit einer Nanny oder in einer Kindertagesstätte aufwachsen. Eine kleine Minderheit von Kindern, die viele Stunden in der Kindertagesstätte waren, zeigte einige Verhaltensauffälligkeiten, die jedoch laut Studie mit der Zeit wieder verschwanden. Doch unabhängig von den Ergebnissen hielt sich die Mär von den selbstsüchtigen Müttern.

Bei der Diskussion über Kinderbetreuung werden nur allzu oft die Vorteile vergessen, die eine arbeitende Mutter für die Familie mit sich bringt; nicht nur ihr Gehalt und ihre berufliche Erfüllung, sondern auch ihr Beispiel als Frau, die sich in der Welt draußen engagiert. Dazu hätte ich eine kleine gemeine Geschichte: Als mein erstes Kind in der Vorschule war, hörte ich zufällig das Gespräch zwischen einer Mutter und ihrer Tochter, die in dieselbe Klasse ging. Die Mutter war der Typ Frau, von dem es viele an der Schule gab, eine Anwältin, die einen Lobbyisten mit einem richtig guten Einkommen geheiratet und dann aufgehört hatte zu arbeiten. Die Mutter erklärte gerade, dass sie sich am Nachmittag zusammen ein paar Grundschulen ansehen würden, weil es wichtig sei, die richtige Schule auszusuchen, damit die Tochter eine tolle Ausbildung erhalte und ihr das Lernen Spaß mache. »Warum ist das so wichtig«, fragte die Tochter, »wenn ich später einfach nur eine Mami wie du bin?« Autsch.

Oft lassen sich die Zeitprobleme der Mütter ganz einfach lösen, doch die Frauen wollen sich nicht darauf einlassen. Als Lösung gibt es zum Beispiel Ehemänner. Während ich an diesem Kapitel arbeite, packt mein Mann das Auto, um mit unseren drei Kindern zum Ferienhaus seiner Eltern in

Vermont zu fahren. Er fährt ohne mich mit ihnen in Urlaub, weil ich mein Buch fertigschreiben muss und er mir Zeit und Freiraum für meine Arbeit geben will. Eine sehr großzügige, liebevolle Tat. Dennoch hege ich Gedanken, die nicht gerade von Dankbarkeit geprägt sind: Für das jüngste Kind packt er die falschen Stiefel ein, für das mittlere die falschen Handschuhe, und die Älteste ist drauf und dran, ihre Bücher zu vergessen. Er nimmt die Wasserflasche mit dem kaputten Deckel und eine riesige Tüte Salzbrezeln anstelle kleiner Tütchen mit, die er im Auto viel einfacher verteilen könnte. Ich male mir bereits aus, wie sich die Kinder Finger und Zehen abfrieren und die Tüte mit den Brezeln fallen lassen, nachdem sie sich davor erbittert gestritten haben, wer sie auf dem Schoß haben darf. Die Brezeln purzeln heraus und verteilen sich fein säuberlich unter den Fußmatten im Auto.

Aber ich reiße mich zusammen, verdränge die Bilder aus meinem Kopf und sage nichts. Erstens wäre es nicht fair. Einem Kollegen, der einen Artikel für mich geschrieben hat, weil ich ihn darum gebeten habe, würde ich nie sagen, er hätte alles falsch gemacht, nur weil ich die Sache anders angehen würde. Zweitens spielt es keine Rolle. Elf Jahre Elternschaft und drei Kinder haben mich gelehrt, dass es ganz ehrlich wirklich keine Rolle spielt. Ferienerinnerungen bestehen nicht aus kalten Fingern und zermatschten Brezeln. Die Kinder können Stiefel von den Nachbarn leihen und den Besuch gleich zum Anlass nehmen, die Nachbarskinder zu einer Schneeballschlacht herauszufordern. Wahrscheinlich werfen sie die Brezeln ohnehin aus dem Fenster und gehen in einem netten Lokal essen. Und ich bekomme in der Zwischenzeit mein Buch fertig, so einfach ist das.

Sobald man anfängt, das Baby »mein Baby« zu nennen,

hat man ein Problem. Gleichberechtigung ist nicht nur am Arbeitsplatz eine tolle Sache, sondern auch daheim. In ihrem Buch *Getting to 50/50* weist Sharon Meers, ehemalige Führungskraft bei Goldman Sachs und heute bei eBay tätig, darauf hin, dass die Einbeziehung des Vaters ein entscheidender Faktor für den späteren Erfolg eines Kindes ist. In einer umfassenden Studie des amerikanischen Bildungsministeriums korrelierten die Noten eines Kindes damit, wie oft der Vater bei einer Schulveranstaltung anwesend war; dieser Faktor schlug stärker zu Buche als alle anderen untersuchten Aspekte. Kinder mit engagierten Vätern haben im Alter von drei Jahren einen höheren IQ und ein stärkeres Selbstwertgefühl. Töchter haben später seltener häufig wechselnde Partnerschaften.

Die Verteilung der Kinderbetreuung auf Mütter wie Väter ist nicht nur eine Frage der Logistik, sondern erfordert auch die Auseinandersetzung mit tiefsitzenden, lähmenden Vorstellungen, die Frauen hegen, noch bevor sie überhaupt Kinder haben.

Sheryl Sandberg von Facebook sprach in ihrem TED-Talk von 2010 über das Thema Frauen und Berufstätigkeit und brachte das Problem mit der prägnanten Formulierung »Verabschieden Sie sich nicht schon vorzeitig aus Ihrem Job« auf den Punkt. Sie bezog sich dabei auf die Geschichte einer jungen Mitarbeiterin bei Facebook, die zu ihr kam und sich den Kopf darüber zerbrach, wie sie Arbeit und Kind unter einen Hut bringen sollte. Die Frau wirkte noch sehr jung, daher fragte Sandberg: »Sie und Ihr Mann denken also darüber nach, ein Kind zu bekommen?« Wie sich herausstellte, hatte die Frau gar keinen Ehemann. Sie hatte nicht einmal einen Freund. Sie verhielt sich ganz einfach typisch für eine junge Frau, sie zögerte, bevor sie überhaupt aktiv wurde. »Ich erlebe das jeden Tag«, erzählte mir Sandberg. »Die Frauen stecken beruflich schon für ihre Kinder zurück, obwohl sie noch gar keine Kinder haben; Jahre bevor sie überhaupt versuchen, schwanger zu werden. Und wenn sie dann schwanger werden und in der Babypause sind, müssen sie irgendwann in einen Beruf zurück, den sie gar nicht mehr machen wollen.« Die Männer dagegen »haben richtig Biss und sind hochkonzentriert. Sie kommen jeden Tag zu mir ins Büro und fragen: ›Kann ich das übernehmen? Kann ich das leiten?‹ Sie müssen nicht überredet werden.«

Frauen sehen Kinder und Arbeit meist fatalistisch, daher suchen sie oft nicht nach Lösungen für das Problem, selbst wenn es welche gäbe. Bei Facebook zwingt Sandberg ihre Mitarbeiterinnen zum Optimismus und rät ihnen oft das Gegenteil von dem, was sie erwarten. Vor kurzem bot sie einer Frau eine Stelle im Bereich Geschäftsfeldentwicklung an. Die Frau äußerte Bedenken, dass sie der Aufgabe nicht gewachsen sei. Sheryl wollte wissen, warum. Die Frau gestand, dass sie schwanger sei. »Herzlichen Glückwunsch«, erwiderte Sandberg. »Noch ein Grund mehr, die Stelle zu übernehmen. Dann haben Sie eine interessante Tätigkeit, auf die Sie sich nach der Babypause freuen können.« Natürlich fällt es schwer, morgens zur Arbeit zu gehen, wenn sich ein niedliches Kleinkind an einen klammert, doch deshalb, so Sandbergs Logik, sollte die Aufgabe, die einen im Büro erwartet, möglichst interessant sein, sonst gibt man die Arbeit schnell auf. Sandberg selbst macht jeden Tag um 17.30 Uhr Feierabend. Wenn sie die Kinder ins Bett gebracht hat, arbeitet sie wie die meisten ihrer Kolleginnen von zu Hause aus weiter.

Vorbei sind glücklicherweise die Zeiten, in denen eine ehrgeizige Frau ihre Schwangerschaft vor ihrem Chef geheim halten musste. In den 1960er Jahren kam die Fernsehmoderatorin Barbara Walters einen Tag nach einer Fehlgeburt wieder zur Arbeit. Als sie schließlich ein kleines Mädchen adoptierte, erwähnte sie das nicht bei der Arbeit und arbeitete auch nicht weniger. »Man konnte damals nicht alles haben«, beschrieb Walters ihre damalige Situation. Wenn Walters heute noch Nachrichtensprecherin wäre, würde sie eine Reihe über Adoptionen moderieren und sofort per Twitter die Nachricht verbreiten, dass sie gerade ihr Baby aus dem Waisenhaus abgeholt hätte. Sie würde Babyfotos in der Sendung zeigen, wie es Megyn Kelly von Fox machte, und erbittert mit Zuschauern streiten, die sich darüber beschweren. Kelly führte außerdem eine hitzige Debatte mit ihrem konservativen Komoderator, der sich beschwerte, ihre Babypause sei eine »Masche«. Zuvor hatte sie ihren milchprallen Busen in ein enges schwarzes Kleid gezwängt und sexy Fotos für das Magazin *GQ* machen lassen.

Frauen – wir sprechen hier hauptsächlich von berufstätigen Frauen (und Männern) – haben heute die Möglichkeit, Arbeit und Familie kreativ zu kombinieren. Angesehene Unternehmen akzeptieren mittlerweile auch radikale Programme zu flexiblen Arbeitszeiten. Vor kurzem führte der Elektronikhändler Best Buy für Manager und Führungskräfte ein Programm ein, das sich Results Only Work Environment nennt und sich an den Regeln des Silicon Valley orientiert. Man muss einfach nur seine Arbeit erledigen, persönliche Anwesenheit wird nicht verlangt, an Besprechungen kann man auch per Handy von seinem Segelboot aus teilnehmen, wenn man will. Die wichtigsten Wirtschaftsprüfungsunternehmen – KPMG, Deloitte, Ernst & Young, Pricewaterhouse-

Coopers – liefern sich mittlerweile ein publicityträchtiges Rennen darum, wer die kreativsten Möglichkeiten für flexible Arbeitszeiten einführt, inzwischen schließen sich dem auch Finanzdienstleistungsfirmen an. Der Trick besteht darin, nicht einzelne Frauen unter Druck zu setzen, bis sie um Ausnahmeregelungen bitten, sondern Flexibilität als Standard für alle bereitzustellen.

Wenn ein Unternehmen flexible Arbeitszeiten nicht pauschal anbietet, dann funktioniert dieselbe Strategie wie bei den Verhandlungen um eine Gehaltserhöhung: Die Frau sollte ihre Lösung als Vorteil für sich und das Unternehmen präsentieren. Sukhinder Singh Cassidy arbeitete für Google, als sie ihr erstes Kind hatte. »Ich ging in Erics Büro [gemeint ist der damalige Google-CEO Eric Schmidt] und sagte, ich müsse bei meinen vielen Reisen immer auch Tickets in der Business Class für meine Nanny und meine Tochter bezahlen.« Das war auf den ersten Blick eine dreiste Forderung, selbst für die tolerante Unternehmenskultur im Silicon Valley. »Warum ich das will? Weil ich meine Tochter und meinen Job liebe und die Energie habe, beides unter einen Hut zu bringen. Aber dafür benötige ich Flexibilität«, sagte sie. Cassidy belegte ihre Forderung mit einer Tabelle, in der sie zeigte, dass die Zusatzkosten »verschwindend gering im Vergleich zu den Kosten sind, die die Einstellung eines neuen Mitarbeiters verursachen würde, der diesen Job machen kann.« Ihr Chef gab nach.

Sallie Krawcheck hat die Rolle einer berufstätigen Mutter an der Wall Street einmal als »Extremsport« bezeichnet. In den ersten Jahren bewältigte sie die Anforderungen, indem sie sich die Firmen, für die sie arbeitete, sorgfältig auswählte und genau auf das »Mikroklima«, wie sie es nennt (ihren Chef und ihren Aufgabenbereich), achtete. Sie arbeitete als Finanzanalystin, weil sie so größtenteils selbst über ihre Zeit bestimmen konnte. Sie ist eine WASP, eine weiße angelsächsische Protestantin aus den Südstaaten, suchte sich jedoch Firmen, deren Kultur mehr von unkonventionellen Außenseitern geprägt war, was in diesem Fall bedeutete, dass es sich meist um jüdische Firmen handelte. Ein Unternehmen, für das sie arbeitete, war sehr stolz darauf, einen ehemaligen Taxifahrer als Analysten zu beschäftigen und eben nicht den typischen Harvard-Absolventen. An einem Wochenende waren sie und ihr Mann gerade beim Umziehen und hatten schon alles eingepackt, als ihr Chef anrief und wollte, dass sie vorbeikam, um mit ihm ein Ertragsmodell durchzusprechen, das sie erstellt hatte. Krawcheck rief panisch einen Kollegen an – ihre Kleider waren bereits alle in Kartons verpackt und unterwegs in die neue Wohnung. »Mach dir keine Sorgen«, sagte ihr der Kollege. »Ihm kommt es nur darauf an, was du im Kopf hast.« Krawcheck ging also in Jogginghose und T-Shirt ins Büro, doch das kümmerte tatsächlich niemanden. Zum ersten Mal befördert wurde sie, als sie im sechsten Monat schwanger war. »Diese 70er-Jahre-Sache, dass man so tat, als ob man keine Kinder hätte, die gab es nicht. Ich ging jeden Freitagnachmittag zur Sing- und Spielgruppe. Ich habe kein einziges Mal verpasst.«

Viele tolle berufstätige Frauen erreichen irgendwann einmal einen Punkt, an dem sie innehalten und sich fragen, ob sich diese wahnsinnige tägliche Hetze überhaupt lohnt. Manchmal wird ihnen dieser Moment durch einen frustrierenden Vorfall bei der Arbeit oder eine Kündigung aufgezwungen, aber manchmal kommt ihnen der Gedanke auch aus keinem ersichtlichen Grund. Die typische männliche Midlife-Crisis tritt meist aus heiterem Himmel auf und überrascht einen Mann, doch bei Frauen lauert sie oft schon die ganze Zeit irgendwo im Verborgenen. Sie kennen das Gefühl vielleicht bereits aus dem Mutterschaftsurlaub oder von einem Tag, an dem sie sich bereits zur vierten Besprechung an einem Vormittag schleppen, obwohl sie doch am liebsten rausgehen, sich ein ruhiges Plätzchen suchen und gemütlich in einer Zeitschrift blättern würden. Sie brauchen nicht »ein Zimmer für sich allein«, wie es bei Virginia Woolf heißt – das haben sie wahrscheinlich schon, selbst wenn es sich Arbeitszimmer nennt –, sondern mehr *Freiraum* in ihrem randvollen Terminkalender, der ihr Leben darstellt. Vielleicht denken sie: »Ich könnte mich doch einfach wegschleichen« – nicht nur für eine Stunde mit einer Zeitschrift unterm Arm, sondern für immer. Schließlich haben sie normalerweise Kinder, um die sie sich kümmern müssen, und einen Haushalt zu versorgen; sie könnten es also schon irgendwie rechtfertigen, wenn sie nicht mehr arbeiten gehen würden.

Im Fall von Tina Brown kam dieser Moment ungebeten. Brown war eine gefeierte Journalistin und Herausgeberin, seit sie Mitte zwanzig war, und hatte das britische Society-Magazin *Tatler* wieder zum Erfolg geführt. Sie hatte stets aufmerksam die Nachrichten verfolgt und war immer Teil der Nachrichten gewesen. Nach verschiedenen anderen Aufgaben bekam sie eine eigene Zeitschrift, *Talk*, die jedoch nicht einmal vier Jahre lang erschien. Mit Mitte vierzig hatte Brown plötzlich nichts mehr zu tun. Sie werkelte im Haus herum, frühstückte mit ihrem Mann Harry Evans, aß Eis und trank Tee mit ihrer Tochter und half ihrem Sohn bei den Hausaufgaben. Ich hatte im Lauf der Jahre viele Porträts über Brown gelesen, aber keines hatte diesen wehmütigen Ton, den ich in einem Artikel in der britischen Zeitschrift *The Lady* spürte, in dem sie über diese Jahre sinnierte.

»Ich war«, erinnerte sie sich, »sehr glücklich. Zum ersten Mal in meinem gesamten Arbeitsleben hatte ich als Mutter nicht mehr diesen Gewissenskonflikt. Dieser Konflikt kann sehr anstrengend sein. Und plötzlich war ich davon befreit – ich konnte zu Schulveranstaltungen kommen – ich konnte da sein, wenn die Eltern da sein sollten –, und wenn sich ein Termin verschob, musste ich nicht sofort überlegen, wie ich das machte oder einen anderen Termin verlegen konnte. Diese Diskussionen mit mir selbst hörten auf. Ich konnte meine Kinder von der Schule abholen und bekam eine Vorstellung von ihrem Tag. Das war wirklich schön. Ich fühlte mich total verjüngt. Ich sah auch fünf Jahre jünger aus. Leute sagten mir, ich würde so entspannt wirken – und das war ich auch!«

Vor kurzem fragte ich Brown nach dieser Zeit und wollte wissen, warum Frauen versucht sind, mit der Arbeit aufzuhören. »Viele Frauen bekommen in den traditionellen Hierarchien Blessuren ab und finden das einfach nicht befriedigend oder erbaulich und auch nicht besonders anregend«, sagte sie mir. »Sie wollen das nicht alles durchmachen, nur um in einer traditionellen Hierarchie an der Spitze zu stehen. Sie wollen weg davon und kreativ sein.« Für Tina Brown hat das funktioniert. Während ihrer Auszeit schrieb sie ihren Bestseller *Diana: Die Biographie*. Und jetzt ist sie in den Medien wieder mit von der Partie, ist Chefredakteurin der Nachrichten-Website *The Daily Beast* und Herausgeberin von *Newsweek* und schreibt ihren Mitarbeitern nachts um zwei Uhr noch E-Mails.

Brown sagt, sie habe ihren Frieden mit der »traditionellen Struktur« gemacht, und hält sich dabei im Grunde an dieselben Regeln, die Marissa Mayer befolgt, um einen Burn-out zu vermeiden. Bei Verhandlungen mit neuen Chefs besteht Brown immer auf einer Sache: Sie will nicht unbedingt mehr Geld, und auch eine Garderobe oder ein Chauffeur können sie nicht locken. Sie will kreative Freiheit. »Ich arbeite sehr gern für Zeitschriften. Ich schreibe gern. Ich arbeite gern in einem Büro, erlebe gern mit, wie Projekte verwirklicht werden. Wenn ich diese Arbeit nicht machen könnte, bekäme ich Depressionen. Ich glaube, entweder hat man diese Leidenschaft oder man hat sie nicht – und wer sie hat, kann sich wirklich glücklich schätzen, denn irgendwann sind die Kinder groß, daher bin ich froh, dass ich noch etwas anderes habe.«

Krawcheck hat schon oft erlebt, dass Frauen an der Wall Street der Versuchung erlagen und aufhörten zu arbeiten. Sie schaffen die erste Karrierestufe, werden dann aber nicht weiterbefördert oder mögen den Chef nicht. Ein paar Jahre später erreichen sie noch die zweite Stufe. »Die Männer machen weiter, legen einen Durchmarsch hin, aber viele Frauen sagen an dem Punkt: ›Ich bin weg. Das ist es nicht wert. Ich habe daheim zwei wunderbare Kinder, außerdem ist nichts dagegen auszusetzen, wenn eine Mutter nicht mehr arbeitet. Daheim ist es schöner.‹« Doch sie fügt hinzu: »Wenn wir Frauen über diese zweite Karrierestufe hinausbringen, dann schaffen viele auch den Weg bis ganz nach oben – es wird ja auch viel einfacher, wenn die Kinder in der Schule sind. Für mich ist es jetzt, wo meine Kinder zwölf und vierzehn sind, viel einfacher als damals mit vier und sechs.«

Eine McKinsey-Umfrage zu Frauen und Wirtschaft offenbarte vor kurzem eine bewundernswerte, aber auch frustrierende Eigenschaft von Frauen. Anders als bei Männern basieren bei Frauen Zufriedenheit und moralische Identität viel häufiger auf Aspekten der Arbeit, die nichts mit einer regelmäßigen Beförderung zu tun haben. Frauen bleiben bei einer Stelle, anstatt sich eine neue, bessere zu suchen, wenn sie daraus »eine tiefe berufliche Befriedigung ziehen«, wie es in dem Bericht heißt. Diese Freude wollen sie nicht unbedingt »gegen, wie sie fürchten, kraftraubende Besprechungen und firmeninterne Intrigen eintauschen«, die mit einer höheren Position verbunden sind.

Gegen eine tiefere Befriedigung ist natürlich nichts einzuwenden. In den Niederlanden beispielsweise gibt es derzeit eine wahre Zufriedenheitsepidemie. Trotz verschiedener staatlicher Anreize wollen viele Niederländerinnen nicht in Vollzeit arbeiten, sondern nachmittags lieber mit ihren Freundinnen Kaffee trinken.

Darüber sprach ich auch mit Sheryl Sandberg. Womöglich ist diese Abneigung gegen eine bestimmte Form von Ehrgeiz den Frauen angeboren? Womöglich sind Frauen so programmiert, dass sie in einem anderen Tempo durchs Leben gehen wollen? Oder könnte es sein, dass der Widerstand der herrschenden Patriarchen in der amerikanischen Wirtschaft immer noch so übermächtig ist, dass nur einige wenige tapfere Ausnahmetalente – im Grunde Frauen wie Sheryl – weiterhin den Mut und die Bereitschaft zu kämpfen aufbringen? »Das kann meiner Meinung nach schon angeboren sein, aber das kümmert mich nicht«, antwortete Sheryl. »Wir müssen es überwinden. Vielleicht sind wir auch biologisch programmiert, eines Tages fett zu werden, aber dagegen kämpfen wir ja auch an.« Die äußerlichen Hürden werden mit jedem Tag kleiner. Schon bald werden Frauen 30 Prozent der Spitzenpositionen besetzen, was nach Ansicht vieler eine Trendwende bedeuten würde, nach der Frauen an der Spitze nicht mehr ungewöhnlich wirken würden. Gegen die internen Hindernisse kommt man dagegen viel schwerer an.

Sandberg wird oft vorgeworfen, sie gebe den Frauen selbst die Schuld, weil sie nicht schnell genug vorankommen würden. Oder man sagt, sie sei blind gegenüber den Problemen einer ganz normalen berufstätigen Frau. Doch auch das wäre eine zu begrenzte Interpretation der Lage. Wenn Sandberg bei Facebook eine bessere Regelung für Frauen in der Babypause durchsetzt, hat eine Mitarbeiterin am Empfang genauso viel davon wie Sheryl selbst. Wenn Frauen wollen, dass es in Zukunft weniger kräfteraubende Besprechungen und familienfreundlichere Regelungen am Arbeitsplatz gibt, braucht es mehr Frauen, die so mächtige Positionen wie Sheryl Sandberg bekleiden. Nicht nur zum Vorteil von Sheryl Sandberg, sondern von Millionen Frauen, die weit weniger Macht haben, um Forderungen zu stellen. Wir brauchen Frauen in Spitzenpositionen, um die Arbeitswelt nach unseren Vorstellungen zu formen.

DIE GOLDFRÄULEIN

Asiatische Frauen übernehmen die Welt

Beim Asian Debate Institute, einem Debattierworkshop, der jedes Jahr in Seoul stattfindet, wird im Winter 2012 unter anderem die Frage behandelt, ob in der asiatischen Gesellschaft Quoten für Frauen notwendig sind, damit diese vorankommen. Die im Hörsaal einer Universität im Stadtzentrum von Seoul versammelten Studenten sind ein starkes Argument dafür, dass diese Frage mit Nein zu beantworten ist. Sie sind aus allen Regionen Asiens in die südkoreanische Hauptstadt gereist, um an der einwöchigen Veranstaltung in den Wintersemesterferien teilzunehmen, und etwa drei Viertel von ihnen sind Frauen. Einige sind nur gekommen, um ihr Englisch zu üben, aber die meisten sind da, um »aggressiver zu werden«, wie mir Hitomi Nakamura, eine japanische Studienanfängerin mit dem Spitznamen Miki, erzählte. »Das wird mir helfen, im Leben vorwärtszukommen«, sagte sie.

Die Studentin Yeeun Kim war 2011 Landesmeisterin im Debattieren und unterrichtet die Anfänger, wie sie ihre Argumente entwickeln und vertiefen müssen, damit sie »stärker« sind. Sie bittet Miki, ihr ein Beispiel für utilitaristische Logik zu geben, und Miki antwortet mit einem Piepsstimmchen. Sie hat noch nie an einer Debatte teilgenommen, und ihr Englisch ist stockend. Es wird nicht klar, ob sie überhaupt versteht, was »utilitaristisch« heißt. Sie dreht ihren Kopf leicht zur Seite und hält eine Hand vor den Mund, wenn sie spricht. »Lauter«, sagt Yeeun. Miki hebt die Stimme ein winziges bisschen. »Ich habe *lauter* gesagt«, wiederholt Yeeun, »ich kann Sie kaum hören hier oben.« Sie stemmt die Hände in die Hüften – ein universales Signal für wachsende Ungeduld.

Mit ihrem ausgebeulten Pullover und ihrem kurzen karierten Rock sieht Yeeun aus wie viele andere Studentinnen, die in Seoul herumlaufen, schüchtern mit jungen Männern Händchen halten, aneinanderlehnen oder mit Handys telefonieren, an denen kleine Puppen oder Stoffbären baumeln. Bei Yeeun jedoch gibt es kein mädchenhaftes Gekicher mehr. Sie begann zwei Jahre zuvor mit dem Debattieren, nachdem sie mit ihrem Freund gebrochen hatte, dem es nicht gefiel, dass sie so laut sprach, dass sie keine Auseinandersetzung scheute und sich auch sonst nicht wie die »ideale, feminine koreanische Frau« benahm. Yeeun suchte nach einer »Herausforderung, einem neuen Lebensgefühl«, und eine Freundin nahm sie in einen Debattierclub mit. Hier fand Yeeun Vorbilder: Frauen und Männer, die »sehr selbstbewusst und intelligent« waren. Sie sprach damals noch nicht so fließend Englisch wie heute, aber schon ein Jahr später bekam sie Preise für ihre Redekunst, wurde in internationalen Debattierwettbewerben eingesetzt und schlug nur mit Männern besetzte Teams mit ruhigem, methodischem Selbstvertrauen. Etwa ab 2003 schossen an den Eliteuniversitäten von Seoul Debattierclubs wie Pilze aus dem Boden, und die Debattierkunst wurde in Korea zu einer wichtigen Voraussetzung für Erfolg an der Universität und im Berufsleben. Teams aus ganz Asien reisten zu den Wettbewerben nach Südkorea, und bald begann eine bestimmte Universität die Debattierszene zu dominieren: die Ewha-Frauenuniversität in Seoul. Dies kam für die meisten Leute überraschend, nicht jedoch für Peter Kipp, einen Amerikaner, der an der Ewha Englisch lehrt und den jährlichen internationalen Debattierwettkampf leitet.

In den 15 Jahren, die er inzwischen an der Privatuniversität lehrt, hat er bei den Frauen einen bemerkenswerten Wandel erlebt. Als er mit seiner Lehrtätigkeit begann, waren sie noch ziemlich schüchtern und sehr pflichtbewusst, trugen Hemden mit Peter-Pan-Kragen, versäumten nie eine Seminarstunde und waren immer für alles dankbar. Diese Art von Unterwürfigkeit gehört nicht zu den Eigenschaften, die Peter Kipp besonders schätzt. Er ist ein liberaler Amerikaner, der sich in Korea niederließ, nachdem er eine koreanische Frau geheiratet hatte. Zu seiner späteren Frau hatte er sich ursprünglich hingezogen gefühlt, weil sie Springerstiefel trug (wie sich herausstellte, waren diese allerdings mehr Fashion-Statement als Punk-Attitüde). Die Ewha gefiel ihm damals, weil sie etwas von einer feministischen Schwesternschaft hatte, von einer Frauengruppe, die sich gemeinsam bemüht, dem MANN immer einen Schritt voraus zu sein. Heute ist dieses Gemeinschaftsgefühl längst dahin, und der Umgang ist ziemlich gnadenlos. Die Frauen der Ewha gelten als die konkurrenzorientiertesten Studenten in Korea, einem Land, das ohnehin für die mörderische Konkurrenz unter Akademikern bekannt ist. Tatsächlich sind sie so »übermäßig kompetitiv«, dass sie auf Kipp inzwischen »von Anspruchsdenken geprägt« und geradezu »arrogant« wirken. Die Frauen in seinen Englischkursen versuchen bei ihm bessere Noten herauszuschinden und helfen einander kaum noch. »Es ist mein angeborenes Recht, zur globalen Führungsschicht zu gehören« ist, wie er sagt, ihre neue Haltung. »Sie kämpfen bis zum Schluss.« In diesem Winter hätten einige der koreanischen Debattierteams die Dominanz der Ewha so sattgehabt, dass sie heimlich die japanischen Mannschaften unterstützt hätten, damit diese die regionalen Wettbewerbe gewannen.

Im Lauf von mehreren Jahrhunderten hat sich in Südkorea eine der patriarchalischsten Gesellschaften der Welt herausgebildet. Eine lange Reihe autoritärer Führer zwang allen Teilen der Gesellschaft ihre konfuzianisch geprägte Machtstruktur auf – auch den privaten Haushalten. Nur Männer konnten Eigentum besitzen, und wenn eine Frau heiratete, wurde sie formell an die Familie ihres Mannes übergeben. Der älteste Sohn hatte die Aufgabe, sich um alle Verwandten zu kümmern und für eine angemessene Verehrung der Vorfahren zu sorgen. Diese Regeln waren im Bürgerlichen Gesetzbuch Südkoreas aus dem Jahr 1958 als Familiengesetze festgeschrieben. Sie legten fest, dass der älteste Sohn der Familienvorstand war und Besitz nur in der männlichen Linie vererbt wurde. Als Präsident Park Chung-hee in den 1960er Jahren mit dem Umbau der südkoreanischen Wirtschaft begann, geschah dies vor allem, indem er die Entstehung sogenannter *Jaebeol*, riesiger Mischkonzerne wie Samsung Electronics oder der Hyundai Motor Company, förderte und ihre Führung in die Hände eines kleinen Zirkels mächtiger Patriarchen legte.

In den 1970er und 1980er Jahren leitete die Regierung eine industrielle Revolution ein, und Korea wurde das wohl beeindruckendste der asiatischen Wirtschaftswunder. Ein Land, das so arm gewesen war wie Ghana und in dem die Kinder hinter amerikanischen Armeelastwagen hergerannt waren, um Kekse abzustauben, verwandelte sich in eine Volkswirtschaft, die weltweit den dreizehnten Platz belegte. Korea ist nicht sonderlich rohstoffreich und schaffte diesen Aufstieg, indem es sich vor allem auf den Fleiß seiner Arbeitskräfte stützte. (»Hart arbeiten« war die Parole, die Park im einen Jahr ausgab. »Härter arbeiten«, lautete sie im nächsten.) Das Land führte eine extrem schwierige landesweite Prüfung ein, um festzulegen, welche Universität seine Studenten besuchen und wo sie nach dem Studium arbeiten würden – ein weiteres konfuzianisches Erbe. Das System fördert stillschweigend die extreme Konkurrenz an den Universitäten, und die meisten Oberschüler besuchen sechs Tage die Woche private Nachhilfeschulen, die sie auf die Prüfungen vorbereiten und bis Mitternacht oder noch länger unterrichten. In der Folge kam Korea in den Pisa-Studien in Mathematik und Leseverständnis auf einen der ersten fünf Plätze und konnte diese Spitzenpositionen seither halten.

Die Regierung forderte auch die Frauen auf, sich zu bilden, und sie taten wie geheißen. Viele Frauen zogen in die Städte und besuchten eine Hochschule. Sie erwiesen sich als ungeheuer flexibel und ehrgeizig und stiegen mit geradezu unglaublicher Geschwindigkeit in der Arbeitswelt auf. Dabei standen sie in den frühen 1990er Jahren ihr Sekretärinnenzeitalter durch, als von den Frauen erwartet wurde, dass sie ihren männlichen Kollegen Tee und Kaffee servierten, und sie in vielen Büros eine Uniform tragen mussten, mit der sie wie Stewardessen aussahen. Doch diese Phase ging schnell vorüber. Im vergangenen Jahr schrieben sich an den koreanischen Hochschulen mehr Frauen als Männer ein, und die nunmehr gebildeten Frauen tun ihr Bestes, um auch in ehemals reine Männerdomänen wie zum Beispiel Medizin, Recht, Technik und Finanzen vorzudringen. Auch bei den (vorwiegend staatlichen) Stellen, bei deren Besetzung die Examensnoten das einzige Kriterium sind, haben die Frauen die Männer überholt. In den letzten paar Jahren stellten sie 55 Prozent der Absolventen der extrem schwierigen Prüfung für den Auswärtigen Dienst mit der Folge, dass das südkoreanische Außenministerium eine Mindestquote für Männer einführte.

Durch diese Veränderungen begann die traditionelle patriarchalische Ordnung schon bald zu erodieren, ohne dass dies jemand vorausgeahnt oder geplant hätte. Im Jahr 1991 wurden die Gesetze des Landes so geändert, dass Frauen nach einer Scheidung das Sorgerecht für ihre Kinder bekommen und Besitz erben konnten. Im Jahr 2005 schaffte die Regierung das Gesetz ab, das den Mann automatisch zum Familienoberhaupt machte, und erlaubte Frauen, Kinder auch unter ihrem eigenen Familiennamen registrieren zu lassen. Noch 1985 sagte die Hälfte aller Frauen in einer landesweiten Umfrage, dass sie »unbedingt einen Sohn haben« müssten. Ihr Anteil nahm bis 1991 langsam ab und sank dann rapide, bis er 2003 nur noch knapp über 15 Prozent betrug. In der letzten Befragung im Jahr 2010 gaben etwa 40 Prozent der Mütter und Väter an, dass sie lieber eine *Tochter* hätten, etwa 30 Prozent wollten lieber einen Sohn, und der Rest sagte, er habe keine Präferenz. Die Vorliebe für das männliche Geschlecht in Südkorea »ist vorbei«, meint Monica Das Gupta, eine Demografin und Asienexpertin bei der Weltbank. »Es ging sehr schnell. Es ist schwer zu glauben, aber es stimmt.«

Gegenwärtig steckt Südkorea in einer wirtschaftlichen und kulturellen Krise. Die extrem moderne, auf Prüfungen beruhende Meritokratie, die die Regierung etablierte, war in ein altmodisches Patriarchat eingebettet. Heute jedoch befinden sich die beiden Systeme im Konflikt, und im Zentrum dieses

Konflikts stehen die koreanischen Frauen. Sie werden von der Gesellschaft mit den gemischten Botschaften konfrontiert, dass sie fleißig studieren und mörderisch arbeiten und zugleich irgendwie auch elegante Frauen und altmodische Ehefrauen bleiben sollen.

Ich wählte Südkorea für einen Besuch, weil der Kollisionskurs dort so offensichtlich ist, aber ich hätte genauso gut eine ganze Reihe anderer Staaten in Asien, Lateinamerika, dem Nahen Osten und letztlich auch Afrika wählen können. Überall auf der Welt bilden sich die Frauen und erwerben Qualifikationen. Rund um den Erdball werden Volkswirtschaften vom Erfolg der Frauen und sogar von deren entfesseltem Ehrgeiz abhängig. Aber überall auf der Welt widersetzen sich auch verschiedene Ausprägungen der Machokultur der Veränderung.

In den lateinamerikanischen Ländern wird der Aufstieg mehrerer Länder aus der Armut laut einem neueren Bericht der Vereinten Nationen auf den schnellen Eintritt gebildeter Frauen in die Arbeitswelt zurückgeführt. Doch der lateinamerikanische Machismo hat sie bis jetzt aus den Spitzenpositionen ferngehalten. Ein anderer Bericht kommt zu dem Ergebnis, dass lateinamerikanische Unternehmen weniger Frauen in Führungspositionen haben als Unternehmen in fast allen anderen Weltregionen. In Mexiko versuchten zwei Abgeordnete kürzlich, ein Gesetz durchzubringen, das Frauen mit Kindern dazu *verpflichtet* hätte, jede Woche eine bestimmte Anzahl von Stunden daheimzubleiben. Doch die Maßnahme wirkte eine Spur zu verzweifelt, und einer Graueninitiative gelang es, das Gesetz zu verhindern.

Tatsächlich entwickelt sich das Ausmaß, in dem ein Land dem Aufstieg der Frauen positiv begegnet, zu einem Indikator für wirtschaftlichen Erfolg. Im Jahr 2006 gründete die Organisation für wirtschaftliche Zusammenarbeit und Entwicklung (OECD) die sogenannte Gender, Institutions and Development Database, die die wirtschaftliche und politische Macht der Frauen in 160 Ländern misst. Mit wenigen Ausnahmen ist der wirtschaftliche Erfolg eines Landes umso größer, je mehr Macht die Frauen dort haben. Mehr und mehr Hilfsorganisationen erkennen diesen Zusammenhang und drängen darauf, Hilfen entweder in weibliche Kanäle zu lenken oder in etwa 100 Staaten politische Frauenquoten zu etablieren, um durch diese Zwangsmaßnahme mehr Frauen an die Macht zu bringen und das Schicksal dieser Länder zu verbessern. In vielen Staaten ist es nur möglich, Frauen zu fördern, indem man mit großer Vorsicht lokale Sitten umschifft, nach denen Geld und Macht ausschließlich den Männern vorbehalten sind.

Die Frauen setzen sich durch, und ihr Erfolg verursacht auf der ganzen Welt kulturelle Umwälzungen. Der spanische Demograf Albert Esteve verfolgt den globalen Aufstieg der Frauen und seine Auswirkungen auf eheliche Strukturen. Die wachsende Bildung der Frauen auf der ganzen Welt ändert radikal den Lauf der Dinge. Historisch hatten Frauen die Tendenz, Männer zu heiraten, die gebildeter waren als sie oder einen höheren Status hatten. Aber dadurch, dass sie sich immer besser qualifizieren, kommt dieser Trend auf der ganzen Welt zum Erliegen und ist in einigen Ländern sogar im Begriff, sich umzukehren. In Frankreich, Ungarn, Israel, Portugal, Brasilien, Weißrussland, der Mongolei, Kolumbien und einer Handvoll weiterer Staaten heiratet die Mehrheit der Frauen inzwischen Männer, die einen geringeren Status haben oder weniger gebildet sind.

In Spanien finden manche Männer einen Weg, diesem beunruhigenden neuen Phänomen wenigstens vorläufig auszuweichen. Statt eine erfolgreiche spanische Frau zu heiraten, wählen sie sich ihre Partnerin unter den zahlreichen lateinamerikanischen oder osteuropäischen Immigrantinnen aus. »Wenn ein hiesiger Mann eine Frau aus Kolumbien heiratet, ehelicht er die Art von Frau, die er vor 50 Jahren in Spanien geheiratet hätte«, sagt Esteve. Ehrgeizige spanische Frauen suchen sich unterdessen Ehemänner unter den Deutschen oder den Schweden, die nach Spanien kommen. »Ich nehme an«, fügt Esteve hinzu, »diese Frauen heiraten die Art von Männern, die sie heute in fünfzig Jahren in Spanien finden würden. Die spanischen Männer suchen nach einer Frau aus der Vergangenheit, während die Frauen den Mann der Zukunft suchen.«

Die spanischen Männer haben nur das Problem, dass sich auch die kolumbianischen Frauen entwickeln. Lateinamerika liegt bei dem aktuellen Trend im Rückstand, weil die Berufschancen generell schlechter sind und die Mieten in der Stadt hoch. Trotzdem gehen auch dort immer mehr Frauen auf die Universität und verschieben ihre Heirat auf später. »In sehr vielen dieser Länder erkennen die Männer nicht, dass sich die Erwartungen der Frauen geändert haben«, sagt Esteve. »Die Frauen arbeiten, sind gebildet und wirtschaftlich unabhängig, und sie sind nicht mehr bereit, die alte Art von Ehe zu führen, in der sie für alles sorgen sollen. Dadurch entsteht eine Diskrepanz auf dem Heiratsmarkt.«

In Asien ist diese Diskrepanz extrem. Wie die meisten asiatischen Länder besitzt auch Südkorea eine schnell alternde Erwerbsbevölkerung und eine sehr niedrige Geburtenrate. Das Land hat ein fast unendliches Potenzial für Wirtschaftswachstum, aber um es zu nutzen, wird es Arbeitskräfte brauchen. Im Augenblick jedoch genießen die koreanischen Frauen ihre neue Freiheit, zu arbeiten und zu leben, wie es ihnen gefällt, und haben keinen Anreiz, künftige Arbeiter zu gebären. Laut der Weltgesundheitsorganisation hatte Korea drei Jahre lang die niedrigste Geburtenrate der Welt. Und von den zehn Ländern mit den niedrigsten Geburtenraten liegen fünf in Asien.

Zahlreiche koreanische Frauen versuchen inzwischen, eine Eheschließung zu vermeiden. Auch das ist revolutionär für ein Land, das besonders lange am Mythos von der Braut als Prinzessin festhielt. Im Jahr 2010 heiratete eine koreanische Frau im Durchschnitt mit zweiunddreißig zum ersten Mal, sechs Jahre später als eine Frau in den Vereinigten Staaten. Obwohl Scheidungen in der asiatischen Gesellschaft immer noch ein Tabu sind, hat sich die Scheidungsrate in Südkorea seit den 1990er Jahren verdreifacht. Jede fünfte südkoreanische und taiwanische Frau zwischen dreißig und vierzig ist unverheiratet. In Japan gilt das sogar für jede dritte Frau dieser Altersstufe, und wie Demografen schätzen, wird die Hälfte dieser Frauen unverheiratet bleiben.

Die asiatische Presse ist voll mit leicht herablassenden und manchmal auch feindseligen Artikeln über die neue Spezies der asiatischen Powerfrau. In Südkorea wird sie als Alphafrau, King-Kong-Frau (ein Begriff, der von der französischen Feministin Virginie Despentes geprägt wurde), aber auch als (angeblich vertrocknete und einsame) Trockenfisch-Frau bezeichnet. Am häufigsten jedoch ist das halboffizielle »Goldfräulein«. Es ist von den koreanischen Behörden als eine unverheiratete Frau über dreißig definiert, die umgerechnet mindestens 40 000 Dollar verdient. »Es ist nicht alles

Gold, was glänzt«, heißt es in einem Artikel über die Goldfräulein, der ursprünglich in der taiwanischen Zeitung *China Post* erschien. Sie »geben ihr Geld typischerweise für Mode, Kosmetik, Schönheitsoperationen, Reisen oder Ehevermittlungsinstitute aus«, geht es in dem Artikel weiter, an dessen Ende folgende Warnung steht: »Eine Hausfrau hat Kinder und einen Ehemann, selbst wenn sie kein Geld hat. Das Goldfräulein wird ohne Geld ihr Leben jedoch leer finden.«

Seit sich Yeeun Kim von ihrem Freund trennte und mit dem Debattieren begann, versucht sie einen neuen Mann zu finden. Doch die Begegnungen verlaufen immer nach demselben Muster. Wenn sie jemanden anziehend findet, versucht sie zunächst, ihn zu beeindrucken. »Ich versuche, seinen Erwartungen zu entsprechen«, sagt sie. »Ich bin sehr ruhig, und wenn ich spreche, dann nur mit gesenkter Stimme. Im Restaurant lasse ich ihn die Gerichte auswählen und esse nur wenig. Und wenn er bestellt, sage ich zum Schein: ›Oh, das ist ja genau, was ich will.‹« Doch sie hält es nicht durch. Am Ende versucht sie jedes Mal, ihn dazu zu bringen, dass er seine Vorstellungen ändert, »aber das ist fast unmöglich. Und dann fange ich an, das Interesse zu verlieren.« Einmal bat ich Yeeun, mir zu zeigen, wie sie sich verstellt, um im Restaurant den Erwartungen eines potenziellen Freundes zu entsprechen. Sie hielt sich geziert den Handrücken vor den Mund und kicherte leise, aber dann nahm sie voller Abscheu die Hand wieder weg. »Ich kann das nicht mehr.« Sie weiß, dass sie ein Kind will, aber eine Ehe? »Ich habe Angst davor.« Sie vermutet, dass ihre Mutter mit ihrem Vater unglücklich war, weil er sie ignorierte. »Er nahm seine Ansichten wichtiger als ihre, und sie konnte ihre Träume nicht verwirklichen.«

Yeeun gehört nicht zu den verwöhnten und arroganten

Frauen an der Ewha-Universität. Die Tochter eines Militärpfarrers hat auch harte Zeiten erlebt und »schon immer mit einer gewissen Verzweiflung versucht aufzusteigen«. Als sie ein kleines Mädchen war, sagte ihre Mutter, sie werde eine »internationale Führerin« oder ein »weiblicher CEO« werden, ohne dass sie wirklich wusste, was das bedeutete. Ihre Eltern sprachen kein Englisch und reisten niemals ins Ausland. Sie verbesserte ihr Englisch vor allem durch Disney-Videos. Sie behauptet, dass sie in der Highschool eine der schlechtesten Schülerinnen ihrer Klasse war und das erst anders wurde, als sie mit dem Debattieren begann. »Ich änderte meinen Traum«, sagt sie. »Ich erkannte, dass ich in einer Debatte viele großartige, intelligente Leute überzeugen kann. Also sagte ich meinem Vater, dass ich eine erfolgreichere Frau sein wollte.«

Wie ein Ehemann in ihren neuen Traum passen würde? »Ich fürchte, er würde mich in meinen Lebensstil und bei der Verfolgung meiner Ziele beeinträchtigen«, sagt sie. »Wenn ich heirate und dann ein ganz unglückliches Leben führe, was hat das für einen Sinn?«

ICH BIN EINE BÖSE FRAU

Diese Schlagzeile prangte auf einer ganzseitigen Anzeige, die im Jahr 2009 in mehreren koreanischen Zeitungen erschien. Der Text der Anzeige las sich wie ein privates Tagebuch oder ein schriftliches Geständnis oder ein Hilferuf. Er hatte keine Unterschrift, und viele vermuteten, dass es sich um eine clevere Werbung für irgendein neues Deodorant oder Make-up oder für eine der Seifenopern handelte, die tagsüber im südkoreanischen Fernsehen laufen. Doch für diesen Zweck war die Anzeige eigentlich zu realistisch und nicht romantisch genug. Der Text lautete:

> Ich bin vielleicht eine gute Angestellte, aber für meine Familie bin ich ein Fehlschlag. In ihren Augen bin ich eine schlechte Schwiegertochter, eine schlechte Ehefrau und eine schlechte Mutter. Ist mein Beruf es wert, auf diese Weise abgestempelt zu werden? ...
> Ich will meine Last mit anderen teilen. Ich sehne mich verzweifelt nach Worten der Unterstützung, etwa, dass ich im Begriff bin, Größeres zu erreichen, oder dass ich jetzt nicht aufgeben sollte. Ich brauche eine Familie, die mich durch schwierige Zeiten begleitet. Ich brauche eine Familie, die immer für mich da sein kann.

Nach einiger Zeit identifizierten die koreanischen Medien die 36-jährige Hwang Myeong-eun als Urheberin des Textes. Sie hatte die Anzeige selbst finanziert und genau aus den Gründen aufgegeben, die in ihrem Text genannt sind. Sie sei »verzweifelt«, sagte sie, als wir uns im Winter in ihrem Büro trafen. Ihr Sohn war damals vier, und sie war Finanzchefin einer der größten Werbefirmen in Südkorea. Sie arbeitete täglich 16 Stunden, verließ jeden Tag das Haus, als ihr Sohn noch schlief, und kam nach Hause, wenn er wieder im Bett war. Sie verdiente mehr als ihr Mann, aber das wurde nie ausgesprochen. Und es hatte keinen Einfluss auf die traditionelle Verteilung der Hausarbeit. Er half nie im Haus, und sie war es, die immer die bösen Anrufe von der Schwiegermutter bekam: »Hast du vergessen, dass heute der Gedenkgottesdienst für deinen Schwiegervater ist? Die anderen Mitglieder deiner Familie sind schon da. Ich weiß, dass du sehr begabt bist und so, aber erfüllst du jemals deine familiären Verpflichtungen?« Zur Verzweiflung getrieben hatte sie schließlich, dass ihr Sohn eines Tages erwachte, bevor sie das Haus verließ, und sie an der Haustür erwischte. Er wollte ihr sein Lieblingslied vorsingen, bevor sie ging, »und ich musste ihn mittendrin unterbrechen, weil ich wegmusste«.

Berufstätige Mütter mögen überall auf der Welt Grund zur Klage haben, aber in Südkorea stehen sie unter unvorstellbarem Druck. Der Arbeitstag in Südkorea ist der zweitlängste alle Industriestaaten nach dem in Japan. Büroangestellte arbeiten in der Regel bis 20 oder 21 Uhr, und oft wird von ihnen erwartet, dass sie danach noch mit ihren Kollegen oder Kunden etwas trinken gehen, die südkoreanische Extremversion von Kontaktpflege und Netzwerken. Durch die Frauen, die den Arbeitsmarkt überschwemmen, wurden diese Feierabendrituale zwar gestört, aber nicht grundsätzlich verändert. In den Bars werden immer noch mehrere Runden süßer wodkaartiger *Soju* gebechert. Bei Bewerbungen wird man gefragt, wie viele Flaschen *Soju* man an einem Abend trinken kann, und die weiblichen Aufsteigerinnen haben das Gefühl, mit den Männern mithalten zu müssen. Manchmal landen die Kollegen irgendwann später noch in einem »Salon«, einer Art Nachtclub, in dem attraktive Bedienungen die Drinks servieren. Die meisten Frauen verabschieden sich an diesem Punkt, aber einige gehen mit einem Seufzer mit. Dann schlagen sie sich mit den Kollegen eine unbehagliche Nacht um die Ohren oder versuchen, mit den Bedienungen ins Gespräch zu kommen.

Die asiatische Gesellschaft wird als familienorientiert klischiert, aber dieses Klischee gilt nur für eine Ära, in der die meisten Frauen noch reine Hausfrauen waren. Die Arbeitsplätze im größten Teil Asiens sind völlig unvereinbar mit irgendeiner Art von häuslichem Leben. Flexible Arbeitszeiten oder Teilzeit sind unbekannt, und Frauen nehmen in der Regel ungern länger als einen oder zwei Monate Mutterschaftsurlaub. Trotzdem haben sich die Hausfrauenpflichten einer südkoreanischen Ehefrau seit der Jahrhundertwende kaum geändert: Es wird erwartet, dass sie kocht, das Haus selber putzt und sich um ihre eigenen Eltern und die Schwiegereltern kümmert. Außerdem soll sie in diesem ultrakompetitiven Zeitalter auch noch den unglaublich komplizierten Terminplan der außerschulischen Aktivitäten ihrer Kinder managen. Habe ich schon erwähnt, dass Kindermädchen nicht gern gesehen sind? Manche Mütter engagieren trotzdem welche, aber immer mit 1000 Entschuldigungen, doch viele stoppeln die Betreuung ihrer Kinder lieber aus einer lieber gesehenen Kombination von Verwandtschafts- und Nachbarschaftshilfe zusammen.

Es ist erstaunlich, dass ausgerechnet Hwang Myeong-eun zum Schulbeispiel für die unerträgliche Situation der modernen südkoreanischen Frau wurde. Sie ist auf eine altmodische, feminine Art hübsch: eine perfekte Bubikopffrisur umrahmt ihr zartes Gesicht, und als wir uns trafen, hatte sie hellblaue Fingernägel, die perfekt zu ihrem Kaschmirpullover passten. Sie wirkt reserviert und vorsichtig und scheint überhaupt nicht der Typ für ein öffentliches Geständnis zu sein. Aber jemand musste es tun. In der koreanischen Kultur werden private Probleme nicht öffentlich diskutiert. Es gibt kein Äquivalent für Talkshows wie *Oprah* oder *The View*, keinen öffentlichen Raum, in dem Freundinnen ihr wahres Selbst offenbaren können, keine herzzerreißenden Zeitschriftenartikel von jungen Frauen, die über die Dating-Szene frustriert sind, oder von berufstätigen Müttern, die unter ihrer Doppelbelastung leiden. Frauenratgeber und -romane sind erst in den letzten paar Jahren auf den südkoreanischen Büchermarkt vorgedrungen. Wenn Zeitungen das Dilemma der neuen Alphafrauen überhaupt erwähnen, engagieren sie dafür fast immer Experten, die verheerende Diagnosen über die psychischen Schwächen berufstätiger Frauen stellen. Zum Beispiel: »Sie sind davon besessen, in allem hervorragend abschneiden zu müssen, und neigen dazu, unpassende Beziehungen einzugehen« oder: »Sie hegen eine unbewusste Abneigung gegen die Männer, mit denen sie konkurrieren müssen, so dass sie sich von Männern angezogen fühlen, die schlechtere Jobs als sie selbst oder vielleicht überhaupt keinen Job haben.«

2009 hätte eigentlich ein wunderbares Jahr für Hwang sein müssen. Sie war sehr erfolgreich in ihrem Beruf und verdiente mehr als je zuvor, und sie hatte einen wunderbaren Sohn. Stattdessen jedoch wurde sie von einem Haufen widersprüchlicher Gefühle überschwemmt, über die sie sich nirgends aussprechen konnte. Noch schlimmer wurde die Sache dadurch, dass sie keine Vorbilder besaß. In der Generation vor ihr gab es in Südkorea noch kaum berufstätige Frauen, also konnten die Mütter aus dieser Generation nur diffuse Ratschläge geben oder lehnten die Berufstätigkeit ihrer Töchter sogar ab. Und das alles in einer Kultur, in der Psychotherapeuten völlig unbekannt sind. Unter diesen Bedingungen brach Hwang zusammen. »Ich entschuldigte mich ständig zu Hause, und ich entschuldigte mich ständig bei der Arbeit, und ich war total fertig vor Stress«, sagt sie. »Die Schuldgefühle, weil ich nicht bei meinem Kind sein konnte, waren das Schlimmste, was ich je erlebt hatte. Ich wollte bei ihm sein, wollte richtig für ihn sorgen, und ich konnte nicht.«

Warum sie ihren Beruf nicht aufgab? »Weil ich Geld verdienen musste. Wer heutzutage kein doppeltes Einkommen hat, kann seinem Kind nicht mehr die richtige Ausbildung ermöglichen und es auf die richtigen Schulen schicken.« Sie war eine schlechte Mutter, wenn sie nicht zu Hause blieb und für ihr Kind sorgte, aber auch, wenn sie nicht arbeitete und ihren Teil zur Ausbildung des Kindes beitrug. Eine Frau konnte nur verlieren. Hwangs Dilemma wäre den Amerikanern vertraut gewesen, aber in Südkorea war es etwas Neues, dass jemand die Probleme laut aussprach.

Als ich eineinhalb Jahre nach der Anzeige wieder mit Hwang Kontakt aufnahm, hatte sie ihre Stelle gekündigt und eine eigene Firma gegründet. Sie ist jetzt die Chefin von Ark & Pancom, einer kleinen Werbefirma für Boutiquen. Sie ist eine von ganz wenigen weiblichen CEOs in der südkoreanischen Wirtschaft, aber sie hat keine Angst vor der Konkurrenz. In der Werbung, sagt sie, komme es auf Kreativität und den Blick fürs Detail an, Eigenschaften, die Frauen im Überfluss hätten. Seit sie ihr Geständnis in die Zeitungen setzte, hilft ihr Mann mehr im Haus. An den Wochenenden passt er manchmal auf den Sohn auf, wenn sie müde ist. Aber sie muss ihren Mann immer noch mit Samthandschuhen anfassen. »Ich muss vorsichtig sein, damit er sich mir nicht unterlegen fühlt.« Sie fragt ihn bewusst in kleinen Haushaltsangelegenheiten um Rat, etwa wenn sie Kleider oder einen Fisch für das Aquarium ihres Sohnes kaufen will. Wenn ihr Mann Sex haben will, macht sie auch dann mit, wenn sie müde ist. »Ich will seinen Stolz nicht verletzen«, sagt sie.

Hwang bekam Hunderte von Briefen, nachdem sie ihre Anzeige aufgegeben hatte, und sie wurde als Rednerin zu vielen Veranstaltungen eingeladen. Sie glaubt, dass sie mit dazu beigetragen hat, das Klima für berufstätige Frauen in Südkorea zu verbessern. Nach der Anzeige verbesserte die Regierung die staatliche Kinderbetreuung für Frauen der unteren Einkommensschichten und ermunterte die Unternehmen energischer dazu, flexible Arbeitszeiten einzuführen. Auch hofft Hwang, dass junge Männer ihre Haltung zu berufstätigen Frauen verändern und mehr im Haushalt helfen. Was aber war mit ihrem Leben? Hatte es sich sehr verändert?

Eigentlich nicht. Vermutlich würde ihr beruflicher Alltag selbst eine hart arbeitende Amerikanerin schockieren. Sie verlässt das Haus morgens um 7 Uhr und kommt nachts zwischen 23 und 1 Uhr nach Hause. »In den meisten koreanischen Firmen wird erwartet, dass man bis spät in der Nacht arbeitet«, sagt sie. »Und jetzt bin ich die Chefin und muss mich um alles kümmern.« Ich frage sie nach dem Stundenplan ihres Sohnes, und dabei sehe ich das erste Mal kurz die Traurigkeit in ihrem Gesicht, die sie vielleicht damals zu ihrem dramatischen öffentlichen Geständnis veranlasste. Der Junge kommt um 15.30 Uhr aus dem Kindergarten nach Hause, aber danach geht er gleich weiter in zwei Nachhilfeschulen, wo er in Malerei, Musik, Taekwondo, Englisch, Koreanisch, Chinesisch und Mathematik unterrichtet wird. »Ich organisiere die Nachhilfe mit Hilfe der Kindermädchen.« Unter der Woche sieht sie ihren Sohn immer noch sehr selten, aber sie versucht, den größten Teil des Wochenendes mit ihm zu verbringen, wenn sie nicht zu müde ist.

»Ich hoffe, mein Sohn findet, dass ich eine gute Mutter war, wenn er erwachsen ist«, sagt sie. »Ich hoffe, er sieht mich als eine Person, die wichtige Dinge für seine Zukunft erreicht hat.«

Was ist die Lösung? Wie kann eine neue Generation von

Südkoreanerinnen ihre Ziele erreichen, ohne dabei ihre Seelen zu zerstören? Eine der Lösungen, die im Gespräch sind, wollen die südkoreanischen Staatsbeamten nicht diskutieren, weil sie ihren ausgeprägten Nationalstolz verletzen würde und bei ihnen Zukunftsangst auslöst. Die Mitglieder der südkoreanischen Elite gehen heute entweder im Gymnasium, im Grundstudium oder im Aufbaustudium einige Zeit ins Ausland, um ihr Englisch zu verbessern. In Südkorea gibt es mehr Auslandsstudenten pro Kopf der Bevölkerung als fast in allen anderen Ländern. Familien, die es sich leisten können, ziehen ein paar Jahre in die Vereinigten Staaten oder nach Australien, und wem das zu teuer ist, der bringt seine Kinder bei Verwandten im Ausland unter.

Es herrscht die Vorstellung, dass Auslandsstudenten die Entwicklung der heimischen Volkswirtschaft fördern, wenn sie zurückkommen. Sie tragen dazu bei, dass die südkoreanischen Mischkonzerne weiter wachsen und die Südkoreaner ihre Produkte besser exportieren können. Sie verbessern die Stellung Südkoreas in der Weltkultur. Sie machen den Durchschnittskoreaner vom provinziellen Spießbürger zum gewandten Weltbürger. Leider passiert all dies insbesondere bei den Frauen häufig nicht. Sie erkennen im Ausland, dass die Frauen dort anders leben und keinen so hohen Preis zahlen müssen, um ihre Ziele zu erreichen. Es hat seinen Grund, dass der populärste Berufswunsch junger Südkoreanerinnen heute »Diplomatin« oder »internationale Führerin« lautet. Sie haben offenbar schon in der Highschool das Gefühl, dass sie eine Fluchtmöglichkeit brauchen könnten.

Yongah Kim besuchte eine der angesehensten Universitäten Seouls und machte dann ihren MBA an der Harvard Business School. Als sie 2001 ihr Studium abschloss, hatte sie Bewerbungsgespräche bei einem großen koreanischen Mischkonzern, einer koreanischen Bank und mehreren ausländischen Firmen, darunter Investmentbanken und Beratungsfirmen, die sich nach der Krise in den 1990er Jahren in Südkorea niedergelassen hatten. Bei den ausländischen Beratungsfirmen wurden ihr sehr spezifische, logische Fragen gestellt, zum Beispiel: »Wie würden Sie das Verkehrsproblem in Seoul lösen?« Bei den südkoreanischen Firmen waren die Fragen allgemeiner und zudringlicher: »Was sind Ihre Stärken? Haben Sie einen Lebensgefährten? Wollen Sie weiterarbeiten, wenn Sie heiraten?« Ein Interviewer sagte: »Nehmen wir an, Ihr Chef bittet Sie, ihm einen Kaffee zu holen. Würden Sie es tun?« Yongah antwortete: »Nur wenn er mir auch Kaffee holen würde.«

»Allein schon, dass man mir solche Fragen stellte, war ein Hinweis, dass ich Beschränkungen unterworfen würde«, sagte sie. »Koreanische Firmen sind sehr hierarchisch. Ich hätte anfangs Dokumente kopieren müssen. Ich habe eine sehr gute Hochschule besucht. Ich kann mehr als kopieren.« In einer ausländischen Firma konnte ein neuer Mitarbeiter in der gleichen Besprechung wie der Firmenchef sitzen oder in Teams mit sehr viel älteren Mitarbeitern arbeiten. All das war in einer koreanischen Firma undenkbar.

Inzwischen arbeitet Yongah seit zehn Jahren bei McKinsey Consulting. Sie ist inzwischen verheiratet und hat einen Sohn. Ihr Arbeitstag beginnt morgens um acht oder neun und endet gegen zwanzig Uhr. Das ist immer noch lang, aber für südkoreanische Maßstäbe vernünftig. Sie nimmt sich die Freiheit, nach Dienst manchmal nicht mit in die Bar zu gehen, und lädt dafür immer wieder einmal Kunden zum Mittagessen oder zum Tee ein oder schenkt ihnen ein Buch.

Sie hat festgestellt, dass diese Alternativen manchen Kunden lieber sind, weil sie dadurch auch ein paar Abendstunden für sich gewinnen. Wenn Yongah heute darüber spricht, wie sie ihr Arbeits- und ihr Privatleben managt, hört sie sich wie eine ehrgeizige amerikanische Frau an – gestresst, aber nicht verzweifelt. »Es ist mal so, mal so. Wenn ich zu einem Lehrer meines Sohnes in die Sprechstunde muss, kann ich um 16 Uhr gehen und meine Arbeit am Abend beenden oder von daheim aus an einer Telefonkonferenz teilnehmen. Wenn es ein unvermeidbares Familienereignis ist, versuche ich hinzugehen, aber ich will auch meine berufliche Karriere nicht aufs Spiel setzen. Es kommt jedenfalls immer auf meine persönliche Entscheidung an.«

Einem Forschungsteam an der Harvard Business School unter Leitung des Wirtschaftswissenschaftlers Jordan Siegel fiel auf, dass ausländische Firmen nicht nur in Südkorea, sondern auch in vielen anderen Schwellenländern in Asien, Lateinamerika und Osteuropa angefangen haben, immer mehr einheimische Frauen als Führungskräfte einzustellen. Als Siegel sich die südkoreanischen Beispiele genauer ansah, fand er den Grund dafür. Das plötzliche Interesse an weiblichen Führungskräften war nicht durch ein Gerechtigkeits- oder Gleichheitsgefühl motiviert, sondern durch ein scharfes Auge für eine neue Art von Wettbewerbsvorteil. In den betroffenen Ländern machen jedes Jahr sehr viele Frauen einen Abschluss an Universitäten und Fachhochschulen, aber nur relativ wenige finden einen Job. In Südkorea zum Beispiel arbeiten nur 60 Prozent der Frauen mit Hochschulabschluss – die niedrigste Rate aller OECD-Länder. Und wenn sie eine Stelle in einer einheimischen Firma finden, haben sie Schwierigkeiten, überhaupt die Karriereleiter emporzusteigen.

Ausländische Firmen machen sich dieses Missverhältnis inzwischen zunutze, indem sie zu einem relativ niedrigen Gehalt die höchstqualifizierten weiblichen Führungskräfte einstellen und sie durch ihre humaneren Arbeitsbedingungen halten. Warum sie das erst jetzt tun? Fünfzehn Jahre zuvor hätte die Beschäftigung von Frauen noch negative Auswirkungen gehabt. Einheimischen Kunden hätte es widerstrebt, mit Frauen Geschäfte zu machen. Ihr Sexismus und ihre Frauenverachtung sind noch in der Antwort enthalten, die ein koreanischer Finanzmanager Siegel gab, als dieser ihn nach seiner Anstellungspraxis fragte. (Seine Antwort ist noch die schwächste Beleidigung in der Studie.) »Ich habe keine weiblichen Manager ...«, sagte der Mann. »Ich habe festgestellt, dass die Frauen durch ihre emotionale Art, Entscheidungen zu treffen, eingeschränkt sind und dass das Probleme verursacht.« Solche Einstellungen sind auch heute noch vorhanden, aber sie haben sich immerhin so stark abgeschwächt, dass ausländische Firmen in Südkorea damit durchkommen, wenn sie ein paar weibliche Führungskräfte mehr einstellen. Mit anderen Worten, die Welt befindet sich gerade in einem Übergangsprozess: Sie nimmt widerstrebend zur Kenntnis, dass die Frauen im Begriff sind, Machtpositionen zu erobern, aber sie ist noch nicht bereit, es zu akzeptieren. Für die Firmen jedoch, die das Risiko eingehen, lohnt es sich, wie Siegel herausfand. Er stellte fest, dass eine Firma langfristig mehr Gewinne abwirft, wenn sie mehr weibliche Führungskräfte einstellt. In Zahlen ausgedrückt: Wird die Anzahl der weiblichen Führungskräfte um 10 Prozent erhöht, steigt die Rentabilität der Firma um ein Prozent. Siegel zufolge liegt dies nicht nur daran, dass die Frauen schlechter bezahlt werden, sondern auch daran, dass Firmen, die mehr Frauen einstellen, beweglicher sind und besser auf neue Trends reagieren.

Als Yongah 1997 ihre erste Stelle in der Seouler Niederlassung einer amerikanischen Investmentbank annahm, waren Frauen in den Vorstandsetagen noch eine seltene Erscheinung, und ihre Kunden wussten nicht, wie sie mit ihr umgehen sollten. Sie streckte die Hand aus, aber niemand schüttelte sie. Männliche Führungskräfte schauten ihr nicht in die Augen. Viele hielten sie für eine Sekretärin oder eine Dolmetscherin. Sie hörte Geschichten von Kunden, die sich strikt weigerten, mit Teams zu arbeiten, in denen eine Frau war. Heute jedoch, fünfzehn Jahre später, haben sich die Kunden an sie gewöhnt; tatsächlich wird sie sogar explizit verlangt, weil sie viele Jahre lang hervorragende Arbeit geleistet hat; wenn überhaupt, ist eine Frau im Team etwas Besonderes. Letztes Jahr wurde Yongah von mehreren koreanischen Unternehmen eingeladen, in ihrer Firma einen Vortrag darüber zu halten, wie sie weibliche Arbeitskräfte anwerben und halten können. Kürzlich fragte sie ein Kunde, wie seine Tochter als Erwachsene noch erfolgreicher werden könne als sie. An den südkoreanischen Universitäten sind heute mehr als 50 Prozent aller Betriebswirtschaftsstudenten weiblichen Geschlechts, und McKinsey wurde letztes Jahr von eindrucksvollen Bewerberinnen nur so überschwemmt. »Frauen haben die Energie und das Durchhaltevermögen für hervorragende Leistungen«, sagt Yongah. »Das Problem ist nur, dass sie so viele Hindernisse überwinden müssen.«

Immerhin ändern viele Wirtschaftsführer nicht nur in Südkorea, sondern auf der ganzen Welt langsam ihre Einstellung. Unter den vielen südkoreanischen Unternehmen, die ich besuchte, tat sich Yuhan-Kimberley, ein Papierwaren- und

Pharmaunternehmen, besonders hervor, und zwar von dem Augenblick an, in dem ich mit meiner Dolmetscherin den Warteraum betrat. Das Büro hätte auch im Silicon Valley sein können: keine Kabinen, nur Tische und bequeme Stühle in freundlichen Ikea-Farben. Ein Mann begrüßte uns und bot uns Tee und Wasser an, während wir auf seinen Chef warteten – eine Frau. Yuhan-Kimberley wurde 2011 wegen seiner humanen Arbeitsbedingungen und seiner Geschäftsethik zu einem der »bewundernswertesten Unternehmen in Südkorea« ernannt. Obwohl es ein Joint Venture mit einer britischen Firma ist, gehen viele Neuerungen auf Moon Kook-Hyun zurück, den früheren Chef des Unternehmens, der für die Partei Kreatives Korea (erfolglos) für die Präsidentschaft kandidierte. Die Führungskräfte der Firma haben einen Acht- oder Neunstundentag und flexible Arbeitszeiten. Sie können also beispielsweise von 7 bis 16 Uhr arbeiten. Um 19.30 Uhr wird in der Firma das Licht abgeschaltet, damit wirklich alle Angestellten nach Hause gehen. Frauen, die ein Kind bekommen, werden dazu ermutigt, volle sechs Monate Mutterschaftsurlaub zu nehmen. Man könnte sogar die Ansicht vertreten, dass das Unternehmen *zu viel* Rücksicht auf Frauen nimmt: Schwangere arbeiten in einem speziellen Bereich mit ergonomisch geformtem Schreibtisch und Bürostuhl, und es steht dort ein spezielles Sofa für sie bereit, das an eine viktorianische *Fainting Couch* erinnert.

Wenn Volkswirtschaftler die Zukunft eines Landes einschätzen, betrachten sie das ambivalente Verhältnis zur Rolle der Frau als einen wichtigen Faktor, der die Entwicklung eines Landes blockieren kann. Südkorea entwickelte sich sehr schnell in einer Ära strenger Disziplin und rigider Hierarchien. Nun jedoch, nach Jahrzehnten rapiden Fortschritts, wirken sich dieselben Faktoren eher lähmend auf die Entwicklung aus. Um weiterzukommen, müssen die Südkoreaner eine beweglichere Volkswirtschaft aufbauen, die sich auf Innovation, Design, Wissen und Dienstleistungen konzentriert. Sie müssen der Welt beweisen, dass sie im 21. Jahrhundert angekommen sind. Und ein großer Teil des erforderlichen Wandels bedeutet eine Förderung der weiblichen Arbeitskräfte, die heute noch auf das untere Management beschränkt sind und im Hintergrund gehalten werden. Wenn die Führungskräfte von Kia (das zu Hyundai gehört) versuchen, ihren Anteil auf dem Weltmarkt zu vergrößern, sind sie mit einem Hindernis konfrontiert, das man als Imageproblem bezeichnen könnte: Die Entsendung eines soliden Blocks männlicher Anzugträger als Botschafter nach Frankreich oder Kanada passt nicht so recht zum coolen Auto der Zukunft. Vielmehr vermittelt sie den Eindruck, dass das Unternehmen in einem vergangenen Zeitalter steckengeblieben ist.

Je stärker sich Südkorea in die globale Kultur integrieren will, umso mehr werden sich die Führer des Landes anpassen müssen, und wenn sie dabei nicht von ihrem Bedürfnis nach Fairness und Gerechtigkeit motiviert sind, dann von ihrem Erfolgsstreben. Im Jahr 2000 entstand in Südkorea der Plan, sich als Gastland für die Olympischen Winterspiele zu bewerben. Es wollte damit einen großen Coup landen, denn bis dahin wurden die Spiele so gut wie immer von Europa und den Vereinigten Staaten ausgerichtet, immerhin musste das Gastland so wohlhabend sein, dass ein erheblicher Teil der Bevölkerung sich teure Freizeitaktivitäten und gut besuchte, luxuriöse Urlaubsorte leisten konnte. In der Folge versuchten die südkoreanischen Abgesandten ein Jahrzehnt lang relativ erfolglos, das Internationale Olympische Komitee (IOC) für ihr Land zu gewinnen. Schließlich analysierten sie die vergeblichen Bewerbungen und das Abstimmungsverhalten der Komiteemitglieder und erkannten den Grund für ihr Scheitern: Die koreanische Delegation war mit hochrangigen Geschäftsleuten besetzt, die kaum Englisch sprachen, und sie machten auf den Partys, wo Kontakte geknüpft wurden, keine gute Figur. Südkorea musste »ein moderneres Gesicht« zeigen, das »weniger unnahbar« wirkte.

Tatsächlich sagten Mitglieder der koreanischen Delegation zu der Fernsehmoderatorin Theresa Rah, die sie schließlich zu ihrer Kommunikationsdirektorin machten, dass sie »eine Frau brauchen«, wie sie mir erzählte, als wir uns in einem Café in Seoul trafen. Rah, deren Vater Diplomat war und die fließend Koreanisch, Englisch und Französisch spricht, wurde zur Sprecherin der südkoreanischen Bewerbungsdelegation für die Winterspiele 2018 in Pyeongchang ernannt. Auf der entscheidenden Sitzung gewann sie mit ihrer Präsentation die Komiteemitglieder für ihr Land und wurde in Korea sofort als das Symbol für die »perfekte berufstätige Frau« berühmt, wie es eine südkoreanische Zeitung formulierte. Die Rede der jugendlich und absolut charmant wirkenden Frau hätte man auch als Plädoyer für die südkoreanische Frau betrachten können, das sich an die Führung des eigenen Landes richtete. Sie forderte das IOC auf, »Menschen mit Sehnsucht und Talent die Instrumente zu geben, die sie für den Erfolg brauchen«. Und fuhr fort: »In diesem Wettstreit geht es um Träume, um die Anerkennung von menschlichem Potenzial.« Auf einer der Pressekonferenzen, auf denen verkündet wurde, dass Südkorea bei der Bewerbung um die Winterspiele Frankreich und Deutschland geschlagen hatte, erschien eine junge Frau in koreanischer Nationaltracht und bestand darauf, IOC-Präsident Jacques Rogge die Hand zu schütteln. Jetzt sei sie noch Studentin, sagte sie zu dem Vorsitzenden, aber »später will ich Präsidentin des IOC werden«.

Frauen wie Yongah bei McKinsey oder Theresa Rah gehören im heutigen Südkorea noch einer kleinen privilegierten Gruppe an. Sie besitzen eindrucksvolle ausländische Uni-Abschlüsse, sind mit weltgewandten Diplomaten befreundet und sprechen mehrere Sprachen fließend. Wenn es ihnen in Südkorea wirklich schlecht geht, können sie in die Schweiz oder nach Kalifornien fliehen. Demgegenüber kann es den normalen Südkoreanerinnen wie auch den Frauen in den meisten anderen neu industrialisierten Ländern schaden, wenn sie zu kosmopolitisch erscheinen oder dies auf die falsche Art tun. Die vielleicht schlimmste Beleidigung für die neuen Powerfrauen ist der Ausdruck »Sojapastenfrau«, der regelmäßig von der südkoreanischen Presse benutzt wird. Er bedeutet, dass diese Frauen Sojapaste essen, weil sie billig ist und sie mit dem eingesparten Geld ausländische Luxusprodukte kaufen wollen: Handtaschen von Louis Vuitton, Sonnenbrillen von Chanel und Starbucks-Kaffee für sechs Dollar, den sie zusammen mit ihrer Ein-Dollar-Paste zu sich nehmen. Mit anderen Worten: Sie begeht als Konsumentin Hochverrat.

In einem wunderbaren unveröffentlichten Paper verglich die Studentin Vivien Chung von der University of Chicago die Sojapastenfrau mit deren viel gepriesenem Gegenstück, der Fashionista. In den südkoreanischen Medien wird die Sojapastenfrau als peinliche Imitatorin fremder Stile porträtiert. Sie zieht an, was sie in *Sex and the City* oder *Gossip Girl* gesehen hat, und trägt englischsprachige Zeitschriften mit sich herum, die sie nicht wirklich versteht. Demgegenüber ist die Fashionista eine echte Künstlerin, die ideale moderne südkoreanische Frau, denn sie hat einen persönlichen Stil entwickelt, der sich auf das einheimische Angebot stützt. In der Fashionista sehen sich die Südkoreaner als eine Nation vertreten, die den Vergleich mit Frankreich oder den USA bestehen kann, eine Nation, deren kulturelles Prestige ihrer wirtschaftlichen Macht entspricht. Demgegenüber steht die Sojapastenfrau für die Angst der Koreaner, eine neureiche Nation mit wirtschaftlicher Macht, aber ohne Stil und ohne Ansehen zu sein, eine bloße Nachahmerin der Modernität anderer Nationen.

In ihrem Essay zitiert Chung aus einer ganzen Reihe von Geschichten, in denen eine Liebesaffäre zwischen Sojapastenfrau und Pfefferpastenmann geschildert wird. Der Pfefferpastenmann ist ein fleißiger Student, der gerade seinen Militärdienst absolviert hat und sich auf die brutalen landesweiten Prüfungen vorbereitet. Er hat nicht viel Geld, also nimmt er nur magere Mahlzeiten zu sich und trinkt nur Wasser – bis er der hübschen Sojapastenfrau begegnet. Sie lässt sich von ihm zu einem tollen Essen und einem Starbucks-Kaffee einladen, und er verpulvert alles Geld, das er noch hat, für dieses eine Essen. In der Parabel ist der Pfefferpastenmann das alte, edle Korea, und die Frau ist eine oberflächliche Verführerin, die das Land auf gefährliche Abwege bringt.

Es ist leicht, die Sojapastenfrau auf den Straßen Seouls zu erkennen – eine junge Frau mit Sonnenbrille und Designerhandtasche, die bei Starbucks in der Schlange steht. Meiner Erfahrung nach schlürft sie jedoch keineswegs andächtig ihren Cappuccino oder überschwemmt ihre Freundinnen mit SMS, in denen sie ihnen das gerade angesagte Einkaufszentrum empfiehlt. Am abwegigsten erschien mir am Klischeebild der Sojapastenfrau, dass sie irgendwie leichtfertig sein soll. Sie ist vielleicht grob und geschäftstüchtig, aber ganz bestimmt keine Frau, die unendlich viel Zeit hat. Am Anfang meiner Recherchen schrieb ich ein paar Kontaktpersonen, dass ich gerne mit einigen jungen koreanischen Frauen »abhängen« und vielleicht einen Einkaufsbummel mit ihnen machen wolle. Die Idee war mir gekommen, als ich von den sogenannten »Parasitenfrauen« in Japan las, fanatischen jungen Shopperinnen, die den ganzen Tag in Einkaufszentren verbummeln, alle zwei Wochen ihr Aussehen ändern und vom Geld ihrer Eltern leben. Aber dann wurde ich von einer meiner Kontaktpersonen korrigiert: »Ich kenne in diesem Land viele Frauen, die einkaufen«, schrieb sie. »Aber ich habe keine einzige koreanische Freundin, die ›abhängt‹. Das tut man einfach nicht.« Stattdessen rasen sie eigentlich immer irgendwohin zum Studium oder zur Arbeit.

Die wirkliche Gefahr für den Pfefferpastenmann ist heutzutage nicht die Sojapastenfrau, sondern eher ihr Gegenteil. Diese Frau lockt ihn nicht von seinen Prüfungen weg, weil sie selbst viel zu fleißig studiert, und sie ist schon nach wenigen Jahren nicht mehr auf sein Geld angewiesen, um sich ein Essen oder eine Designerhandtasche zu kaufen. Das Problem, das Asien heute droht, sind nicht die Gefahren der Verführung, sondern die Bedrohung durch sexuelle Gleichgültigkeit in großem Maßstab. In einer Vielzahl asiatischer Länder einschließlich Südkoreas haben sich die neue Eva und der alte Adam einer genauen Musterung unterzogen, und sie sind beide zu dem Schluss gekommen, dass der andere ein völlig ungeeigneter Lebenspartner für sie ist. Auf diese Weise ist eine Region der »einsamen Herzen« entstanden, wie der *Economist* kürzlich konstatiert hat. Japan ist den anderen Ländern in Bezug auf das Phänomen ein paar

Jahre voraus, und dort sind die Zustände inzwischen geradezu grotesk: In einer staatlichen Umfrage sagten 61 Prozent der unverheirateten Männer zwischen achtzehn und vierunddreißig, dass sie keine Lebensgefährtin hätten, und fast 50 Prozent, dass sie keine wollten. Die Tourismusindustrie hat damit begonnen, Urlaubsorte, wo einst Hochzeitspaare weilten, für gleichgeschlechtliche Gruppen umzurüsten. Die Männer kommen oft mit einer digitalen Freundin auf dem Handgerät, die genau auf sie zugeschnitten ist, oder mit einem körperlangen Kissen, das mit dem Bild einer Frau geschmückt ist.

Stephanie Kim und Kirsten Lee sind befreundet, seit sie zusammen in Seoul studiert haben. Ich lernte Stephanie durch eine Freundin kennen, und sie brachte Kirsten mit, weil sie laut Stephanie ein typisches »Goldfräulein« ist: vierunddreißig, erfolgreich und Single aus Überzeugung. Wir trafen uns in einem gemütlichen Teehaus, das gleichzeitig als Theater diente und in dem südkoreanische Versionen veganer amerikanischer Gerichte serviert wurden (Tofukäsekuchen zum Beispiel). Beide Frauen waren ganz bewusst gestylt, wirkten aber keineswegs oberflächlich; Kirsten trug ihre Arbeitspapiere in einem Rucksack mit sich herum, nicht in einer Designerhandtasche. Sie arbeitet als Produzentin von Seifenopern für den größten südkoreanischen Fernsehsender. Beide Frauen haben offenbar ein stabiles Familienleben für Unabhängigkeit und Erfüllung im Beruf geopfert.

Kirsten hat seit drei Jahren einen festen Freund. Sie wohnen nicht zusammen, weil das in Korea nur sehr wenige Paare tun. Theoretisch möchte sie irgendwann einmal heiraten, tatsächlich jedoch unternimmt sie nichts, um diesem Ziel näher zu kommen. Ihr gegenwärtiges Leben sei »perfekt«, sagte sie.

»Ich verdiene gut und mache, was immer ich will.« Was immer sie will bedeutet, dass sie an den meisten Tagen von sieben Uhr morgens bis Mitternacht auf dem Set arbeitet, aber das macht ihr nichts aus. Sie hat ihrem Freund schon gesagt, dass sie nie aufhören wird zu arbeiten, nicht einmal, wenn sie ein Kind bekommt, wobei das Kind nur so ein Gedanke und keinerlei konkrete Möglichkeit ist.

Kirsten weiß genau, wie es hart arbeitenden Müttern in der südkoreanischen Kultur geht, weil sie ständig in ihren Seifenopern vorkommen. In einer ihrer jüngsten Serien gab es anfangs eine berufstätige Mutter, die ständig Anrufe von der Schule bekam, die ihr autistischer Sohn besuchte. Doch die Zuschauerreaktionen auf die Frau waren so feindselig, dass sie die Figur ihre Arbeit aufgeben lassen mussten. Diese Erfahrung in ihrem Berufsleben führte bei Kirsten nur dazu, dass sie ihr Privatleben noch entschlossener verteidigt. »Ich sehe wirklich keinen Grund, warum ich heiraten sollte«, sagt sie. »Ich müsste nur die ganze Arbeit machen. Alle meine verheirateten Freundinnen beschweren sich über ihr Leben. Daraus kann ich nur den Schluss ziehen, dass das Leben nach der Hochzeit nicht besser wird, sondern schlechter.«

»*Sie* beschweren sich?«, fragt Stephanie. Ihre Frage ist rhetorisch, weil ihre Geschichte vielleicht der wichtigste Grund dafür ist, dass Kirsten unverheiratet bleibt. Einige Jahre zuvor heiratete Stephanie ihren Freund, den sie für den »neuen koreanischen Mann« hielt, einen coolen Modefotografen, der zu verstehen schien, was sie wollte. Jetzt fasst sie ihre Erfahrung mit den Worten »Ich wurde total betrogen« zusammen. Gleich nach der Hochzeit habe er sich zum traditionellen Koreaner zurückentwickelt. Er habe keinerlei Hausarbeit gemacht und auch nicht gekocht und sei einfach nur zum

Arbeiten in sein Zimmer gegangen. Wenn sie dreimal im Jahr beruflich reisen musste, lud er ihren Sohn bei ihren Eltern ab. »Ich habe alles alleine gemacht«, sagt sie. »Ich war der Ernährer und die Hausfrau, und es kam mir sinnlos vor, verheiratet zu bleiben.« Also reichte sie die Scheidung ein. »Es fühlt sich an, als ob ich ihn gefeuert hätte.

Unsere Generation wurde dazu erzogen, mit Männern zu konkurrieren. Wir gehen auf gleich gute Schulen, bekommen gleich gute Jobs und machen fast die gleichen Karrieren. Und dann heiraten wir, und die Männer erwarten, dass wir zu einer ganz anderen Mentalität zurückkehren«, sagte Stephanie. »Früher wurden nur die Söhne wie Könige aufgezogen. Aber heute werden wir wie Königinnen aufgezogen, und wenn Könige und Königinnen im gleichen Haus leben, dann knallt's.«

Die vielleicht deprimierendsten Geschichten, die ich in Korea hörte, handeln von Erfahrungen, die erfolgreiche Frauen auf dem Heiratsmarkt machen. Junge Männer und junge Frauen nutzen häufig Singlebörsen im Internet oder andere Partnervermittlungsagenturen, und wie alles in Korea werden auch potenzielle Ehepartner in eine Rangliste eingestuft. Frauen bekommen Punkte abgezogen, wenn sie nicht arbeiten, aber sie verlieren noch mehr Punkte, wenn sie zu gut ausgebildet sind oder das Potenzial haben, zu viel zu arbeiten. Deshalb wird eine Frau, die zum Beispiel ein Fulbright-Stipendium oder einen Doktor hat, bei der Partnervermittlung ihr Licht unter den Scheffel stellen und lügen und sich als Master eintragen lassen. (»Sie sagten mir, der Riemen meiner Schultasche sei zu lang«, berichtete eine promovierte Soziologin, was bedeutete, dass sie zu lang studiert hatte.) Eine frischgebackene Ärztin erzählte mir, dass man ihr bei einer Partnervermittlungsagentur sagte, sie sei »unvermittelbar«, weil sie eine Spitzenuniversität besucht habe und schon dreißig sei. Potenzielle Partner werden in den Kategorien A, B, C oder D gelistet, und Frauen der Kategorie A und Männer der Kategorie D finden oft keinen Partner.

Einer Schätzung zufolge wird etwa jede zehnte Ehe in Südkorea mit einer ausländischen Frau geschlossen. Dies liegt vor allem daran, dass es nur noch ganz wenige Frauen der Kategorie D gibt. Fast alle sind einen Buchstaben besser geworden, so dass Bauern oder Bauarbeiter (der Kategorie D) keine geeigneten Partnerinnen mehr finden. Also importieren sie Frauen von den Philippinen oder aus Vietnam. Da es noch kein ausgebautes System für den Import männlicher Ehepartner gibt, bleiben die Frauen der Kategorie A allein.

In Ermangelung einer südkoreanischen Heldin suchen diese einsamen Herzen Trost bei *Sex and the City* oder in dem Buch *King Kong Theorie*, das in Südkorea zum Überraschungshit wurde. In dem Buch berichtet die französische Feministin Virginie Despentes von ihrer Vergewaltigung und ihrer Karriere als Prostituierte, wobei sie die Ansicht vertritt, dass, wenn es heute um Sex geht, »jeder gefickt wird« (um es in ihrer Ausdrucksweise zu sagen). Despentes' Manifest soll nicht unbedingt Trost spenden, ist aber gut geeignet, Wut zu entfesseln. Die Männer träumen von dem

> Idealbild der weißen Frau – verführerisch, aber nicht nuttig, gut verheiratet, aber nicht an die Wand gedrängt, berufstätig, aber nicht übertrieben erfolgreich, um bloß ihren Kerl nicht plattzumachen, schlank, aber nicht panisch in Sachen Ernährung, stets von undefinierbar jugendlichem Alter, ohne sich dafür von den Schönheitschirurgen ent-

stellen zu lassen, in ihrer Mutterrolle aufgehend, aber nicht nur noch an Babywindeln und Schulaufgaben denkend, eine gute Hausfrau, aber kein Hausmütterchen, durchaus kultiviert, aber ja keine ernsthafte Konkurrenz für ihren Mann, diese glückliche weiße Frau … ist mir sowieso noch nie und nirgends begegnet. Ich glaube fast, die gibt es überhaupt nicht.

Aber es gibt auch Dinge, die Hoffnung wecken, sogar in den südkoreanischen Medien. *Ich heiße Kim Sam-soon* ist eine südkoreanische Fernsehserie mit einer liebenswerten pummeligen Konditorin, die immer sagt, was sie denkt. Sam-soon verliebt sich in einen jüngeren Mann, der sie nach vielen Verwicklungen seiner jüngeren Freundin vorzieht, obwohl diese dem alten Weiblichkeitsideal mehr entspricht – ein Plädoyer für die King-Kong-Girls. Kirsten Lee arbeitete kürzlich an einer Seifenoper über eine berufstätige Frau, die darauf besteht, dass ihr Mann kocht und die Kinder betreut, weil er keinen Job findet. Sie ist von ihrer Schwägerin auf die Idee gebracht worden, einem typischen Goldfräulein, das eigentlich der Bösewicht der Serie werden sollte; in einer Episode bricht die Mutter des Ehemannes in Tränen aus, als sie ihren Sohn als Aschenputtel mit Schürze in der Küche erwischt. Wie Kirsten mir erzählte, war das Goldfräulein den Zuschauern jedoch viel sympathischer als ihr Mann, »weil sie wenigstens arbeitete und für eine gute Arbeitsethik stand«.

Auch aus dem Privatbereich hörte ich erfreuliche Geschichten, wenngleich sie tendenziell etwas mit dem Durchhaltevermögen und der Geduld zu tun hatten, die oft Gegenstand konfuzianischer Parabeln sind – etwa der, in der eine Ameise einen Stein einen Berg hinaufschiebt. Im Allgemeinen sind die Hauptfiguren dieser Geschichten eine Frau, die ihrem Mann langsam und hartnäckig beibringt zu erkennen, wenn sie Hilfe braucht, und ein Mann, der offen und liebevoll genug ist, es tatsächlich zu erkennen. Eine der südkoreanischen Frauen, mit denen ich mich besonders gerne traf, war eine hohe Beamtin aus einem Ministerium. Wäre sie zehn Jahre jünger gewesen, hätte sie ein Goldfräulein sein können. Sie trug eine Pelzweste und wählte ein französisches Café im obersten Stockwerk eines vornehmen Kaufhauses als Treffpunkt. In den 20 Jahren ihrer Ehe hatte sich ihr Mann verändert, das schwor sie, »aber im Schneckentempo«. In den ersten Jahren hatten sie die Familienrituale auf die traditionelle koreanische Art vollzogen. An den Feiertagen hatten sie seine Familie besucht, und sie hatte den ganzen Tag Essen für Nachbarn zubereitet, die sie noch nie zu Gesicht bekommen hatte, während die Männer ein Fußballspiel anschauten. »Es ging mir wirklich an die Nieren«, erzählte sie mir. »Nach jedem Feiertag kam ich mit einer Mordswut nach Hause.«

Dann begann sie langsam, kleine Forderungen zu stellen, wobei sie jedes Jahr eine neue hinzufügte. »Ach Liebling, kannst du mir den Eimer reichen?« »Ach Liebling, ich brauche mehr Mehl.« »Jungs, könnt ihr die Walnüsse knacken?« »Reichst du mir bitte den Kaffee?« Klöße aus Reismehl sind das übliche Essen an koreanischen Feiertagen, und ihre Zubereitung ist gewöhnlich Aufgabe der Frau. Am Ende gelang es der Ministerialbeamtin, ihren Mann dazu zu bringen, dass er ihr sogar bei dieser komplizierten und langwierigen Arbeit half, was wesentlich besser war, als ihn nur »mit meinen Blicken zu töten«. Kurz vor den Feiertagen erinnert sie ihn daran, dass »eine zufriedene Ehefrau einen zufriedenen Ehemann bedeutet«, und nach zwei Jahrzehnten Ehe hat er gelernt, diesen Wink zu verstehen. »Inzwischen krempelt er die Ärmel hoch, sobald wir das Haus meiner Schwiegermutter betreten.« Sie hat außerdem Maßnahmen ergriffen, damit sich die künftige Frau ihres Sohnes diesen 20-jährigen Umerziehungsprozess einmal sparen kann: Der Sohn muss sein Geschirr nach dem Frühstück selbst wegräumen und seine Wäsche selbst waschen.

Yeeun Kim, die junge Debattiermeisterin, hat vielleicht kein Glück mit Männern, aber sie erzielte einen Durchbruch mit ihrem Debattierpartner. Ein Jahr lang war sie in einem Team mit zwei Männern, und insbesondere einer von den beiden beteiligte sie nie an der strategischen Planung. »Er war ein sehr traditionell orientierter koreanischer Junge, und immer, wenn wir uns zusammen vorbereiteten, versuchte er zu bestimmen, was wir tun würden.« Er sagte, sie sei »zu stark«, und verglich sie mit anderen jungen Frauen, die er kannte. Yeeun hatte dieses Verhalten so satt, dass sie schließlich bei einem Turnier vor Wut in Tränen ausbrach und sagte, sie werde nicht mehr mit ihm im Team debattieren.

Dann jedoch beschloss sie, ihn zu erziehen. Sie versuchte, genau den richtigen Ton zwischen unterwürfig und konfrontativ zu treffen. Sie stritt mit ihm, aber ohne zu aggressiv zu sein. Schließlich konnte sie ihn überzeugen, und sie arbeiteten wie echte Partner zusammen. Heute ist diese Zusammenarbeit, wie sie sagt, ihr bestes Modell für eine gute Beziehung und der Grund, dass sie immer noch Hoffnung hat, doch noch einen geeigneten Ehemann zu finden.

Es ist verständlich, dass sich die südkoreanischen Männer im Schockzustand befinden. Die südkoreanischen Frauen haben sich in nur einer Generation von Hausfrauen zu manischen Superfrauen entwickelt. Aber der Schock verlangt nach einem ebenso starken Gegenschock. Ein kürzlich erschienener Bestseller, dessen Titel ein südkoreanischer Akademiker frei mit *Dinge eines Mannes* übersetzte, rät den südkoreanischen Männern, ihre Gewohnheiten zu ändern, weil ihre Form des Patriarchats einem sterbenden Zeitalter angehört. Die vielleicht monumentalste Veränderung, die ich während meines Aufenthalts in Südkorea erlebte, besteht darin, dass Park-Geun-hye, der aussichtsreichste südkoreanische Präsidentschaftskandidat, eine Frau ist. Zugegeben, sie entstammt einer politischen Dynastie, aber ihre Kandidatur ist trotzdem eine überraschende Entwicklung für ein Land, das eigentlich nicht an weibliche Führungspersönlichkeiten glaubt. Mit etwas Glück könnte Südkorea den Weg einiger anderer ehemals patriarchalischer, ja militaristischer Kulturen gehen und den Wert erkennen, den Frauen an der Macht als eine Art mütterliches Rettungsteam haben können. Frauen wie Ellen Johnson Sirleaf, die Präsidentin von Liberia, zum Beispiel. Sie porträtierte das Land in ihrem Wahlkampf von 2005 als ein krankes Kind, das ihre Pflege brauchte. Oder wie in Ruanda, das nach dem Völkermord beschloss, sich selbst zu heilen, indem es das erste Land wurde, wo die Frauen im Parlament die Mehrheit haben.

Trotz der schlechten Erfahrung mit ihrem Ex, oder vielleicht auch gerade deswegen, tut Stephanie Kim ihr Möglichstes, damit die nächste Generation von Männern einen klaren Bruch mit der Tradition vollzieht. Sie hat ihrem Sohn beigebracht, leise zu sprechen, sie kauft ihm rosa Stofftiere, und sie meldet ihn für Koch- und Ballettkurse an statt für Taekwondo – selbst wenn er der einzige Junge im Kurs ist und sogar gegen den Widerspruch der Lehrer. »Meiner Ansicht nach können Machos in dieser neuen Ära wirklich nicht mehr überleben«, sagt sie, »und wenn er sich gut entwickeln soll, muss er auch eine eher weibliche Seite haben.«

SCHLUSS

Aufgrund der Recherchen für mein Buch vergingen einige Monate, bis ich wieder Zeit hatte, mich noch einmal bei Calvin zu melden. Calvin ist der Mann aus der Einleitung, dessen Freundin Bethenny ich zufällig in einem Supermarkt in Virginia kennengelernt hatte – und derjenige, der mich darauf gebracht hatte, mich mit dem Schicksal der heutigen Männer zu beschäftigen. Ich rief ihn an, weil ich wissen wollte, wie es ihm ergangen war. Ich freute mich, wieder seine tiefe Stimme und seine bedächtige Redeweise zu hören. Wie immer hatte er jede Menge Zeit für ein Gespräch, allerdings nicht so viel Zeit wie bei unserer ersten Begegnung. Er sah seine Tochter inzwischen viel regelmäßiger; kurz vor unserem Telefonat hatte er sie zu einer Freundin gefahren. Sie würde bald in die Pubertät kommen, und er gab zu, dass das nicht unbedingt ein ideales Alter war, um als Vater wieder Kontakt zu seinem Kind aufzunehmen. (Seine und meine Tochter sind ungefähr gleich alt, daher haben wir hier einen gemeinsamen Bezug.) Aber besser spät als nie, oder?

Calvin erzählte mir, er wolle noch beim Arbeitsamt vorbei, aber dieses Mal nicht nur, um nach seinem Geld zu fragen. Er wollte Unterstützung für seine Ausbildungskosten beantragen. Vor ein paar Wochen war er zum Community College gegangen und hatte sich nach Kursen erkundigt. Dort wurden verschiedene handwerkliche Ausbildungen sowie Weiterbildungen für Mechaniker angeboten, die auf den ersten Blick hervorragend zu Calvin passen würden, vor allem da in der Region, wie überall in den USA, allmählich wieder Arbeitsplätze im produzierenden Gewerbe entstanden.

Aber Calvin hatte beschlossen, es mit einer Ausbildung zum Krankenpfleger zu probieren – derselben Ausbildung also, die Bethenny gerade abgeschlossen hatte. Seine Mutter war auch Krankenschwester gewesen, und er hatte miterlebt, wie Bethenny durch die Ausbildung »um 20 Jahre erwachsener« geworden sei, wie er mir erzählte. Obwohl er in der Klasse wahrscheinlich »allein unter lauter Röcken« wäre, wollte er es wagen. Calvin war groß, wirkte aber sehr sanft und überhaupt nicht einschüchternd, daher konnte ich mir gut vorstellen, dass er als Pfleger eine beruhigende Wirkung auf die Patienten haben würde. Sie würden sich wahrscheinlich geborgen bei ihm fühlen, vor allem in einem Krankenhausumfeld, wo Geborgenheit nicht bedeuten muss, dass man sich lange kennt. Ich sagte ihm, wie sehr ich mich darüber freute, und meinte das auch so. Calvin war praktisch meine Muse für *Das Ende der Männer* gewesen und zeigte jetzt, dass dieses »Ende« kein Dauerzustand sein musste.

Im Rahmen meiner Recherchen las ich wiederholt Werke über die biologisch bedingten Unterschiede zwischen Mann und Frau, vor allem populäre Autoren wie Simon Baron-Cohen und Louann Brizendine, die argumentieren, dass ein männliches Gehirn anders funktioniert als ein weibliches und dass diese Unterschiede die Geschlechter dazu bringen, völlig gegensätzlich zu arbeiten, zu lieben und zu leben. Doch gerade in diesem Punkt finde ich die Forschung nicht sonderlich überzeugend. Ich bin mir sicher, dass Neurowissenschaftler auch in Zukunft wichtige Unterschiede zwischen männlichen und weiblichen Gehirnen finden werden, doch ich vermute, dass diese Unterschiede nicht unbedingt über so komplizierte Aspekte entscheiden wie beispielsweise darüber, ob wir uns weiterbilden, ob wir für uns interessante Berufe ausüben oder ob wir liebevolle, engagierte Eltern sind.

Derzeit sind die Frau aus Plastik und der Mann aus Pappe sehr weit voneinander entfernt. Im Verlauf eines Jahrhunderts haben Frauen gezeigt, dass sie sich verändern, neu erfinden und manchmal auch verbiegen können, um sich den sich wandelnden Zeiten anzupassen. Genau diese Flexibilität und Reaktionsfähigkeit entscheiden heute über Erfolg. Männer wirken dagegen viel starrer und widerständiger. Aber das kann auch nur für diesen speziellen Zeitpunkt gelten. Tief in meinem Innern glaube ich, dass Männer, selbst Männer, die so mutlos sind wie die, über die ich geschrieben habe, irgendwann lernen werden, diese neue Flexibilität zu übernehmen und sich anzupassen. Das heißt nicht, dass alle Krankenpfleger oder Lehrer werden oder nur noch Einsen in Englisch bekommen, doch sie werden lernen, ihre Handlungsspielräume zu vergrößern und die Definition von Männlichkeit zu erweitern. Schließlich will man nicht immer wieder dafür Prügel kassieren, dass man seine Möglichkeiten selbst einschränkt. Bethenny hatte gelacht, als Calvin ihr erzählte, dass er in ihre Fußstapfen treten und sich zum Krankenpfleger ausbilden lassen wolle. Aber als er fragte: »Hast du denn eine bessere Idee?«, musste sie passen.

Es gibt natürlich nicht nur Calvins da draußen, sondern auch viele Männer, die bereits eine erhebliche Flexibilität an den Tag legen. Ich habe mich in meinem Buch aber mehr mit den starren Typen befasst, weil es meiner Meinung nach noch nicht so viele flexible Männer gibt, als dass man daran einen deutlichen Trend erkennen könnte. Doch einige Männer, die ich kennenlernte, zeigten mir, dass Flexibilität nichts mit dem Geschlecht zu tun hat. Gerade die Männer, die ich für meinen *Slate*-Artikel über Ehefrauen interviewte, die die Familie ernähren, klangen wie Stimmen aus der Zukunft. Robert aus Portland meinte beispielsweise:

> Dass meine Frau mehr verdient als ich, wird bei uns nicht groß diskutiert und ist auch in unserer Beziehung kein Thema. Ich bin stolz auf das, was sie erreicht hat, und da alles, was wir verdienen und ausgeben, »uns gehört«, habe ich nie das Gefühl, dass ich nicht meinen Beitrag leisten würde. Ich habe ein paar Artikel zu dem Thema gelesen und festgestellt, dass mir Vorstellungen wie Neid oder der Verlust der Männlichkeit völlig fremd sind.

Robert lebt allerdings in einer so fortschrittlichen Stadt, dass sie zum Schauplatz einer Fernseh-Comedyserie über ihre alternativen, Biolebensmittel liebenden, strickenden und ihre Rechte als Hardcore-Radfahrer verteidigenden Bewohner wurde *(Portlandia)*, und ich vermute, dass Robert in seinem Umfeld für seine offene Art bewundert wird. Aber ich hoffe auch, dass sich nicht nur die Männer in Portland, sondern auch in Calvins Heimat anpassen werden, und wenn es aus purer Notwendigkeit ist.

Einige schleichende Veränderungen sind bereits zu beobachten. 2009 veröffentlichten die Soziologen Carla Shows und Naomi Gerstel eine Untersuchung, in der sie die Vaterrolle bei verschiedenen Männern verglichen. Als Studiengruppen wählten sie einerseits gebildete Ärzte mit hohen Einkommen und andererseits weniger gebildete, schlechter bezahlte Sanitäter im Rettungsdienst. Da die Sanitäter in der Regel flexiblere Arbeitszeiten als ihre Frauen hatten, waren sie aktiv in den Tagesablauf ihrer Kinder eingebunden. Sie holten sie aus dem Kindergarten oder der Kindertagesstätte ab, machten ihnen Essen und tauschten Schichten mit ihren Kollegen, wenn ein Kind krank war. In ihrer eigenen Vorstellung hätten sie sich vielleicht gar nicht als »aktiven Vater« bezeichnet, aber genau das waren sie. Die Ärzte dagegen hatten relativ wenig mit den täglichen Abläufen in ihren Familien zu tun. Dennoch betrachteten sie sich als »gute Väter«, weil sie an besonderen Ereignissen im Leben der Kinder teilnahmen und sich beispielsweise deren Fußballspiele oder Theateraufführungen am Wochenende ansahen. Wie sich zeigte, fühlten sich die Väter, die direkt in den Alltag integriert waren, veranlasst, als Mann neue Rollen zu akzeptieren. Die Sanitäter konnten sich nicht den Luxus leisten, lange zu überlegen, was man von ihnen denken würde, wenn sie daheimblieben und sich um ihr krankes Kind kümmerten oder Burger fürs Abendessen brieten. In einer Welt, in der die Ehefrauen hart arbeiten und genauso viel oder sogar mehr verdienen als ihre Männer, mussten sie neue Rollen übernehmen, damit der Familienalltag weiter funktionierte.

Doch nicht nur die Männer müssen sich anpassen. Im Kapitel »Ehe mit wechselnden Rollen« erwähnte ich, dass ich immer noch ein bisschen zusammenzucke, wenn ein Vater aus dem Kindergarten meines Jüngsten handbedruckte T-Shirts für die Erzieher macht. Als ich diese Reaktion in meinem *Slate*-Artikel über Paare beichtete, bei denen die Frau das

Geld verdient, wandte sich ein Vater, der dachte, ich hätte ihn gemeint, an mich und fragte, was daran denn so überraschend sei. Meine Reaktion gab mir wirklich zu denken, denn ich schätzte ihn eigentlich sehr. Er brachte Instrumente mit, auf denen die Kinder spielen konnten, dachte sich coole Kunstprojekte aus, fuhr seine Tochter bei jedem Wetter mit dem Fahrrad in den Kindergarten und strahlte immer gute Laune und die Energie eines glücklichen Menschen aus. Ganz offensichtlich reduzierten sich nicht nur die Männer auf eine begrenzte Anzahl von Rollen, sondern wurden auch von den Frauen so gesehen. Er hatte Recht. Warum sollte ich nach all meinen Recherchen bei so etwas zusammenzucken? Ich sollte auch nicht verblüfft sein, sondern mich einfach nur darüber freuen.

Ganz allmählich wandelt sich unsere Einstellung. Ein eindeutiges Zeichen dafür ist die Popkultur, die diese Signale aufnimmt. In der Sitcom *Up All Night* spielt Will Arnett einen Hausmann, der zwar ein bisschen trottelig ist, zu viel Zeit mit Videospielen verbringt und im Supermarkt hilflos umherirrt, aber trotzdem ein liebevoller und kompetenter Vater ist. Man lacht über ihn, dennoch ist er ein begehrenswerter Mann und hervorragender Partner. In dem Film *Was passiert, wenn's passiert ist* geht es um eine »Männergruppe«, deren Mitglieder sich zwar gegenseitig gestehen, dass ihre Kinder Zigaretten essen oder in der Toilette spielen, aber trotzdem sind sie aufopfernd für sie da; eine Gruppe Väter mit ihren kleinen Kindern im Park. Einer von ihnen gesteht einem noch unwilligen werdenden Vater: »Wir lieben es, Papas zu sein. Als ich jung war, dachte ich immer, ich sei glücklich. Aber erst jetzt *weiß* ich, dass ich glücklich bin.« Zu mehr reicht es in der Popkultur offenbar noch nicht, allerdings gibt es ein paar Vorreiter, die die Dinge voranbringen. Vor kurzem war in einer Windelwerbung eine Gruppe Männer zu sehen, die so fixiert auf ein Footballspiel im Fernsehen sind, dass sie vergessen, dem Baby die Windeln zu wechseln. Chris Routly, Hausmann und Vater von zwei Jungen, rief daraufhin eine Online-Kampagne ins Leben, in der er sich beschwerte, die Werbung fordere dazu auf, sich über Väter lustig zu machen. Er schaffte es tatsächlich, dass der Windelhersteller den Spot wieder absetzte.

Die gesellschaftlichen Veränderungen zeigen sich auch bereits bei jüngeren Männern, die noch gar keine Kinder haben. Die Anthropologin Helen Fisher befasst sich mit der Wissenschaft der Liebe, wie sie es nennt – mit Fragen wie: Wie lernen sich Menschen kennen? Welche Formen der Anziehung gibt es? Was ersehnen sie sich von einer Partnerschaft? Vor kurzem ist ihr eine merkwürdige Veränderung bei Partnerbörsen im Internet aufgefallen. Mehr Männer als Frauen wollen Kinder. In ihrer aktuellen Studie mit über 5000 Singles wollten 51 Prozent der alleinstehenden Männer im Alter von 21 bis 34 Jahren Kinder, verglichen mit 46 Prozent der alleinstehenden Frauen in derselben Altersgruppe. In höheren Altersgruppen (35 bis 44 Jahre) wollten 27 Prozent der alleinstehenden Männer Kinder, aber nur 16 Prozent der Frauen. Fisher kam zu dem Schluss, dass Frauen vielleicht »durch die Arbeit an Selbstbewusstsein gewinnen, ein größeres Selbstwertgefühl, höheres Einkommen und mehr Erfahrung erlangen«, während Männer bedürftiger und »gluckenhafter« werden und damit mehr dem alten weiblichen Stereotyp entsprechen würden. Aber warum ist das »gluckenhaft«? Vielleicht passen sich die Männer vernünftigerweise einer neuen wirtschaftlichen Realität an. Vielleicht geben sie einfach nur einer Sehnsucht nach, die sie schon immer empfunden haben, aber bislang nicht ausdrücken durften oder wollten.

Es gibt die Theorie, dass Männlichkeit ein rein gesellschaftliches Konstrukt ist, eine Art Kriegermaske oder Rüstung, die Männer über Generationen trugen, weil sie fürchteten, dass ihre weiche Seite zum Vorschein kommen würde, wenn sie auf diese Art Panzerung verzichteten. »Männlichkeit« hat im Lauf der Jahrhunderte und in verschiedenen Kulturen viele Formen angenommen, doch eine Konstante – die man schon im Gilgamesch-Epos findet – ist laut Leo Braudy die, »sich in Nostalgie über die verlorene Männlichkeit zu ergehen«, wie er in seinem Buch *From Chivalry to Terrorism: War and the Changing Nature of Masculinity* schreibt. Vielleicht erreichen wir gerade den Moment, in dem Männer aufhören, zurückzublicken und sich zu grämen, dass es keine »echten Kerle« mehr gibt. Vielleicht lassen sie nun eine etwas weichere Seite bei sich zu.

2010 redigierte ich für *Slate* den Artikel eines amerikanischen Vaters, der in Schweden lebte und über seine ausgedehnte Elternzeit berichtete. In den vorangegangenen Jahren hatte die schwedische Regierung zahlreiche Anreize geschaffen, die Väter förmlich zwangen, die mögliche Elternzeit auch zu nehmen. Das zeigte Wirkung: Heute wird sie von 80 Prozent der schwedischen Väter in Anspruch genommen. Der Verfasser des Artikels, Nathan Hegedus, schrieb über Indoor-Spielplätze, in denen es von Vätern wimmelte, die sich genau wie Mütter benahmen und darüber redeten, »wie die Kinder kacken, wie sie schlafen, wie müde sie selbst sind, wann das Kind anfing, zu krabbeln oder zu laufen, oder einen Ball werfen konnte oder was auch immer«. Angesichts der zahlreichen Männer, die überall Kinderwagen vor sich herschieben, hat Schweden ganz offensichtlich etwas erreicht, was Hegedus als subtile Neudefinition der Männlichkeit bezeichnet. Die Vorstellung, dass liebevolle Fürsorge unmännlich sei, würde allmählich »dahinschmelzen«, erklärt er. Wenn sich ein Mann in Schweden heute weigert, in Elternzeit zu gehen, wird er von seiner Familie und sogar von seinen Freunden kritisiert. Schweden ist mit seinen Initiativen zur Einleitung eines derartigen Wandels sehr weit gegangen, doch auch andere Länder bemühen sich entsprechend. In Japan wurde vor kurzem eine bezahlte Väterzeit eingeführt, und die japanischen Zeitungen versuchen, die sogenannten *Ikumen*, die wegen der Kinder zu Hause bleiben, zu Helden zu stilisieren.

Die Soziologin Amy Schalet, die Jungen und ihr Verhältnis zur Romantik weltweit untersucht, berichtet, dass männliche Teenager in den Niederlanden überhaupt kein Problem damit haben zu sagen, dass sie jemanden lieben, weil die niederländische Kultur sie dazu ermutigt. Sie hat aber auch bei amerikanischen Jungen eine ähnliche Entwicklung festgestellt. Die amerikanischen Jungen, mit denen sie sprach, verwenden eine »starke, fast hyperromantische Sprache, wenn sie über Liebe reden«. Das kann man auf die *Twilight*-Romane und -Filme schieben oder auf Teeniestar Justin Bieber. Schalet sprach beispielsweise mit einem Jungen, dem das Kondom beim Sex geplatzt war. Er gab sich nicht kaltschnäuzig oder verächtlich, sondern war bestürzt und verzweifelt. Ihm sei es am wichtigsten, dass er das Mädchen liebe, sagte er Schalet, er wolle »ihr alles geben«, was er habe. Vielleicht weisen uns die Niederländer ja den Weg in eine neue Ära süßer, romantischer Teenagerliebe.

Homogene sozialstaatliche nordische Länder sind womöglich so etwas wie die globalen Entsprechungen zu Portland, doch die Neudefinition von Männlichkeit taucht mittlerweile auch an unerwarteten Orten auf, die sogar weit mehr überraschen als eine amerikanische Highschool. Seit einigen Jahrzehnten bemüht sich ein Unternehmen, das für die Sicherheit auf zwei Ölbohrinseln namens »Rex« und »Comus« im Golf von Mexiko zuständig ist, um eine Veränderung der Arbeitskultur. Auslöser war die auffallend hohe Zahl der Unfälle, doch das Ungewöhnliche daran ist der Ansatz, bei dem man im Grunde versuchte, den Arbeitern auf den Bohrinseln ihre Machokultur auszutreiben. Im alten System waren »die Vorarbeiter so eine Art Löwenrudel. Derjenige, der das Sagen hatte, konnte im Grunde alle anderen in die Tasche stecken, was Leistung, Brüllen und Einschüchterung anging«, erklärte ein Arbeiter den Anthropologen aus Stanford und Harvard, die die Arbeitsbedingungen untersuchten. Die alte Machokultur gab beispielsweise vor, dass ein echter Mann nie einen Helm trug, nie um Hilfe bat und sich auch sonst nie verwundbar zeigte. Jeder wollte das »größte, schlimmste Raubein unter den Ölarbeitern« sein, wie einer von ihnen berichtete.

Die neue Initiative namens Safety 2000 erklärte dieses Machogehabe zur eigentlichen Ursache für die hohe Unfallrate und versuchte, diese Haltung weitestgehend auszumerzen. Überall wurden Schilder aufgestellt, auf denen die Arbeiter ermahnt wurden, aufeinander zu achten, Verletzungsgefahren zu eliminieren und die Umwelt zu schützen. Bei regelmäßigen Besprechungen wurden die Arbeiter ermutigt, von ihren Fehlern zu berichten, damit andere daraus lernen konnten. Wenn ein Mann Hilfe beim Tragen schwerer Lasten oder in einer gefährlichen Situation brauchte, wurde er ermuntert, diese Hilfe einzufordern. Wenn ein Arbeiter zu Hause Probleme hatte – etwa kurz vor der Scheidung stand oder ein krankes Kind hatte –, wurde ihm gesagt, dass er sich nicht scheuen solle, sich seinen Kollegen anzuvertrauen und sie um Verständnis und Beistand zu bitten. Die Forscher hörten zufällig ein Gespräch zwischen zwei Arbeitern mit, die sich darüber unterhielten, dass einem Kollegen namens Joe sein kleines Kind sehr fehle. Der eine gestand, er habe »eine Kassette mit diesem Mozart und diesem Chopin drauf an Joes Frau geschickt, weil es für Babys ja echt wichtig ist, solche Musik zu hören. Richtig beruhigend.«

In einem direkten Gespräch mit den Forschern erklärte ein Vorarbeiter, wie sich die Arbeitskultur verändert hatte. Zuerst hätten er und seine Kollegen lernen müssen, »wie man sich benimmt wie die Turteltäubchen und andere freundlicher behandelt und auch seine weichere Seite zeigt und so. Zuerst haben wir alle drüber gelacht. Wir haben gedacht, das wird ja nie funktionieren. Aber jetzt sieht man den Unterschied deutlich. Obwohl wir immer noch untereinander Witze machen und uns aufziehen, ist jetzt keine Häme mehr dabei. Wir sind heute ganz anders als früher – freundlicher, sanfter.«

Die Forscher kamen zu dem Schluss, dass die neuen Regeln allmählich zu den Männern vordrangen und ihre Definition von Männlichkeit veränderten. Ein Arbeiter erklärte ihnen, ein Mann zu sein »bedeutet nicht, dass ich den anderen unbedingt in den Hintern treten muss«. Ein anderer meinte: »Ich will auf der Plattform kein Superheld sein. Ich will nicht so tun, als ob ich alles wüsste.« Ein Dritter gab zu: »Ein Mann ist ein Mann, wenn er denkt wie eine Frau«, was bedeutete: »Sensibel zu sein, mitfühlend, im Kontakt mit meinen Gefühlen, zu wissen, wann man lacht und wann man weint«.

Die Ölbohrinseln Rex und Comus sind abgeschlossene Arbeitswelten, wo Männer für einen bestimmten Zeitraum getrennt von ihren Familien und Freunden leben. Dadurch sind sie die perfekten Orte für Social Engineering, aber nicht unbedingt Abbilder der realen Welt. Doch wenn ein Rudel Löwen derart gezähmt werden kann, wenn die Raubtiere lernen, wie man zusammen lacht, weint und betet, dann besteht wohl Hoffnung für uns alle. Die Forscher glauben, dass das Programm Safety 2000 funktionierte, weil es sich für alle lohnte. Als sich die Männer noch mühten, sich als das größte, schlimmste Raubein aufzuführen, jagten sie einer Illusion hinterher. Doch indem sie sich am neuen Männerbild orientieren, war es ihnen möglich, echte zwischenmenschliche Beziehungen zu knüpfen, die uns – uns allen – viel mehr Halt geben.

Wir leben in einer Welt, in der Gewandtheit und Flexibilität ebenso belohnt werden wie die Bereitschaft, sich einer im Wandel begriffenen Wirtschaft anzupassen und auf gesellschaftliche Stimuli zu reagieren. Derzeit zeigt die Frau aus Plastik mehr von diesen Eigenschaften als der Mann aus Pappe – wie gesagt: derzeit. Möglicherweise verfügen Frauen von Geburt an über bestimmte Eigenschaften, die ideal in die Welt von heute passen. Aber es ist genauso gut möglich, dass Frauen, weil sie den Männern so viele Jahre lang hinterhergehinkt sind, über das besondere Gespür des Underdogs verfügen. Oder vielleicht sind wir in all den Jahrhunderten, in denen wir für die Kinder zuständig waren, zu Expertinnen für Multitasking geworden.

In der Zukunft kann auch der Mann aus Pappe – womöglich nachdem er selbst eine Weile der Underdog gewesen sein wird und sich in erster Linie um die Kinder kümmern musste – wieder flexibler und damit zu einem Mann aus Plastik werden. Bei meinen Recherchen habe ich einige Männer getroffen, die bereits den Weg in diese Zukunft gefunden haben und den anderen die Richtung weisen. Meine Untersuchungen und Erkenntnisse haben mich veranlasst, meine beiden Söhne anders zu erziehen. Selbst wenn es ihrer »Natur« widerspricht, möchte ich ihnen Flexibilität beibringen. Zu meiner Erleichterung habe ich entdeckt, dass das gar nicht so schwer ist, wenn alle Beteiligten ein bisschen kreativ sind.

Zwei Monate vor meinem Anruf hatte Calvin einen Autounfall, bei dem er sich mehrere Knochenbrüche zuzog. Das habe ihm »die Augen geöffnet«, wie er mir sagte. Er dachte an die beschwerliche körperliche Arbeit, die er bisher bei seinen Jobs geleistet hatte, und fragte sich: »Was will ich wirklich mein Leben lang machen? Will ich mein Leben damit verbringen, zwischen zwei Typen eingequetscht vorne in einem Laster zu sitzen?« Er dachte zurück an seine Kindheit, als er elf war, etwa so alt wie seine Tochter heute. Sein Lieblingsonkel – der Bruder seiner Mutter – war schwer erkrankt, weigerte sich jedoch, ins Krankenhaus zu gehen. Also nahm ihn Calvins Mutter, die ja Krankenschwester war, bei sich auf und pflegte ihn zu Hause. Er war ein schwieriger Patient, der manchmal Wutanfälle bekam und seine Tabletten mit dem Hammer zertrümmerte. Aber irgendwann ging es ihm wieder besser, und von da an war er für Calvin wie ein zweiter Vater, besuchte ihn oft, ging mit ihm jagen und brachte ihm das Schreinern bei. Calvin glaubte, dass die Erinnerung an diese Zeit mit seinem Onkel zurückgekehrt war, um ihn nach dem Autounfall daran zu erinnern, dass die Krankenpflege Menschen heilen und Beziehungen und Familien wieder reparieren kann.

In unserem Gespräch kam Calvin immer wieder auf den

Moment zurück, als er die »Papiere fertig gemacht« hatte, sich also am College für eine Ausbildung zum Krankenpfleger angemeldet hatte. Diese Formalie war für ihn ein wichtiger Moment in seinem Leben. Der Gedanke, ins Sekretariat zu gehen und dort den großen Umschlag mit seiner Anmeldung abzugeben, hatte ihn immer abgeschreckt. Zweimal hatte er kehrtgemacht und war zurück nach Hause gegangen, weil er einen Knick im Umschlag entdeckt hatte und ihn so nicht abgeben wollte. Eine solche Angst hatte er »noch nie gehabt, nicht einmal bei meinem Autounfall«. Aber nachdem er die Schwelle des Sekretariats überschritten hatte, spürte er auch »eine Art freudige Aufregung«, wie er sagte. »Und ich dachte: Mann, jetzt hab ich's endlich geschafft.«

DANK

Nun ist es an der Zeit, all den braven Männern zu danken, die mir halfen, ihren eigenen Niedergang zu verkünden. Don Peck, meinem Redakteur beim *Atlantic*, habe ich intellektuell sehr viel zu verdanken, Don ist ein Genie, wenn es darum geht, jede Menge unzusammenhängender Gedanken und Ideen zu durchforsten und die Perlen herauszupicken, die sich irgendwo darin verstecken. Ich hatte monatelang hilflos auf die einzelnen Versatzstücke meiner Idee gestarrt und hätte sie ohne Dons Hilfe nie zu einer Titelgeschichte für *The Atlantic* zusammenfassen können. Ich möchte auch dem *Atlantic*-Herausgeber James Bennet danken, der mir seit vielen Jahren ein journalistisches Zuhause gibt, mich unterstützt und dafür sorgt, dass mir meine Arbeit Spaß macht. Außerdem ließ er zu, dass ich seine Zeitschrift für einen Geschlechterkrieg in Beschlag nahm, der in gewisser Weise bis heute andauert. (Es gibt Stimmen, die behaupten, dass *The Atlantic* eine der besten Frauenzeitschriften überhaupt sei.)

Womit wir bei den Frauen angelangt wären. Ich musste für meinen Artikel zum Thema so viel Kritik einstecken, dass ich wahrscheinlich nicht weitergemacht hätte, wenn mich nicht Becky Saletan angerufen hätte, die schon mein erstes Buch betreut hatte. Becky überzeugte mich, das Thema weiter auszuformulieren, und ich willigte auch deswegen ein, weil ich so gern mit ihr zusammenarbeite. Es gab Phasen bei der Arbeit am Buch, in denen ich das Gefühl hatte, dass sie über jedem Satz und Abschnitt genauso schwitzte wie ich, was man sich allerdings kaum vorstellen kann, wenn man weiß, was sie sonst noch alles bewältigt. Darüber hinaus ist Becky eine tolle Freundin und Beraterin für alle Lebenslagen. Meine Agentin Sarah Chalfant ist der stärkste, loyalste Schutzengel, den sich eine Autorin wünschen kann. Mit ihr an meiner Seite fühle ich mich stets sicher. Geoff Kloske hat trotz des Inhalts enthusiastisch und gut gelaunt an mein Buch geglaubt. Jynne Martin und das PR-Team von Riverhead Books haben sich sehr dafür eingesetzt, um daraus einen Erfolg zu machen. Sarah Yager bewahrte mich vor so mancher kleinen Peinlichkeit.

Meine Kollegen und Kolleginnen der von mir mitbegründeten Frauenrubrik »Double X« bei *Slate* waren für mich eine Art vergnügliches Seminar zur Frauenforschung, wie ich es an der Universität nie erlebt habe. Jessica Grose, Emily Bazelon und Julia Turner – und schon früh Meghan O'Rourke, Sam Henig und Noreen Malone – sorgten dafür, dass Besprechungen, Podcasts und Projekte nie wie harte Arbeit wirkten. Tag für Tag vertieften wir uns in für Frauen relevante Nachrichten und Themen, die von dämlich bis todernst reichten, bis sich für mich schließlich ein größeres Bild dessen ergab, was derzeit mit Frauen und Männern in unserer Gesellschaft geschieht. Mein Dank geht auch an Jacob Weisberg, der an unsere Rubrik glaubte und darauf vertraute, dass wir sie entsprechend umsetzen würden.

Viele Journalistenkollegen, Akademiker und Koryphäen, mit denen ich sprach und diskutierte – und von denen sich die meisten schon viel länger mit dem Thema befassen –, halfen mir, meine Ideen zu überdenken, zu erweitern oder ganz zu verwerfen: Nancy Abelmann, Dan Abrams, Elizabeth Armstrong, Jeffrey Arnett, Kathleen Bogle, Kate Bolick, Meredith Chivers, June Carbone, James Chung, Alice Eagly, Kathy Edin, Albert Esteve, Susan Faludi, Garanz Franke-Ruta, Claudia Goldin, Michael Greenstone, Daniel Griffin, Metta Lou Henderson, Gregory Higby, Christina Hoff Sommers, Ann Hulbert, Arianna Huffington, Maria Kefalas, Laurel Kendall, Michael Kimmel, David Lapp, Maud Lavin, Krys Lee, Lori Leibovich, Daniel Lichter, Wendy Manning, Amanda Marcotte, Marta Meana, Sharon Meers, Tom Mortenson, Linda Perlstein, Zhenchao Qian, Mark Regnerus, Amanda Ripley, Katie Roiphe, Sheryl Sandberg, Amanda Schaffer, Larry Summers, Rebecca Traister, Bruce Weinberg, Richard Whitmire, Brad Wilcox und Philip Zimbardo. Sie alle haben auf ihre Art, mit ihren Veröffentlichungen oder im direkten Gespräch, meine Überlegungen geprägt. Ich danke auch Evan Ramstad, Frank Ahrens und SungHa Park, die mir Korea als ein höchst aufregendes Land präsentierten.

Wie bei jedem Projekt bin ich besonders all jenen Menschen zu Dank verpflichtet, die sich einverstanden erklärten, dass ich über sie berichte. Selbst diejenigen, die lieber anonym bleiben wollten, erlaubten mir, ihr Leben genau unter die Lupe zu nehmen, zu analysieren und immer wieder nachzubohren; eine Offenheit, die ich nur als sehr mutig bezeichnen kann. Dazu zählen Studenten an den nicht genannten Universitäten der Ivy League (ihr wisst, dass ich euch meine), die Studenten an der School of Pharmacy der University of Wisconsin, die Bürger von Alexander City, die Einwohner von Kansas City, die von mir interviewten Paare, bei denen die Frau das Geld verdient, die Frauen im Silicon Valley und an der Wall Street, die Mädchen bei PACE und die verschiedenen jungen Frauen und Männer, mit denen ich in Korea sprach. Ich danke ihnen für ihr Vertrauen und bewundere sie für ihre Bereitschaft, mir so offen und ehrlich Rede und Antwort zu stehen.

Ohne meine Freundinnen in Washington bin ich nur ein halber Mensch, und jede hat mich schon auf die eine oder andere Art gerettet, wenn mir die Arbeit an meinem Buch über den Kopf zu wachsen drohte: Nurith Aizenmann, Meri Kolbrener, Jessica Lazar, Alix Spiegel und Margaret Talbot. Ich wünschte, ich würde ein Leben wie Carrie Bradshaw führen und könnte euch alle jede Woche mehrmals abends sehen. Vor allem Meri hat im letzten Jahr mehr durchgemacht, als eine Mutter sollte, und ist trotzdem noch für unglaublich viele Menschen ein Fels in der Brandung. Wenn es sie nicht gäbe, wüsste ich wahrscheinlich gar nicht, was es heißt, eine gute Freundin zu sein. Die gleiche Wertschätzung hege ich für Tonje Vetleseter an der Westküste.

Meine Mutter Miriam ist der Grund, warum ich das in diesem Buch beschriebene Phänomen überhaupt erkannt habe. Ich entstamme einer langen Linie von Matriarchinnen, die über ihre Männer auf die eine oder andere Art herrschten (ich möchte feststellen, dass ich nicht dazugehöre!). Meine Mutter kommt aus einer Zeit und einer Gesellschaftsschicht, wo Frauen nie offiziell das Sagen hatten, was sie aber nicht daran hinderte, bei jeder wichtigen Angelegenheit zu bestimmen. Sie war die selbsternannte Aufpasserin und Beschützerin des Viertels und konnte Männer in die Schranken weisen, die dreimal so groß waren wie sie. Sie ist klug und hart im Nehmen, hat ein großes Herz, lässt sich nicht einschüchtern und durch nichts davon ablenken, das Richtige zu tun. Ich liebe meinen Vater Eli und meinen Bruder Meir aus vielen Gründen, unter anderem auch, weil sie nicht so viele Fragen zum Titel meines Buchs stellen. Und ich liebe sie, weil sie ein Auge auf Dalila, Tiago, Talles, Kyla und Chloe haben. Meine Schwiegereltern Judith und Paul lerne ich jedes Jahr mehr zu schätzen. Ich weiß, dass das nicht üblich ist, aber bei mir ist das so. Sie sind für mich Großeltern, Freunde, Kollegen und intellektuelle Sparringspartner in einer Person. John, Lisa, Nelly und Daria, ich liebe euch alle und wünschte, ihr würdet näher bei uns wohnen.

Meine Tochter Noa ist wie ein Sonnenstrahl, der nachmittags in meine Dachkammer fällt, es sei denn, sie hat schlechte Laune (sie kommt bald in die Pubertät). Während ich an meinem Buch arbeitete, ist sie unheimlich gewachsen und reifer geworden, hat sich aber ihre Neugier und Zuversicht bewahrt. Außerdem hat sie sich zu einer der witzigsten Personen entwickelt, die ich kenne. Mein Sohn Jacob fragt mich jeden Tag, wie ich ein Buch mit einem so gemeinen Titel schreiben konnte. Ich sage ihm dann immer, dass ich die Leute überzeugen will, dass manche Männer Hilfe brauchen, weil es ihnen nicht leichtfällt, selbst darum zu bitten. Er glaubt mir nicht so recht, aber vielleicht wird sich das eines Tages ändern. Mein Sohn Gideon ist glücklicherweise noch zu jung, um den Titel lesen zu können, und außerdem zu sehr mit seinen Spielzeugautos beschäftigt. Aber er tut mir am Ende eines langen Tages unglaublich gut. Manchmal wünsche ich mir, er würde nie groß werden.

Wie kann ich einem Ehemann danken, der sich damit abfindet, dass seine Frau ein Buch mit dem Titel *Das Ende der Männer* verfasst? Stellen Sie sich nur die unzähligen peinlichen Situationen vor: auf dem Basketballfeld, im Sportstudio, im Büro: »Hey, was hat deine Frau denn vor?« Dennoch war David immer stolz auf mich, so stolz, dass ich von seinen Freunden nur höre, wie nett er über mich spricht. Als ich Topmanagerinnen nach der wichtigsten Entscheidung in ihrem Leben fragte, sagten die meisten: Ich habe den richtigen Mann geheiratet. Dem kann ich nur zustimmen.

ANMERKUNGEN

Einige Hinweise zu den Quellen: Alle Personen, die in dem Buch erwähnt werden, sind reale Menschen, die ich im Zuge meiner Recherchen getroffen oder interviewt habe. Dennoch habe ich manchmal nur ihren Vornamen benutzt, und in manchen Fällen ihren Namen komplett geändert. Pseudonyme habe ich vor allem dann verwendet, wenn besonders intime Details über die Beziehungen der entsprechenden Personen zur Sprache kommen: Tali, Shannon, Troy, Hannah, Billy und Dian sowie Stephanie Kim und Kirsten Lee sind solche Pseudonyme. Zitate von Fachleuten stammen, wenn nicht anders vermerkt, aus Interviews, die ich mit ihnen geführt habe. Auch alle anderen Zitate im Text, die nicht in den Anmerkungen belegt sind, stammen aus von mir für dieses Buch geführten Gesprächen.

EINLEITUNG

9 »Diese Welt hat immer den Männern gehört«: Simone de Beauvoir, *Das andere Geschlecht: Sitte und Sexus der Frau,* Reinbek bei Hamburg 1992, S. 86.

13 Drei Viertel der 7,5 Millionen Arbeitsplätze: Zwischen Juni 2007 und Dezember 2009 verloren Männer laut einer Analyse von Daten des Bureau of Labor Statistics durch das Pew Research Center 5,4 Millionen und Frauen 2,1 Millionen Arbeitsplätze. http://pewresearch.org/pubs/2049/unemployment-jobs-gender-recession-economic-recovery.

13 Die am schwersten betroffenen Branchen: Mark J. Perry, »The Great Mancession of 2008–2009«, Stellungnahme vor dem House Ways and Means Committee Subcommittee on Income Security and Family Support über »Responsible Fatherhood Programs«, 17. Juni 2010. http://democrats.waysandmeans.house.gov/media/pdf/111/2010Jun17_Perry_Testimony.pdf.

13 Im Jahr 2009 waren in den USA zum ersten Mal: Gemäß revidierten Daten des Bureau of Labor Statistics, gab es in den USA in den Monaten Februar, März, November, und Dezember 2009 mehr weibliche als männliche Arbeitskräfte.

13 An allen Hoch- und Fachschulen ... sind Frauen in der Überzahl: OECD, *Education at a Glance 2011: OECD Indicators* (OECD Publishing, 2011). http://www.oecd.org/edu/highereducationandadultlearning/48631582.pdf.

13 Auf zwei Männer, die einen Bachelor of Arts machen: Laut »Gender Equity in Higher Education: 2010«, einem Bericht des American Council on Education, machten Frauen im letzten Jahrzehnt durchgehend etwa 60 Prozent der Bachelor-Abschlüsse.

13 Von den 15 Kategorien von Tätigkeiten: »The 30 Occupations with the Largest Projected Employment Growth, 2010–20«, Bureau of Labor Statistics, Februar 2012. http://www.bls.gov/news.release/ecopro.t06.htm.

14 Mehr als 40 Prozent: »41 Pct of China's Private Businesses Run by Women«, *People's Daily,* 17. September 2004. http://english.peopledaily.com.cn/200409/17/eng20040917_157345.html.

19 »ornamentale Männlichkeit«: Susan Faludi, *Männer, das betrogene Geschlecht*, Reinbek bei Hamburg 2001.

19 »in kulturellem Aspik fixiert«: Jessica Grose, »Omega Males and the Women Who Hate Them«, *Slate*, 18. März 2010.
21 In ihrem bahnbrechenden Buch: Beauvoir, S. 657.
21 »Frauen unserer Generation«: Genevieve Field, »Girl Crazy«, *Cookie*, August 2008.
23 »Ich glaube, die Frauen sollten sich fragen«: Louise Lague, »Shopping for a Boy Baby? Ron Ericsson Can Help, but Critics Say He Shouldn't«, *People*, 17. September 1984.
25 In einer landesweiten Befragung: Jaeseon Joo, »Statistical Handbook: Women in Korea 2011«, Korean Women's Development Institute, 2011.

HERZEN AUS STAHL
Weibliche Singles meistern den Hook-up

29 Die »sexuelle Kultur von Yale«: Bijan Aboutorabi, Eduardo Andino und Isabel Marin, »Change the Climate, End Sex Week«, *Yale Daily News*, 20. September 2011.
32 Die Hälfte der männlichen Jugendlichen: Tara Parker-Pope, »The Kids are More Than All Right«, *The New York Times*, 5. Februar 2012.
32 Teenagerschwangerschaften sind seit dem Höhepunkt im Jahr 1991 um 44 Prozent zurückgegangen: Brady E. Hamilton und Stephanie J. Ventura, »Birth Rates for U.S. Teenagers Reach Historic Lows for All Age and Ethnic Groups«, National Center for Health Statistics, Data Brief Nr. 89, April 2012. http://www.cdc.gov/nchs/data/databriefs/db89.pdf.
33 »Viele wollen dich einfach bloß abschleppen«: Kathleen A. Bogle, *Hooking Up: Sex, Dating, and Relationships on Campus*, New York 2008, S. 43 f.
34 Im Jahr 2004 begannen Elizabeth Armstrong: Laura Hamilton und Elizabeth A. Armstrong, »Gendered Sexuality in Young Adulthood: Double Binds and Flawed Options«, *Gender & Society* 23, Nr. 5 (2009), S. 589–616; die Ergebnisse der Studie wurden ursprünglich publiziert in: Elizabeth A. Armstrong, Laura Hamilton und Brian Sweeney, »Sexual Assault on Campus: A Multilevel, Integrative Approach to Party Rape«, *Social Problems* 53, Nr. 4 (2006), S. 483–499.
45 Kürzlich hat die britische Wirtschaftswissenschaftlerin: Catherine

Hakim, *Erotisches Kapital: Das Geheimnis erfolgreicher Menschen*, Frankfurt am Main 2011.

45 »Richtig verstanden«, so Hakim, »ist erotisches Kapital«: Catherine Hakim, »Have You Got Erotic Capital?«, *Prospect*, 24. März 2010.

46 Menschen, die als »attraktiv« gelten: Markus M. Mobius und Tanya S. Rosenblat, »Why Beauty Matters«, *American Economic Review* 96, Nr. 1 (2006), S. 222–235.

47 »schlimmste vorstellbare Sünde«: Meghan Daum, *My Misspent Youth: Essays*, New York 2001, S. 20.

51 »Man hat uns beigebracht«: Lois P. Frankel, *Nice Girls Don't Get the Corner Office: 101 Unconscious Mistakes Women Make That Sabotage Their Careers*, New York 2004, S. 2.

55 Im Jahr 2011 untersuchte der Psychologe Roy Baumeister: Roy F. Baumeister, »Cultural Variations in the Sexual Marketplace: Gender Equality Correlates with More Sexual Activity«, *Journal of Social Psychology* 151, Nr. 3 (2011), S. 350–360.

55 »Gesellschaften, in denen Frauen ein hohes Maß an Autonomie und Autorität genießen«: Christopher Ryan und Cacilda Jethá, *Sex at Dawn: The Prehistoric Origins of Modern Sexuality*, New York 2010, S. 133.

56 »Sagt es unseren Müttern«: Helena Andrews, *Bitch Is the New Black*, New York 2010, S. 6 f.

57 Viele werden zu einem Typus: Mark Regnerus und Jeremy Uecker, *Premarital Sex in America: How Young Americans Meet, Mate, and Think about Marrying*, New York 2011.

57 »Erotisches Kapital«: Mark Regnerus, »Sex Is Cheap«, *Slate*, 25. Februar 2011.

58 In ihrem Buch: Marcia Guttentag und Paul F. Secord, *Too Many Women?: The Sex Ratio Question*, Newbury Park (Kalifornien) 1983.

59 Auf dem Cover von *Guyland*: Michael Kimmel, *Guyland: The Perilous World Where Boys Become Men*, New York 2008.

59 Der in Stanford lehrende Psychologieprofessor Philip Zimbardo: Philip Zimbardo, »The Demise of Guys?«, TED-Talk, März 2011. http://www.ted.com/talks/zimchallenge.html.

60 Diese These vertrat die Feministin: Barbara Ehrenreich, Elizabeth Hess und Gloria Jacobs, *Re-Making Love: The Feminization of Sex*, New York 1986.

60 In jüngerer Zeit überprüfte Roy Baumeister ihre Theorie: Roy F. Baumeister, »Gender Differences in Erotic Plasticity: The Female Sex

Drive as Socially Flexible and Responsive«, *Psychological Bulletin* 126, Nr. 3 (2000), S. 347–374.
61 William Saletan weist … darauf hin: William Saletan, »The Ass Man Cometh«, *Slate*, 5. Oktober 2010.

EHE MIT WECHSELNDEN ROLLEN
Wahre Liebe (nur für Eliten)

69 Im Jahr 1970 verdienten Frauen in den USA: Richard Fry und D'Vera Cohn, »Women, Men and the New Economics of Marriage«, Pew Research Center, 19. Januar 2010. http://pewsocialtrends.org/files/2010/11/new-economics-of-marriage.pdf.
70 Heute verdient die durchschnittliche amerikanische Ehefrau: Heather Boushey, »The New Breadwinners«, *The Shriver Report*, Maria Shriver und das Center for American Progress, S. 36, http://shriverreport.com/awn/economy.php.
70 »Alpha-Ehefrau«: »Alpha Wives: The Trend and the Truth«, *The New York Times*, 24. Januar 2010.
70 Für die 70 Prozent Amerikaner ohne Hochschulabschluss: 30,4 Prozent der US-Amerikaner ab fünfundzwanzig haben nach den Daten der Current Population Survey des Jahres 2011 einen Bachelor oder einen höheren Abschluss.
70 In Washington, D.C., zum Beispiel: Heather Boushey, Jessica Arons und Lauren Smith, »Families Can't Afford the Gender Wage Gap«, Center for American Progress, 20. April 2010. http://www.americanprogress.org/issues/labor/news/2010/04/20/7707/families-cant-afford-the-gender-wage-gap/.
71 Bei den Eliten jedoch bewirkt die wachsende wirtschaftliche Macht: W. Bradford Wilcox (Hg.), »When Marriage Disappears: The Retreat from Marriage in Middle America«, The National Marriage Project an der University of Virginia und das Center for Marriage and Families am Institute for American Values, Dezember 2010. http://stateofourunions.org/2010/when-marriage-disappears.php.
71 »Privatspielplatz derjenigen, die ohnehin schon mit Reichtum gesegnet sind«: ebenda, S. xii.
71 Sylvia Plath liefert: Sylvia Plath, *Die Glasglocke*, Frankfurt am Main 2005, S. 10.

77 Im Jahr 1965 sagten die Frauen: Suzanne M. Bianchi, »Family Change and Time Allocation in American Families«, Focus on Workplace Flexibility Conference, 29–30. November, 2010. http://workplaceflexibility.org/images/uploads/program_papers/bianchi_-_family_change_and_time_allocation_in_american_families.pdf.

78 Nur 2,7 Prozent der US-Amerikaner: »America's Families and Living Arrangements: 2010«. Aus dieser Aufstellung des amerikanischen Zensusbüros geht hervor, dass es in den USA etwa 154 000 Hausmänner gibt, verheiratete Väter mit Kindern unter 15 Jahren, die mindestens ein Jahr lang nicht mehr erwerbstätig sind und sich um die Kinder und den Haushalt kümmern, während ihre Frauen berufstätig sind. http://www.census.gov/population/www/socdemo/hh-fam/cps2010.html.

78 In Spanien werden inzwischen: Albert Esteve, Alberto Del Rey und Clara Cortina, »Pathways to Family Formation of International Migrants in Spain«, XXVI IUSSP International Population Conference, 1. Oktober 2009. Zusammenfassung: http://iussp2009.princeton.edu/papers/92078.

79 Begriff Omegamann: Jessica Grose, »Omega Males and the Women Who Hate Them«, *Slate*, 18. März 2010.

87 Sie veröffentlichte die Ergebnisse: Mirra Komarovsky, *The Unemployed Man and His Family: Status of the Man in Fifty-Nine Families*, Walnut Creek (Kalifornien) 2004. Ursprünglich publiziert 1940 aus dem Nachlass von Mirra Komarovsky.

89 Wie es Barbara Ehrenreich 1987 in ihrem Buch … skizziert: Barbara Ehrenreich, *Die Herzen der Männer: Auf der Suche nach einer neuen Rolle*, Reinbek bei Hamburg 1984.

90 »Kein Wunder also, dass ein junger studierter Bourgeois«: Philip Roth, *Mein Leben als Mann*, München 2007, S. 212.

91 In Richard Yates' Roman: Richard Yates, *Zeiten des Aufruhrs*, Zürich 2006, S. 22.

91 Ebenda, S. 191 f.

91 Ebenda, S. 247.

91 Ebenda, S. 276.

91 Ebenda, S. 382.

92 »Prostituierte verkaufen ihren Körper nicht«: Flo Kennedy, *Color Me Flo: My Hard Life and Good Times*, Englewood Cliffs (New Jersey) 1976, S. 5 f.

92 In den späten 1960er Jahren begann die US-amerikanische Scheidungsrate zu steigen: National Vital Statistics.

94 Wenn auch frau arbeitet: Nancy R. Burstein, »Economic Influences on Marriage and Divorce«, *Journal of Policy Analysis and Management*, 26 (2), (Frühjahr 2007), S. 387–429.

95 »ungewöhnliches Arrangement«: Katie Roiphe, »Single Moms Are Crazy!«, *Slate*, 5. Oktober 2011.

95 Kurz vor dem Ruhestand: Maggie Gallagher, »Why Marriage Is Good for You«, *City Journal*, Herbst 2000.

96 Eine neuere Studie der Canadian Medical Association: Clare L. Atzema et al., »Effect of Marriage on Duration of Chest Pain Associated with Acute Myocardial Infarction before Seeking Care«, *Canadian Medical Association Journal* 183, Nr. 13 (2011), S. 1482–1491.

96 Die Statistiker Bernhard Cohen und I-Sing Lee: Bernard Cohen und I-Sing Lee, »A Catalog of Risks«, *Health Physics* 36, Nr. 6 (1979), S. 707–722.

DAS NEUE AMERIKANISCHE MATRIARCHAT
Die Mittelschicht vollzieht eine Geschlechtsumwandlung

117 Seit dem Jahr 2000 gingen im produzierenden Gewerbe der USA fast 6 Millionen Arbeitsplätze verloren: Laut Bureau of Labor Statistics lag die Gesamtzahl der Beschäftigten im produzierenden Gewerbe in den USA im Januar 2000 bei 17,3 Millionen; im Januar 2010 erreichte die Zahl mit weniger als 11,5 Millionen einen Tiefstand. 2011 war die Zahl wieder um 1,2 Prozent gestiegen, der erste Anstieg der Beschäftigtenzahlen seit 1997.

117 Eine Zeitlang wurde dieser Umstand von der Immobilienblase verdeckt: Lawrence Katz, »Long-Term Unemployment in the Great Recession«, Aussage vor dem Joint Economic Committee, US-Kongress, 29. April 2010. http://www.employmentpolicy.org/topic/10/research/long-term-unemployment-great-recession-0.

117 In der gleichen Zeit entstanden in den Bereichen Gesundheitsfürsorge und Erziehung: Über zwei Millionen Arbeitnehmer sind im Bereich Erziehung/Bildung und Gesundheit tätig. Im Januar 2000 waren es laut saisonal bereinigter Daten des Bureau of Labor Statistics weniger als 1,5 Millionen.

118 1967 waren 97 Prozent der Männer: Michael Greenstone und Adam Looney, »The Problem with Men: A Look at Long-Term Employment Trends«, Brookings Institution, 3. Dezember 2010. http://www.brookings.edu/opinions/2010/1203_jobs_greenstone_looney.aspx.

118 David Brooks von der *New York Times*: David Brooks, »The Missing Fifth«, *The New York Times*, 9. Mai 2011.

118 1950 war es etwa jeder zwanzigste Mann: Nach der Arbeitskräfteerhebung (Current Population Survey) des Bureau of Labor Statistics betrug der Anteil der Beschäftigten an der Gesamtzahl der Erwerbsfähigen für Männer in der Altersgruppe von 25 bis 54 Jahren 95,3 Prozent im Jahr 1950 und 81,4 Prozent im Jahr 2011.

118 »Mittel- und langfristig mache ich mir Sorgen«: Andrew Goldman, »Larry Summers, Un-king of Kumbaya«, *The New York Times Magazine*, 12. Mai 2011.

119 Das wahre McDowell County: Bill Bishop, *The Big Sort*, New York 2008, S. 128.

120 Ab den 1970er Jahren: William Julius Wilson, *When Work Disappears: The World of the New Urban Poor*, New York 1996.

121 Bei den afroamerikanischen Jungen, deren Vater: Keith Finlay und David Neumark, »Is Marriage Always Good for Children? Evidence from Families Affected by Incarceration«, *Journal of Human Resources* 45, Nr. 4 (2010), S. 1046–1088.

121 Die größte Ungleichverteilung bei den Hochschulabschlüssen: Ralph Richard Banks, *Is Marriage for White People? How the African American Marriage Decline Affects Everyone*, New York 2011.

124 Zum ersten Mal gibt es in der Gruppe der 30- bis 44-jährigen Amerikaner: Richard Fry und D'Vera Cohn, »Women, Men and the New Economics of Marriage«, Pew Research Center, 19. Januar 2010. http://pewsocialtrends.org/files/2010/11/new-economics-of-marriage.pdf.

124 Allein die Scheidungsstatistik erzählt: »Ups and Downs: Americans' Prospects for Recovery after Income Loss«, Pew Economic Mobility Project, Januar 2012. http://www.economicmobility.org/files/EMP_Ups_and_Downs_FactSheet.pdf. Im Jahr 1970 mussten 67 Prozent der geschiedenen Frauen einen Einkommensverlust von mindestens 25 Prozent hinnehmen. In den frühen 2000ern waren es nur noch 49 Prozent der Frauen – und 47 Prozent der Männer –, die einen vergleichbaren Verlust verkraften mussten. Einkommensgewinne von

mindestens 25 Prozent verzeichneten indes 20 Prozent der Frauen und 16 Prozent der Männer.

125 Der Anteil der Bürger: Eine Umfrage des Meinungsforschungsinstituts Pew zur religiösen Zugehörigkeit ergab, dass 49 Prozent der erwachsenen Einwohner Alabamas einer Glaubensgemeinschaft der evangelikalen protestantischen Tradition angehören; im nationalen Durchschnitt sind es 26 Prozent. http://religions.pewforum.org/maps.

125 Doch trotz einer stetig wachsenden Bevölkerung: Die Ehestatistik basiert auf den vom Alabama Policy Institute veröffentlichten Bevölkerungstrends und einer Volkszählung aus dem Jahr 2010. http://www.alabamapolicy.org/issues/gti/issue.php?issueID=255&guideMainID= 8.

126 Die Soziologin Kathryn Edin: Kathryn Edin und Maria Kefalas, *Promises I Can Keep: Why Poor Women Put Motherhood Before Marriage*, Berkeley und Los Angeles 2005.

126 Nachdem er zuvor eine Zeitlang konstant geblieben war: Das National Center for Health Statistics meldet, dass 41 Prozent der Kinder heute unehelich geboren werden. 2002 lag der Anteil laut Stephanie J. Ventura noch bei 34 Prozent, siehe Stephanie J. Ventura, »Changing Patterns of Nonmarital Childbearing in the United States«, NCHS Data Brief Nr. 18, Mai 2009. http://www.cdc.gov/nchs/data/databriefs/db18.pdf.

127 »die neue Normalität«: Jason DeParle und Sabrina Tavernise, »Unwed Mothers Now a Majority Before Age of 30«, *The New York Times*, 17. Februar 2012.

127 »Die Veränderungen innerhalb der Familie in den letzten vier Jahrzehnten«: W. Bradford Wilcox (Hg.), »When Marriage Disappears: The Retreat from Marriage in Middle America«, The National Marriage Project an der University of Virginia und das Center for Marriage and Families am Institute for American Values, Dezember 2010. http://stateofourunions.org/2010/when-marriage-disappears.php.

132 So fragte Albert Mohler, Vorsitzender des theologischen Seminars der Southern Baptist Convention: Dr. R. Albert Mohler, Jr., »The End of Men? A Hard Look at the Future«, AlbertMohler.com, 22. Juni 2010. http://www.albertmohler.com/2010/06/22/the-end-of-men-a-hard-look-at-the-future.

133 Sie sprachen über eine Stelle in der Bibel aus den Sprüchen Salomos: Sprüche Salomos 31, 10–23.

144 2010 stieß der Marktforscher James Chung auf Datenmaterial: Interview mit James Chung, September 2010.

144 Chungs Erkenntnisse schafften es bis auf den Titel des Magazins *Time*: Belinda Luscombe, »Workplace Salaries: At Last, Women on Top«, *Time*, 1. September 2010.

PHARMA-MÄDCHEN
Wie Frauen die Wirtschaft erneuern

153 Pharmazie ist eine der vielen von der Mittelschicht bevorzugten Fachrichtungen: Nach der Arbeitskräfteerhebung (Current Population Survey) des Bureau of Labor Statistics betrug der Anteil von Frauen in pharmazeutischen Berufen im Jahr 2011 55 Prozent.

156 Im Jahr 2009 waren in den USA zum ersten Mal in der amerikanischen Geschichte: Nach den Beschäftigungszahlen des Bureau of Labor Statistics waren in den Monaten Februar, März, November und Dezember des Jahres 2009 mehr Frauen als Männer erwerbstätig.

157 Etwa 80 Prozent der Frauen: Claudia Goldin, »The Rising (and then Declining) Significance of Gender«, National Bureau of Economic Research Working Paper Nr. 8915, April 2002. http://www.nber.org/papers/w8915.pdf.

157 Nach den Angaben des Bureau of Labor Statistics: Die Beschäftigungszahlen für 2011 stammen von der Arbeitskräfteerhebung des Bureau of Labor Statistics. Die Angaben über Frauen in Anwaltskanzleien sind dem Artikel »Women in Law in the U.S.« entnommen, *Catalyst*, Januar 2012. http://www.catalyst.org/publication/246/women-in-law-in-the-us.

157 In Großbritannien wird die Zahl der Medizinstudentinnen: Mary Ann Elston, »Women and Medicine: The Future«, The Royal College of Physicians, 3. Juni 2009. http://www.learning.ox.ac.uk/media/global/wwwadminoxacuk/local-sites/oxfordlearninginstitute/documents/overview/women_and_medicine.pdf; und der folgende Vortrag von Jane Dacre, »Medicine: Sexist or Overfeminised?« The Royal College of Physicians, 2011 (zitiert in http://careers.bmj.com/careers/advice/view- article.html?id=20006082).

158 1960 waren nur 8 Prozent der Pharmazeuten weiblich: U.S. Census of Population and Housing, 1960: »Occupational Characteristics: Data

on Age, Race, Education, Work Experience, Income, Etc., for the Workers in Each Occupation«, Washington 1961. http://www.worldcat.org/identities/nc-united%20states$bureau%20of%20the%20census$18th%20census%201960.

159 »Schreibmaschinen-Paradox«: Interview mit Alice Kessler-Harris, 2009.

159 Die Wirtschaftswissenschaftlerin Claudia Goldin aus Harvard verwendet einen anderen Begriff: Claudia Goldin, »A Pollution Theory of Discrimination: Male and Female Differences in Occupations and Earnings«, National Bureau of Economic Research Working Paper Nr. 8985, Juni 2002. http://www.nber.org/papers/w8985.

159 Schrieb der Herausgeber des *American Journal of Pharmaceutical Education*: Rufus A. Lyman, »The Editor's Crime«, *American Journal of Pharmaceutical Education* 1, Nr. 209 (1937).

161 Una Golden, die Heldin in Sinclair Lewis' Roman: Sinclair Lewis, *The Job*, New York 1917 (dt. Ausgabe: *Der Erwerb*, Leipzig 1929).

166 Bei den 30 Berufsfeldern, die Prognosen zufolge im kommenden Jahrzehnt die meisten Arbeitsplätze bieten werden: Vergleich der Beschäftigungszahlen der Current Population Survey des Bureau of Labor Statistics mit den Bereichen, für die das größte Wachstum der Beschäftigungszahlen erwartet wird, 2010 bis 2020.

167 Im Jahr 2009 brachten Männer im Schnitt 48 000 Dollar nach Hause: Michael Greenstone und Adam Looney, »Have Earnings Actually Declined?«, Brookings Institution, Up Front Blog, 4. März 2011. http://www.brookings.edu/opinions/2011/0304_jobs_greenstone_looney.aspx.

167 Ein kürzlich erschienener Bericht des ehemaligen Wirtschaftsberaters im Weißen Haus Michael Greenstone: ebenda.

168 Doch diese Polarisierung traf Männer: David Autor, »The Polarization of Job Opportunities in the U.S. Labor Market: Implications for Employment and Earnings«, The Center for American Progress and The Hamilton Project, April 2010. http://www.americanprogress.org/issues/2010/04/job_polarization.html.

171 »praktisch geräuschlos und bringt kontinuierlich«: Katalog der Arthur Colton Company, Detroit, Michigan, 1902.

171 Der Schriftsteller Sherwood Anderson schrieb: Sherwood Anderson, *Perhaps Women*, New York 1931, S. 45.

172 In einem Artikel von 1893, in dem Frauen als »neue Drogistinnen«

vorgestellt wurden: Metta Lou Henderson, *American Women Pharmacists: Contributions to the Profession*, New York 2002, S. 11 f.
172 Die folgende herablassende Liebeserklärung: ebenda, S. 21.
173 »Sie haben sich entschieden«: ebenda, S. 7.
173 »Den Aufschrei einzelner Schwächlinge«: Gregory J. Higby, »Emma Gary Wallace and Her Vision of American Pharmacy«, *Pharmacy in History* 40, Nr. 2/3 (1998), S. 67–76.
173 Wie heute schlossen sie die Schule mit besseren Noten ab: Claudia Goldin, »America's Graduation from High School: The Evolution and Spread of Secondary Schooling in the Twentieth Century«, *Journal of Economic History* 58, Nr. 2 (1998), S. 361.
174 »unzufrieden wären, wenn sie keine Aufstiegschancen hätten«: Claudia Goldin, »The Rising (and then Declining) Significance of Gender«.
174 »sekundären Geschlechtsmerkmalen«: ebenda.
174 »Können Sie tippen?«: ebenda.
174 Ein Bericht aus dem Jahr 1939: Arthur T. Sutherland, »Wages and Hours in Drugs and Medicines and in Certain Toilet Preparations«, *Bulletin of the Women's Bureau*, Nr. 171 (1939).
177 Frauenzeitschriften wie *Miss*: Henderson, S. 87.
177 Beim Pharmaziestudium wurde der Wendepunkt: Nach den Daten der American Association of Colleges of Pharmacy war 1985 das erste Jahr, in dem mehr weibliche als männliche Studierende ihren Abschluss in Pharmazie machten: 53,9 Prozent gegenüber 41,1 Prozent.
177 »Woher sollte in einer zunehmend gesichtslosen Bürokratie«: Elliott J. Gorn, *The Manly Art: Bare-Knuckle Prize Fighting in America*, Ithaca 1986, 2. Aufl. 2010, S. 192 (Ausgabe von 2010).
177 Joel Garreau greift dieses Phänomen in seinem 1991 erschienenen Buch *Edge City* auf: Joel Garreau, *Edge City: Life on the New Frontier*, New York 1991.
179 »Sobald die Pharmazie die viktorianische Ansicht abgelegt hatte«: Henderson, S. 106.
179 »Roboter können Tabletten genauer und kostengünstiger als der Mensch abzählen«: Albert Wertheimer im Vorwort zu *Social Pharmacy: Innovation and Development*, Philadelphia 1994, S. IX ff.
180 In einer 2005 erschienenen Studie: Lex Borghans, Bas ter Weel und Bruce A. Weinberg, »People People: Social Capital and the Labor-

Market Outcomes of Underrepresented Groups«, IZA Discussion Paper Series Nr. 1494, Februar 2005.
181 Stattdessen will man nun innovativ, dynamisch, sozial wirken: Ruth Shalit, »The Name Game«, *Salon*, 30. November 1999.
183 Eine 2002 erschienene Studie über Arbeitskräfte in der Pharmazie: David A. Mott u. a., »A Ten-Year Trend Analysis of Pharmacist Participation in the Workforce«, *American Journal of Pharmaceutical Education* 66, Nr. 3 (2002), S. 223–233.
186 Tatsächlich arbeiten Frauen in der Pharmazie: Surrey M. Walton und Judith A. Cooksey, »Differences Between Male and Female Pharmacists in Part-Time Status and Employment Setting«, *Journal of the American Pharmacists Association* 41, Nr. 5 (2001), S. 703–708.
187 Claudia Goldin hat die medizinischen Fachrichtungen: Claudia Goldin und Lawrence F. Katz, »The Cost of Workplace Flexibility for High-Powered Professionals«, *ANNALS of the American Academy of Political and Social Science* 638, Nr. 1 (2011), S. 45–67.
188 Niedrige »Karrierekosten«: Claudia Goldin und Lawrence F. Katz, »The Career Cost of Family«, Sloan Conference Focus on Flexibility, 30. November 2010. http://workplaceflexibility.org/images/uploads/program_papers/goldin_-_the_career_cost_of_family.pdf.
188 Umfragen bei der Generation Y: Sylvia Ann Hewlett, Laura Sherbin und Karen Sumberg, »How Gen Y and Boomers Will Reshape Your Agenda«, *Harvard Business Review*, Juli 2009.

DER ABSCHLUSS MACHT DEN UNTERSCHIED
Die Bildungslücke

193 Die Grafik mit der Überschrift »Frauen brauchen sich nicht zu bewerben«: Alex Kingsbury, »Many Colleges Reject Women at Higher Rates Than for Men«, *U. S. News & World Report*, 17. Juni 2007. http://www.usnews.com/usnews/edu/articles/070617/25gender.htm.
195 Heriot stellte in der Bürgerrechtskommission einen entsprechenden Antrag: Vollständiger Text des Antrags in: »A Professor Proposes to Examine Gender Bias in College Admissions«, *The Chronicle of Higher Education*, 31. Oktober 2009. http://chronicle.com/article/Full-Text-The-Proposal-That/49012/?sid=at&utm_source=at&utm_medium=en.

197 Als offizieller Grund wurden »unzureichende Daten« angegeben: Siehe: Daniel de Vise, »Federal Panel Ends Probe of College Gender Bias«, *Washington Post*, 16. März 2011. http://www.washingtonpost.com/local/education/feds-end-probe-of-college-gender-bias/2011/03/16/ABoIQ5g_story.html.

199 Frauen machen fast 60 Prozent aller Bachelor-Abschlüsse: Siehe: »The Condition of Education 2011«, NCES 2011–033, National Center for Education Statistics, 2011. http://nces.ed.gov/pubsearch/pubsinfo.asp?pubid=2011033.

199 Zwischen 1970 und 2008: Siehe: David Autor, »The Polarization of Job Opportunities in the U.S. Labor Market«, Center for American Progress and The Hamilton Project, April 2010. http://economics.mit.edu/files/5554.

199 Die Zahl der Frauen, die einen Hochschulabschluss machen: Siehe: »Field of Bachelor's Degree in the United States: 2009«, American Community Survey Reports, Februar 2012. http://www.census.gov/prod/2012pubs/acs-18.pdf.

199 Inzwischen machen die Frauen auch 60 Prozent der Master-Abschlüsse: Siehe: Nathan E. Bell, »Graduate Enrollment and Degrees: 2000–2010«, Council of Graduate Schools and Graduate Record Examinations Board, September 2011. http://www.cgsnet.org/ckfinder/userfiles/files/R_ED2010.pdf.

199 Etwa die Hälfte aller Abschlüsse in Jura und Medizin: Laut der American Bar Association machten Frauen 2009/2010 47,2 Prozent der juristischen Abschlüsse, und laut der Association of American Medical Colleges machten sie 2011 48,4 Prozent der medizinischen Abschlüsse an den medizinischen Hochschulen der USA.

199 Etwa 44 Prozent aller wirtschaftswissenschaftlichen Abschlüsse: Siehe: Nathan E. Bell, »Graduate Enrollment and Degrees: 2000–2010«, Council of Graduate Schools and Graduate Record Examinations Board, September 2011, http://www.cgsnet.org/ckfinder/userfiles/files/R_ED2010.pdf.

200 In 27 dieser Länder: OECD, Education at a Glance 2011: OECD Indicators, Organisation for Economic Cooperation and Development, (OECD Publishing, 2011). http://www.oecd.org/dataoecd/61/2/48631582.pdf.

200 Dasselbe gilt laut einem Bericht der UNESCO: Philip G. Altbach, Liz Reisberg und Laura E. Rumbley, »Trends in Global Higher Edu-

cation: Tracking an Academic Revolution«, Report Prepared for the UNESCO World Conference on Higher Education, 2009. http://unesdoc.unesco.org/images/0018/001831/183168e.pdf.

200 Saudische Frauen: »Higher Education: The Path to Progress for Saudi Women«, World Policy Institute blog, 18. Oktober 2011. http://www.worldpolicy.org/blog/2011/10/18/higher-education-path-progress-saudi-women.

201 In Brasilien sagen 80 Prozent der Frauen mit Hochschulabschluss: Siehe: Sylvia Ann Hewlett und Ripa Rashid, »The Battle for Female Talent in Brazil«, Center for Work-Life Policy, 15. Dezember 2011. http://www.worklifepolicy.org/documents/CWLP_BattleForFemale-TalentInBrazil_copyright2.pdf.

201 Wirtschaftswissenschaftler Claudia Goldin: Claudia Goldin, Lawrence F. Katz und Ilyana Kuziemko, »The Homecoming of American College Women: The Reversal of the College Gender Gap«, *Journal of Economic Perspectives* 20, Nr. 4 (2006), S. 133–156. http://www.nber.org/papers/w12139.pdf?new_window=1.

202 Wie Adlai Stevenson 1955 vor dem Abschlussjahrgang des Smith College erklärte: Adlai Stevenson, »A Purpose for Modern Woman«, Smith College Commencement Speech, 1955. http://web.viu.ca/davies/H323Vietnam/Stevenson.WomansPlace.1955.htm.

203 Im Jahr 1957 studierten junge Männer: Goldin, »Homecoming«.

203 Zwischen 1968 und den späten 1970er Jahren: ebenda.

204 In einer anderen Studie stimmten 1973 nur 17 Prozent: ebenda.

204 Heute haben laut dem Census Bureau etwa 30 Millionen: Die Daten für die Bevölkerungsgruppe ab fünfundzwanzig mit einem Bachelor oder einem höheren Abschluss stammen aus der Current Population Survey des Jahres 2011.

210 Im Jahr 2005 ergab eine Studie: Sandy Baum und Eban Goodstein, »Gender Imbalance in College Applications: Does it Lead to a Preference for Men in the Admissions Process?«, *Economics of Education Review* 24, Nr. 6 (2005), S. 665–675.

210 Jennifer Delahunty Britz, Dekanin für Zulassungen und Finanzhilfen: Jennifer Delahunty Britz, »To All the Girls I've Rejected«, *The New York Times*, 23. März 2006. http://new.sewickley.org/uploaded/Portals/documents/College_Guidance/articles/ToAlltheGirlsIve-Rejected.pdf.

212 In einem Artikel aus dem Jahr 2006: Claudia Buchmann und Thomas

DiPrete, »The Growing Female Advantage in College Completion: The Role of Family Background and Academic Achievement«, *American Sociological Review* 71, Nr. 4 (2006), S. 515–554.

213 Christina Hoff Sommers verursachte im Jahr 2000 große Aufregung: Christina Hoff Sommers, »The War Against Boys«, *The Atlantic*, Mai 2000. http://www.theatlantic.com/magazine/archive/2000/05/the-war-against-boys/304659/.

214 Junge Männer, schreibt Michael Gurian: Siehe: Kelley King, Michael Gurian und Kathy Stevens, »Gender-Friendly Schools«, *Educational Leadership* 68, Nr. 3 (2010), S. 38–42.

214 In »The Trouble with Boys«: »The Trouble with Boys«, *Newsweek*, 29. Januar 2006, http://www.thedailybeast.com/newsweek/2006/01/29/the-trouble-with-boys.html.

214 »irgendwelche Unterschiede in den mentalen und neuralen Prozessen«: Lise Eliot, »Stop Pseudoscience of Gender Differences in Learning«, ASCD Community Blog, 3. November 2010. http://inservice.ascd.org/educational-leadership/myth-of-pink-blue-brains/.

214 Bei der letzten Testserie: »The Nation's Report Card: Reading 2011«, NCES 2012–457, National Center for Education Statistics, http://nces.ed.gov/pubsearch/pubsinfo.asp?pubid=2012457.

215 Von den weißen Jugendlichen, deren Eltern einen Hochschulabschluss besaßen: Richard Whitmire, *Why Boys Fail: Saving Our Sons from an Educational System That's Leaving Them Behind*, New York 2010, S. 25. http://proquest.safaribooksonline.com/9780814420171.

215 In Mathematik verbessern sich die Werte: National Assessment of Educational Progress 1990, 1992, 1996, 2000, 2003, 2005, 2007, 2009 und 2011 Mathematics Assessments, National Center for Education Statistics.

215 »Die Welt ist verbaler geworden«: Whitmire, *Why Boys Fail*, S. 28.

216 Im neunten Schuljahr: ebenda, S. 21.

216 Sie machen häufiger als die Jungen Vorbereitungskurse: Tabellen 157 und 159 in: »Digest of Education Statistics: 2010«, National Center for Education Statistics. http://nces.ed.gov/programs/digest/d10/.

216 Eine Studie der University of Michigan: Jerald G. Bachman, Lloyd D. Johnston und Patrick M. O'Malley, »Monitoring the Future: Questionnaire Responses from the Nation's High School Seniors, 2010«, University of Michigan Institute for Social Research, 2011.

217 »Wozu?«: George Eliot, *Die Mühle am Floss*, Lausanne, o. J., S. 42.

218 »Monitoring the Future«: Gerald G. Bachman et al., »Monitoring the Future«.
218 19 Prozent im Jahr 1975: ebenda.
221 Auch in China hat ein hoher Funktionär: Gao Changxin und Wang Hongyi, »Bars Should Be Lowered for Boys in Exams, Lawmaker Says«, *China Daily*, 9. März 2012. http://usa.chinadaily.com.cn/china/2012-03/09/content_14793373.htm.

EIN PERFEKTERES GIFT
Die neue Welle weiblicher Gewalt

224 »ein Versuch der Machtlosen, Macht auszuüben«: Joyce Carol Oates, »The Witchcraft of Shirley Jackson«, *The New York Review of Books*, 8. Oktober 2009.
224 Indem sie Gift in die Zuckerdose getan hat: Shirley Jackson, *Wir haben schon immer im Schloss gelebt*, Zürich 1991, S. 167.
226 »Meinem Eindruck nach war Mrs Schuster«: Chris Collins, »Psychiatrist Says Schuster Had Battered Spouse Syndrome«, *The Fresno Bee*, 15. November 2007.
228 Brett Steenbarger, der Menschen berät: Brett Steenbarger, »Four Overlooked Qualities of Successful Traders«, Blogeintrag auf TraderFeed, 11. Januar 2007. http://traderfeed.blogspot.de/search?q=Four+Overlooked+Qualities+of+Successful+Traders.
229 Der »Fortpflanzungserfolg«: Simon Baron-Cohen, *Vom ersten Tag an anders: Das weibliche und das männliche Gehirn*, Düsseldorf 2004, S. 133.
229 Solche evolutionären Relikte »haben wichtige Auswirkungen am Arbeitsplatz«: Kingsley Browne, *Divided Labours: An Evolutionary View of Women at Work*, London 1998, S. 3.
230 Laut Statistik werden weltweit 80 Prozent der Morde von Männern begangen: »2011 Global Study on Homicide«, United Nations Office on Drugs and Crime, 2011, S. 70. http://www.unodc.org/documents/data-and-analysis/statistics/Homicide/Globa_study_on_homicide_2011_web.pdf.
230 Neurowissenschaftlerin Lise Eliot erklärt: Lise Eliot, *Wie verschieden sind sie? Die Gehirnentwicklung bei Mädchen und Jungen*, Berlin 2010, S. 405.

230 Verweiblichung der Kultur: Steven Pinker, *Gewalt: Eine neue Geschichte der Menschheit*, Frankfurt am Main 2011.

231 Wie Jesse Prinz kürzlich in »Why Are Men So Violent?« ... dargelegt hat: Jesse Prinz, »Why Are Men So Violent?«, *Psychology Today*, 3. Februar 2012.

232 Oder wie die erfolgreiche Kriminalschriftstellerin Patricia Cornwell: Sam Tanenhaus, »Violence That Art Didn't See Coming«, *The New York Times*, 24. Februar 2010. http://www.nytimes.com/2010/02/28/arts/28bishop.html?pagewanted=all.

232 Der Anteil der Frauen, die wegen Eigentumsdelikten verhaftet wurden: »Women in America: Indicators of Social and Economic Well-Being«, White House Council on Women and Girls, März 2011, S. 54. http://www.whitehouse.gov/sites/default/files/rss_viewer/Women_in_America.pdf.

232 Bei den weiblichen Jugendlichen war die Steigerung bemerkenswert: FBI-Daten analysiert von Meda Chesney-Lind in: »Girls and Violence: Is the Gender Gap Closing?«, National Resource Center on Domestic Violence, 2011. http://www.vawnet.org/applied-research-papers/print-document.php?doc_id=383.

232 Im Jahr 1980 wurden dreimal mehr Männer als Frauen: »Juvenile Arrest Rates for Simple Assault by Sex, 1980–2009«, Office of Juvenile Justice and Delinquency Prevention, Statistical Briefing Book, Oktober 2011. http://www.ojjdp.gov/ojstatbb/crime/JAR_Display.asp?ID=qa05241.

233 In dieser Altersgruppe war die Zahl der Festnahmen: Daten aus den FBI Uniform Crime Reports. http://www.fbi.gov/about-us/cjis/ucr/ucr.

233 Doch in der letzten Kohorte hatte sich diese Tendenz umgekehrt: Im Jahr 2009 gab es in den USA schätzungsweise 144 007 Verhaftungen von Frauen unter achtzehn im Zusammenhang mit Drogen- und Gewaltdelikten und 928 500 von Frauen ab achtzehn. Quelle: »Arrest in the United States, 1980–2009«, Bureau of Justice Statistics, September 2011. http://www.bjs.gov/content/pub/pdf/aus8009.pdf.

233 Von 1985 bis 2002 stieg die Zahl der Gerichtsverfahren gegen weibliche Jugendliche: Elizabeth Cauffman, »Understanding the Female Offender«, *Juvenile Justice* 18, Nr. 2 (2008), S. 119–142. http://futureofchildren.org/futureofchildren/publications/docs/18_02_06.pdf.

233 Etwa im selben Zeitraum nahm die Inhaftierung: Meda Chesney-Lind, Merry Morash und Tia Stevens, »Girls' Troubles, Girls' Delinquency, and Gender Responsive Programming: A Review«, *The Australian and New Zealand Journal of Criminology* 41, Nr. 1 (2008), S. 162–189.

233 Eine Art »rachsüchtige Gleichbehandlung«: Meda Chesney-Lind, »Women in Prison: From Partial Justice to Vengeful Equity«, *Corrections Today* 60, Nr. 7 (1998), S. 66–73.

235 »Es ist eine unangenehme Tatsache«: Tanenhaus, »Violence«.

235 Als auf der Website TMZ ein Video gepostet wurde: »›Teen Mom‹ Star in Brutal Catfight – On Tape«, TMZ, 25. März 2011. http://www.tmz.com/2011/03/25/teen-mom-2-jenelle-evans-catfight-video-footage-britany-truett-fist-brawl.

236 Wenn es für dieses Ereignis überhaupt eine relevante ethnografische Interpretation gibt: Cindy D. Ness, *Why Girls Fight: Female Youth Violence in the Inner City*, New York 2010.

240 In einem Bericht des Weißen Hauses: »Women in America: Indicators of Social and Economic Well-Being«, S. 53.

241 Aus einer neueren britischen Studie geht hervor: Marianne Hester, »Who Does What to Whom? Gender and Domestic Violence Perpetrators«, University of Bristol in association with the Northern Rock Foundation, Juni 2009. http://www.nr-foundation.org.uk/wp-content/uploads/2011/07/Who-Does-What-to-Whom.pdf.

242 Eine britische Studie kam zum Ergebnis: John Mays, »Domestic Violence: The Male Perspective«, *Parity*, Juli 2010. http://www.parity-uk.org/RSMDVConfPresentation-version3A.pdf.

243 Eine der Täterinnen befand sich »in emotionaler Verzweiflung«: Andrew E. Kramer, »Russia's Fear of Female Bombers Is Revived«, *The New York Times*, 29. März 2010.

243 »werden Frauen aus Verzweiflung oder geistiger Verwirrung«: Lindsey A. O'Rourke, »Behind the Woman Behind the Bomb«, *The New York Times*, 2. August 2008.

244 In ihrer Doktorarbeit stellt O'Rourke fest: Lindsey A. O'Rourke, »What's Special about Female Suicide Terrorism?«, *Security Studies* 18, Nr. 4 (2009), S. 681–718. http://cpost.uchicago.edu/pdf/ORourke.pdf.

244 Mitte der 1990er Jahre führten Soziologen an der Princeton University: Jenifer R. Lightdale und Deborah A. Prentice, »Rethinking Sex

Differences in Aggression: Aggressive Behavior in the Absence of Social Roles«, *Personality and Social Psychology Bulletin* 20, Nr. 1 (1994), S. 34–44.

246 *Hot Sauce Study*: Holly A. McGregor et. al, »Terror Management and Aggression: Evidence that Mortality Salience Motivates Aggression against Worldview-Threatening Others«, *Journal of Personality and Social Psychology* 74, Nr. 3 (1998), S. 590–605.

247 »zunehmend Charaktereigenschaften zuordneten«: Jean M. Twenge, »Changes in Masculine and Feminine Traits Over Time: A Meta-Analysis«, *Sex Roles* 36, Nr. 5/6 (1997), S. 305–325.

247 Im Jahr 2001 analysierte Twenge Persönlichkeitstests: Jean M. Twenge, »Changes in Women's Assertiveness in Response to Status and Roles: A Cross-Temporal Meta-Analysis, 1931–1993«, *Journal of Personality and Social Psychology* 81, Nr. 1 (2001), S. 133–145.

248 Im Jahr 1999 erbrachte eine Analyse von 150 Studien über Risikoverhalten: James P. Byrnes, David C. Miller und William D. Schafer, »Gender Differences in Risk Taking: A Meta-Analysis«, *Psychological Bulletin* 125, Nr. 3 (1999), S. 367–383.

248 Um das Konkurrenzverhalten zu testen: Uri Gneezy, Kenneth L. Leonard und John A. List, »Gender Differences in Competition: Evidence from a Matrilineal and a Patriarchal Society«, *Econometrica* 77, Nr. 5 (2009), S. 1637–1664.

249 »neue, bewusstere Akzeptanz«: Maud Lavin, *Push Comes to Shove: New Images of Aggressive Women*, Cambridge, Massachusetts, 2010, S. 16.

249 In ihrem Essay »Throwing Like a Girl«: Iris Marion Young, »Throwing Like a Girl: A Phenomenology of Feminine Body Comportment, Motility, and Spatiality«, in: *On Female Body Experience: »Throwing Like a Girl« and Other Essays*, New York 2005, S. 27.

DIE SPITZE

(Mehr oder weniger) Nette Mädchen bekommen das Chefbüro

256 »Karrierekosten durch eine Familie«: Claudia Goldin und Lawrence F. Katz, »The Career Cost of Family«, Sloan Conference Focus on Flexibility, 30. November 2010. http://workplaceflexibility.org/images/uploads/program_papers/goldin_-_the_career_cost_of_family.pdf.

258 »komplette Zeitverschwendung«: Ken Auletta, »A Woman's Place«, *The New Yorker*, 11. Juli 2011.

259 »Ich habe es satt zu hören, wie weit wir gekommen sind«: Barbara Kellerman, »The Abiding Tyranny of the Male Leadership Model – A Manifesto«, *Harvard Business Review*, 27. April 2010.

260 Landesweit verdiente im Jahr 2009 jede achtzehne ... Frau: Carol Morello und Dan Keating, »More U.S. Women Pull Down Big Bucks«, *The Washington Post*, 7. Oktober 2010.

261 »Frauen stehen bereits an der Schwelle zu Führungspositionen«: David Gergen im Vorwort zu *Enlightened Power: How Women Are Transforming the Practice of Leadership*, hg. von Linda Coughlin, Ellen Wingard, Keith Hollihan, San Francisco 2005, S. XXI.

261 »postheroisch« oder »transformatorisch«: James MacGregor Burns, *Leadership*, New York 1978.

262 »Meta-Führung«: Rebecca Blumenstein, »Tales from the Front Lines«, *The Wall Street Journal*, 10. April 2011.

262 In einer Studie aus dem Jahr 2008: Cristian L. Deszö und David Gaddis Ross, »›Girl Power‹: Does Female Representation in Top Management Improve Firm Performance?«, Robert H. Smith School Research Paper Nr. RHS 06–104, August 2008.

263 Mit dem Platzen der Internetblase: Brad M. Barber und Terrance Odean, »Boys Will Be Boys: Gender, Overconfidence, and Common Stock Investment«, *The Quarterly Journal of Economics* 116, Nr. 1 (Februar 2001), S. 261–292.

264 »Sowohl am isländischen Crash als auch an der Wall Street waren auffällig wenige Frauen beteiligt«: Michael Lewis, *Boomerang: Europas harte Landung*, Frankfurt am Main 2011, S. 60.

264 »ein starkes Bauchgefühl«: Halla Tomasdottir, »A Feminine Response to Iceland's Financial Crash«, TEDWomen Talk, Dezember 2010. http://www.ted.com/talks/halla_tomasdottir.html.

265 Im Mai 2012 ... wartete die *New York Times* mit einer neuen und schlüssigen Erklärung auf: Jessica Silver-Greenberg und Nelson G. Schwartz, »Discord at Key JPMorgan Unit is Faulted in Loss«, *The New York Times*, 19. Mai 2012.

266 In seinem Buch *Chasing Stars*: Boris Groysberg, *Chasing Stars: The Myth of Talent and the Portability of Performance*, Princeton 2012.

269 *Fortune* führte sie in einem 2002 erschienenen Artikel: David Rynecki, »In Search of the Last Honest Analyst«, *Fortune*, 10. Juni 2002.

269 Einmal scherzte sie in einem Interview: ebenda.
270 Das *Wall Street Journal* berichtete: Carol Hymowitz, »Crossing the Boss«, *The Wall Street Journal*, 20. Mai 2008.
272 Die Wirtschaftswissenschaftlerin Linda Babcock stieß auf eine relativ einfache Erklärung: Linda Babcock und Sara Laschever, *Women Don't Ask: Negotiation and the Gender Divide*, Princeton 2003.
274 Entsprechend dieser Tendenz erschien eine Fülle von Ratgebern: Lois P. Frankel, *Nice Girls Don't Get the Corner Office: 101 Unconscious Mistakes Women Make That Sabotage Their Careers*, New York 2004; Gail Evans, *Play Like a Man, Win Like a Woman: What Men Know about Success That Women Need to Learn*, New York 2000, und Lois P. Frankel, *Stop Sabotaging Your Career: 8 Proven Strategies to Succeed – In Spite of Yourself*, New York 2007.
274 Auch Babcock verfasste zusammen mit Sara Laschever einen Ratgeber: Linda Babcock und Sara Laschever, *Ask For It: How Women Can Use the Power of Negotiation to Get What They Really Want*, New York 2008.
275 In einem Szenario wollen einige Kollegen gerade zu einer Büroparty gehen: Madeline E. Heilman und Julie J. Chen, »Same Behavior, Different Consequences: Reactions to Men's and Women's Altruistic Citizenship Behavior«, *Journal of Applied Psychology* 90, Nr. 3 (2005), S. 431–441.
275 Besonders ernüchternd ist wohl ein Experiment: Madeline E. Heilman, Aaron S. Wallen, Daniella Fuchs und Melinda M. Tamkins, »Penalties for Success: Reactions to Women Who Succeed at Male Gender-Typed Tasks«, *Journal of Applied Psychology* 89, Nr. 3 (2004), S. 416–427.
276 Einige Jahre später hatte Heilman eine solche Strategie entwickelt: Madeline E. Heilman und Tyler G. Okimoto, »Why Are Women Penalized for Success at Male Tasks?«, *Journal of Applied Psychology* 92, Nr. 1 (2007), S. 81–92.
277 Im Jahr 2011 nahm Hannah Riley Bowles die Herausforderung an: Hannah Riley Bowles und Linda Babcock, »Relational Accounts: A Strategy for Women Negotiating for Higher Compensation«, Wiedervorlage für *Organizational Behavior & Human Decision Processes*, 2011.
280 In ihrem Buch ... beschreibt die Fernsehmoderatorin Mika Brzezinski: Mika Brzezinski, *Knowing Your Value: Women, Money, and Getting What You're Worth*, New York 2011.

283 Aus einer langfristig angelegten Studie an Absolventen: Marianne Bertrand, Claudia Goldin und Lawrence F. Katz, »Dynamics of the Gender Gap for Young Professionals in the Financial and Corporate Sectors«, *American Economic Journal: Applied Economics* 2, Nr. 3 (2010), S. 228–255.

284 »Mangelt es Frauen an Ehrgeiz?«: Anna Fels, »Do Women Lack Ambition?« *Harvard Business Review* 9, Nr. 4 (2004): S. 50–60.

285 Die hier zugrundeliegende Tragik wurde in einem Leitartikel von Michael Lewis: Michael Lewis, »How to Put Your Wife Out of Business«, *Los Angeles Times*, 6. März 2005.

288 In der amerikanischen Wirtschaft verdient eine alleinstehende kinderlose Frau: Analyse der Daten aus dem American Community Survey des Census Bureau durch James Chung und Sally Johnstone, »A Glimpse into the Postcrash Environment«, *Urban Land,* März/April 2010: »Bei der Analyse der Einkommen alleinstehender Frauen Mitte zwanzig verdienen Frauen im Vergleich zu alleinstehenden Männern im selben Alter 105 Prozent dessen, was ihre männlichen Gegenstücke auf dem Arbeitsmarkt in städtischen Verdichtungsgebieten verdienen.«

289 Artikel über das Stillen: Hanna Rosin, »The Case Against Breast-Feeding«, *The Atlantic*, April 2009.

290 Dass sich seit 1995 die Zeit, die Frauen mit ihren Kindern verbringen, fast verdoppelt hat: Garey Ramey und Valerie A. Ramey, »The Rug Rat Race«, Brookings Papers on Economic Activity, Frühjahr 2010.

290 Eine umfassende Studie des National Institute of Child Health aus dem Jahr 2006: »The NICHD Study of Early Child Care and Youth Development: Findings for Children up to Age 4½ Years«, National Institute of Child Health and Human Development, January 2006. http://www.nichd.nih.gov/publications/pubs/upload/seccyd_051206.pdf.

293 In ihrem Buch *Getting to 50/50*: Sharon Meers und Joanna Strober, *Getting to 50/50: How Working Couples Can Have It All by Sharing It All*, New York 2009.

293 In einer umfassenden Studie des amerikanischen Bildungsministeriums: »Fathers' Involvement in Their Children's Schools«, National Center for Education Statistics 98–091, September 1997. http://nces.ed.gov/pubs98/fathers/.

293 »Verabschieden Sie sich nicht schon vorzeitig aus Ihrem Job«: Sheryl Sandberg, »Why We Have Too Few Women Leaders«, TED-Talk,

Dezember 2010. http://www.ted.com/talks/sheryl_sandberg_why_we_have_too_few_women_leaders.html.

295 »Man konnte damals nicht alles haben«: Barbara Walters, Interview mit Jane Pauley 2003, zitiert in Pamela Paul, »For Anchorwomen, Family Is Part of the Job«, *The New York Times*, 9. Dezember 2011.

295 Wie es Megyn Kelly von Fox machte: Nach der Babypause zeigte Megyn Kelly am 8. August 2011 ein Foto ihrer Tochter Yardley Evans den Zuschauern von *America Live*. Später in der Sendung ging sie ihren Gast Mike Gallagher an, weil er in seiner Radiosendung *The Mike Gallagher Show* die Länge ihrer Babypause kritisiert hatte.

295 Zuvor hatte sie ihren milchprallen Busen in ein enges schwarzes Kleid gezwängt: Greg Veis, »She Reports, We Decided She's Hot«, *GQ*, Dezember 2010.

298 Ich hatte im Lauf der Jahre viele Porträts über Brown gelesen: Amanda Foreman, »Diana's Real Tragedy? She Married Too Young«, *The Lady*, 28. Juni 2011.

299 Während ihrer Auszeit schrieb sie ihren Bestseller: Tina Brown, *Diana: Die Biographie*, München 2007.

300 Eine McKinsey-Umfrage zu Frauen und Wirtschaft: Joanna Barsh und Lareina Yee, »Unlocking the Full Potential of Women in the U.S. Economy«, McKinsey & Company Special Report, April 2011. http://www.mckinsey.com/Client_Service/Organization/Latest_thinking/Unlocking_the_full_potential.

DIE GOLDFRÄULEIN
Asiatische Frauen übernehmen die Welt

306 Diese Regeln waren im Bürgerlichen Gesetzbuch Südkoreas ... festgeschrieben: Rosa Kim, »The Legacy of Institutionalized Gender Inequality in South Korea: The Family Law«, *Boston College Third World Law Journal* 14, Nr. 1 (1994), S. 145–162.

306 Als Präsident Park Chung-hee in den 1960er Jahren: Sung-Hee Jwa, *The Evolution of Large Corporations in Korea*, Cheltenham 2002.

306 Eine Volkswirtschaft, die weltweit den dreizehnten Platz belegte: »GDP (Purchasing Power Parity)«, CIA World Factbook. https://www.cia.gov/library/publications/the-world-factbook/rankorder/2001rank.html.

307 Die meisten Oberschüler besuchen sechs Tage die Woche private Nachhilfeschulen: Margaret Warner, »In Hypercompetitive South Korea, Pressures Mount on Young Pupils«, PBS *NewsHour*, 21. Januar 2011. http://www.pbs.org/newshour/bb/education/jan-june11/korea-schools_01-21.html.

307 In der Folge kam Korea in den Pisa-Studien: »PISA 2009 Results: What Students Know and Can Do«, OECD Program for International Student Assessment. http://www.oecd.org/dataoecd/10/61/48852548.pdf.

308 In den letzten paar Jahren stellten sie 55 Prozent der Absolventen: Choe Sang-Hun, »Korean Women Flock to Government«, *The New York Times*, 1. März 2010.

308 Im Jahr 1991 wurden die Gesetze des Landes so geändert: Kay C. Lee, »Confucian Ethics, Judges, and Women: Divorce Under the Revised Korean Family Law«, *Pacific Rim Law & Policy Journal* 4, Nr. 2 (1995), S. 479–503.

308 Im Jahr 2005 schaffte die Regierung das Gesetz ab: Sanghui Nam, »The Women's Movement and the Transformation of the Family Law in South Korea. Interactions Between Local, National, and Global Structures«, *European Journal of East Asian Studies* 9, Nr. 1 (2010), S. 67–86.

308 Noch 1985 sagte die Hälfte aller Frauen: Woojin Chung und Monica Das Gupta, »Why is Son Preference Declining in South Korea? The Role of Development and Public Policy and the Implications for China and India«, Referat auf dem Jahrestreffen der Population Association of America, 29.–31. März 2007.

309 In den lateinamerikanischen Ländern: Philip G. Altbach, Liz Reisberg und Laura E. Rumbley, »Trends in Global Higher Education: Tracking an Academic Revolution«, Bericht für die UNESCO World Conference on Higher Education, 2009. http://unesdoc.unesco.org/images/0018/001831/183168e.pdf.

309 Dass lateinamerikanische Unternehmen weniger Frauen in Führungspositionen haben: »Women in Senior Management: Still Not Enough«, Grant Thornton International Business Report, 2012. http://www.internationalbusinessreport.com/Reports/2012/women.asp.

311 In Spanien finden manche Männer einen Weg: Albert Esteve, Alberto Del Rey und Clara Cortina, »Pathways to Family Formation of International Migrants in Spain«, XXVI IUSSP International Population

Conference, 1. Oktober 2009. http://iussp2009.princeton.edu/download.aspx?submissionId=92078.

312 Von den zehn Ländern mit den niedrigsten Geburtenraten liegen fünf in Asien: World Population Prospects: The 2010 Revision, UN Department of Economic and Social Affairs, Population Division, April 2011. http://esa.un.org/wpp/Excel-Data/fertility.htm.

312 Obwohl Scheidungen in der asiatischen Gesellschaft immer noch ein Tabu sind: Siehe: »Asia's Lonely Hearts«, *Economist*, 20. August 2011. http://www.economist.com/node/21526350.

312 King-Kong-Frau: Virginie Despentes, *King Kong Theorie*, Berlin 2007.

312 »Es ist nicht alles Gold, was glänzt«: Ahn Mi Young, »Poverty May Await S. Korea's Spendthrift ›Gold Misses‹, *China Post*, 15. August 2009.

315 Ich bin vielleicht eine gute Angestellte, aber für meine Familie bin ich ein Fehlschlag: Brian Lee, »The Disappearing, Desperate Working Mom«, *Korea JoongAng Daily*, 24. Februar 2010.

318 »Sie sind davon besessen, in allem hervorragend abschneiden zu müssen«: »Alpha at Work, Omega at Life: Korea's Superwomen«, *The Chosunilbo*, 23. Mai 2008. http://english.chosun.com/site/data/html_dir/2008/05/23/2008052361016.html.

323 Einem Forschungsteam an der Harvard Business School ... fiel auf: Jordan Siegel, Lynn Pyun und B.Y. Cheon, »Multinational Firms, Labor Market Discrimination, and the Capture of Competitive Advantage by Exploiting the Social Divide«, HBS Working Paper 11–011, 2010.

332 In einer staatlichen Umfrage sagten 61 Prozent der unverheirateten Männer: Siehe: »Single Japanese Men: Lonely in a Crowd?«, *The Wall Street Journal*, 28. November 2011.

335 »Idealbild der weißen Frau ... Ich glaube fast, die gibt es überhaupt nicht«: Virginie Despentes, *King Kong Theorie*, Berlin 2007, S. 12.

SCHLUSS

344 2009 veröffentlichten die Soziologen Carla Shows und Naomi Gerstel eine Untersuchung: Carla Shows und Naomi Gerstel, »Fathering, Class, and Gender: A Comparison of Physicians and EMTs«, *Gender & Society* 23, Nr. 2 (2009), S. 161–187.

347 Chris Routley ... rief daraufhin eine Online-Kampagne ins Leben: Seth Stevenson, »The Reign of the Doltish Dad«, *Slate,* 26. März 2012.

347 Mehr Männer als Frauen wollen Kinder: Nick McDermott, »Now It's MEN Who Want to Settle Down Rather Than Women, According to New Research«, *The Daily Mail,* 14. Februar 2011.

348 »sich in Nostalgie über die verlorene Männlichkeit zu ergehen«: Leo Braudy, *From Chivalry to Terrorism: War and the Changing Nature of Masculinity,* New York, 2. Aufl. 2005, S. 6.

348 2010 redigierte ich für *Slate* den Artikel eines amerikanischen Vaters: Nathan Hegedus, »Snack Bags and a Regular Paycheck: The Happy Life of a Swedish Dad«, *Slate,* 31. August 2010.

349 In Japan wurde vor kurzem eine bezahlte Väterzeit eingeführt: Felicity Hughes, »Ikumen: Raising New Father Figures in Japan«, *The Japan Times,* 30. August 2011.

349 »starke, fast hyperromantische Sprache, wenn sie über Liebe reden«: Amy Schalet, »Caring, Romantic American Boys«, *The New York Times,* 6. April 2012.

350 Anthropologen aus Stanford und Harvard, die die Arbeitsbedingungen untersuchten: Robin J. Ely und Debra E. Meyerson, »An Organizational Approach to Undoing Gender: The Unlikely Case of Offshore Oil Platforms«, *Research in Organizational Behavior* 30, Nr. 30 (2010), S. 3–34.

REGISTER

16 and Pregnant (Fernsehserie) 31
30 Rock (Fernsehserie) 83

Abhängigkeit 66
Abhängigkeit, Drogen- 119, 120
Advanced Placement Program (AP) 203
Affirmative Action 194–195
Afroamerikaner 76, 121, 125, 138, 206, 208, 236
   in der herstellenden Industrie 120, 125
   mit Hochschulabschluss 121 f.
   Aggression 224
   männliche 229–232
   weibliche 228, 232, 241, 244–247, 249
Alabama 109, 144
   University of, Huntsville 234
Alexander City (Alabama) 109–120, 130, 132–143
alleinerziehende Mütter 10, 70, 94, 113, 119, 127
   siehe auch uneheliche Kinder
Allen, Woody 251
Alles Routine (Film) 183
Alvin Ho (Look) 251
American Council on Education 206
American Journal of Pharmaceutical Education 159
American Psycho (Ellis) 228
Analsex 30, 42, 61, 63
andere Geschlecht, Das (Beauvoir) 9, 21
Anderson, Sherwood 171

Andrews, Steven und Sarah 98–108
Anwälte 22, 43, 73, 84, 99, 141, 146, 177, 288, 291
Anziehungskraft, persönliche, *siehe* »erotisches Kapital«
Apatow, Judd 79, 185
Apple, William S. 179
Arabischer Frühling 201
Arbeiterklasse 85, 120, 166
   siehe auch herstellende Industrie
Arbeitslosigkeit 80, 89, 116, 122, 143, 149, 157
   Unterstützung 115, 165, 342
Argentinien 43, 200
Ark & Pancom 319
Armstrong, Elizabeth 34–40
Arnett, Will 346
Arthur Colton Company 170
Ärzte, fachärztliche Spezialgebiete 158, 187
   weibliche 75, 157, 177, 344
Asian Debate Institute 303
Ask For It (Babcock und Laschever) 274
Atlanta (Georgia) 111
Atlantic, The (Magazin) 26, 213, 289
Attraktivität 45, 175, 316
Auburn (Alabama) 133, 140–148
Auburn University 132, 142, 143, 146
   Institut für wirtschaftliche und städtische Entwicklung 117
Austen, Jane 153
Australien 200, 220, 222, 321
Automatic Pill Making Machine 170 f.

Automobilindustrie 119
   koreanische 150, 267, 306, 327
Autor, David 119, 168

Babcock, Linda 272–277
Babys, bevorzugtes Geschlecht
   bei 23–26
Bahrain 200
Bangalore (Indien) 253
Baron-Cohen, Simon 229, 342
Baum, Sandy 210
Baumbach, Noah 80
Baumeister, Roy 55, 60, 62
Beauvoir, Simone de 9, 21
Beim ersten Mal (Film) 79
Belgien 79
Bem-Test 19, 28, 247
Benjamin Russell High School 110,
   112, 130, 134–139, 142, 143
Berkshire Hathaway 111
Berufe 35, 82, 198, 295, 313 f., 323
   Ehe und 100, 130–131, 332
   Elite- 266, 279
   Status von Männer und Frauen 86,
   202, 300
   weiblich dominierte 12 f., 17
   siehe auch bestimmte Berufe
Best Buy 295
Betriebskindergarten 150
Beyoncé 238, 250
Bibel 105, 133
   Sprüche 133
Bieber, Justin 162
Big Sort, The (Bishop) 119
Bildungsministerium, U. S.- 214, 293
Birmingham (Alabama) 141
Bishop, Amy 234
Bishop, Bill 119
Blauer Anton 82
Bobbitt, Lorena 234
Bogle, Kathleen 33 f.
Boomerang (Lewis) 264
Borghans, Lex 180

Boushey, Heather 70, 166
Bowles, Hannah Riley 277–281
Brasilien 15, 11, 201, 310
Braudy, Leo 348
Briggs & Stratton 147
Brin, Sergey 254
Bristol-Myers, Squibb 227
Brizendine, Louann 342
Brodsky, Alexandra 30
Brooks, David 118
Brown, Tina 287, 298 ff.
Browne, Kingsley 229
Brzezinski, Mika 280
Buchführung 146, 158, 166, 295
Buchmann, Claudia 212
Buddhismus 66
Burger King 236
Bürgerkrieg 171
Bürgerrechte 177, 195
Burns, James MacGregor 261
Büro, Das (Fernsehserie) 27, 83
Büroberufe 173 f.
   siehe auch Berufe
Burress, Ashley 208
Burt, Laura 184
Bush, George W. 197
Butler, Judith 86

California, University of 193
   Davis 263
   San Diego 193, 248
Cambridge 229
Canadian Medical Association 96
Capone, Al 178
Carbone, June 120
Carnegie Mellon University 272 f.
Carroll, Jason Michael 130
Carter, Jimmy 125
Cassidy, Sukhinder Singh 296
Census Bureau, U. S. 125, 204
Center for American Progress 70, 166
Center for Disease Control and Pre-
   vention (CDC) 32, 262

Center for Juvenile and Criminal Justice 32
Central California Research Laboratories 225
Chasing Stars (Groysberg) 226
Cheers (Fernsehserie) 80
Chicago, University of 329, 243
  Business School 283, 285
Chicopee (Massachusetts) 236
China Post, The 313
China 14, 221
Christen 132
  evangelikale 105, 125, 132 f.
Chung, James 144
Chung, Vivien 329
Citigroup 268
Civil Rights Commission, U.S. 194
Clovis (Kalifornien) 223
Coal (Fernsehserie) 119
Cohen, Bernard 96
Color Me Flo (Kennedy) 92
Colorado 224
Columbia University 159
  Business School 261
Comedy Central 169, 170, 191
Cookie (Magazin) 21
Coontz, Stephanie 51
Cooper, Hannah 152–156, 159 ff., 165 f., 168 ff., 174, 189–192
Cornwell, Patricia 232
Cosby, Bill 123
Cosmopolitan (Magazin) 46, 58
Creal, Cameron 207

Daily Beast, The 287, 299
»Dancing on My Own« (Lied) 64
Daum, Meghan 47
Delahunty, Jennifer 210 f.
Deloitte, Unternehmensberatung 189
Delta Kappa Epsilon, Verbindung 29
Demokratische Partei 197
Denney, Leandra 120
Denny's Restaurant 236

Despentes, Virginie 312, 335
Deutschland 328
Diana: Die Biographie (Brown) 299
Dienstleistungssektor 12, 119, 120, 145 f.
  in Südkorea 325 f.
Dinge eines Mannes (koreanischer Bestseller) 339
DiPrete, Thomas A. 212
Divided Labours (Browne) 229
Drachenzähmen leicht gemacht (Cowell) 251
Drew, Ina 265 f.
Drug Topics (Magazin) 175
Druggist's Bulletin 172
Duke University 63
Dunham, Lena 63
Durchschnittseinkommen 120, 145, 167, 206
Dushane, Melodi 235

eBay 293
Ebony (Magazin) 121
Economist, The 331
Ecuador 79
Edge City (Garreau) 177
Edin, Kathryn 126
Ehe 29, 35, 59, 126, 131, 134, 190, 310, 333
  Einstellungen zur 48, 56, 137
  Erwartungen an die 17, 130
  Heiratsalter 40, 312
  in Asien 16, 312 f., 335
  Kinder außerhalb der 127, 131
  mit wechselnden Rollen 17, 68–109, 162, 344
  Sexualität und 32
  späte Eheschließung 201, 205, 289, 310, 312
  zurückgehende Heiratszahlen 112 f., 119, 125, 128
  siehe auch Scheidung
Ehrenreich, Barbara 60, 89

einsame Masse, Die (Riesman) 90
Eigentumsdelikte 232
Eliot, George 217
Eliot, Lise 214, 230
Ellis, Bret Easton 228
El-Scari, Mustafaa 123 f.
England, Paula 38 f.
Enlightened Power (Gergen) 261
Ericsson, Ronald 22 ff.
Ernährerin, Frau als 10, 69–108, 346
    Mediendarstellung der 79–82
    und Arbeitslosigkeit des Mannes 11 f., 87 ff.
    und die häuslichen Pflichten 76–79, 100–108
    und traditionelle Geschlechterrollen 89–98
Ernst & Young 295
»erotisches Kapital« 45 f., 55 ff.
Essensvorbereitung 158, 165
Esteve, Albert 310 f.
Evans, Harry 298
Evans, Jenelle 235
Ewha University 305 f., 314

Facebook 239, 255, 258, 281, 293, 302
Faludi, Susan 19
Farber, Henry 118
Farrell, Warren 97, 101
Fast-Food-Restaurants, weibliche Gewalt in 236
Federal Bureau of Investigation (FBI) 232
Fels, Anna 284
Feminismus 22, 23, 26 f., 31, 72, 86, 91 ff., 105 ff., 206, 240, 305
    der zweiten Welle 83
    erotisches Kapital und 45
    in Island 265
    Karrierechancen und 155, 167, 173, 202, 259, 281, 287
    Mutterschaft und 105 f., 127, 167
    sexuelle Normen und 55 f., 60
    und von Frauen begangene Morde 236
    veränderte kulturelle Normen als Reaktion auf 231
    Vorwürfe gegen 213
    Title-IX-Beschwerden und 29
Finanzverwaltung 158
Fiorina, Carly 287
Fisher, Helen 347
Flaubert, Gustave 158
Flexibilität am Arbeitsplatz 187
Florida State University 62
Florida, Lottogewinner in 128
Food and Drug Administration 24
Forbes (Magazin) 269
Forensische Pathologie 223
Fort Lauderdale (Florida) 112, 237
Fortune (Magazin) 11, 269
Fortune-500-Unternehmen 111, 259
Fox Television 295
Frankel, Lois 51, 274
Franklin, Bernard 205, 207
Frankreich 157, 310, 327, 328
Friedan, Betty 76
From Chivalry to Terrorism (Braudy) 348 f.
Führungspositionen 157, 165, 182, 186, 259, 309
    in Großunternehmen 259–266
Führungsstil, charismatischer 46
    in Südkorea 322
    männlicher, wirtschaftliche Gründe für Niedergang 132
Fulbright-Stipendien 334

G. I. Bill 202
Garreau, Joel 177
Gates, Bill 220
Gehirn und Geschlechterdifferenz 212 f., 229, 342
    kulturelle Faktoren 59, 214
Generation Y 188

Georgetown University 196
Gerberding, Julie 262
Gergen, David 261
Gerstel, Naomi 344
Geschichte des Edgar Sawtelle, Die (Wroblewski) 153
Geschlechterrollen, Umkehrung der 183
Gesundheits- und Pflegebranche 9, 113, 89, 141, 158, 166, 167, 180, 187, 225, 253
    Männer in der 19, 204, 342
    siehe auch Ärzte, weibliche; Krankenpflege; Pharmazeuten
Getting to 50/50 (Meers) 293
Gettys, Charles 113–117
Gettys, Sarah Beth 115 ff., 133 f.
Gewalt, häusliche 26, 224, 241
Gewalt: Eine neue Geschichte der Menschheit (Pinker) 230 ff.
Gewaltverbrechen 230–244
    an Frauen, Rückgang 29, 232, 239 f.
    von Frauen begangene 232–235, 240 ff.
Ghana 306
Ghostwriter, Der (Polanski) 250
Giftmord 171, 224–229
Girlfight (Film) 250
Girls (Fernsehserie) 63
Glasglocke, Die (Plath) 71
GlaxoSmithKline 227
Gleichberechtigung 26, 55, 94, 166
Gneezy, Uri 248
Godsall, David 82–85, 98
Goldfräulein 313 f., 332
Goldin, Claudia 159, 174, 187, 188, 202, 256
Goldman Sachs 293
Goler, Lori 259
Goodstein, Eban 210
Google 253 f., 257 f., 269
Gordon, Claire 31

Gorn, Elliott 177
Gossip Girl (Fernsehserie) 329
GQ (Magazin) 295
Grade Point Average (GPA) 195
Greenberg (Film) 80
Greenstone, Michael 118, 167 f.
Greer, Germaine 92, 95
Gregs Tagebuch (Kinney) 251
Griechenland, antikes 21
Griffin, Phil 280
Grose, Jessica 19, 79
Großbritannien 14, 70, 157, 220, 242, 244, 299
Große Rezession 11
Gupta, Monica Das 308
Gurian, Michael 214 f.
Guttentag-Secord-Theorie 58 f.
Guyana 200
Guyland (Kimmel) 59

Hakim, Catherine 45 f.
Hallmark, Gerald 109 f., 133
Hamilton, Laura 34, 40
Harmon, Mark 46
Harris, Tanner 136
Harvard Business Review 188, 284
Harvard University 159, 297, 350
    Business School 266, 321, 323
    Kennedy School 259, 277
Hausfrauen 92, 202, 227
    in asiatischen Kulturen 238, 339
    in Fernsehserien 68 f.
häusliche Gewalt 26, 224, 241
häusliche Krankenpflege 158, 165
Hausmann 73, 77
HBO 63
Hegedus, Nathan 348 f.
Heilman, Madeline 275 f.
Heiratsalter 15, 40, 312
Henderson, Darren 122
Heriot, Gail 193–197, 210
Herr und Opfer der Organisation (Whyte) 90

herstellende Industrie 147, 148, 342
    Jobs für Afroamerikaner in der 120
    Pharmazie 173, 195
    Rückgang in der, und der Effekt auf Männer 10, 112, 117
    Stahl 195
Herzen der Männer, Die (Ehrenreich) 89
Hewlett Packard (HP) 287
»Hey Soul Sister« (Lied) 163
Hiroshima, Atombombenabwurf 230
History-Channel 169
Hochschulbildung 128, 217
    und Geschlechterdynamik 205–216
    siehe auch bestimmte Colleges und Universitäten
Hodge, Monica 148
Honduras 111
Hooking Up (Bogle) 33
Hook-up-Kultur 31–66
Houston 112
Huggies (Windelhersteller) 346 f.
Humber, Gabby 137
Hwang Myeong-eun 315–320
Hyundai Motors 267, 306, 327

I Love Lucy (Fernsehserie) 68 ff.
Ich heiße Kim Sam-soon (Fernsehserie) 336
Immobilienmärkte, Zusammenbruch der 119, 122
Indiana, University of 34
Indien 14, 156, 242, 248
    traditionelle Familien in 284
Informationsgesellschaft 14
Informationstechnologie (IT) 206
Ingenieure 24, 78, 102, 110, 146, 199, 257
Institutional Investor (Magazin) 266
Internationales Olympisches Komitee (IOK) 327
Internetblase 263
Iowa 130

Irakkrieg 230
Iran 62
Island 14, 265
Israel 310
Ivy-League-Universitäten 40–45, 47, 193, 253
    siehe auch bestimmte Hochschulen

J.P. Morgan 265 f.
J.C. Penney 132
Jackass 3D (Film) 192
Jacks, Margaret 176
Jackson, Shirley 224
Jäger des verlorenen Schatzes (Film) 220
Jäger-Sammler-Gesellschaften 231
Japan 79, 312, 316, 331, 349
Jersey Shore (Fernsehserie) 235 f.
Jewlapowa, Natalja W. 243
Job, The (Lewis) 161
Jobs, Steve 220
Jobverlust, *siehe* Arbeitslosigkeit
Johns Hopkins University 196
Jolie, Angelina 250
Journal of Human Resources 128
Journal of Personality and Social Psychology 187
Juden 297
Justice Statistics, Bureau of 240

Kalifornien 126, 329
    siehe auch Silicon Valley
Kalter Krieg 202
Kansas City 121 ff., 205–209
Kapital, erotisches 45 f., 55 ff.
Katar 200
Katz, Lawrence F. 202
Keating, Charles 235
Kefalas, Maria 127, 130, 131
Keith, Toby 110
Kellerman, Barbara 259
Kelly, Megyn 295
Kennedy, Flo 92
Kentucky 126, 211

Kenyon College 210 f.
Kessler-Harris, Alice 159
Khasi 248
Kia 150, 267, 327
Kick It Like Beckham (Film) 250
Kim, Stephanie 331–334, 339
Kim, Yeeun 303 f., 313 f., 338
Kim, Yongah 321 ff., 325, 329
Kimmel, Michael 59
Kinder, uneheliche 58, 71, 126 f., 129
Kinderbetreuung 25, 77, 283, 289 ff., 293, 317, 344
    Berufe in der 20, 158, 166
    Regierungszuwendungen für 320
King Kong Theorie (Despentes) 335
King, Cisco 147
King, Jaqueline 206
Kinsey, Alfred 61
Kipp, Peter 305 f.
Knowing Your Value (Brzezinski) 280
Kognitive Dissonanz 50
Kolumbien 79, 111, 311
Komarovsky, Mirra 87–89
Konfuzianismus 306, 307, 336
Konkurrenz 74, 229, 319
    akademische, in Südkorea 304–306
    in traditionellen Gesellschaften 229, 248 ff.
    um Hochschulzulassungen 213
Kontz, Ann Miller 227
KPMG 295
Krawcheck, Sallie 269 ff., 287, 296 f., 300
Kreatives Korea, Partei 326
Kuziemko, Ilyana 202

Labor Statistics, Bureau of 157
Ladge, Jamie 166, 261
Ladies' Home Journal 12
Lady Chatterley (Lawrence) 75
Lady Gaga 49, 250, 252
Lady, The (Magazin) 299
Las Vegas 112

Laschever, Sara 274
Latinas 238
Lavin, Maud 249
Ledbetter, Lilly 147
Lee County (Alabama) 144
Lee, I-Sing 96
Lee, Kirsten 332 f., 336
Lehrer 19, 73, 115 f., 135 f., 303, 346
    Ausbildung zum 202, 206
    Männer als 115, 135, 122, 159, 348
    Sonntagsschule 110, 113
    und Geschlechterunterschiede im Schülerverhalten 218 f., 339 f.
Lewis, Michael 264, 286
Lewis, Sinclair 161
Li, Tianle 227
Liberated Man, The (Farrell) 97
Liberia 339
Lightdale, Jenifer 245
Longitudinal Survey of Young Women 203
Los Angeles Times, The 286
Louisville College of Pharmacy for Women 173

Macho-Kultur 12, 79, 82, 97, 119, 215, 310, 339
    am Arbeitsplatz, Unfälle verursacht durch 351
    weibliche Aggression und 158
Macht 46, 55, 66, 251
Mad Men (Fernsehserie) 259, 270
Madame Bovary (Flaubert) 158
Mailer, Norman 92
Males, Mike 32, 240
Männlichkeit 89, 347–351
    post-feministische 126
    ornamentale 19
Manson, Charles 235
Maryland, University of 262
Mass Career Customization 189
Massachusetts Institute of Technology (MIT) 118, 120, 153, 263

Massachusetts 126
Massai 248
Masturbation 61
Match.com 75
Max, Tucker 42
Mayer, Marissa 253f., 257f., 300
McDonald's 235
McDowell County (West Virginia) 119
McGowen, Meghan 146
McKinsey & Company 300, 322, 325, 329
medizinische Berufe 187
  siehe auch Ärzte, Krankenschwestern, Pharmazeuten
Meers, Sharon 293
Mein Leben als Mann (Roth) 89
Merck (Pharmakonzern) 262
Meritokratie 308
Merkel, Angela 49
Metropolitan Community College (Kansas City) 205
Mexiko 111, 309
Michigan, University of 216
Micro-Sort, Spermaselektions-Methode 23
Millenium-Trilogie (Larsson) 62
Millett, Kate 86
Million Dollar Baby (Film) 250
Miss (Magazin) 177
Miss Pharmacy, Schönheitswettbewerb 176
Missouri, University of 120
  Kansas City 208f.
Mittelschicht 14, 58, 93f., 109–151, 168, 178, 198, 202, 209, 213
  Norm vom Ernährer in der 89
  Ungleichheit zwischen Männern und Frauen in der 14, 60, 109–151
Mohler, Albert 132
Mongolei 310
»Monitoring the Future« (Studie) 218
Moon Kook-Hyun 326

Moore, Mary Tyler 162
Mord 228–230, 240
Mord, begangen von Frauen 21, 223–227, 234, 242
  siehe auch Giftmord
Mortenson, Tom 199
Mount, Jeanine 164
Ms. (Magazin) 92
MSNBC 280
MTV 235
Murray, Charles 127
Muslime 244
Mühle am Floss, Die (Elliot) 217
Mütter, arbeitende 19, 291, 333
My Misspent Youth (Daum) 47
Mythos Männermacht (Farrell) 97, 101

Nachwuchs, Geschlechtervorliebe beim 23ff.
Nakamura, Hitomi »Miki« 303f.
National Assessment of Educational Progress (NAEP) 214
National Crime Victimization Survey 240
National Institute of Child Health 290
NERDS (Buckley) 251
Ness, Cindy 236
Neurowissenschaften 214, 230, 343
New Jersey 227
New York Times, The 118, 127, 210, 232, 235, 243, 265,
New York University 38, 275
New York 126
  State University of (SUNY) 208
New Yorker, The (Magazin) 259
Newsweek (Magazin) 214, 220, 287, 299
Nice Girls Don't Get the Corner Office (Frankel) 51ff., 274
Niederlande 301, 349
Nightingale, Florence 172
Nooyi, Indra 280, 287

Nooyi, Rajkantilal 287
Norma Rae (Film) 147
North Carolina 227
    University of (UNC) 208
Northeastern University 166, 261
Norwegen 200
Nuttall, Roger 225

O'Rourke, Lindsey 243
Oates, Joyce Carol 224
Obama, Barack 118, 197, 260
Obama, Michelle 30, 202
Oklahoma 126
Ölbohrinsel 351 f.
Olympische Winterspiele 327 f.
Opelika (Alabama) 115, 144, 145, 149
Oprah (Fernsehshow) 317
Optometrie 158
Oralsex 30, 40, 53, 61, 241
Organisation für wirtschaftliche Zusammenarbeit und Entwicklung (OECD) 94, 200, 310
    Gender, Institutions and Development Database 310
Orwell, George 153
Overey, Lionel 89
Owen, Karen 63
Oxycontin-Abhängigkeit 119 f.
Oxygen Network 242
Panama City (Florida) 236
Pandit, Vikram 268
Pappas, Aggie 237
Park, Chung-hee 306
Park, Geun-hye 339
Patriarchat 21, 62, 179, 233, 303
    Autorität im 83, 87
    in der neueren Popkultur 251
    in Südkorea 25, 306–309, 339
    in der Mittelschicht 111 f.
    Strafjustizsystem im 232
    und lebenslange Loyalität 179
Patterson, James 251

Pell Institute for the Study of Opportunity in Higher Education 199
People (Magazin) 23, 46
»People People«-Studie 180, 182
Pepsi 280
Perhaps Women (Anderson) 171
Pharmaceutical Era 171
Pharmazeuten 153–165, 167–189, 209
Pharmazeutische Industrie 205, 227, 325
Philadelphia 126, 131
Philippinen 335
Piaget, Jean 89
Pink (Popstar) 238
Pinker, Steven 230 f.
Plastische Chirurgie 335
Plastizität 343 f.
    sexuelle 60, 61
Plath, Sylvia 71–72
Play Like a Man, Win Like a Woman (Evans) 274
Playboy (Magazin) 86, 92
Playboyclub 44
Polanski, Roman 250
Polizzi, Nicole »Snooki« 235
Pornografie 29, 40, 43, 44, 59, 61, 63, 80
Portland (Oregon) 344, 349
Portlandia (Fernsehserie) 344
Portnoys Beschwerden (Roth) 64
Portugal 310
Practical Academic Cultural Education (PACE) 237 f., 244
Premarital Sex in America (Regnerus) 57
Prentice, Deborah 245
PricewaterhouseCoopers 295
Pridgen, Abby 144
Pridgen, Connie 115 f., 134–139, 144
Pridgen, Rob 115 f., 132, 149
Princeton University 118, 244
Prinz, Jesse 231

Pseudohomosexualität 89
Psychology Today 231
Publix (Biolebensmittelkette) 145
Push Comes to Shove (Lavin) 249
Pyeongchang, Winterspiele 2018 328

Quarterly Journal of Economics 263
Quenching the Father Thirst (Williams) 123

Rah, Theresa 329 f.
Real Housewives (Fernsehserie) 69
Red Families v. Blue Families (Carbone) 120
Redhill, David 182
Regnerus, Mark 57
Re-Making Love (Ehrenreich) 60
Remington-Schreibmaschinen 170
Republikaner 125, 198
Results Only Work Environment 295
Rettungssanitäter 345
Rice, Condoleeza 230
Richmond, University of 193, 194, 210
Riesman, David 90
Robyn (Popstar) 94
Rogge, Jacques 329
Roiphe, Katie 95
Ronan, Saoirse 250
Roosevelt, Franklin 160
Roth, Philip 89
Routly, Chris 347
Royal, Ségolène 45
Ruanda 339
Russell Corporation 109–114, 132, 137, 138, 142, 143, 149
Russell Medical Center 110, 111, 114
Russland 242
rust belt 121

Saint Agnes Medical Center 225
Saletan, William 61
Samsung Electronics 306

San Diego State University 247
Sandberg, Sheryl 258 f., 281, 287, 293 f., 301 f.
Saudi-Arabien 200
Scarborough, Joe 280
Scarpace, Katie 184
Schalet, Amie 349
Scheidung 58 f., 70, 93–96, 128, 133, 137, 351
   finanzielle Auswirkungen der 96, 124
   in Asien 16, 312, 333–334
   regionale Unterschiede in Häufigkeit 126
   und die Karrierechancen für Frauen 202 f., 209
   und Sorgerecht für Kinder 308
   von arbeitenden Ehefrauen und arbeitslosen Ehemännern 74, 112
Schmidt, Eric 296
Scholastic Assessment Test (SAT) 195
Schule, geschlechterspezifische Erfolgsunterschiede in der 213–222
Schuster, Larissa 223–227, 234
Schuster, Timothy 223–227
Schwarze Witwen von Tschetschenien 242
Schweden 32, 311
Schweiz 79, 329
Sekretärinnenschulen 161, 173
Selbstmordattentäterinnen 243
Seoul 303 ff., 325, 328, 330
Sex and the City (Fernsehserie) 47, 63, 329, 335
Sex at Dawn (Ryan und Jethá) 55
Sexismus 258 f., 324
sexuelle Übergriffe 213
   Rückgang 32
   siehe auch Vergewaltigung
sexueller Missbrauch 36
Shockley, Mary 111
Shows, Carla 344
Sicherheit 262, 350 f.

Sickmund, Melissa 234, 236, 241
Siegel, Jordan 323
Sigurdardottir, Johanna 14
Silicon Valley 254–258, 257, 289, 295 f.
Silver Spring (Maryland) 164
Singlebörsen 75, 334
Sirleaf, Ellen Johnson 339
Slate (Magazin) 61, 74, 79, 272, 345, 348, 356
Smith College 202
Snapped (Fernsehserie) 242
Soft Skills 180
Solis, Bob 223, 225
Sommers, Christina Hoff 213
Southern California, University of 24
Sozialkompetenz 92, 157, 161 f., 180
Spanien 78, 157, 311
Spermaselektion 22
Spike TV 59
Sri Lanka 242
städtische Entwicklung 117
Stahlindustrie 195
Stanford University 59, 257, 350
Stanford-Prison-Experiment 246
Stanton, Katie 255 f.
Steenbarger, Brett 228
Steinbacher, Roberta 23
Steinem, Gloria 281
Stevenson, Adlai 202
Stillen 104, 289
Stop Sabotaging Your Career (Frankel) 274
Südkorea 25, 79, 303–309, 311 f.
 »bewundernsweteste« Unternehmen in 326
 Außenministerium 308
 Familiengesetze 306
Summers, Larry 117 f.
Sumners, Joe 117
Super Bowl 81
Swank, Hilary 250
Swinger-Kultur 61

Taiwan 312
Talk (Magazin) 298
Tallapoosa County (Alabama) 117
Tanenhaus, Sam 235
Tansania 248
Target 181–192
Tatler (Magazin) 298
TED-Talk 224
Teen Mom (Reality-Serie) 31, 235
Teenagerschwangerschaft 32
»Telephone« (Lied) 250
Thailand 54
Thatcher, Margaret 230
Thelma und Louise (Film) 250
Theologisches Seminar der Southern Baptist Convention 132
»Throwing like a Girl« (Young) 249
Time (Magazin) 144
Title IX, Gleichberechtigungsvorschrift an US-Hochschulen 29, 30, 41, 195, 249
TMZ 235
Toledo (Ohio) 235
Tomasdottir, Halla 265
Too Many Women? (Guttentag und Secord) 58
Tosh. O (Fernsehserie) 169 f., 191
Town Bloody Hall (Dokumentation) 92 f.
»Tränenmänner«, Männergruppen 15
Tribute von Panem, Die (Collins) 50, 251
Twenge, Jean 247, 251
Twilight (Buch- und Filmreihe) 349
Twitter 255
Tyre, Peg 214

U. S. News & World Report 145
Umkehrung der Geschlechterrolle 182 f.
uneheliche Kinder 58, 71, 126 f., 129
 siehe auch alleinerziehende Mütter; Kinder; Teenagerschwangerschaft

Unemployed Man and his Family, The (Komarovsky) 87
UNESCO 200
Ungarn 310
Up All Night (Fernsehserie) 346
US-Kongress 259

VandenHeuvel, Sarah 185
Vassar College 193
Verblendung (Larsson) 62, 251
Vereinigtes Königreich 14, 70, 157, 220, 242, 244, 299
 siehe auch Großbritannien
Vereinte Nationen (UN) 309
Vergewaltigung 239 ff., 335
 durch Bekannte 32
Videospiele 69, 148, 209, 217, 245, 284, 346
Vietnam 335
Vietnamkrieg 202
View, The (Fernsehshow) 317
Viktimisierung 32, 236 f., 240, 241
Viktorianismus 179, 326
Virginia, University of 71

Wagoner, Lou Ann 137 ff.
Walgreens, Apotheken 162, 178
Wall Street Journal, The 269 f.
Wallace, Emma Gary 173
Wallace, George 125
Walmart 119 f., 140 f., 150
Walters, Barbara 295
Was passiert, wenn's passiert ist (Film) 346
Washington Post, The 271, 278
Washington, D.C. 70, 76, 94, 97, 236, 358
Wayne County (Indiana) 126
Weel, Bas ter 180
Weinberg, Bruce 180, 182
Weißrussland 310
Weltbank 308

Weltgesundheitsorganisation (WHO) 312
Weltwirtschaftskrise 87, 202
Wer ist Hanna? (Film) 250
Wertheimer, Albert 179
When Work Disappears (Wilson) 121
»Where I'm From« (Lied) 130
White House Council on Boys and Men 97
White, Emily 255 f., 259, 281 f., 288 f.
Whitmire, Richard 215
Whole Foods 146, 256
Why Boys Fail (Whitmire) 215
Why Girls Fight (Ness) 236
Whyte, William 90
Wie verschieden sind sie? (Eliot) 230
Wilcox, Brad 71, 127–130
Wilson, William Julius 121
Winterspiele, Olympische (Pyeong-chang 2018) 327 f.
Wir haben schon immer im Schloss gelebt (Jackson) 224
Wirtschaft, Hochschulen für 29–49, 55, 146, 282, 287, 358
 siehe auch bestimmte Universitäten
Wirtschaftsrat des Weißen Hauses 118
Wisconsin 152, 169, 184
 University of 153, 156, 161
Wonder of Boys, The (Gurian) 214
Work It (Fernsehserie) 79
Working Mother's Guide to Life, The (Mason) 105
Wright, Joe 250

Yale University 29 ff., 41 f., 65
Yamaguchi, Tsutomu 230
Yates, Richard 91, 93
Young, Iris Marion 249
YouTube 235
Yuhan-Kimberly 325 f.

Zeiten des Aufruhrs (Yates) 91
Zimbardo, Philip 59

»Hinreißend und kurzweilig.«

hr2 Kultur

Susanne Mayer
Männer!

Berlin Verlag, 208 Seiten
€ 16,00 [D], € 16,50 [A]*
ISBN 978-3-8270-1363-7

Der Mann gilt als bedrohte Gattung – das Patriarchat wirkt wie von gestern, und junge Frauen auf High Heels stratzen an ihm vorbei zur Macht. Die Herren fragen sich, wohin es mit ihnen geht in der neuen Welt. Die Journalistin Susanne Mayer beschreibt frech, voller Sympathie und nie ohne politische Schärfe, wie sich ein Geschlecht hält, das auf der Suche nach sich selber ist.

Leseproben, E-Books und mehr unter www.berlinverlag.de

»Dieses Buch ist so wahr.«

Der Spiegel

Lisa Taddeo
Three Women – Drei Frauen
Der #1 New York Times Bestseller

Aus dem Amerikanischen von
Maria Hummitzsch
Piper, 416 Seiten
€ 22,00 [D], € 22,70 [A]*
ISBN 978-3-492-05982-4

Die amerikanische Schriftstellerin Lisa Taddeo hat drei Frauen über Jahre hinweg begleitet, hat sich mit ihren Ängsten und Sehnsüchten auseinandergesetzt und daraufhin ein außergewöhnliches Buch über die weibliche Sexualität zwischen Lust und Macht verfasst, das zum Bestseller wurde. Literarisch brillant verdichtet sie ihre Erfahrungen zu einem unerwarteten Bild des weiblichen Begehrens in all seinen Facetten – anziehend und verstörend, vielschichtig, gewaltig und schön.

PIPER

Leseproben, E-Books und mehr unter www.piper.de

Fesselnde Reiseabenteuer aus drei Jahrhunderten

Armin Strohmeyr
Weltensammlerinnen

Spektakuläre Reiseabenteuer mutiger Frauen

Piper Taschenbuch, 352 Seiten
€ 12,00 [D], € 12,40 [A]*
ISBN 978-3-492-30966-0

Die Amerikanerin Annie Taylor war eine gewitzte Selbstvermarkterin. Bereits zu Beginn des 20. Jahrhundert ließ sie sich auf die Klatschpresse ein, um ihr waghalsiges Abenteuer zu finanzieren: sich in einem Fass die Niagarafälle hinabzustürzen. Die Schweizerin Ella Maillart heuerte gegen alle bürgerliche Vernunft anno 1924 in Seehundmantel und gelben Golfschuhen als Matrosin an und besegelte die Welt. Diese und weitere Porträts entführen uns ans Ende der Welt, auf höchste Gipfel, in heißeste Wüsten und kälteste Meere.

PIPER

Leseproben, E-Books und mehr unter www.piper.de